가난한 자의
주머니를
채워라

가난한 자의 주머니를 채워라

인쇄 | 2017년 8월 10일
발행 | 2017년 8월 22일
저자 | 여의도 김박사
발행인 | 김상일
발행처 | 혜성출판사
발행처 주소 | 서울시 동대문구 신설동 114-91 삼우 B/D A동 205호
전화 | 02)2233-4468 FAX | 02)2253-6316
표지·본문디자인 | 오영아
인쇄 | 삼진프린텍
등록번호 | 제6-0648호
E-mail : hyesungbook@live.co.kr

정가 25,000원

ISBN 979-11-86345-30-6 (03320)

* 이 책의 무단복제 또는 무단전재는 법으로 금지되어 있습니다.

가난한 자의 주머니를 채워라

| 여의도 김박사 지음 |

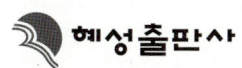
혜성출판사

서문

"청년들에게 실패할 권리를"
"가난한자의 주머니를 채우자"
"철학 있는 디벨로퍼를 찾아서"

  간디는 나라를 망치는 7가지 惡중 최고는 철학 없는 정치라고 했습니다.
  우리나라 4대일간지 경제과학부 기자, 외국 사모펀드와 헤지펀드를 거쳐 현재 외국계 회계법인의 임원으로 재직중이고 네이버 "경제와 골프"라는 블로거이며, 컬럼과 강의로 활동 중입니다.

  금융인으로 살아온 30년 삶에서 이제 철학 있는 경제인이 되려고 노력 중입니다.

2017년 7월

차례

서문 5

1 chapter 사회경제학

청년들에게 실패할 권리를 10
젊은이들의 모습 17
여의도 김박사 컬럼 "스타트업을
하는 청년들에게" 23
앙트레프레너 31
앙트레프레너들 38
통계청 발표 월평균 소득 48
사업가와 금융인 52
우리의 현재 59
돈을 버는 법 3가지 법칙 72
휴리스틱 & 바이어스 80
핑크 펭귄 95
청년의 실업률 104
진보와 보수, 탄핵과 탄핵을
탄핵하라 108
남을 위해서 자기를 희생하는 것 114
유전학 122
호모데우스 129

임금격차와 성차별 133
노조와 소득 재분배 140
환율 146
대선주자들 151
돈을 빌리거나 투자를 받는
다는 것 156
빈곤층 164
비전 2030 170
잃어버린 20년과 소비절벽,
저성장의 늪 177
김전무의 룰 4 182
이기적인 유전자 191
유비와 조조 200
CPINM 205
인덱싱 이론 211
부자증세 이론적 배경 221
중산층의 몰락 226

chapter 2 거시경제학

중국의 경제 234
세계 자본의 역사 248
중국 신세대 255
한중 무역 현황 261
한반도의 지정학적요소의 역사 269
상하이방 277
중국은 왜 시간대가 동일할까? 284
중국의 딜레마 288
국제수지란? 293
보호무역주의 299
미국의 기준 금리 305
한국의 주식시장 310
트럼프는 왜? 315
이상한 달러화 320
고령화와 인구절벽 326
한계비용 334
저성장의 이론 342

중앙은행의 정의 347
돈의 흐름 352
건설업으로 유지한 나라
대한민국 360
돈의 정의 369
진보 경제학의 논리 376
소득세와 회계사의 유래 383
가계부채 내용 390
무디스 보고서 394
근로자와 자본소득자의
30년간 소득 격차 402
가계부채와 자영업 409
저유가는 언제까지? 416
태양광 426
태양광 433
이탈리아 439
이슬람 448

3 chapter 금융경제학

사모펀드 **454**
금에 대하여 **463**
회계사들과의 만남 **470**
채권 **484**
역사 **492**
신용보강 **509**
환율의 표시 **515**
금융자본주의 **521**
인공지능 태동 **526**
가격과 가치 **531**
주요 지표 **538**
금융의 기초 **544**
은행의 변화 **554**

통화 스와프 **560**
회계사 **568**
JP모건 **574**
화폐란? **581**
친구와 돈 **587**
베일 아웃 이란? **596**
미국 금리 **602**
은행 **608**
국부론 **615**
화폐의 본질 **628**
홍콩의 금융 산업 **636**
대체투자란? **644**

chapter 1

사회경제학

1.

청년들에게 실패할 권리를

우리나라의 청년 인구 추이를 보면 다음과 같습니다.
20, 30대가 2010년 30%에서 2050년 17%로 절반 가까이 줄어듭니다.

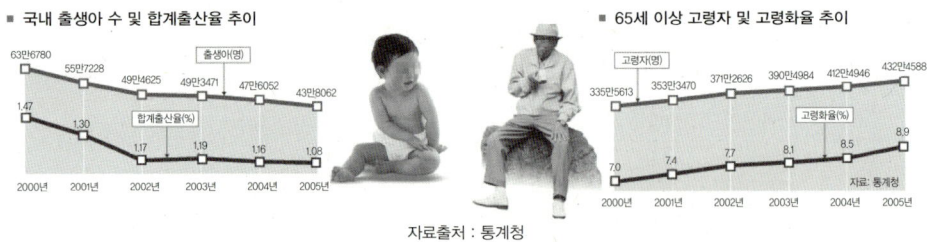

자료출처 : 통계청

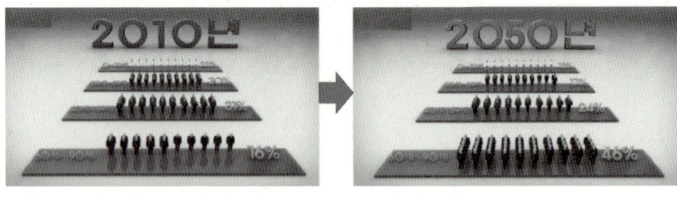

가난한 자의 주머니를 채워라

청년 실업률의 추이는 다음과 같습니다.

청년이 줄어드는데도 청년 실업률이 늘어나고 있는 이유는 무엇일까요?

위의 사진은 일본 후쿠시마 원전 사고당시 수거한 개인금고들입니다. 이 금고는 모두 고령층의 집에 소유하고 있던 금고들이고 이 금고안에는 한화로 약 260억원 정도가 들어있었다고 합니다.

고령화 사회가 되면 나이드신 분들은 거의 소비를 줄이게 됩니다. 자녀에게 물려주기 위해서, 불안한 미래를 위해서 저축을 많이 하시게 되고, 특히 일본 같이 마이너스 금리인 나라에서는 보관료를 내고 은행에 맡기기 보다는 개인이 개인금고를 가지고 보관을 하는 경우가 많습니다.

고령화 사회는 필연적으로 소비가 위축되고, 그로 인해 내수가 침체되어 기업이 투자를 꺼리고 구조조정을 통해 인력을 해고 시키는 악순환이 발생하지요.

고령화 사회 ⇨ 소비위축 ⇨ 기업투자 감소 및 구조조정 ⇨ 저성장 ⇨ 청년실업률 증가

이런 악순환이 오게 되는 것입니다.

이런 악순환을 끊어 버리고 저성장을 탈피하고 소비를 활성화 하려면 어떻게 해야 할까요!

영국의 1800년대 경제학자인 맬더스는 "정치 경제의 원리"의 과소소비설에서 소비성향 (소비/처분가능소득)은 최상위 계층이 평균보다 낮고, 최하위 계층이 평균보다 높다라고 주장했습니다. 따라서 사회내 빈부격차가 커지면 전체소비는 오히려 감소하니 경제를 활성화하고 싶다면 "가난한 자의 주머니를 채우라"라고 주장을 했습니다.

일본에서는 사토리 세대라는 것이 등장했지요, 일명 "득도세대"라고 한다고 합니다. 여자친구도, 물욕도, 욕망도 없어서 매일 아르바이트 해서 먹고사는 것에 만족하는 세대라고 하지요. 일본의 자동차 광고가 멋있는 차를 광고하는 것이 아니라 청년들에게 제발 운전면허를 따라고 광고하는 것은 바로

이런 세태를 반영한 것이지요.

한국에서도 3포, 5포 세대라는 말이 있습니다. 돈이 없어서 결혼도, 연애도, 자식도 모두 포기한 세대라는 뜻이지요.

한국도 위와 같은 악순환의 고리에 접어들었으니, 청년들의 포기는 더 빠를 지도 모릅니다.

일본의 잃어버린 25년의 민낯은 필자는 다음과 같은 것에 있다고 봅니다.

일본의 평균 임금 상승은 1990년에 41만엔에서 2014년 36만엔으로 13%가 줄었고, 반대로 세금은 33%가 줄어들었습니다. 즉, 수입은 줄었으나, 세금과 소비자 물가지수가 줄어서 사는데 불편함이 없지만 그만큼 소비가 활성화 되고 있지 못하는 것이지요.

(천엔)	상시 30인이상 사업장 월임금		가계 수입	세대주 수입	소비지출	비소비지출	근로소득세
	전체	제조업					
1990(I)	-	-	510.7	430.7	331.6	81.2	23.6
1995	(I) 409	391	557.9	467.8	349.7	88.6	22.2
2000	398	407	550.1	460.4	341.0	88.1	18.5
2006	(2005) 380	420	516.0	431.9	320.0	84.1	17.9
2010	360	393	513.0	418.1	318.2	90.8	14.3
2014(II)	(2013) 358	406	512.1	415.4	318.7	96.4	15.8
II/I(배)	0.875	1.04	1.00	0.96	0.961	1.19	0.67

자료: 일본 통계청

가장 소비가 왕성한 청년층의 주머니가 비워져 있으니 내수는 당연히 위축되고 저성장의 기조를 빠져 나올 수가 없는 것이지요.

한국에서도 2%대의 저성장 기조가 계속되고 소비가 위축되고 수출은 계속 증가율이 마이너스이고 인구는 빠른 속도로 고령화로 가며, 저출산의 기조로 초등학교와 중등학교 학생수가 계속 감소하고 있습니다.

필자는 한국의 저성장과 경제활성화의 키가 바로 청년들에게 있다고 주장하는 사람입니다.

청년들의 주머니를 채우면
소비가 활성화 되고 ⇨ 경제가 활성화 ⇨ 기업이 투자 및 신규 채용 ⇨ 청년들이 결혼과 출산에 관심

이렇게 선순환 구조를 가져 갈 수 있을 겁니다.

저출산이 문제가 아니라 낳은 자식들의 주머니를 어떻게 채워서 그 자식들이 다시 결혼을 하고 출산을 하게 할지를 고민해야 하는 것이지요. 그러면 자연히 소비를 하게 되고 경제는 활성화 될 것입니다.

청년들의 주머니를 채우는 가장 획기적인 방법은 바로 "창업"을 할 수 있도록 지원하는 것입니다.

창업은 100명중에 1명만 성공해도 성공이라고 말들 합니다. 이유는 국가적으로 보면 99명이 실패하고 1명이 성공해도 그 한명이 나머지 99명을 채용해 먹여살릴 수 있다는 거시경제측면의 희망이 생기게 됩니다.

그래서 청년들이 끊임없이 창업에 도전을 하게 해야하지요.

그런데 한국은 실패를 인정하지 않고 실패한 사람에게 다시 도전할 기회를 주는 것에 인색한 나라입니다. 하지만 청년들이 항상 성공할 수 없지요.

그래서 정부가 실패한 청년들에게 재취업을 위한 교육을 하거나, 실업수당을 지급하는등의 복지정책이 필요하고 창투회사나, 액설러레이터 회사들이 위와 같은 문제점이 발생하지 않도록 최선을 다해 지원을 해주어야 합니다.

전세계적으로 2000년대초 초고령화 사회로 진입한 나라는 일본, 이탈리아, 독일 이렇게 3나라가 있습니다.

이탈리아는 청년실업률이 40%가 넘고, 일본 또한 높지만 독일은 그렇지 않고 성공한 케이스 입니다.

독일은 기득권인 장년층이 임금을 올리는 것을 양보하고 그 비용으로 청년들을 많이 고용하고 기본급을 보장해주도록 하였습니다. 그래서 청년들이 직장을 가지고 주머니가 채워지니 계속해서 경제성장이 이루어진 것이지요.

북유럽국가에서는 3아웃제도를 도입해서 3번까지 청년들의 취업을 지원합니다. 직장을 알선해주고, 재교육을 시키고 3번까지 시도하는 중에는 계속 실업급여를 지급하지요.

　이런 정부와 민간기업간의 상호노력이 있어야 하고 정부와 기업이 청년들의 주머니를 채우는 것이 결국 국가의 경제성장을 이룰 수 있는 근간이 된다는 것을 이해하고 노력하는 것이 절실히 필요합니다.
　고령화 사회는 피할 수 없는 현실입니다. 100세 시대가 도래하는 것은 막을 수가 없지요. 고령화 사회가 필수적으로 가지고 오는 소비의 위축, 저성장은 바로 청년들로 부터 해결하지 않으면 안됩니다.

　청년들에게 실패할 권리를 줍시다.
　그래서 청년들의 주머니를 채워주면
　우리는 저성장, 고령화, 저출산의 고리를 끊을 수 있습니다.

2.
젊은이들의 모습

요즈음 직장을 다니는 젊은이들의 모습을 많이 접하게 됩니다.

집안에서도, 일터에서도, 사회에서도 많이 접하게 되지요.

일본에서 사토리 세대, 니트족등 다양한 젊은 이들을 표현하는 말이 있고 한국에서는 3포, 오포세대등 다양한 젊은 이들의 세태를 반영하는 말이 있습니다.

니트족은 진학이나 취직을 하지 않았으며 직업훈련에 참가하지 않는 구직 포기자들을 말하지요.

사토리세대는 득도세대라 하여 불황속에 개인의 모든 욕구(이성, 결혼, 취직 등)를 포기하고 사는 세대를 의미하지요.

일본의 생애 미혼율은 1980년 2.6%에서 2010년 20.1%로 증가했습니다.

우리나라도 마찬가지입니다. 3포, 5포세대라 하여 많은 것을 포기하며 살아가는 우리 젊은이들의 세태를 풍자하는 말이지요.

3포 세대란 연예, 결혼, 출산을 포기한 세대를 말하는 것이고
5포 세대란 더 나아가 내 집 마련과 인간관계까지 포기
7포 세대란 꿈과 희망 마저 포기한 세대 이며
n포 세대뜻은 몇 가지가 됐든 다른 것도
다 포기해야 하는 상황에서 나온 말입니다.

안타까운 현실입니다.

그 나마 취직이 된 젊은 이들도 힘들기는 마찬가지입니다.

결혼을 해서 집을 마련하면 원리금 균등상환으로 힘들고, 아이를 낳으면 교육비 때문에 힘이 듭니다.

벌어도 쓰지를 못하니, 흑자규모는 늘어났지만 가처분 소득은 1인 가구를 포함 할 경우 - 0.3% 감소했지요.

저희 집의 경우, 총각인 아들은 저축을 단 한 푼도 안하고 쓰기만 합니다.

결혼 딸은 혼자 일때부터 억척스러워서

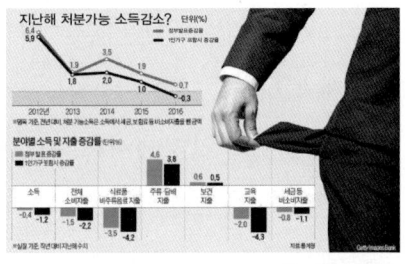

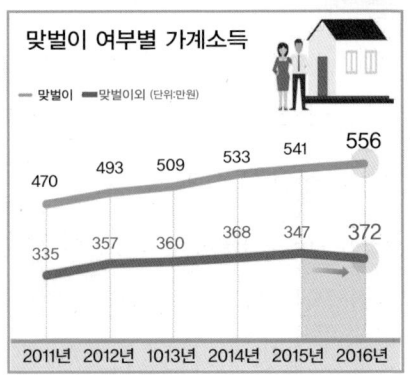

중국에서 인터넷 뱅킹 수수료가 아깝다고 은행에 돈을 들고가는 억척이 입니다.

저희 회사의 여직원은 어려서 부터 사회생활을 하면서 모은 돈으로 작은 사업도 하고 직장생활도 하면서 집도 2채를 마련했고, 시간이 날때마다 해외여행을 다니며 평생 결혼을 하지 않겠다는 신 자유 여성입니다.

반면에 전문직 직원들 중 결혼을 한 직원들은 대부분 맞벌이고 맞벌이가 아닌 직원들은 집값 대출을 갚느라 무척이나 힘들어 하더군요.

거시경제라는 것이 너무도 복잡해서,

- ✓ 생산가능인구가 줄어드는 저 출산을 걱정해야 하고
- ✓ 소득이 늘지 않아 소비가 줄어드는, 가처분 소득이 줄어드는 것을 걱정해야 합니다.
- ✓ 소비위축으로 기업의 투자가 감소하여 GDP가 줄어드는 것도 걱정해야 하지요.

국가는 거시경제를 걱정해야 하지만, 개인은 자기의 삶을 걱정 해야 합니다.

젊은이들의 꿈

많은 젊은이들은 어려서 부터 화려한 삶을 꿈꾸면서 살지요.

주변에서 돈이라는 것은 없으면 불편하고 많으면 부담스러운 것이라는 일반적인 교훈을 들으면서 살아옵니다.

하지만 자본주의 사회에서 돈은 많으면 많을수록 좋다는 교육을 받고 살

아왔으니, 돈을 벌고자 하는 욕심은 어쩌면 당연할지도 모릅니다.

젊은이들에게 창업을 왜하냐고 물어보면 아마도 90%는 "돈을 벌려고" 라고 대답을 할 듯 합니다.

그리고 돈을 벌어서 무엇을 할려고 하고 다시 물으면 아마도 "멋있게 쓰면서 살고 싶어서, 명품을 사고 싶어서, 주위에 베풀고 싶어서"등등 많은 이야기를 하리라 예상됩니다.

혹은 "성공하고 싶어서"라고 대답을 하는 사람이 있다면 "왜 성공하고 싶은데"라고 물으면 아마도 "명예, 권력, 부등을 얻고 싶어서"라고 대답을 할 듯 합니다.

거시경제학적 성공을 해야 하는 이유

제가 모증권사 회장님을 30년전에 기자시설 인터뷰했던 일화를 소개하겠습니다.

그분에게 똑같이 왜 성공을 하려하는지? 왜 기업을 하는지? 왜 돈을 벌려하는지? 하고 인터뷰에서 물은 적이 있습니다.

그 분의 대답은 다음과 같았지요.

"내가 돈을 벌고 직원들에게 급여를 주니, 그 직원들이 행복하고, 또 그 가족이 행복해 하더라, 그 모습을 보는 내가 행복해지더라. 그래서 나는 돈을 벌고, 기업을 한다"

느낀 것이 무척이나 많은 인터뷰 였습니다.

스타트업에서 제가 여러 번 이런 이야기를 했지요.

"100명중에 단 한 명이 성공해도 스타트업을 지원해야 한다. 이유는 그 한 명이 나머지 실패한 99명을 먹여 살리기 때문이다"

저는 개인적으로 단 한 명의 직원이라도 고용한 사장님들을 존경한다는 표현을 자주 합니다.

이유는 그 사장님은 누군가를 행복하게 해주는 베푸는 삶을 살고 있기 때문이지요. 임금을 착취하고 안 하고의 문제가 아니라 누군가를 고용한다는 것은 거시경제학적으로 돈의 흐름을 고이지 않고 흐르게 만드는 이유이고 소득과 소비를 창출하는 일이지요.

그래서 스타트업에 종사하는 모든 분들, 창투사, 액셀러레이터, 스타트업 종사자들은 100명중 1명이 성공하면 나머지 99명을 먹여 살릴 수 있고, 성공한 스타트업이 일자리를 창출하고, 소득과 소비를 창출해서 우리나라 거시경제에 막대한 영향을 끼치게 된다는 사실을 명심할 필요가 있고, 자부심을 느낄 필요가 있지요.

우리는 흔히 벼락부자가 되거나 자린 고비를 졸부하고 표현합니다.

현대의 자본주의는 생산자=소비자여서 소비를 일으키지 못하는, 소득분배가 되지 않으면 결국 자본가도 망하게 되는 세상입니다.

기업이 생산을 하고, 근로자에게 임금을 지불하면 근로자가 임금으로 소비를 일으켜 다시 기업이 투자를 하게 하는 선순환 구조가 복잡한 현재의 자본주의 구조에서는 보편화된 체제입니다.

이전의 전제주의처럼 소작농의 노동력을 착취해서 혼자만 잘 사는 것이 불가능한 현대의 자본주의 입니다.

저는 전문직에 종사하다 보니 직원들을 쓰는 일이 없지요.
하지만 저도 거시경제에 도움이 되려고 되도록 저와 관련된 많은 기업들이 돈을 벌게 하는 것에 목표가 있습니다. 제가 조금 덜 벌더라도 주변의 이해관계자들이 모두 돈을 벌 수 있는 구조를 만들려고 노력하지요.

금융관계자, 시공사, 회계사, 분양대행사, 시행사 등등 그리고 누구 하나에게 부가 집중되지 않게 하려고 노력합니다.
그리고 제가 조금 덜 벌더라도, 모두가 행복해 지는 비즈니스 모델을 만들려고 노력합니다.

스타트업 종사자 분들 역시 많은 사람들을 행복하게 해주는 것이 목표였으면 합니다.

창투, 액셀레이터는 단 한명을 성공시키더라도 그 사람이 많은 사람의 소득과 소비를 창출할 수 있다는 생각과 스타트업을 하는 사람은 내가 많이 벌어서 많은 직원들과 그 가족을 행복하게 해줄 수 있다는 것이 목표였으면 하고 바랍니다.

3.
여의도 김박사 컬럼 "스타트업을 하는 청년들에게"

저는 경제과학부기자, 외국계 사모펀드와 헤지펀드등 금융업에서 30년을 일한 이제 60을 바라보며 은퇴를 준비하는 노신사입니다.

지난번에 "청년에게 실패할 권리를 주자"라는 글을 썼던 적이 있습니다.

지금은 외국계 회계법인의 임원이지만 직전에는 외국에서 마크로 트레이더라는 거시경제를 전문으로 하는 금융인이었습니다.

저는 개인적으로 거시경제 측면에서 우리나라가 저성장, 고령화, 디플레이션 악순환을 탈피하려면 소득의 재분배 프레임과 청년들의 스타트업 활성화가 유일한 대책이라고 주장을 합니다.

그래서 오늘 스타트업을 준비하거나, 영위하고 있는 청년들에게 도움이 되고자 이 컬럼을 씁니다.

1. 영업, 기술, 관리의 분배 법칙

이런 말이 있지요. 기술을 하는 사람이 대표이면 회사가 3년을 유지하기 힘들고, 영업을 하는 사람이 대표이면 5년을 유지하기 힘들며, 관리를 하는 사람이 대표를 하면 10년을 유지하나, 반드시 망한다.

이유는 다음과 같습니다.

- ✓ 기술을 하는 사람은 연구 개발에 돈을 쓰기만 하고 벌어 들일 줄을 모르기에 회사가 자금난을 금새 겪는 다는 것이고
- ✓ 영업을 하는 사람은 매출과 매출 이익만 신경 쓰기에 영업이익과 당기 순이익에 신경을 쓰지 않다 보니 회사가 점차 빚으로 유지하게 되는 것이고
- ✓ 관리하는 사람은 투자를 하지 못하니, 트렌드에 뒤쳐져 안전하게 유지만 하는 회사가 되다 보니 성장의 한계에 부딪힌다는 것입니다.

그래서 회사는 영업 : 기술 : 관리 = 40 : 30 : 30의 조화로운 비율을 가져야 한다고 하지요.

영업을 하는 사람들에게는 관리가 영업이익의 개념을 도입하여 판매 가격을 조절하고, 연구개발을 하는 사람들과 영업하는 사람들이 관리하는 사람들에게 끊임없이 트렌드를 가르치고, 연구개발을 하는 사람들에게 영업하는 사람들이 소비자가 원하는, 즉 팔릴 수 있는 제품을 설명해야 한다는 것입니다.

그래서 우리는 일반적인 기업이 CEO, CTO, CMO(CIO), CFO로 나뉘어 있는 것을 볼 수 있습니다.

2. 투자를 받는 다는 것

스타트업을 하는 분들에게 경제학 강의를 하려고 합니다.

일반적으로 스타트업이 아이디어를 기본으로 시작되다 보니 기초를 모르고 하는 경우가 너무 많지요.

스타트업을 하는 분들이 반드시 알아야 할 경제학 용어 4가지를 선택하라고 하면 저는 기초자산, Valuation, 한계비용과 기회비용이라고 말씀드리고 싶습니다. 물론 금융학과 거시경제를 전문으로 하는 저의 개인적인 견해입니다.

스타트업을 하는 분들이 아이디어를 가지고 대박을 낸 후 사업을 확장하기 위하여 투자를 유치하거나, 초기 사업 투자금을 위해서 투자를 유치하는 경우도 있습니다. 이런 투자를 유치하기 위해 반드시 필요한 용어가 기초자산과 Valuation입니다.

✓ 기초자산

금융업에서 기초자산이라는 것은 기본적으로 담보, 채권등 현금흐름을 발생시킬 수 있는 자산을 의미합니다. 그래서 은행에서는 담보를 잡고 대출을 해주는 행위를 하고 담보를 기초자산이라고 합니다.

스타트업에서의 기초자산이라는 것은 다음과 같은 것들입니다.

3. • 여의도 김박사 컬럼 "스타트업을 하는 청년들에게"

① 매출액

② 인적구성

③ 영업이익, 당기순이익

④ 시장규모

⑤ 아이디어

물론 저는 전문 벤쳐캐피탈 리스트로 일을 한 적은 없지만 기초 금융학을 기본으로 위와 같은 기초자산을 평가할 것이라고 생각됩니다.

다만, 일반 금융은 위의 기초자산의 데이타가 확실성을 가지고 예측하지만, 벤쳐캐피탈은 말그대로 모험적인 투자라고 불리우는 이유는 리스크과 불확실성이 일반 금융의 투자보다 훨씬 크기 때문입니다. 매출액, 영업이익, 당기순이익, 시장규모, 아이디어 모두 리스크와 불확실성이 일반 금융보다 크기 때문이지요.

그래서 벤쳐캐피탈을 10에 1개만 성공해도 된다는 일화가 있는 듯 합니다. 반대로 일반 금융은 10에 1개가 부실화 될 확률로 투자하지요.

✔ NPV, IRR

일반적으로 금융에서는 NPV (Net Present Value), IRR (Internal Rate of Return), 한국말로는 현재가치와 내부수익률이라고도 합니다.

지금 내가 투자하는 돈이 미래의 가치로 환산하는 것이 현재가치이고 내부수익률이란 투자 대비 수익률을 말합니다.

너무 깊은 이야기는 피하기로 하고, 결론적으로 벤쳐캐피탈이 투자를 한다면 지금 투자하는 돈이 미래에 얼마가 벌린다는 예측을 기준으로 수익률과 미래의 벌어드리게 되는 돈의 가치가 현재의 돈의 가치보다 높은지를 평가하는 것이지요.

그리고 이런 평가를 하는 단계를 Valuation 이라고 합니다.

간단한 예를 들지요. 지금 20억을 투자해서 4년후에 상장하여 회수하는 금액이 50억원이고 물가상승률이 2% 라고 하면 NPV는 약 28억원 정도 됩니다. 즉 지금 내가 투자하는 20억원은 미래의 물가상승률등을 감안하여 현재 28억원의 가치가 있다는 것이지요. 그리고 IRR은 150%정도가 됩니다. 벤쳐캐피탈마다 정해진 NPV와 IRR이 있을 테니, 평가해서 그것보다는 수치가 낮으면 투자를 하지 않고, 그것보다 수치가 높으면 일단 투자를 하되, 예상 수입이 현실화 할 가능성을 판단해서 결정을 하게 될 겁니다.

벤쳐캐피탈은 결국 상장을 해서 exit(상환 또는 회수)을 하다 보니, 결국 최종 주가가 해당기업에 투자한 자금의 회수금액이 될 것이고

최종 주가는 시장규모, 매출액, 영업이익, 당기순이익등 실적에 의해서 결정되는 것이니 이런 일련의 Valuation (가치평가) 과정을 가지리라 생각됩니다.

주먹구구식으로 잘 팔릴 것 같다. 아이디어가 좋다 등등으로 판별하지는

않을 겁니다.

따라서 투자를 받고자 하는 스타트업의 사장님들은 나의 기초자산과 Valuation에 대해서 많은 신경을 써야 하지요.

그 밖에도 여러가지 변수가 있겠으나 금융학적으로 보면 위의 기초자산과 그에 대한 가치평가가 투자를 결정하는데 제일 중요한 변수가 될 것이라 생각됩니다.

3. 하고 싶은 것, 해야만 하는 것, 할 수 있는 것

많은 제 제자들이 저를 찾아와 일을 상담하고 진로를 고민할 때 제가 해주는 말입니다.

- 하고 싶은 것
- 해야만 하는 것
- 할 수 있는 것

일반 직장을 갖는 사람들이라면 해야만 하는 것은 월급을 받아 생활을 해야하는 것이고 하고 싶은 것은 자기가 좋아하는 일이고, 할 수 있는 것은 자기의 학벌, 경험 등으로 본인이 할 수 있는 일이지요.

그런데 직장인은 보통 3가지를 다 만족할 수가 없습니다. 그래서들 과감히 스타트업을 창업하지요.

직장인은 해야만 하는 일인 돈을 벌기 위해 직장을 나가는 경우가 대부분이니까요.

하지만 스타트업에서 성공할 확률은 그 만큼 어렵습니다.

이유는 신이 우리에게 3가지 선물을 모두 주는 경우가 거의 없으니까요.

그래서 스타트업을 생각하시는 분들은 신중해야 합니다. 그리고 냉정히 하고 싶은 것이 정말 내가 할 수 있는 일인지, 정말 해야만 하는 것인지 돈을 벌 수 있는지 고민 또 고민을 해야하지요.

하지만 저는 젊음의 패기로 한 두 번 실패하더라도 창업을 권하고 싶습니다.

이유는 거시경제학 측면으로 보면 100명이 창업을 하다가 1명만 성공하더라도 그 1명이 나머지 99명을 먹여 살릴 수 있기 때문이지요.

4. 액셀러레이터(Accelrator)가 필요한 이유

스타트업은 조그마한 자영업이 아닙니다. 상장을 목표로 하는 기업이지요. 상장을 한다는 것은 회사를 가꾸고 포장을 할 필요가 있습니다.

즉, 가치평가를 통한 주가를 산정하므로 그에 상응하는 가치평가를 받기 위한 준비가 필요한 것이지요.

창업을 준비하는 많은 사람들은 단순히 아이디어만을 가지고 시작하지만, 상장을 해야 하는 목표앞에서는 전문가가 스타트업의 기초자산과 그에 대한 가치평가를 위한 세련되고, 준비된, 그리고 정밀한 코치가 필요한 것이지요.

그런 일을 해주는 회사가 엑셀러레이터인 것입니다. 어찌보면 스타트업이 성공을 할 수 있느냐는 50%의 창업자의 아이디어와 50%의 액셀러레이터의

3. • 여의도 김박사 컬럼 "스타트업을 하는 청년들에게"

조력이 있어야 가능하다고 보입니다.

우리나라는 지난 60년간 수출주도형 경제구조를 가지고 있었고, 따라서 제조업이 중심인 나라입니다.

그런데 이제는 제조업보다는 서비스업이 생산시설 보다는 소프트웨어가 더 중요한 시대가 되었습니다.

따라서 국가 경쟁력이란 얼마나 많은 생산시설을 가지고 있는 가가 아니라 얼마나 많은 아이디어와 얼마나 많은 새로운 소프트웨어가 탄생 하느냐가 되었습니다.

그래서 스타트업을 하는 창업자들과 벤쳐캐피탈, 그리고 액셀러레이터가 바로 우리나라 향후 20-30년의 발전의 초석이 됩니다.

아쉬운 것은 우리나라 정책을 입안하는 사람들이 베이비부머 세대들이다 보니 아직도 제조업과 수출주도형의 대기업 중심의 정책을 펴고 있다는 것입니다.

그래서 저는 마음 속으로 스타트업을 하는 젊은 이들과 벤쳐캐피탈, 액셀러레이터를 열렬히 응원합니다.

4

앙트레프레너

앙트레프레너(entrepreneur)란 혁신을 통해 새로운 가치를 창조하는 기업가를 뜻 합니다

좀더 과격적으로는 혁신 (Innovation)을 통해 창조적파괴 (Creative Destroy)를 이끌고 새로운 가치 (New Value-added)를 만들어 내는 기업가들을 말합니다.

대표적으로 에디슨, 스티브잡스 같은 인물을 말하지요.

앙트레프레너라는 단어가 등장한 것은 오스트리아 고전경제학자인 조지 슘페터 부터입니다.

제가 여러 번 언급한 경기순환이론을 발표한 학자 이기도 합니다.

슘페터는 자본주의는 왜 불황과 호황 그리고 공황의 위기를 맞이할 까 연구를 했지요.

① 아담스미스의 보이지 않는 손이 작동하지 않고
② 칼 마르크스의 자본주의 구조적인 문제로 공황이 도래해 파멸될 것이라는데

아직도 자본주의는 존재하고 사람들의 삶은 이전보다 훨씬 낳아진 이유를 찾고자 하였습니다.

그리고 해답은 바로 앙트레프레너 때문이라고 결론을 짓지요.

조지 슘페터는 자본주의의 목표는 엘리자베스 여왕에게 여러가지 실크 스타킹을 신기는 것이 목표가 아닌 (특수 자본가 계층) 공장에서 일하는 가난한 여종업원들도 실크 스타킹(노동자 계층)를 신을 수 있도록 하는 것에 그 목표가 있다고 했지요.
그래서 자본주의가 존재하고 있다고 말입니다.

그리고 그는 혁신 (Innovation)을 다음과 같이 정의 했습니다.

"마차로 더 많은 수송을 하려고 마차의 말을 늘리거나 강한 말을 사용하는 것은 혁신이 아니다. 마차대신 열차와 자동차가 등장해 마차를 없애는 것이 혁신이다"
라고 했지요.

즉, 한시대에 산업이 성숙기에 도달하면 불황이 찾아오고 다시 혁신이 일어나면 호황이 찾아온다는 것이지요.

레코드 ⇨ 카세트테이프 ⇨ CD ⇨ 디지털음원
고래등유 ⇨ 석유 ⇨ 전구

전구의 등장은 전통적인 생활방식과 생산방식을 완전히 파괴했지요.
저녁에도 공장이 가동할 수 있었고, 기계자동화로 엄청난 생산성을 높였고, 그로 인해 사람들의 부와 삶을 완전히 바뀌게 만들었습니다.

생산성이 높아져 싸게 스타킹을 만들 수 있게 되어 누구나 실크 스타킹을 신을 수 있게 했고, 저녁 늦게까지 상점이 운용되어 소비를 활성화해 경제성장이 이루어지게 되는 것이지요.

이런 앙트레프레너는 다음과 같은 특징을 가지고 있습니다.

① 일에 대한 성취감
② 창조의 즐거움
③ 경쟁심
④ 모험을 통한 수익 창출

앙트레프레너의 역사

선사시대에도 앙트레프레너가 있었지요. 그들이 있어서 수렵, 사냥에서 농경사회로 발전했고, 농기구를 발명하면서 생산성이 높아졌습니다.

하지만 그리 빠른 발전의 속도나 혁신적인 발전은 이루어지지 않았습니다.

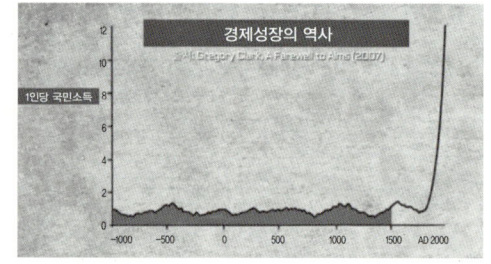

이유는 농경사회가 결국 자연의 한정된 자원을 이용하기 때문이지요.

농부가 아무리 많아도, 도구 아무리 발전해도 한정된 토지에서 얻을 수 있는 생산량은 제한되기 때문입니다.

그런데 오스만 제국이 콘스탄틴노플을 점령하는 사건이 발생합니다.

이에 유럽은 동양에서 들여오는 각종 상품을 받을 수 있는 거점이 사라지고, 이에 직접 동양 아시아로 뱃길을 만들려고 노력합니다.

대표적인 것인 콜롬버스와 네덜란드 동인도 회사였지요.

콜롬버스도 새로운 항로 개척을 이루려고 유럽의 왕조를 돌면서 지원금을 요청했습니다. 지금의 벤처기업이 엔젤투자자를 모집하는 형태이지요.

동인도회사는 여러 명이 투자를 하여 리스크를 분산하는 방식을 최초로 도입합니다. 지금의 주식회사의 시초입니다.

이렇게 자본주의의 씨앗을 만들어 갑니다.

이후 산업혁명의 시대가 도래하여 증기를 이용하여 대량생산이 가능해지고 열차가 생겨 장거리 운송이 발달하고 증기선이 생겨 무역이 활발해지자 모든 사람들의 삶은 급격히 상승하게 되었지요.
말 그대로 모든 노동자들이 실크 스타킹을 신을 수 있는 시대가 도래한 겁니다.

1차 산업혁명 (증기)

2차 산업혁명 (전기)

3차 산업혁명 (컴퓨터)

4차 산업혁명 (?)

위와 같이 자본주의는 끊임없는 혁신과 창조적 파괴를 반복해 왔습니다. 흐르는 장강의 뒷물이 앞물을 밀어내듯, 새로운 산업구조가 앞선 산업구조를 파괴하고 들어섰습니다.

사람들은 4차 산업혁명이 도래하면 기계가 사람들의 일자리를 모두 빼앗을 것이라고 걱정들을 합니다.

하지만 저는 조금 의견을 달리합니다.

혁신은 창조적 파괴로 전단계의 모든 산업구조와 일자리를 파괴하지만
그 목표는 노동자에게도 실크 스타킹을 신을 수 있도록 하는 방향으로 진행되기 때문입니다.

이런 목표가 아닌 혁신은 결코 성공할 수가 없기 때문이지요.

우리나라도 스타트업을 지원해야 합니다. 그래서 수많은 앙트레프레너를 만들어 내야지요. 그것이 부국으로 가는 유일한 길입니다. 3포, 5포 세대가 등장하고 공시족이 취업희망자의 절반을 차지하는 지금의 시대는 암울한 미래를 대변합니다.

청년 여러분이
일에 대한 성취감과 창조의 즐거움을 가지고 경쟁심을 통해 모험을 통한 수익 창출을 목표로 삼는다면
우리나라의 미래는 정말 밝을 겁니다.

그래서 저는 스타트업을 지원합니다.

5.

앙트레프레너들

　　　　　　산업혁명 초기의 앙트레프레너는 와튼과 볼튼의 증기기관이었지요.

하지만 그보다 더 중요하게 생각되는 사람이 있습니다.

✓ 바로 헨리베서머 (1813~1898) 입니다.

헨리베서머는 철강 제조법을 발견하여 철강 5톤을 가공하는데 1,440분이 걸리던 것을 10분으로 줄였고 이를 통해 1회 철생산량을 0.2톤에서 20톤으로 100배 증가시켰습니다.

결국 철의 값이 급격히 하락했지요. 40파운드에서 4-6파운드로 강철의 대량생산을 가능하게 되었지요.

✓ 앤드류 카네기

베서머의 철강 제조법을 받아들인 미국의 카네기는 철강을 생산하여 독일과 영국의 철강생산량을 합친 것보다 많은 생산을 하게 되었지요.

이렇게 값싸고 품질이 좋은 철강이 생산되면서 다른 산업으로 확산되었습니다.

철강을 이용해 높은 건물이 가능해졌고, 자동차, 냉장고, 자전거 등 철강을 사용하는 산업전반이 발전하게 되었지요.

✓ 헨리포드

독일과 프랑스에서 시작된 자동차 산업은 헨리포드 이전에 하나의 수공업 제품이었지요. 따라서 부자들만이 사용하는 일종의 사치품이었습니다.

그런데 헨리포드가 대중을 위한 값싼 자동차를 만들겠다고 선언하고 자동차의 대량생산을 시작합니다.

자동차 공장에 컨베어벨트가 장착되었습니다.

이전에는 한 작업자가 자동차를 처음부터 끝까지 제작하던 시절에서 이제는 컨베어벨트를 따라 이동하는 자동차에 대하여 각각의 분업 작업자가 자기가 맡은 부품만을 조립하여 정밀성과 생산성을 증가 시켰지요.

컨베어벨트는 사람이 움직여서 자동차를 만들던 시대에서 자동차가 움직여 조립하는 시대를 연 것입니다.

이로서 자동차 한대를 조립하는 시간을 740분에서 93분으로 줄였고, 1908년 $825였던 자동차는 불과 20년만에 $260까지 하락하게 됩니다.

그리고 놀라운 것은 헨리포드는 당시의 최저임금의 2배가 넘는 임금을 지불하였지요. 제가 늘 주장하는 가난한 자의 주머니를 채우는 일을 한 것입니다.

이제 노동자도 자동차를 구매하는 시대가 되었지요.

자동차가 대중화 되자, 정부는 도로를 건설해야 했고, 도로를 중심으로 도시가 발달해 도시가 점점 커져만 갔습니다. 새로운 물류 시스템의 발전으로 상업이 발전했지요.

기술혁신이 인간의 삶을 바꾼 것이지요.

- ✔ 에디슨의 전구와 전신

전구이전에는 고래 기름을 사용하는 초롱불, 이후 석유로 빛을 밝히는 시대였습니다.

에디슨이 전구를 만들면서 이제 밤에도 일을 할 수 있게 되었고, 밤에도 쇼핑을 할 수 있게 되었으며 밤에도 극장과 엔터테인먼트를 즐길 수 있게 되었지요.

전신의 발달로 이제 먼거리에서도 바로 연락을 주고 받을 수 있는 시대가 되어 원거리 커뮤니케이션이 가능한 시대가 되었습니다.

- ✔ 빌게이츠

개인용 컴퓨터가 등장하고 컴퓨터가 소형화 되면서 공장자동화가 가능해져 대량생산은 더욱 발전하게 되었습니다. 또한 인터넷이 발전하면서 이제 세계는 글로벌화 되어가게 되었습니다.

- ✔ 스티브 잡스

아이폰을 만들어 휴대폰을 대중들의 필수품이 되게 하였고 이로 인해 많은 앱들이 등장해 컴퓨터보다 더 많은 핸디폰이 대중에게 사용되게 하는 혁신을 일으켰습니다.

지하철을 타도, 버스를 타도, 사람이 모이는 곳에 가면 모두가 핸디폰을 바라보는 세상을 만들었지요.

그로 인해 수많은 앱과 이를 통해 산업의 형태가 완전히 바뀌었습니다.

카카오뱅크가 생기고 온라인 쇼핑몰이 전통 백화점을 앞지르고, 이제 손안에서 세상의 모든 일을 할 수 있는 시대가 열렸습니다.

슘페터가 말하는 파괴적인 혁신을 통한 새로운 창조를 이룩한 위대한 앙트레프레너들입니다.

1800년대 앙트레프레너들의 집합소인 영국은 아래 표와 같이 발전을 거듭했지요.

단순한 상업만으로 발전하던 네덜란드를 누르고 1위로 올라섭니다.

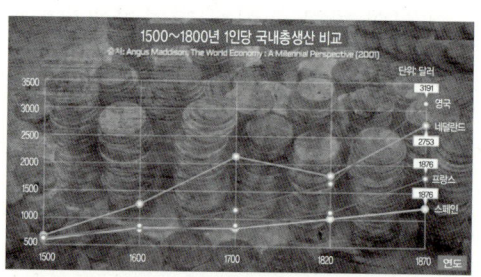

그리고 임금수준은 다음과 같이 변합니다.

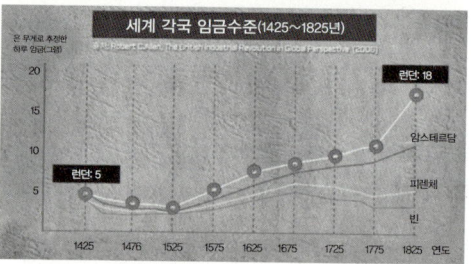

앙트레프레너의 탄생 조건

이런 앙트레프레너가 탄생하기 위해서는 기술혁신보다 중요한 토양이 존재합니다.

기술혁신을 지원하는 정부정책
- 각종 규제 철폐,
- 지적재산권 보호

창업을 지원하는 사회분위기
- 공시족이 만연하는 우리나라와는 대비되는 사회분위기가 필요합니다.
- 도전과 모험을 권장하는 사회

공정한 경쟁
- 미국과 중국은 부자중 20%만이 부의 세습을 받습니다. 80%가 자수성가 입니다
- 하지만 우리나라는 20%만이 자수성가 하지요. 나머지는 80%가 부의 세습입니다. 이는 공정한 경쟁을 저해하는 사회입니다.

실패할 권리를 주는 사회
- 앙트레플레너는 처음부터 성공한 사람들이 아닙니다.
- 실패를 하고 다시 도전하고 끊임없이 도전하여 성공을 이룬 사람들입니다.
- 실패할 권리를 주지않고 실적 위주의 사회에서는 앙트레플레너가 탄생하지 않습니다.

마지막으로 중요한 것은 혁신적인 아이디어를 산업화 할 수 있는 자본 바로 금융이 필수 불가결한 요소입니다.

수 없는 아이디어가 생산되지만 상용화는 일부에 그치게 됩니다. 상용화와 기술개발에 필요한 자본이 부족하여 중단되지요.

영국의 볼턴과 와튼의 증기기관에는 레온 버티스타 알베로티라는 부호가 엔젤투자가 역할을 했고 미국의 철강산업과 에디슨은 JP 모건이, 그리고 최근에 스티브잡스는 실리콘밸리와 월가가 있었지요.

① 실패할 수 있는 권리
② 공정한 경쟁
③ 금융지원

이 세가지가 앙트레프레너의 탄생에는 필수 불가결한 것이지요.

사람들은 복지 시스템이 사람들의 도덕적 해이를 불러일으킨다고 우려합니다.
청년들의 복지를 위해서 재활교육시스템을 지원하고 생활비를 지급하는 것을 많은 보수 언론들은 비난합니다.

하지만 이런 복지 시스템은 앙트레프레너를 만들기 위해 반드시 필요한 요소입니다.

즉, 실패할 권리를 보장하여 다시 도전 할 수 있는 기회를 제공하는 것이지요.

대표적인 예가 있습니다.

헨리포터는 조앤골링은 여러번 작가로서 실패해서 복지수당을 받으면 생계를 이어 나갔지요.

조앤골링은 복지수당이 없었다면 오늘날의 헨리포터는 존재하지 않았다고 여러차례 언급했습니다.

제가 이전에도 말씀드린적이 있습니다.
- 미국은 기술을 사는 나라고
- 한국은 기술을 빼앗는 나라라고

대기업이 중소기업의 아이디어와 기술을 지원하는 것이 아니라 그것을 헐값에 빼앗아오는데 혈안이 된 나라에서는 정당한 가치를 인정받지 못해서 절대로 앙트레프레너가 탄생할 수 없지요.

5. • 앙트레프레너들

금융의 역할

우리나라 금융에서는 실패할 권리를 주지 않습니다.

실적우선주의고 증권사들은 직원을 소모품으로 생각해서 계약직으로 활용해 실적이 없으면 바로 해고 합니다.

이런 풍토에서 어떻게 금융이 앙트레프레너를 길러 낼 수 있을 까요.

창투 금융은 10개중 한 개만 성공해도 된다는 정신이 필요합니다.
하지만 요즈음 10개중 8개를 성공하는 비즈니스 모델로 바뀌었더군요.

바로 앞서 대체투자에서 설명한 Growth Capital형태의 투자를 하기 때문이지요. 시장에 진입하여 일정한 수익을 내고 앞으로 수익을 기대할 수 있는 기술과 사업에만 투자를 하는 형태입니다.

실적만 쫓고 안주해야만 하는 금융의 풍토는 절대 그 사회에서 앙트레프레너를 키울 수가 없습니다.

벤처 사업가 1호인 콜롬버스와 그를 지지한 엔젤투자가 1호인 이사벨 여왕이 없었다면 현대의 발전된 사회는 상당히 늦어졌을 겁니다.

우리나라는 자원이 없는 나라입니다. 사람이 전부인 나라이지요.

따라서 앙트레프레너를 키우는 사회가 부국으로 가는 지름길입니다.

그러기 위해서는
- 공정한 경쟁을 보장하고
- 실패할 권리를 청년들에게 부여하고
- 기술에 대한 금융지원이
- 필수 불가결합니다.

담보가 있어야 대출을 하는 것이 아니라 기술을 이해하고 기술의 잠재력에 투자할 수 있는 금융이 되어야 하지요.

말은 쉽지만 참으로 어려운 이야기 입니다. 우리나라에서는….

6.

통계청 발표 월평균 소득

통계청에서 가구당 월평균 소득을 발표했습니다.

2016년에 전년대비 -0.4% 감소했지요.

그리고 소득분위별로 보면 다음과 같습니다.

여기서 분위라는 것은 소득순위를 각각 20%씩 나누어 말한 것입니다. 5분위라는 것은 소득이 상위 20%에 속한다는 것을 의미합니다.

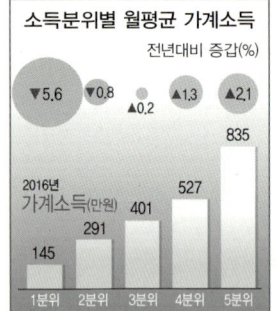

그런데 여기에는 꼼수가 있습니다.

발표된 -0.4%는 2인 가구 이상을 기준으로 합니다.

최근 급격히 늘어난 1인 가구는 빠져있는 것이지요.

가난한 자의 주머니를 채워라

1인가구 이상을 포함하면 소득의 수준은 -1.2%가 됩니다.

소비성향 및 활성화 대책

소비 성향이 갈수록 낮아지고 있습니다.

그래서 정부가 대책을 내놓았습니다.

이에 대해 사람들은 놀러가려고 해도 소비를 하려고 해도 돈이 없는데 어떻게 소비를 하느냐고 하지요.

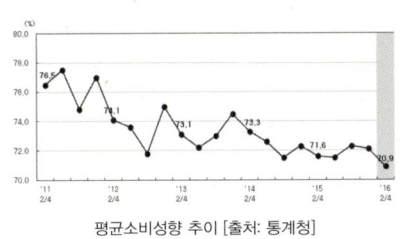

평균소비성향 추이 [출처: 통계청]

맬더스의 소비성향

영국의 고전경제학자인 맬더스는 소비성향이라는 것을 발표 했지요.

소비성향 = 소비금액 / 가처분 소득 이라고 정의를 했습니다.

그랬더니 다음과 같은 결과가 나왔지요. 가처분소득대비, 최하위 계층은 소비성향이 높고, 최상위 계층은 오히려 소비성향이 낮다는 것이지요.

■ 내수활성화 대책 주요 내용

내용	방안 마련 시기
'가족과 함께하는 날' 지정	3월 중
회원제 골프장 세 부담 경감	4월 중
호텔·콘도 요금 인하 유도	3월 중
경차 유류세 환급 한도 확대	4월 중
전세자금·월세 대출한도 상향	3월 중
고속철도 조기예약 할인 확대	3분기 이후
실업자 구직급여 상한액 인상	4월 중
10년 이상 체납자 건강보험료 탕감	6월 중

즉, 최하위 계층은 가처분소득이 작고, 지출해야 되는 돈은 많은데 비해, 최상위 계층은 가처분소득이 크고, 지출해야 되는 돈은 금액에 비해 비율이 적다는 것입니다.

그래서 맬더스는 소비를 늘리려면 "가난한자의 주머니를 채워라"라고 주

6. • 통계청 발표 월평균 소득

장했습니다.

소득 상위 계층이 전체인구의 10%라고 하면, 하위 계층이 90%입니다.

상위 계층이 하루에 3끼 식사를 한다고 가정하고 하위 계층이 1끼 식사만 한다고 가정해도, 소비되는 식사는 상위 계층 3끼와 하위계층 9끼가 됩니다.

즉, 하위 계층이 3배를 소비한다는 것이지요.

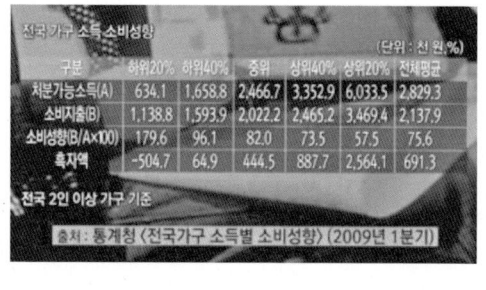

우리나라는 중소기업이 구직에 기여도가 전체 90%를 차지합니다. 그런데 급여는 대기업의 60% 수준이고 금융기관의 50% 수준입니다.

공무원, 금융기관, 대기업 종사자를 합하면 전체 근로자의 약 10%, 나머지 90%는 자영업과 중소기업 근로자 입니다.

소득 하위계층은 전세값, 월세값, 기타 공공요금을 내고 나면 소비할 돈이 없는 것이지요.

이렇게 대다수의 국민이 소비를 하지 못하면 기업이 판매가 없으니 구조조정을 하고 그러면 더 많은 빈곤층이 생기는 디플레이션 악순환이 생기는 것입니다.

생산자=소비자 인데, 생산자가 적은 임금을 받거나 실업자가 되면 소비자의 수가 줄게 되는 것은 당연합니다.

올바른 대안

정부의 정책에 대하여 여론이 비판의 날을 세우는 것은 쓸 돈이 없는데, 쓰기만 하라는 식의 정책과 고소득자의 소비에 집중되어 있다는 것이지요.

소비를 활성화 하려면 중소기업, 자영업, 청소년의 주머니를 채우는 정책이 필요합니다.

예를 들어 창업을 지원하고, 자영업자들에게 대출을 지원하고 중소기업에게 여러 가지 혜택을 부여하고, 실직자에게 수당을 지급하고, 개인에게 각종 세제 혜택을 주어서 처분가능소득을 높여주어야 하는 것입니다.

놀러 다녀라, 먹고 마셔라 이런 식의 1차원 정책으로는 결코 소비는 활성화 되지 않습니다.

7.

사업가와 금융인

많은 사람들이 창업을 합니다.

예전에 이런 말이 있었지요. 명동의 다방에서 "김사장님?"하고 부르면 많은 사람들이 뒤돌아 본다고.

그만큼 우리들은 사장님을 꿈의 직업으로 여기고 살아가는 듯 합니다.

부와 명예가 따라온다고 하는 것이지요.

사업가는 분명 거시경제학상으로는 많은 기여를 합니다.

직원을 고용하고 급여를 주고, 그 급여로 직원과 직원 가족이 소비를 하고 그 소비가 기업의 이윤이 되어 다시 투자를 활성화해 경제의 선순환 구조를 이룹니다.

돈만 쌓아두고 투자나 근로자의 급여를 가로채면 칼 마르크스가 예언 한 대로 자본가나 근로자나 모두 망하는 공황이 도래합니다.

그런 의미에서 사업가란 분명 중요한 역할입니다.

하지만 많은 젊은 사람들은 사업가를 희망하는 이유가 단순히 돈을 많이 벌고 사람들에게 대접을 받는 상상만을 합니다.

그런 일은 정말 어려운 것이지요. 그러면 우리는 주위의 많은 성공한 사업가를 볼 수 있어야 하지요.

그러나 반대로 우리는 실패한 사업가를 더 많이 접하게 됩니다.

저는 사업가 보다는 금융인으로의 삶을 오랜 동안 살아왔기에 이분들을 다양하게 접했습니다.

그리고 나름 사업가 중에 성공하는 사업가들의 공통점을 어깨너머로나마 알게 되었지요.

금융인

어제 제 동생과 금융인들과 골프를 하였는데, 동생이 금융인들에게 그렇게 많은 지식과 경험을 가졌는데, 독립해서 회사를 차리라고 하더군요.

동생에게 조용하라고 했습니다.

금융인은 기본적으로 사업가의 자질을 가지기가 어렵습니다.

그들이 평생을 해온 일은 리스크과 불확실성, 변동성에 대한 업무이지요.

그런 업무들은 모든 업무를 긍정적으로 바라보기 보다는 부정적인 시선으로 바라보는 훈련을 받게 됩니다.

부정적인 요소들을 찾아내고 그것들을 헤징하는 방법을 찾아내는 것이 금융인들의 하는 일이니까요.

그리고 금융인은 기본적으로 사업가들처럼 좌절의 순간에 대한 경험이 없어서 끈기가 없지요.

그래서 사업가가 큰 돈에 베팅할 때 금융인은 망설이게 됩니다.

제 후배 금융인들에게 제가 항상 하는 말은 금융인이 벌고자 하는 목표의 돈과 사업가가 목표로 하는 돈은 그 액수가 다르고, 금융인과 사업가의 삶의 목표와 행복의 목표도 근본적으로 다른 것이라고 말해줍니다.

저는 제 후배들 중 사업가로 변신해서 실패하는 사람들을 수없이 많이 봐왔습니다.

사업가

S컴퓨터의 창업자이신 L회장님이 최근에 개인 파산 신고를 하셨더군요. 우리나라 벤쳐 1호이시고 신화적인 인물이셨지요.

기자시절 그분과 그분 아드님과는 인연이 있었습니다.

또한 그분과 동업자이셨던 K증권과 K회장님도 잘 알고 있습니다.

L회장님과 K회장님을 개인적인 사견으로 비교하자면 이상주의자와 현실주의자라는 말로 표현하고 싶습니다.

L회장님이 꿈을 위해서 무리한 사업 확장을 하셨다면 K회장님은 바닥부터, 안정적인 사업을 무리없이 차근차근 이루어 나가셨습니다.

한 분은 우리나라를 대표하는 증권회사의 오너이시고, 한 분은 개인 파산 신고를 하신 처지가 되었습니다.

하지만 저는 L회장님의 발자취가 가볍게 판단되어서는 안된다고 생각합니다.

앞서 언급한대로 거시경제학적으로는 L회장님이 경제에 이바지한 업적이 대단히 크기 때문이지요.

사업가로서는 현재의 모습이 성공이냐 실패냐를 판가름 할 수 있지만 거시경제학적인 측면만 놓고 보면 오히려 K회장님 보다 더한 점수를 드려도 된다고 생각합니다.

젊은 사업가

많은 젊은이들은 사업을 시작하면서 돈을 많이 벌어, 떵떵거리고 남들 앞에서 대접받고 싶다는 생각에 사업을 시작합니다.

하지만 제 경험으로는 이런 생각으로 사업을 시작하는 것은 정말 잘못 알고 있는 것이지요.

이전에도 말씀드렸듯이 K회장님이 저와의 인터뷰에서

사업가란 "내가 열심히 희생하다보니, 직원들이 잘되고, 직원들이 잘되니 직원들의 가족들이 행복해하고, 그런 모습을 보는 내가 보람을 느끼니 나의 가족이 나의 모습을 보고 행복해 하더라"라고 말씀하신 적이 있습니다.

이분의 말씀 어디에도 내가 남에게 대접받고 싶다는 생각은 전혀 없고 단지 희생과 보람이라는 단어만이 있습니다.

그런 모습으로 사업을 해오다 보니 남들이 성공한 사업가로 존경을 표하는 것이지요.

결국 돈이 많아서 존경을 표하는 것이 아니라 그분의 사업가로서의 마음가짐과 이룬 것 (직원과 직원가족들의 행복)에 대한 존경의 표시입니다.

제 경험으로 보아도 돈을 쫓아 사업을 하는 사람들은 그 굴곡이 무척이나 심하더군요. 오늘의 성공이 내일의 실패고 성공과 실패를 계속 반복합니다.

이유는 사업을 하는 이유가 오로지 돈이기 때문에 탐욕으로 화를 좌초하기 때문입니다.

따라서 젊은 사업가와 창업가들에게는 저는 이런 말씀을 해드리고 싶습니다.

"내 직원들이 행복하게 내가 열심히 일하면 내 직원들과 내 가족이 행복해하고, 어느 덧, 나는 부와 존경을 받는 사람이 되 있을 것이다"

그래서 돈을 벌려 사업을 하지 말고 존경을 받으려 사업을 하는 것이 더 옳은 목표인 듯 합니다.

사업가의 끈기와 좌절

오늘 제 후배가 너무 힘들다고 저에게 통화로 눈물을 보이더군요.

안 봐도 얼마나 힘들지 잘 느껴져 옵니다.

그 친구는 앞에서 언급한 것과 반대의 이유로 사업을 시작했지요.

① 남에게 인정받고 싶다

② 남이 부러워할 정도로 돈을 벌고 싶다

③ 그래서 남들에게 명예를 얻고 싶다

하지만 위의 모든 것들은 어려움을 극복하고 사업가로서 진정 성공했을 때 부수적으로 딸려 오는 것이지, 그것이 목표고 창업만 하면 당연히 따라온다고 생각하는 잘못된 판단에 따른 것입니다.

제가 항상 주장하는 휴리스틱(긍정적인 것만 보려는 성향)과 바이어스 (그로 인해 잘못된 판단과 행동)의 형태이지요.

어제 저의 동생이 이런 말을 하더군요.

"직원이 결혼을 한다고 하면 이제 무섭다는 생각이 든다."

"또 한명의 가족을 먹여 살려야 하는구나, 아이를 낳았다고 하면 또 한명의 행복을 책임져야 하는 구나"

이런 생각이 바로 사업가의 정신이지요.

내가 희생해서 남의 행복을 지켜주겠다는 생각이 필요하지 자기가 남에게 인정받고 잘 먹고 잘 살겠다는 사업가는 대부분 그 끝이 안 좋습니다.

또 동생은 이런 말을 했습니다.

"정말 힘들 때 직원들이 찾아와 사장님 걱정 마세요. 우리는 이겨 낼 수 있어요, 사장님은 잘 헤쳐 나가실 수 있을 거예요."

이 말 한마디면 없던 힘도 생긴다고요.

맞습니다. 내가 행복하게 해주려는 사람이 나를 인정해 줄 때 정말 힘이 나는 것이지요.

사업가는 금융인과 달리 끝없는 좌절의 순간과 고난의 순간이 다가옵니다. 그 말도 안되는 끝도 없는 나락의 순간을 오로지 끈기로 버텨낼 자신이 없는 사람은 사업가가 되어서는 안됩니다. 저는 이것은 단언을 할 수 있지요.

정말 힘들고 지치고, 어렵고 사방이 막혀도 포기하지 않는, 좌절하지 않는 사람만이 사업가의 기질이 있는 것입니다.

사업가들은 모두 존경을 받아야 합니다. 단 한 명의 직원을 둔 사장님도 분명 그 직원의 가족을 행복하게 하니까요. 그리고 거시경제학적으로도 급여를 주어서 소비를 일으키니까요.

사업가들은 위와 같이 돈을 목표로 해서는 안된다고 생각합니다.

열심히 희생을 하니 돈이 부수적으로 따라오는 것이지 돈을 목표로 하면 사업은 실패를 거듭할 수 있습니다.

단순히 돈이 목적인 사업가들은 좌절 앞에서 너무 쉽게 포기합니다.

나와 내 가족의 행복만이 목표인 사람은 프리랜서나 전문직을 선택하여야 한다고 생각합니다.

그래서 저는 사업을 하지 않습니다.

남의 행복이 목표인 사람만이 사업가를 선택하여야 하지 않을 까요.

8.

우리의 현재

　　　　　세계는 현재 저성장의 시대에 있습니다. 한때 브릭스라고 총칭되던 신흥경제개발국가들의 과잉생산과 과잉설비 투자로 인해 재고가 쌓이고, 수요와 공급에서 공급이 과잉된 상태이지요.그래서 중국이 구조조정을 하고 있고, 그로 인하여 원재재 블랙홀이던 세계의 공장 중국의 성장률 조정으로 인해 저유가의 시대를 맞았고, 그로 인해 전세계의 모든 경제성장이 둔화된 시대가 되었습니다.

　유럽, 일본등 실물경제를 자극하기 위해 마이너스 금리를 도입해 양적완화를 시도하고 있지만 효과가 미미한 상태입니다.

　양적완화가 시도되었지만 기업들이 자금을 빌려 생산에 투입되지 않고 있기 때문입니다.

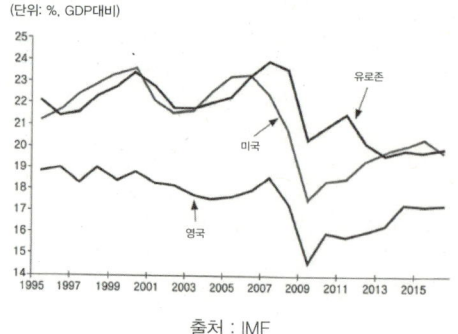
그림1 미국/유로존/영국 실물경제투자율 차이
출처 : IMF

그림 2 세계 철강 생산 설비 가동률
출처 : 세계 철강 협회

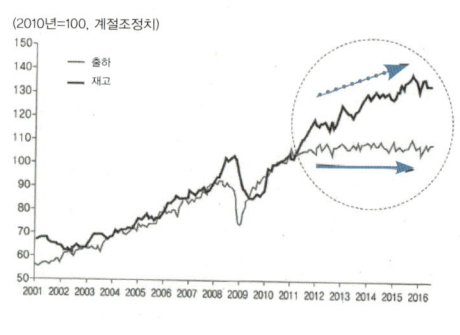
그림 3 한국 제조업의 생산, 출하, 재고 추이
출처 통계청

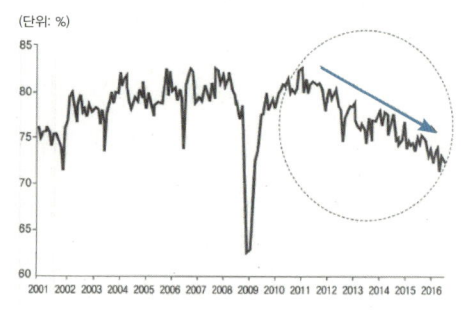
그림 4 한국 제조업 생산 설비 가동률 추이
출처 : 한국은행

극단적인 수출 지향적인 우리나라는 기업들이 내수시장의 침체와 글로벌 경기의 악화로 인해 투자를 하지 않고 있어 디플레이션 악순환의 구조에 들어가고 있습니다.

경기둔화 ⇨ 기업투자위축 ⇨ 구조조정 ⇨ 실업률 상승 ⇨ 소비위축 ⇨ 경기둔화.

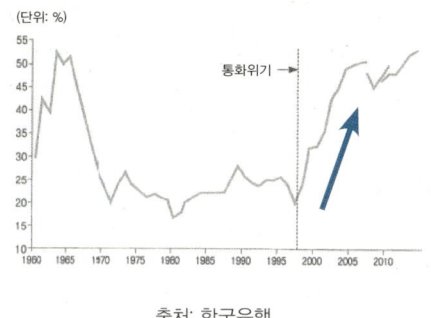

그림 5 한국 기업의 자기자본 비율 추이

출처: 한국은행

그림 6 한국 기업과 가계의 채무 잔고 추이

출처: 한국은행

우리나라의 양적완화와 저금리 정책은 기업들이 생산에 투입하지 않고 돈을 빌리지 않다보니 모두 가계에 흘러 들어가 가계부채만 1300조원을 돌파하는 계기가 되었고 부동산에 흘러 들어가게 되었지요.

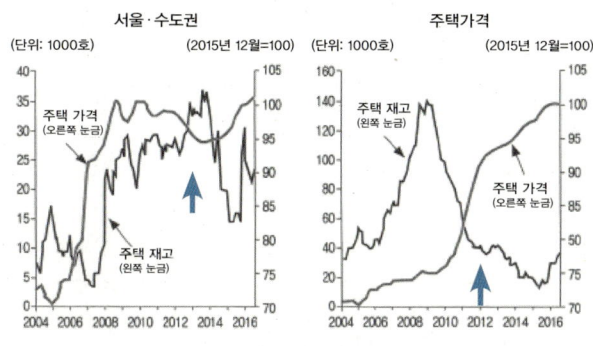

그림 7 한국 주택가격과 재고

출처 : 통계청

제가 항상 말하듯이 부동산은 수요와 공급에 의해서 가격이 결정되고 단

8. • 우리의 현재

61

기적으로 정책과 금리에 의해서 결정된다고 했습니다.

2012년 우리나라는 주택공급률이 103.2%를 넘어서서 주택공급이 초과되는 시기를 맞이하기 시작했지요.

공급과잉으로 주택가격이 하락하자 정부가 부동산 담보대출의 규제를 풀었고 (DTI, LTV), 저금리 정책을 시작하자 빠르게 주택가격이 상승하는 요인이 되었습니다.

하지만 가계부채의 빠른 증가로 인해 정부가 다시 담보대출을 규제하고 담보대출 금리가 오르고 있는 현재의 상황에서 부동산은 답보 상태로 들어가고 있지요.

제가 경기는 순환되고 4가지의 경기 상황이 있다는 말씀을 드렸습니다.

표1 경기와 지표

항목	경기	물가	금리
골디락스	UP	DOWN	DOWN
리세션	DOWN	DOWN	DOWN
인플레이션	UP	UP	UP
스태그플레이션	DOWN	UP	UP

지금 우리나라는 리세션의 상태입니다.

저성장, 저물가, 저금리의 상태이지요. 이런 상태에서는 워렌버핏의 포트폴리오에 따르면 증권과 부동산에 투자해야 하는 시기 입니다.

가난한 자의 주머니를 채워라

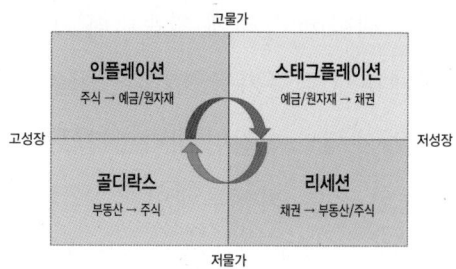

그림8 워렌버핏 경기순환에 따른 포트폴리오

리세션 상태에서 두가지의 방향성이 있는데, 한가지는 골디락스로 경제부흥기를 맞는 것과, 또 다른 하나는 스태그플레이션으로 경기가 후퇴하는 경우입니다.

그런데 우리나라는 현재 스태그플레이션의 조짐이 보이고 있습니다.

즉, 경제는 저성장인데, 물가는 오르고, 대외적인 요인(미국 연준의 금리인상)과 인플레이션, 가계부채 때문에 금리가 오르는 방향으로 갈 가능성이 있는 것이지요.

일본은 스태그플레이션으로 진행되는 것을 막고자 마이너스 금리와 무한 양적완화를 통한 엔화 약세를 만들어 경제를 성장시키려는 아베노믹스를 실행하고 있지만, 리세션에서 스태그플레이션으로 진행을 20년간 막고 있을 뿐, 골디락스로 가지는 못하고 있지요. 그래서 잃어 버린 20년, 만성 디플레이션이라고 하는 것입니다.

우리나라도 예외가 아니어서 고령화와 디플레이션의 장기화 조짐이 나타나고 있습니다.

하지만 우리나라는 더 위험한 상태에 있습니다. 트럼프의 보호무역주의, 세계성장률의 둔화, 가계부채의 증가등, 일본은 안전자산인 엔화라는 것이 존재하지만 한국은 대외부채에도 민감한 나라입니다.

일본보다 빠른 초고령화 속도, 가계부채의 증가, 건설경기로 내수를 유지하는 안타까운 현실입니다. 거기에 내부의 구조조정(규제철폐)에도 속도를 못 내고 있고 정치 리스크까지 겹치고 있네요.

트럼프 대통령의 미국이라는 기업

노벨상 수상자이면서 뉴욕타임즈의 컬럼리스트인 폴크루그만은 저서 "국가는 회사가 아니다"에서 성공한 기업인은 성공한 정치 지도자가 될 수 없다고 주장을 했지요.

이유는 거시경제는 결코 주주를 위해 수익을 내기만 하면 되는 기업처럼 운영되서는 안된다는 주장입니다.

마치 현재 트럼프 대통령이 미국 국민의 이익만을 위해서 미국을 경영하는 태도를 비판한 것이지요.

저의 견해는 이렇습니다.

미국이 중요한 이유는 다음과 같습니다.

- ✓ 세계 최대 소비국
- ✓ 기축통화 달러의 발권력

자본주의는 생산자 = 소비자 입니다.

미국이 자국내의 소비만 가지고도 충분히 경제를 활성화 할 수 있다고 생각할 지 모르지만 그것은 불가능하고, 결국 수출을 통해서 국가의 부를 쌓아야 하지요.

그런데 미국은 부가 쌓이고 다른 나라는 빈곤해 진다면 미국 제품을 사줄 사람들이 없는 것이 됩니다.

마치 기업이 근로자를 퇴출시키고 이익을 극대화 하려 했더니 생산한 제품을 사줄 사람들이 없는 것과 같지요.

달러는 기축통화입니다.

기축통화는 다음 두가지의 조건을 만족해야 합니다.
- 유동성
- 가치 유지

미국이 수입국이 아닌 수출국이 된다면 달러는 미국에 쌓이게 되고, 글로벌 달러의 유동성은 급격히 줄게 됩니다.

미국내 달러가 모이면 인플레이션이 발생하고 경기가 활성화 되면 인플레이션이 가속화 되어 달러의 가치가 하락하게 되지요. 그러면 금리를 올리게 되고, 이러면 다시 자본시장이 급격히 미국에 유입되어 유동성은 더욱 악화 됩니다.

미국이라는 기업과 기업의 주주격인 미국 국민의 이익을 최우선 한다면 기축통화인 달러의 영향력은 급격히 약화될 위험이 있는 것이지요.

이것이 폴크루그만이 경계하는 주주들만의 이익을 최우선하는 기업의 경영자가 거시경제를 살펴야 하는 정치지도자가 될 수 없다고 주장하는 이유입니다.

우리의 미래

우리는 현재 다음과 같은 시대에 살고 있고, 또한 변화의 과도기에 살고 있습니다.
- 기하급수의 시대
- 공급자의 시대에서 소비자의 시대
- 제조업에서 서비스업으로
- 재테크 부동산에서 거주 부동산의 시대
- 베이비부머의 투기보다는 안전한 배당수익 선호
- 4차 산업혁명

기하급수의 시대

1000년의 발달이 100년만에 이루어졌고, 지난 100년의 발달이 10년만에 이루어졌고, 지난 10년의 기술과 산업의 발달이 이제는 1년만에 이루어지는 기하 급수의 시대에 우리는 살고 있지요. 정말 눈깜짝할 사이에 세상은 변화하고 있습니다. 변화와 흐름, 트렌드를 잃으면 영원한 낙오자가 되는 시대에 우리는 살고 있습니다.

공급자의 시대에서 소비자의 시대

산업시대에서는 대량으로 싸게 만들면 팔리던 시대였지요. 하지만 이제는 소비자가 가성비를 따지고 수많은 물건을 온라인으로 검색하고 비교하며 자기가 원하는 제품을 싸게 구입할 수 있는 시대입니다.

대형마트가 퇴색하고 온라인 구매로 진화하고, 일률적인 기성품에서 고객 맞춤 서비스로 진화하고 있습니다.

부동산도 싸고 좋은 위치에 짓기만 하면 팔리던 시대, 시공사, 시행사의 시대에서 임대 수익률과 투기가 아닌 거주의 목적으로 부동산에 대한 인식이 변화하는 시기가 도래하였습니다.

제조업에서 서비스업

이전에는 호텔을 짓고, 운영하던 사람들이 주체였지요. 하지만 이제는 에어비앤비 처럼 호텔을 고객과 연결시켜주는 플랫폼이 주체가 된 시대입니다. 플랫폼은 자산을 소유하지도, 주방장과 벨보이가 없어도 호텔의 매출액의 50%를 가져갑니다.

빅데이타에 의한 소비자의 성향을 파악하고 그에 맞는 제품을 생산하지 않으면 대량생산하는 공장은 파산하게 되지요.

이제는 제조업에 근무하는 생산자 수보다 서비스업에 종사하는 근로자의 수가 훨씬 많아 실업률을 해결하기 위해서는 서비스업을 성장시켜야 하지요.

미국 서비스업과 제조업 일자리 증가수

출처 : USA LABOR DEPARTMENT

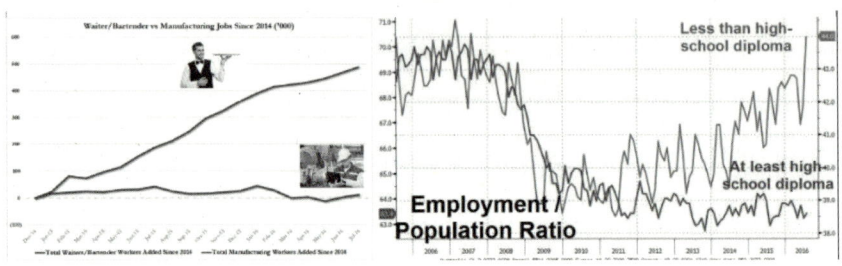

위의 그림에서 보듯이 서비스업과 제조업의 일자리 차이는 급격히 늘어나고 있고 고졸자와 대졸자의 실업률의 차이도 점점 더 벌어지고 있습니다.

재테크 부동산에서 거주 부동산의 시대

2012년에 우리나라는 주택 공급이 과잉 되었다고 말씀 드렸습니다. 따라서 더 이상 부동산 불패신화는 존재하지 않게 되었지요.

이제는 리츠등이 활성화면서 거주 우선의 임대주택이 대세가 될 겁니다.

베이비부머의 투기보다는 안전한 배당 수익 선호

우리나라는 40~60대가 인구의 가장 많은 인구를 차지하고 이는 북반구 전체가 그러합니다. 그리고 이들이 자산의 60%를 소유하고 있습니다.

한국과 미국의 베이비부머, 일본의 단카이 세대는 은퇴후 30년을 더 살아야 하기에 사는 동안의 안전한 수익을 원합니다. 이런 베이비부머의 투자 형태가 금융자산운용의 추세를 변화시키고 있지요.

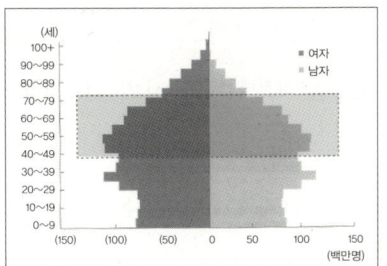

그림 10 북반구 연령별 인구분포

출처 : UN

증권이 개별종목의 등락이 아닌, 배당주와 ETF, ELS에 대한 투자로, 아파트보다는 수익형 부동산과 안정적인 임대료로, 잘못 부동산에 투자하는 것을 두려워해 안정적인 부동산리츠에 대한 투자와 배당수익을 추구하는 형태가 나타나며 금융자산, 부동산자산의 투자 형태가 바뀌고 있습니다.

4차 산업혁명

4차 산업혁명은 다음과 같은 키워드를 가지고 있다고 말씀드렸지요.
- 인공지능
- 초연결시대
- 빅데이타에 의한 고객맞춤 서비스업
- 로봇에 의한 생산성 향상

32조달러의 부가가치를 가지고 있다는 4차 산업혁명은 고령화와 인구절벽에 따른 복지재정 지출과 생산가능인구 축소 문제를 헬스케어 로봇서비스 및 원격치료 서비스로 극복하고, 생산가능인구의 절벽현상을 로봇을 이용한 자동화로 극복할 것이라고 합니다.

하지만 제가 말했듯이 자본주의는 생산자=소비자 인데, 생산자가 줄어드니, 소비자도 줄어드는 위험이 생깁니다.

그래서 사람들은 1 : 99의 부의 편중현상이 일어나고 공황이 오지 않으려면 정부가 1로부터 세금 등으로 부를 99에게 배분하는 복지정책을 실현할 수밖에 없다고 말이지요.

제가 지금까지 해왔던 강의에 대한 방향성을 이번 강의로 요약하려고 했습니다.

충분히 이해가 되셨는지 모르겠네요.

항상 어떤 사건들에 몰입하지 말고 그것의 방향성에 주목해야 합니다. 그래서 빠르게 다가오는 미래에 대처하고 낙오자가 되지 않을 수 있습니다.

다음 번에는 드디어 파생상품에 대해서 강의를 하려고 합니다.

제목은 "파생상품 그 아름다운 거짓말"입니다.

사실은 파생상품은 웬만한 금융인들 조차 그 내용을 이해하기 어렵습니다. 제 제자 중 증권회사에 근무하는 친구도 반쯤 읽다가 어려워서 그만두었다고 하더군요.

사실은 금융업에는 비밀이 많이 있고 보호장벽도 높습니다. 후배 기자 한 사람이 찾아와 부동산 금융업은 취재가 힘들다는 말을 하더군요.

여기에는 이유가 있습니다.

금융업도 일종의 기업입니다. 금융이라는 대출업무, 수수료 상품을 파는 일종의 서비스 기업이지요.

우리는 어떤 상품을 살 때 실제로 그 상품의 원가를 알지 못합니다.

도대체 원가가 얼마인지를 모르는 것이지요. 그냥 소비자가만을 알 수 있을 뿐입니다.

금융업도 마찬가지이지요. 소비자에게 나의 원가를 오픈하는 바보스러운 기업은 없을 테니까요. 그래서 금융업이 외부에 자기의 이익구조, 상품의 원가를 절대 알리지 않는 것이지요.

이런 금융업의 원가 비밀 구조의 백미가 바로 파생상품입니다.

심지어 파생상품은 미래의 현금흐름이므로 대차대조표상에도 존재하지 않습니다. 이유는 실물이 없고 권리만 존재하기 때문이지요.

그래서 금융업은 기본적으로 소비자에게 아름다운 거짓말을 합니다.

아름다운 거짓말이란 우리가 믿고 싶어 하는 거짓말이라는 뜻입니다.

9.

돈을 버는 법 3가지 법칙

제가 강의할 때마다 제가 관리하는 자산가들은 다음과 같은 특징이 있다고 말했습니다.

① 대박을 꿈꾸지 않고 꾸준히 벌었다.
② 원금을 잃지 않았다.

그리고 마지막 하나를 추가하면

③ 돈을 쫓지 않았다.
이렇게 3가지가 공통됩니다.
저도 개인적으로 다르지 않습니다.

대박을 꿈꾸지 않고 꾸준히 벌었다.

이 분들은 대박으로 돈을 번 분들이 없습니다. 정말 평생 꾸준히 벌었지요.
대박으로 돈을 벌게 되면, 그 돈을 쉽게 쓰게 됩니다.
예를 들어 도박으로 번 돈은 도박으로 탕진한다는 말이 있듯이 말입니다.
카지노에서 승률이라는 것을 표현합니다. 제가 2005년 당시 S은행과 인천 공항의 영종도 카지노 유치사업 developer agent를 한적이 있습니다. 마카오 대부인 스탠리호의 컨설턴트로서 일을 했지요.

그래서 나름 카지노의 사업에 대한 이해가 있습니다.
카지노의 승률은 카지노의 HOLD RATE를 표현합니다.
사람들은 아전인수격으로 이것을 자기에게 유리하게 100명이 들어가서 게임을 하면 8명이 돈을 따고 나온다고 생각합니다.
하지만 HOLD RATE 라는 것은 카지노가 카지노에 입장한 모든 고객의 게임머니중 8%를 무조건 딴다는 뜻입니다.

결국 잃은 사람도 돈을 번 사람도 있지만 최후의 승자는 카지노고 카지노는 모든 사람들로부터 게임머니의 8%를 가져온다는 것이지요.
세상에는 운과 불확실성이 있습니다. 하지만 두가지는 다릅니다.

운은 자기가 어쩔 수 없는 것이고, 불확실성은 자기가 컨트롤 할 수 있는

9. • 돈을 버는 법 3가지 법칙

것입니다.

운을 믿고 대박을 꿈꾸기 보다는 현찰을 꾸준하게 오랜 기간 받는 모델을 가져야 돈을 벌 수 있습니다.

제가 아는 자산가들은 부동산을 개발할 때 싼 값에 분양하려고 하지 않으시더군요. 그리고 자기돈으로 땅을 사서, 레버리지 일으키지 않고 시공비를 분양물로 30% 선지급하고 나머지를 분양대금으로 받아서 지급하십니다.

그러다가 미분양이 되면 자기가 인수하여 임대를 줍니다.

공사비만 확보되면 굳이 분양을 하려고도 하지 않으시지요. 임대수입이 좋다고 생각하십니다.

일반 시행사들은 자기돈은 최소로 하고 레버리지을 잔뜩 일으켜 매몰비용을 높이고 수익을 창출하려고 합니다.

한사람은 대박을 꿈꾸고 자산가는 꾸준한 수입을 창출하는 것이 다른 것이지요.

원금을 잃지 않는다.

원금을 잃으면 원금을 잃은 것을 회수하려고 무리수를 두게 됩니다.

그러다가 더 큰 원금을 잃고 점점 더 나락으로 빠져들어가지요.

도박에서 큰돈을 딴 사람이 그 돈으로 다시 도박을 하다가 원금보다 많이 잃게 되면 원금을 회수하려고 계속 게임을 하고 결국 번 돈과 자기가 가진 돈 모두를 탕진하는 것과 같은 이치입니다.

가난한 자의 주머니를 채워라

사업을 하면서 자기가 번돈으로 무엇인가에 투자를 하였는데 투자대금을 모두 잃을 처지에 놓이기도 합니다. 하지만 이런 때에는 투자금을 포기하라고 권하고 싶습니다.

이유는 투자금을 포기하지 못해 더 많은 빚을 지게 되면, 원래 0원에서 시작했던 사람이+20억 원을 벌어서 투자했다가 투자를 잘못해 20억 원에 미련을 못 버려 추가로 50억 원의 빚을 지고 더 투자를 하였다가, 50억 원마저 잃으면, 그 사람은 0원이 아닌 -50억 원에서 재기를 해야하기 때문이지요.

항상 0원은 자기의 처음 모습입니다. 그리고 0원에서 다시 시작하면 되는데, 잘못된 판단으로 -50에서 시작을 하게 되면 다시 시작하기란 정말 몇 십 배로 어렵습니다.

따라서 투자를 할 때는 돈의 좌표를 생각해서, 내가 얼마의 돈이 필요하고, 필요한 돈을 마련하는데 얼마의 시간이 걸리고, 그 돈의 변동성과 불확실성을 확인해서 안전하게 원금을 잃지 않는 돈의 좌표체계를 명심해야 합니다.

돈을 쫓지 않는다.

저는 자본가들로부터 많은 금액을 투자(대여)받아 운용하고 있지요. 운용의 철칙은 독자 시행업에 대출만 합니다.

그리고는 제가 FA또는 PM을 맡습니다.

그런데 저는 이때 PM이나 FA를 현금으로 받지 않습니다. 대물로 받지요.

9. • 돈을 버는 법 3가지 법칙

그러면 시행사들은 깜짝 놀랍니다. 고맙다고 하지만 사실은 제가 고맙습니다.

현금으로 줘도 마땅히 쓸 때도 없고 운용할 때도 없습니다. 특히 돈이 있으면 여기저기 빌려 달라는 요청도 많고 투자요청도 많습니다. 그리고 투자라는 것이 변동성과 불확실성을 따지면 그리 좋은 것만이 아니지요.

제가 대물로 받는 다고 하면 제일 좋은 물건을 주더군요.

그러면 임대수익이 나게 될 테니, 저는 더 할 나위 없이 좋은 겁니다. 물론 기업체에서는 직원들 급여도 주고 임대료도 주어야 하니 이런 방식이 어려울 수도 있습니다.

하지만 저의 입장에서는 안정된 수익을 보장 받을 수 있는 부동산 물건을 대물로 받으니, 위에서 말한

현찰을 꾸준하게 오랜 기간 받는 구조가 완성됩니다.

한번에 3억 원을 받으나, 매달 5백만 원씩 60개월을 받으나 금액은 3억 원으로 같습니다. 물론 화폐의 가치하락인 인플레이션을 고려 해야하지요.

하지만 3억 원을 투자한다고 손실을 입거나, 빌려주었다가 못 받는 경우에는 모두 잃어 버립니다.

이런 변동성과 불확실성을 고려하면 500만 원씩 꾸준히 60개월동안 받는 것이 훨씬 안정적입니다.

돈을 쫓지 않는다.

저축은행은 자기자본 비율을 20%를 맞추어야 합니다. 그러다 보면 보통 시행사들이 대부분 자기자본이 부족해집니다.

자금 조달액에서 FA나 PM의 비용도 조달액의 1%이고 중도금 주관도 조달액의 1%이니, 거의 2%정도가 됩니다.

그러면 적지 않은 돈이 됩니다.

이를 대물로 받으면 시행사 입장에서는 큰 도움이 되는 것이 사실이고 무척이나 고마워 합니다.

이렇게 제가 자기 이익을 위하는 사람이 아닌 고객의 이익을 위해 일하는 사람이라는 것을 보여주면 고객은 더 많은 고객을 소개합니다.

그러면 저는 더 많은 고객들로부터 더 많은 수익을 창출 할 수 있지요.

돈을 더 받으려고, 억지로 빨리 받으려고 돈을 쫓아가면 돈은 도망가고 돈을 베풀면 돈은 쫓아오는 것이 자연의 섭리 인 듯 합니다.

평균값의 허수

우리는 통계청의 많은 데이터가 평균치라는 것을 압니다.

하지만 이 통계치의 평균값은 실상은 허수 입니다.

추세를 알 수 있을 뿐 정확한 값은 아니라는 것이지요.

예를 들어보겠습니다.

대졸 신입사원의 평균연봉은 다음과 같습니다.

- 대기업 3,893만 원
- 공기업 3,288만 원
- 외국계 3,277만 원
- 중소기업 2,455만 원

그런데 대기업 대졸 평균 연봉을 업종별로 분류하면 다음과 같습니다.

- 건설 4,167만 원
- IT-전기전자 3,951만 원
- 서비스 3,486만 원

입니다. 의외이지요? IT전기전자가 가장 높고 서비스업이 높을 듯 했는데 말이지요.

그런데 대기업, 중소기업을 세분화하지 않고 업종별로 가장 높은 금액을 받는 업종은 어디 일까요?

- 자동차 운수업종 4,289만 원
- 금융업 4,225만 원
- 석유화학 3,925만 원
- 기계철강 3,981만 원

재미있지요. IT전기전자보다 기계철강이 더 많이 받고 자동차 운수업이 최고라니 말이지요.

여기에는 평균값의 허수가 숨어 있습니다.

5명이 있는데, 5명이 골고루 2천만원씩 월급을 받는 경우와, 한명이 8천만원 나머지 4명이 5백만 원씩을 받아도 평균은 2천만 원이 됩니다.

이런 데이터가 가장 허수로 나타나는 곳이 바로 부동산 입니다.

부동산 가격은 평균값이 올랐다고 해도 한 곳만 왕창 오르고 나머지는 죽을 쓰게 되면 평균값은 상승으로 나타나는 것이지요.

상승폭이 크지 않은 경우, 지금처럼 0.4~5% 상승하는 경우에는 바로 이러한 경우가 극히 많기 때문입니다. 한곳은 청약률이 10:1이고 나머지는 미분양이어도 이런 결과가 나옵니다.

여러분이 이해하기 어려워도
- 돈은 꾸준히 벌어야 하고
- 원금을 잃는 일을 해서는 안되고
- 돈을 쫓아서는 안된다는 말을

가끔은 한번씩 되새기기를 바랍니다.

10.
휴리스틱 & 바이어스

제가 제 강의에서 휴리스틱이라는 것은 모든 일을 낙관적으로만 바라보는 것이고 바이어스는 그로 인해 잘못된 결정을 내리는 것이라 언급한 적이 있습니다.

최근의 사례를 들어보도록 해서 설명을 하겠습니다.

D건설의 대표가 저에게 프로젝트를 소개할 테니, 사람을 만나 달라고 요청을 해왔습니다. 사람을 만났더니, 우선 다른 것을 떠나서 착하더군요. 저는 착하지 않은 사람과 잘 일을 안합니다.

프로젝트의 개요는 다음과 같습니다.

프로젝트 개요
- 수도권 인근의 오피스텔 프로젝트

- 토지비는 54억원 + 프리미움 20억원 합계 74억원
- 매출액 예상액 600억원
- 자금조달액 360억원
- 공사비 평당 430만원에 20% 유보.

문제점
- 현재 시행사에서 토지주에게 13억원을 건네고,
- 나머지 38억원은 1순위 승계,
- 부족한 금액이 23억원(74-13-38=23)

시행사는 땡전 한푼 없는 것이지요. 23억원을 1달 안에 마련하지 못하면 13억원을 날릴 판이었습니다.

그래서 시행사는 시공사에게 시공권을 줄 테니, 23억원을 대여 받는 조건을 내걸었습니다.

저의 조언 1
- 자기 돈 없이 시행업을 하는 것은 무모하다.
- 13억원을 포기해라, 사업가는 포기 할 줄 알아야 자기 재산을 지킬 수 있다.
- 시행사를 소개한 D사는 돈을 대여하면서 사업을 하는 곳이 아니고, 20% 공사비를 유보하면서 시공권을 따겠다고 하면 내가 말릴 것이다.

10. • 휴리스틱 & 바이어스

시행사의 답변

- 13억원은 지난 4년간 번 돈 전부이다.
- 절대 포기 못한다.
- 제가 새벽 4시 출근해 저녁 8시면 잠자리에 드는데, 밤 11시에 문자와 통화를 하면서 절대 포기 못한다고 어떻게 든 사업을 진행할 수 있게 해 달라고 하더군요.
- 시행사의 대표는 딸이 하나 있는데, 지금 외국 유학중이라고 합니다.

저의 처리 1

- 어쩔 수 없이 일을 진행해주기로 했습니다.
- 다급한데로 항상 새벽 4시에 출근하는 저는 6시까지 저축은행 3군데에 담보대출 60억원 IM을 작성해서 보냈습니다. 저축은행 3군데 모두 저의 제자들이어서 신속한 의사결정을 내줄 수 있고, 각 저축은행들의 에이스들이어서 빠른 의사 결정을 해줄 수 있습니다.
- 10시 30분 3군데 모두 탁상감정을 의뢰하고 다음날 까지 승인 여부를 알려주겠다고 했습니다.
- 다음날, 3군데 모두 승인이 가능하다는 연락을 받았습니다. 다만 1군데는 48억원, 2군데는 60억원이 가능하나, 감정가가 80억원이 나올 수 있느냐가, PF 상환을 담보하기 위하여 협약서가 필요하다는 의견이었지요.
- 60억원을 신청한 이유는 최대 필요자금이 61억원 (74-13=61)이었기 때문

이었습니다.
- 우선 48억원 승인이 바로 다음날 확인되었습니다.
- 이제 13억원과 취등록세 비용 2.5억원만 있으면 되는 상황이 되었습니다.
- 그래서 시행사에게 15억원을 구해오면 바로 토지를 인수할 수 있다고 확인해 주었습니다.
- 그리고 60억원 대출도 그대로 진행한다고 알려주었습니다.
- 이때까지 주말 빼고 제가 시행사를 소개 받은 지 4일이 지난 상황이었습니다.

시행사의 15억원 구하기

- 시행사가 잘 아는 시공사가 있고 시공사 대표와의 친분으로 2번을 만났는데, 15억원을 투자해 주겠다고 했습니다.
- 저는 반신반의 했지만 같이 만나 달라고 해서 시공사를 만났더니, 15억원 투자가 가능하고 견적을 검토하고 수주심의를 해보겠다고 했습니다.
- 또 다른 한곳을 더 데리고 왔는데, 그곳은 최소 1개월 이상의 시간이 소요된다고 하더군요. 따라서 선택의 여지가 없었습니다.
- 시공사를 만나서 제가 추가적인 시공을 알선할 테니, 가능하면 견적금액과 대여금, 그리고 유보율을 맞추어 달라고 제가 부탁을 했습니다.
- 그래서 시공사는 사업성 검토(유보율 회수 가능성), 견적(적정공사비 검토), 투

자금 회수 가능성을 검토하기 시작했지요.
- 먼저 당연히 시공사도 해당 프로젝트가 정말로 진행되는 지에 대한 의심이 있을 수 있어서 K신탁사의 사업참여의향서와 H증권의 사업참여의향서를 제공했습니다.

저의 처리 2
- 시간이 없는 관계로 K신탁사와 시공사, 시행사의 미팅을 주선했고,
- 바로 금융주관사 IM을 작성해서 3곳에 제출했습니다.
- 증권사 1은 PI로 15억원을 투자하고 사업을 추진할 수 있는 곳, 다만 시공사가 1군이어야 함
- 증권사 2은 빠른 의사 결정을 할 수 있는 곳, 2군 시공사 가능하고 K신탁의 책임준공 백업 조건
- 증권 사 3은 증권사 2와 다르게 LTV 제약이 없고, 대신 선순위를 저와 K신탁이 모아와야 하는 곳이었습니다.

지금까지가 제가 시행사를 만나고 정확히 1주일이 지난 시점이었습니다.
1주일동안 브릿지론 승인을 받고, K 신탁사의 책임준공백업, 증권사들의 검토개시까지 일을 진행했습니다.

시행사의 휴리스틱

시행사는 다음과 같은 문제점이 있었지요.
- 자기가 원하면 시공사들이 무조건 15억원이상을 대여해 줄 것이라는 착각
- 자기 돈이 부족한데 남의 돈으로 사업을 할 수 있을 것이라는 착각
- 모든 일이 자기가 상상한데로 진행될 것이라는 착각.
- 자기 주머니의 돈은 쉽게 내주고 남의 주머니의 돈도 마치 자기 주머니의 돈처럼 쉽게 가져올 수 있다는 착각
- 저를 소개 받아 일이 신속하게 처리되는 것을 보고 세상 일이 모두 이렇게 쉽고 신속하게 처리될 것이라는 착각.

한마디로 착각의 연속이었습니다.

시행사에 대한 저의 조언

- 절대로 일에 대해서 확신하지 마라 내주머니에 돈이 들어오기 전에 돈에 대한 확신은 금물이다.
- 내가 하는 일을 시행사의 능력이라고 생각하지 마라.
- 브릿지론 승인, 시공사의 적극적인 태도, K신탁사의 사업참여의견, 증권사의 긍정적 검토등은 시행사의 능력이나, 사업성이 아닌 순전히 저의 크레딧이기 때문이지요.
- 실제로 시공사, 저축은행, 증권사등은 시행사와 연락을 하지 않고 저와

대화를 합니다. 물론 PM과 FA의 역할이 그런 것이지만 시행사는 사업성이 뛰어 나서 모든 이해 당사들이 이렇게 빨리 의사결정을 해주는 줄 오해 합니다.

시행사의 바이어스

- 시행사 대표가 토지주를 만나서, 4월 20일까지 잔금을 지불하지 않으면 계약금을 몰취하는 것으로 하였다고 4월초 잔금 지불을 유예하는 계약서를 작성했다고 전화를 해왔습니다.
- 속으로 어이가 없었습니다.
- 저축은행 1은 4월 14일 기표일자를 확정 통보했는데, 4월 14일자까지 15억원의 투자가 시공사에서 승인이 안나면 불가능한 것이었고
- 저축은행2는 60억원 대출을 승인했는데, 이는 금융구조의 완전한 세팅으로 협약서가 필요했습니다.
- 제가 보기에는 빨라야 최소한 5월초가 되어야 모든 것이 완료되는 것으로 보이는데, 시행사 대표가 4월 20일을 확정했다고 하더군요. 이유는 38억원 기존 대출의 만기가 4월 20일이라 그렇다고 합니다.
- 대출은 승계하면 연장이 되는 것인데, 그것을 계약서로 몰취조건을 명시하다니, 자기 주머니의 돈은 쉽게 내주고 남의 주머니(시공사 투자금)의 돈도 쉽게 가져 올 수 있다는 정말 정확한 바이어스(잘못된 판단으로 인한 행동)이었지요.

저의 처리3

- 증권사와 협의가 시급했지요, 만일 시공사의 15억원 투자가 물거품이 되는 상황이 되면 브릿지론 60억원 받고 시공사의 견적을 낮추어 여러 군데의 견적을 받아야 하니까요. 60억원 브릿지론 대출의 조건이 금융주관사 협약서이니까요.
- 증권사들과의 협의를 위해 필수사업비(조달금액)의 LTV를 낮추는 작업을 했습니다. 우선 시행사 일반관리비를 모두 삭제했습니다. 그리고 제가 받게 되는 PM&FA수수료를 모두 대물로 처리해서 LTV를 60%이하로 낮추는 작업을 했습니다.
- 증권사 1은 PI의 금리와 1군 시공사의 견적금액을 가정하면 시행사의 이익이 너무 낮아 부정적이 었습니다.
- 증권사2는 역시 의사결정을 빠르게 해주었지만 역시나, 금융주관수수료를 과도하게 높이면서, 대신에 LTV를 유지하기 위해 시공사의 공사비를 낮추어 달라고 요청했습니다.
- 증권사3는 선순위를 저와 K신탁사가 모집하는 조건으로 LTV를 70%까지 유지해준다고 했으니, 가장 좋은 조건이었습니다.

현재 상황

- 시행사 대표가 또 다른 시공사를 투자처로 추천을 했는데, 아직도 시행사 대표는 남의 주머니 돈을 자기 주머니의 돈으로 오해를 하고 있더군요.

- 그리고 해당 시공사는 실적이나 능력이 K신탁사의 책임준공 백업을 받을 수 있는 수준이 못되어서 검토대상이 안됩니다.
- 시행사 대표가 추천한 시공사가 제가 제시한 견적금액과 유보율을 맞추기 어려워 보입니다. 그러면 15억원은 물 건너 간 것이지요.
- 저축은행 1은 저에게 계속 전화를 해서 승인을 내 놓았으니, 4월 14일 기표를 계속 조르고 있습니다.

저의 처리4

- K신탁사에게 이미 다른 시공사를 알아보아 달라고 요청을 했습니다.
- 금액이 올라가고 유보율이 낮아져도 이제는 시공사를 찾아야 하니까요.
- 증권사 3과 사업수지분석을 다시해서 협의를 시작했습니다.
- 공사비를 450만원/평당, 유보율을 15%로 하게 되면 전체 공사비가 약 300억원이 되고
- 조달금액은360억원에서 390억원으로 LTV가 59%에서 65%로 상향되고
- 미분양 LTV (민감도)가 선순위 58%에서 62.5%로 후순위 74.6%에서 80.9%로 상승합니다.
- 이렇게 되면 금리와 취급수수료가 인상됩니다.
- 제가 말씀드린데로 후순위의 취급수수료와 금리는 후순위의 미분양 LTV(민감도)에 따라 연동됩니다.
- 그러면 시공사와 협의를 해서 유보율을 15%에서 20%로 높이거나 시공

단가를 조정해야 하지요.
- 빠른 시공비 결정으로 사업수지분석을 완료하여(LTV, 선순위, 후순위 민감도) 증권사와 최종협의를 끝내고 협약서(시행사, 시공사, 금융주관사, 신탁사)을 준비해 60억원 브릿지론을 받아 토지를 인수하고 인허가에 들어가야 합니다.
- 제가 보기에는 최소 1주일, 정상적으로 2주일이 소요될 듯 합니다.
- 증권사 및 K 신탁사, 시공사의 자체적인 결제 기간이 1주일 정도 걸릴 테니, 아마도 정상적으로는 지금부터 3주일후에야 협약서가 브릿지론 금융기관에 제출이 가능합니다.

이 정도로 일을 진행하는 것도 제가 다른 일을 전혀 안하고 오로지 이 일에만 매달려야 할 것 같습니다.

시행사가 해야 할 일
- 시행사는 이번 일이 진행되면서 정말 뼈저리게 알았을 겁니다.
- 남의 돈(대주단 390억원 시공사 유보금 50억원)으로 부채비율 1000%의 사업을 한다는 것의 무모함
- 시행사 자기가 할 수 있는 일이 하나도 없다는 것을
- 남의 돈을(시공사 투자금) 자기 주머니의 돈처럼 쉽게 생각한 것의 허망함
- 세상일이 자기가 머릿속에 그린 그림과 하나도 일치하지 않는 다는 것

(투자금, 시공사, 증권사, 토지주등등)
- 브릿지론, 증권사, 시공사등 자기의 능력은 한가지도 없고 오로지 남의 능력에 의해서만 사업이 진행되는 자기 능력의 한계
- 정말로 시행사 대표는 딸의 귀국 비행기표 값을 걱정해야 할 지 모릅니다.
- 어쩌면 심하게는 딸과 아내가 살 집이 없어질지도 모릅니다.
- 남의 돈이라는 것이, 빚을 내는 것이 이렇게 무섭다는 것을 뼈저리게 느끼게 해주는 것인 오히려 아직 젊은 시행사 대표에게는 약이 될 것이라는 생각하고 있습니다.
- 내 가족이 길거리에 쫓겨 날 수 있다는 생각을 하면 아마도 시행사 대표는 못할 일이 없을 겁니다.
- 그런데 정말 그런 일이 눈 앞에서 벌어질 수 있을 가능성이 제가 보기에는 80% 이상입니다.
- 제가 손을 떼면 아마도 100%이고요.
- 지금이라도 다시 토지주를 만나서 무릎을 꿇던, 애걸을 하던 잔금 지불을 연기하고 농협의 38억원의 이자를 선이자로 예치하는 방식으로 시간을 벌어야 합니다.

사업가란, 기업의 대표란?

- 저에게는 사회에서 어렵게 만난 동생이 한명이 있습니다.
- 저는 사람이 일정거리안에 들어오는 것을 잘 허락하지 않습니다. 그 만

큰 비즈니스에 개인의 감정을 개입시키는 것을 싫어합니다.
- 배려는 할 수 있지만 그 이상은 잘 안합니다.
- 그래서 저를 형이라고 부르는 것을 별로 좋아하지 않습니다.
- 그런데 단 한명에게 그것을 허락했지요. 바로 D건설사의 Y대표입니다.
- 왜 Y 대표에게 이것을 허락했는지 설명하지요.

내 동생 D건설의 Y대표에 대한 자랑
- 대표이사의 마인드

  기업가란 "내가 열심히 희생하고 노력하니, 직원들이 행복하고, 직원들이 행복하니, 그 가족이 행복하고, 그 모습을 보는 내가 행복하다. 그리고 대표의 가족은 그런 가장의 모습을 보면서, 희생을 감내하면 자랑스러워 한다."라고 제가 말한 적이 있습니다.

  제 동생 D 대표는 이런 사람입니다.
- 포기와 끈기

  D 건설사에 900억원의 공사를 하게 사업을 연결했습니다. 토지를 인수하기 위하여 90억원의 ABL이 필요했지요. 그런데 ABL이 74억원만 조달했습니다. 지금의 금융상황상 제 능력의 한계였습니다. 그래서 Y 대표에게 제가 운용하고 있는 펀드에서 100억원 대출해 주겠다고 하고, 금리 8%에 취급 수수료 3%, 원리금 균등상환이지만 금리는 계속 8%라고 했지요. 74억원을 선택할 지 아니면 100억원의 고금리를 선택할 지 궁금했습니다.

10. • 휴리스틱 & 바이어스

✔ 기업가 다운 판단

Y 대표는 100억 제안을 거들떠도 보지 않더군요. 대신 자기가 토지주를 만나서 간 쓸개를 내주고 바지 가랑이를 잡아 채서라도 16억원을 유예하거나 삭감해 달라고 요청할 거라고 저 보고 같이 가자고 했습니다.

속으로 무척이나 흐뭇했습니다.

바로 이런 게 기업가의 판단입니다. 남의 돈을 무서워하고 이자를 무서워 하면서 몸으로 자기 주머니의 돈을 지키는 것.

제 돈을 덥석 받았다면 무척이나 실망해서 한참동안 설교를 할 판이었는데, 어제는 무척이나 몸이 피곤했지만 내 동생 Y 대표 때문에 깊은 잠을 잘 수 있었습니다.

우리 와이프가 저에게 "무슨 좋은 일이 있었냐고 잠든 당신이 미소를 지으면서 자더라"라고 하더군요.

저는 D 건설을 위해서 최선을 다할 것이고 반드시 16억원의 문제를 토지주를 협박을 해서라도 해결해줄 겁니다.

두 회사의 대표의 비교

아마도 현 시행사 대표라면 덥석 제 펀드의 돈이 고금리여도 받았을 겁니다.

현 시행사 대표는 기업의 영속성보다 한탕을 생각하면서 직원보다 가족을 먼저 생각하지요.

가난한 자의 주머니를 채워라

현 시행사 대표는 지금 발등에 불이 떨어지고, 가족들이 길거리로 쫓겨날 수도 있고, 직원들의 가족이 실직자 가장을 바라 볼 수 있는 상황에서도 최고 경영대학원에 입학해서 인적 네트워크를 생각하고 있습니다.

제가 항상 말하는 남의 욕망을 쇼핑하고 있는 것이지요. 남에게 보이는 자기의 모습을 말입니다.

그런 사람들과 어울린다고 자기가 그런 크라스가 되는 것이 아닙니다. 진정한 실력과 능력이 있으면 남들이 알아서 인정해주지, 그런 능력과 실력이 없는 사람이 단순히 어울리기만 해서 그들과 같은 계층이 되지 않습니다.

그 시간에 토지주를 만나 그 옆에 호텔을 잡고서 며칠을 기거하더라도 설득을 하는 것이 필요하지요.

그래서 정말 요즈음은 아직 젊은 시행사 직원들을 위해서 뜨거운 맛을 보게 해주는 것이 진정 그들을 도와주는 것이 아닐 까 심각하게 고민합니다.

제가 이 일에 전력을 기울이는 이유

2주동안이지만 저를 믿고 진행해준 이해당사자들 저축은행, 증권사, 신탁사 때문에 진행하는 것이지 정말 시행사를 위해서 진행하는 것이 아닙니다.

너무도 짧은 시간에 많은 협조를 아끼지 않은 증권사와 저축은행, 그리고 신탁사에 대한 신용과 신뢰를 잃지 않기 위해 저는 최선을 다하려고 합니다.

그리고 D 건설은 올해 수주액이 2천억원이 넘을 것 같습니다. Y대표는 형이라는 사람이 자기가 소개한 딜도 다른 시공사에게 소개한다고 투덜거리지만 제 생각에는 D 건설사가 올해 더 이상의 수주는 자칫 무리수가 될 가능성이 있습니다.

그래서 90%이상의 공사비 확보율, 수익이 충분한 시공비가 아니면 이제는 연결을 하지 않을 예정입니다. 그리고 시행사가 충분한 자금력이 있고, 오피스텔, 아파트 보다는 지식산업센터, 상가, 섹션오피스만 연결하려고 합니다.

시행업을 하는 모든 분들에게 말하고 싶은 것은
- 내주머니속의 돈이 아니면 내 돈이 아니고
- 세상의 모든 일은 내 머릿속의 그림처럼 될 가능성은 10%도 안되고
- 그런 사고방식의 사업추진은 운에 맡기는 도박이라는 것입니다.

잭 웰치의 유명한 말을 끝으로 하려고 합니다.

"너의 운명의 주인이 되어라,
아니면 누군가의 노예가 될 것이다"

스스로 해결할 수 있고, 내주머니의 돈이 아니면 남의 돈이고 결국 그 사람의 노예가 되고 자기 가족과 자기 회사원과 가족 모두를 남의 노예로 만든다는 것을 명심하세요.

11.

핑크 펭귄

우리는 다큐멘터리 "남극 펭귄의 눈물"을 보아도 신기한 것이 모든 펭귄들이 비슷하게 생겨서 그들이 자기 짝을 찾거나, 자기 새끼를 찾아내는 것을 신기하게 생각합니다.

겉모습도 울음소리도 너무나 흡사하지요. 심지어 몸집까지도 비슷합니다.

이 책의 저자는 현재 우리가 살고 있는 사회를 펭귄 무리로 표현합니다.

수많은 상품과 기업들이 등장하고, 심지어 글로벌 시대로 인해 외국에서 유사한 제품과 기업들이 쏟아져 나옵니다.

모두들 같은 류의 무리이어서 고객의 입장에서는 구별이 쉽지 않습니다.

그래서 고객은 너무나 많은 펭귄들을 구별해주고 가격을 비교해주고 성능 별로 구별해주는 플랫폼 앱을 사용합니다.

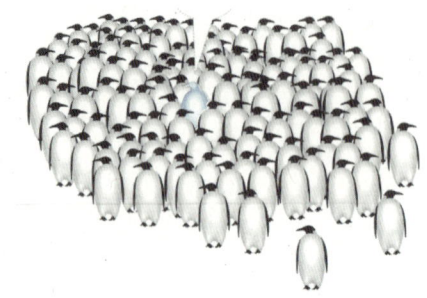

그런데 이런 펭귄 무리 중에 핑크색 펭귄이 있다면 눈에 확 뜨일 겁니다.

그래서 결론은 핑크색 펭귄이 되어야 하고 핑크색 펭귄이 되기 위한 방법을 집필한 책입니다.

제조업에서 서비스업으로

농경사회에서 산업혁명을 거쳐 제조업의 사회가 지난 100년간을 지배해 왔습니다.

제가 항상 말했듯이 제조업의 사회에서는
- ✔ 얼마나 빨리,
- ✔ 얼마나 대량 생산을,
- ✔ 얼마나 싸게

만드느냐가 관건이었고, 그렇게 만든 제품은 무조건 고객들이 사던 시대였습니다.

그런데 이제는 너무나 비슷한, 너무나 많은, 너무나 저렴한 제품이 유사하게 많이 등장했지요.

결국 소비자가 선택하는 우위의 시대, 공급자가 "을"인 시대가 되었습니다.

따라서, 고객의 눈으로 바라보고, 고객과 공감하지 않으면 유사한 제품의 품질, 가격에서 차별화 될 수 없다는 것입니다.

즉, 서비스의 질이 높지 않으면 절대로 고객의 관심을 끌지 못한다는 것입니다.

구르메 효과

Gourmet의 원 뜻은 미식가라는 말입니다. 패스트 푸드의 음식이 아닌 고가이지만 자기 원하는 음식만을 취하는 미식가, 또는 식도락가라는 뜻이지요.

저자는 물건을 파는 사람뿐만 아니라 사는 사람들도 펭귄 무리로 표현합니다. 그런 고객들에게 당신은 패스트푸드를 찾는 사람이 아니라 전문 음식점을 찾는 식도락가라는 인식을 심어주어야 한다고 합니다.

즉, 물건을 사는 당신은 일반 무리의 다른 사람들과 차별되는 사람이라는 인식을 심어주어야 한다고 합니다.

예를 들어 호텔에서 일반 객실을 90%, 스위트룸을 10% 정도 유지하는 이유는 스위트룸을 찾는 고객이 있기 때문이라고 하지요. 즉, 몇 배의 가격을 지불해도 자신을 펭귄무리와 차별화 하고 싶어하는 사람들은 존재한다는 것입니다.

명품족들이 바로 이런 사람들이지요. 인간의 본성이기도 합니다. 명품을 비싼 가격을 주고 사는 이유는 평소에 가성비를 따지던 사람들도 내면에는 다른 사람들과 자기를 차별화하고픈 본성이 있다는 것입니다.

또 다른 구르메효과로 소비자 집단을 전문화 하라는 조언을 합니다.

예를 들어 보험서비스 같은 경우, 우리는 너무나 일률적인 보험 서비스가 있어서 사용자 입장에서는 그게 그것 같다는 것을 느낍니다.

그런데 어떤 보험 판매원이 자기의 고객을 세분해서 자기는 치과의사들만을 전문으로 하는 보험을 판매한다고 가정합니다. 그러면 치과에 대한 전문적인 보험서비스로 차별화 되고, 보다 양질의 서비스를 제공할 수 있을 뿐만 아니라, 치과의사들은 보험 판매원을 통해 다른 치과들의 동향도 파악할 수 있으니, 이 보험 판매원 만을 찾을 것이라는 것이지요.

또한 치과 전문 보험 판매사라는 이유로 가격을 높이는 것을 잊지 말라고 조언합니다. 이유는 치과의사들이 나는 다른 사람들과 차별화 되어 다른 제품을 사용하고 있다는 세뇌를 위해서 당연히 높은 가격을 지불하게 해야 한다고 합니다.

고객의 눈으로 바라보아라

두번째로 고객의 눈으로 바라보고 권합니다. 그리고 고객의 눈으로 바라볼 수 있다면 고객의 진정한 전략적 파트너가 될 수 있다는 것이지요.

예를 들어 보지요.

회계사를 찾는 사람이 있습니다. 우리는 그에게 다가 가서, 우리 회사의 업적과 인력 구성, 그 동안 회계 업무를 했던 기업들을 줄줄이 나열합니다.

가난한 자의 주머니를 채워라

그런데 고객이 듣고 싶은 것은 이런 것이 아니라고 합니다. 그와 유사한, 또는 그보다 훨씬 유능한 회사들은 많다는 것입니다.

저자는 그래서 고객의 눈으로 고객이 찾고 있는 것을 찾으라고 합니다.

예를 들면, 아이를 학교에 4시까지 데리러 가야 하는 주부가 있는데, 중간에 차가 고장 났다고 합니다. 그래서 정비소에 갔더니, 피스톤 베어링 링과 윤활유가 가스킷에 문제가 있다고 전문적인 설명을 잔뜩 늘어 놓습니다.

고객이 알고 싶은 것은 알지도 못하는 전문적인 기술이야기가 아니라 4시까지 고칠 수 있느냐 이지요.

그 고객이 다시 정비소를 찾고 정비소에 단골 손님이 되려면 정비업체 사장은 다음과 같이 이야기해야 한다고 합니다.

"뭐 약간의 기계적인 결함이 있는데, 3시30분까지는 수리가 가능합니다."

"요즈음 아이들은 무척이나 바쁘지요. 제 시간에 학교 마치고 또 학원 수업을 위해 가야 하니, 부모님들이 정말 힘들어요"

"그런데, 차를 미리 미리 정비하지 않으면 이런 갑작스러운 문제가 발생할 수도 있지요. 그래서 정기점검을 받아두는 것이 좋습니다."

여러분이 고객이라면 자기의 처지를 알아주고 공감해주는 정비소의 단골이 안 될 수 있나요?

고객이 알고 싶어하는 것은 언제까지 고칠 수 있느냐이지, 기술적인 결함이 아닙니다.

회계사도 마찬가지지요.

듣고 싶은 것은 우리가 얼마나 유능하냐가 아니라 자기가 얼마나 절세를 할 수 있느냐 입니다.

전략적 파트너

이렇게 소비자와 공감대를 형성해서 소비자가 공급자를 전략적 파트너로 인식하게 만들면 소비자는 알아서 공급자를 찾는 다는 논리입니다.

이 책에서는 다양한 예제를 들었습니다.

[1차적 추구하는 것]

회계사에게 원하는 것: 세무적 기능

금융 서비스에게 원하는 것: 돈을 버는 것

비즈니스 컨설턴트에게 원하는 것: 사업창출

의료서비스: 질병을 고치는 것

패션: 멋져 보이는 것

[최종 추구하는 것]

회계사에게 원하는 것: 절세

금융 서비스에게 원하는 것: 꿈꾸던 삶을 이루는 것

비즈니스 컨설턴트에게 원하는 것: 사업목표를 달성하는 것

의료서비스: 건강한 삶을 사는 것

패션: 자신에 대해 기분 좋게 느끼는 것

그래서 저자는 고객이 최종적으로 추구하는 것을 주는 공급자가 바로 전략적 파트너가 되고, 고객과 유대감을 가질 수 있어 충성고객으로 유도할 수 있다고 조언합니다.

대표적인 예로 장의사 업체를 예로 들었습니다.

장의사를 찾는 사람들이 원하는 것은 최종적으로 유족이 위로 받는 것이라고 합니다.

조화, 관, 운구등의 서비스가 아니라는 것이지요.

그래서 모든 업무의 절차가 철저히 유족들을 위로하는 서비스로 구성되어야 한다고 합니다.

현재 미국의 제1의 장의 서비스 업체는 회사를 방문하면, 그 회사의 브로셔에는 자기네의 서비스, 자동차, 화환, 직원들이 들어있는 것이 아니라, 자기들이 모신 고객들의 업적을 기리는 내용이 들어 있다고 합니다.

그래서 유족들은 이렇게 돌아가신 분을 위로하고 기록하는 업체를 최고의 업체로 평가한다고 하는 군요.

필자는 고객의 최종 목표가 바로 최상의 이득을 쟁취하는 것이고 판매자가 자기의 최상의 이득을 이해하고 그것을 제공하는 공급자에게 남들과 다른 높은 가격을 기꺼이 용인한다는 것입니다.

3C

마지막으로 필자는 3C를 제안합니다.

- ✔ 관심 (Caring)
- ✔ 코칭 (Coaching)
- ✔ 코디네이션 (Coordination)

회계사를 예로 들지요.

단순히 회계감사를 기계적으로 하는 것이 아니라, 고객의 사업에 관심을 가지고 공감대를 형성해야 한다고 합니다.

그리고 일반적으로 절세를 하기 위한 방법을 해당 고객의 사업에 맞추어 코칭을 해야 한다고 하지요.

그리고 마지막으로 앞으로 어떻게 회계 실무를 해야하는 지를 해당 고객의 사업마다 코디네이션해서 알려주어야 한다고 합니다. 그래서 고객이 회계사를 전략적 파트너, 나의 사업에 최적화 되어있는 파트너로 인식되게 해야 한다고 합니다.

회계사 여러분 이제부터 어떤 회사의 회계 감사를 나갈 때 본인 스스로 핑크 펭귄이 되려는 노력을 해보세요.

내가 나간 회사가 어떤 회사이고, 그들이 무엇을 팔고, 무엇을 만들고, 그들의 시장이 요즈음 어떤지 미리 조사해 나가, 대화 속에 자연스럽게 동질감과 유대감을 느끼게 하고 그들이 최종적으로 원하는 최종이득인 절세를 위한 것을 강조하고 우리 회사의 우수성이나 업력 따위는 우리가 다른 펭귄과 같다는 말이니 집어치우고, 일이 끝나고 상대방이 우리를 전략적 파트너로 인식하고 있다면 여러분은 정말로 핑크 펭귄 회계사가 된 것일 겁니다.

12.

청년의 실업률

고용보조지표는 지난 4주간 구직활동을
한 공식 실업자 외에 '시간관련 추가취업 가능자'(주36시간 미만 취업자 중 추가 취업
희망하고 가능한 사람)와 '잠재취업가능자'(비경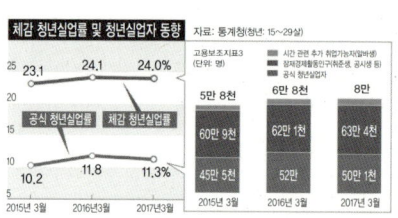
제 활동인구 중 지난 4주간 구직활동을 했지만 통계
청 조사기간중에 취업이 가능하지 않은 사람), '잠
재 구직자'(비경제활동인구 중 지난 4주간 구직활
동 안했지만 취업을 희망하고 가능한 사람) 등 사실상 실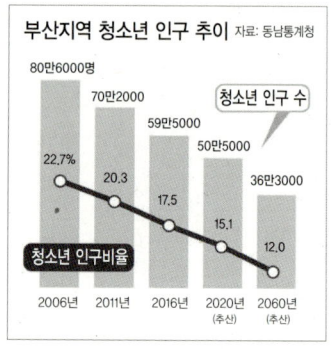
업자까지 감안해서 계산한 실업률을 의미합니다.
 취준생, 공시생 등을 반영한 체감 청년실업률
은 약 24.0%에 달합니다.
 또 한가지 우울한 소식은 우리나라 지방의 청

년의 수가 계속 감소하고 있다는 소식이지요.

제가 앞으로 미래의 국가의 부는 청년의 숫자와 활기에 달려있다는 말을 여러 번 해드린 적이 있습니다.

청소년수가 줄어든다는 것은 해당 지역의 활기가 사라지고 있다는 뜻이지요. 활기가 사라지면 소비도, 생산도 모두 축소됩니다.

한국 청년들의 생애 선택 자유지수는 다음과 같습니다.

자기가 원하고 하고 싶은 것을 선택할 수 있는 지수가 맨 꼴지입니다.

한국과 중국 대학생의 미래에 대한 욕구는 다음과 같습니다.

오타쿠와 덕후

여러분은 우리가 지금 많이 사용하는 덕후의 어원을 아시나요?

바로 일본말 오타쿠로부터 온 말입니다.

오타쿠 ⇨ 오덕후 ⇨ 덕후가 된 것이지요.

오타쿠는 하나에 전문적으로 미쳐서 사는 젊은 이들을 총칭하는 말입니다.

애니메이션, 로봇, 비행기 등등 분야는 너무도 다양 합니다.

일본의 오타쿠에 대한 생각은 매우 긍정적 입니다.

일 예로 콘덴츠 덕후의 시장은 2019년 1700억달러를 넘어설 것으로 예상됩니다.

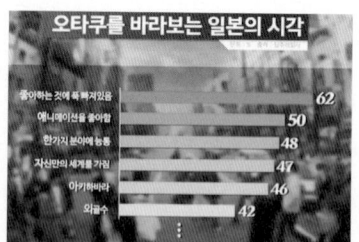

우리나라는 취업준비를 위해 1인당 약 5천만원의 비용을 사용한다고 합니다.

그리고도 부족해서 취업을 위해, 공무원을 위해 오늘도 노량진 학원가를 배회합니다.

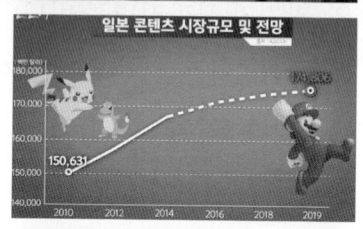

자기가 잘하는 것이 무엇인지, 정말 하고 싶은 것이 무엇인지 알려고도 하지 않고 사회와 부모님이 지정해주는 방향으로만 가지요.

일본은 이러 오타쿠가 전세계를 대상으로 개척하는 시장이 약 9,000조에 이를 것으로 예상합니다.

그래서인지 한국과 중국의 청년들에게 본인들의 미래에 대한 긍정적 기대지수를 확인 한 결과

한국은 37%정도가 긍정적이고 중국은 스스로 80%가 긍정적이었습니다.

이렇게 우리나라 청년들의 활력이 떨어지고 있는 것이지요.

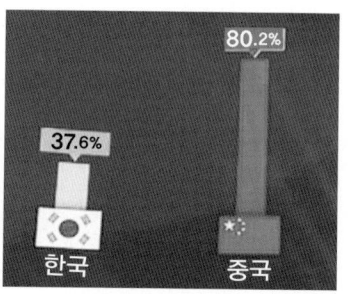

가난한 자의 주머니를 채워라

청년 창업

지난번에 아들 창투 회사의 사장님을 만나서 조금은 아쉬운 이야기를 들었습니다.

요즈음의 창투는 벤쳐투자가 아닌 pre-IPO를 선호해 창투가 이전처럼 실패의 확률이 높지 않다고 합니다.

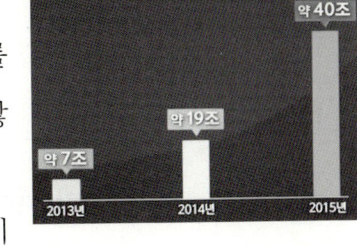

다른 말로 하면 청년들에게 기회를 주는 것이 아니라 선별된 청년들에게만 기회를 준다는 것이지요.

세계 크라우딩 펀드의 규모는 다음과 같습니다.

매년 100%씩 성장하고 있습니다.

세계 경제를 발전시키고 오늘날의 기술발전을 가능하게 한 원동력은 바로 청년들의 이런 덕후 정신이었습니다.

자원이 없고 사람이 모든 것인 우리나라에서는 청년들의 활기와 덕후 정신이 무엇보다도 중요합니다.

우리나라 청년중에 세계 경제를 이끌 첨단 기술과 원동력을 만드는 사람이 나올지 누가 알겠습니까.

누구보다 진취적인 기상과 아이디어, 손재주가 뛰어난 대한민국의 청년들에게 획일화 된 교육과 창의력을 억압하는 사회가 안타깝습니다.

13.

진보와 보수, 탄핵과 탄핵을 탄핵하라

저희 집에서는 아들, 딸(진보)와 어머니 (보수)의 싸움으로 하루도 조용할 날이 없습니다. 어머니와 딸, 아들이 카톡으로 매일 싸워서 조용할 날이 없습니다.

특히 어머니는 86세 이시고 초등학교 교장을 역임하셨고, 박사모 회원이시기도 합니다.

한낱 같은 가족끼리도 이러한데 밖에서는 어떠할 지 상상이 되더군요.

제 지인인 50대 초반의 금융인이 자식들과 함께 촛불집회에 2번 참여를 했고, 회계법입 직원들도 촛불집회에 참여한 것으로 알고 있습니다.

이들이 참여하는 이유는 대체로 두가지 인 듯

합니다.

약간 나이든 자녀를 둔 세대는 본인들의 자식들이 좀 더 나은 세상에 살기를 원한다고 하더군요.

불평등의 사회, 부조리의 사회가 아닌 공평하고 투명한 사회에 본인들의 자식이 살기를 원한다고 합니다.

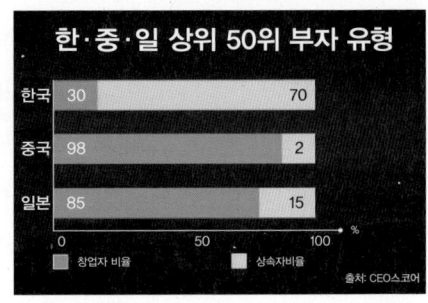

위의 도표에서 알 수 있듯이 한국에서는 더 이상 개천에서 용이 나올 수 없다고 합니다.

중국이 98%가 자수성가한 부자들인데, 한국은 30%만 자수성가한 부자이고, 그 이유는 대기업이 일감 몰아주기 식으로 세습의 또 다른 형태의 비즈니스에 몰두하기 때문이라고 하지요.

청년 실질 실업률은 20%가 넘어가고 취직이 안되는 청년들은 좌절했지요.

소득과 계층간의 이동성을 나타내는 위대한 게츠비 곡선에서도 한국의 젊은이들은 개천에서 용 나기가 이제는 쉽지 않다는 것을 잘 보여줍니다.

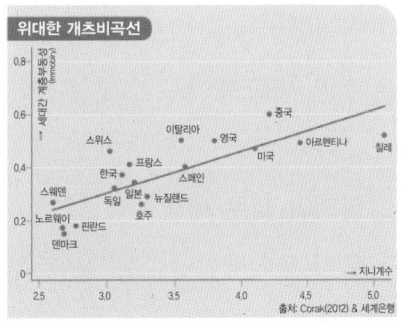

제가 개인적으로 아담스미스이후에 가장

13. • 진보와 보수, 탄핵과 탄핵을 탄핵하라

존경하는 경제학자 중 한명인 에드먼드 펠프스는 다음과 같은 말을 했습니다.

"다수의 개인이 도전하고 모험하며 일로부터 만족을 얻고 정당한 보상을 받는 것이 좋은 사회고 자본주의 궁극적인 목표이다."

펠프스는 모든 사람에게 공평한 경쟁과 기회가 부여되기 위하여 교육을 중요시 했습니다.

교육열이 높은 우리나라는 다른 복지국가에 비해 자원을 계층별, 개인별로 사유화하는 경향이 강합니다. 교육에서 정부가 부담하는 비율이 65%이고 민간이 부담하는 비율이 35%로, 경제협력개발기구(OECD) 평균(13%)보다 민간 부담 률이 3배 가까이 높지요. 핀란드처럼 복지와 교육 수준 둘 다 높은 나라의 민간 부담률보다는 12배 높습니다.

다시 말하면 한국은 부모의 경제 수준이 자녀의 교육 수준을 결정할 수 밖에 없는 구조라는 것이지요.

결국 개천에서 용이 나오려면 개천을 풍성하게 만들어야 하는데, 개천을 풍성하게 만들 수 있는 자원이 부족하여 개천이 말라가다 보니, 용이 나올 수가 없다는 이야기 입니다.

취업률이 바닥이고, 공시족으로 내몰리고, 이래서 3포, 5포 세대로 내몰리는 젊은 세대의 분노가 촛불집회에서 자발적으로 폭발한 것으로 보입니다.

복지와 젊은 세대

우리나라 국민연금은 "PAY AS YOU GO" 시스템입니다.

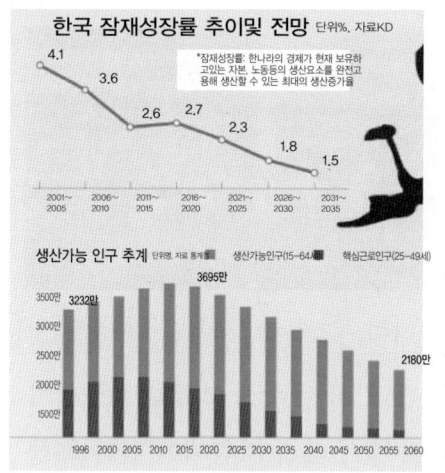

즉, 젊은 이들이 연금을 부어야 노년층에게 연금을 지불할 수 있는 구조입니다.

2030년이면 연금이 바닥난다고 난리인 이유는 생산 가능 인구가 줄어들기 때문이기도 합니다.

연금을 납입할 생산가능인구가 줄어드니, 노년층에 지급할 기금이 줄어들기 때문이지요.

국가에서는 재정 출현으로 이런 복지기금을 충당해야 하지요.

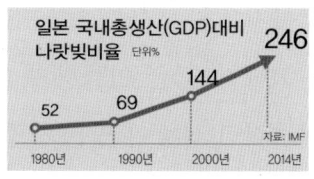

마치 일본이 재정의 40%를 복지기금으로 사용하는 것과 같은 이치입니다.

일본이 이렇게 재정의 40%를 쏟아 붓는 이유는 투표율과 정권유지와 관계가 있지요.

결국 젊은 이들에 지출한 비용은 줄어들고 나이든 세대에 집중해야 하는 고령화 사회에서는 복지를 원하는 노년층과 그것을 감당해야 하는 젊은 세대간의 갈등이 항상 첨예하게 대립하게 되어 있습니다.

노인에 의한, 노인을 위한, 노인의 정치			
(23회 참의원 선거 연령별 투표자 수, 2013년)			
(%)	유권자 비중	투표율	투표자 비중
20~39세	27.6	39.2	20.0
40~49세	16.3	51.7	15.6
50~64세	24.6	63.2	28.7
65세 이상	31.3	61.5	35.6
계	100.0	-	100.0

고령층의 세대는 우리나라의 한강

13. • 진보와 보수, 탄핵과 탄핵을 탄핵하라

111

의 기적을 이룬 세대이지요.

그래서 지금의 젊은 이들이 나약하고 불평불만을 늘어 놓는 세대라고 치부합니다.

당신들께서 전쟁을 겪고 어렵게 일구어 놓은 우리나라를 망치고 있다고 생각하십니다.

그리고 본인들이 겪은 고생만큼 노년에는 당연히 나라가 보상을 해주어야 한다고 생각하시고, 정부가 복지혜택을 더 많이 누리게 지원해야 한다고 생각하지요.

그래서 젊은 이들에게 인기가 있는 대통령 후보를 싫어하시고 혹시라도 진보적인 성향이 있는 사람이 대통령이 되면 당신들께 돌아갈 혜택이 줄어들까 걱정하시지요.

이분들은 전쟁을 겪으신 분들이라 진보=빨갱이라고 치부하시지요.

외국에서 보기에 한국은 경제학 용어인 진보와 보수가 정치적인 용어로 사용되는 유일한 나라로 느끼게 하는 이유이기도 합니다.

진보와 보수의 진통

제가 보기에 지금의 시국은 진보와 보수의 대립이지, 탄핵과 비 탄핵의 대립은 아닌 것 같습니다.

그리고 한국의 경제적, 정치적 역사의 커다란 전환점인 듯 합니다.

중소기업들은 이전 2000년대 이전까지 우리나라 경제 정책의 주요 골격인 "낙수효과"는 끝났다고 합니다.

대기업, 재벌이 잘되면 중소기업들이 저절로 부의 효과 혜택을 받는 낙수효과가 더 이상 없다는 것이지요.

국가가 확대 재정 정책을 시행하고 양적 완화와 저금리를 시행해도 근로자의 소득은 오르지 않고 가계부채만 쌓여가는 지금의 우리 경제는 정말로 절벽을 향해 다가가고 있는 형국입니다.

제가 존경하는 간디의 국가를 망치는 7가지 惡
1. 철학 없는 정치
2. 도덕 없는 경제
3. 노동 없는 부(富)
4. 인격 없는 교육
5. 인간성 없는 과학
6. 윤리 없는 쾌락
7. 헌신 없는 종교

이 중에서 최고의 악은 1번 철학 없는 정치라고 했습니다.

표를 의식해서, 정권을 잡기 위해서 철학 없는, 미래를 보지 않는 정치가가 이제는 우리나라에 등장하지 않았으면 하는 바램입니다.

14.
남을 위해서 자기를 희생하는 것

철학에서 이런 말을 합니다.
"남을 위해서 자기를 희생하는 것"이 최고의 순결한 희생정신이다 라고 말입니다.

그리고 이런 희생을 할 수 있게 하는 것으로 다음 세가지를 열거합니다.
- ✔ 사랑
- ✔ 이념
- ✔ 종교

부모의 자식에 대한 사랑을 예로 들면 우리는 쉽게 이해를 할 수 있습니다.
자식을 위해 자기 한 몸을 바치는 많은 부모님, 특히 어머님들의 이야기는 우리는 수없이 들어왔지요. 특히 중국에서 지진시 자식들을 품에 끌어안고 마지막까지 자기의 품안에서 숨을 쉴 수 있도록 한 어머님의 모습 등 우리는 부모님의 자식 사랑에 대한 많은 감동적인 미담을 알고 있지요.

그 다음으로 강렬한 것이 이념이지요.

최근 근세기에 공산주의, 사회주의, 민주주의등 이념을 위해서 자기의 목숨을 초개와 같이 버린 수많은 예가 있습니다.

심지어는 이념을 위해서 부모의 사랑을 거부하는 예까지 있었습니다.

마지막으로 가장 강렬한 희생이 바로 종교라고 들 합니다.

오랜 역사동안 종교에 대한 믿음으로 많은 순교자들이 있었지요.

자기의 목숨을 종교를 위해 버리는 순교 정신을 종교에서도 가장 높은 가치로 다룹니다.

그래서 혹자는 종교〉이념〉사랑 이런 순으로 인간의 집착도의 순위를 결정하는 사람들도 있습니다.

레드 콤플렉스

우리는 북한 이라는 비 상식적이고 비 정상적인 상대와 대치를 하고 있습니다. 이미 공산주의 사회주의와 자본주의의 대결은 30년전에 승부가 났지만 지구상에 유일한 공산주의로 남아있는 1인 독재 전제국가가 바로 북한이지요.

따라서 이런 북한을 마주한 우리나라에게는 지정학적 커다란 핸디캡임이 틀림없습니다.

제가 유전심리학에서 중동에서 그것도 총각들만 자살폭탄테러를 하는 것은 일부다처제에서 소외된 남성들이 코란의 순교를 강조하고 순교를 하면 천국에서 71명의 처녀가 기다린다는 종교적인 이유와 유전학적인 이유 때문이라는 말을 한적이 있습니다.

특히 70이 넘으신 분들은 6·25를 당하신 분들이십니다. 그 끔찍함에 아직도 기억을 지우지 못하시는 분들이시지요. 그래서 젊은 이들에게 "너희가 6·25를 알아? 너희가 공산당을 알아?"라고 하시고 빨갱이라는 말을 입에 담고 사시는 분들입니다.

이분들은 진보와 보수가 빨갱이와 민주주의의 약자로 아시는 분들이십니다.

그래서 그분들은 래드콤플레스 "빨갱이"를 지울 수가 없는 것이지요. 너무도 잔혹한 기억 때문에 말입니다.

어쩌면 이것은 우리의 커다란 상처에서 유래된 것으로 지울 수 없는 상처인 듯 합니다.

주자학의 나라 대한민국

제가 타오싱즈에서 우리나라는 주자학의 나라라는 말을 했습니다.

득군행도得君行道

주자학의 골자는 득군행도得君行道, 최고 지도자의 마음과 행위를 지시받아야 실천할 수 있다는 것입니다. 주자학의 영향을 받은 우리나라가 '나를 따르라'는 소수 엘리트 중심 사회가 된 이유입니다.

격물치지格物致知

근대화되는 과정에서 선진국을 따라잡아야 했는데, 주자학이 리더십의 동력을 제공했습니다. 주자학은 정리定理, 정해진 이치를 따라 간다는 가르침이 있고. 근대화 과정에서 선진국을 모델을 삼고, 부지런히 따라잡았습니다.

위인지학爲人之學

자기 발전과 수양을 위한 위기지학爲己之學이 남에게 과시하는 위인지학爲人之學으로 변질됐습니다. 그러다 보니 돈을 많이 벌고, 위로 올라가야 되는 사회가 된 겁니다.

출세지향교육 出世指向敎育

"우리가 너무 못살았기 때문에 '잘 살아보자'는 게 목표가 됐는데. '어떻게'가 없었습니다. 그 바탕에 '다같이' '남도 배려하면서'가 없었다는 겁니다. 교육이 이것을 바로 잡아주는 역할을 하지 못했기에, 틀 속에 밀어 넣고 출세를 지향하는 교육이 되었습니다.

레드콤플렉스와 주자학의 나라인 우리나라의 정서에서 어쩌면 독재자, 제왕적 대통령의 탄생은 자연적이었는지도 모릅니다.

시대의 변화와 우리가 바라는 대통령

이제 거의 70년이라는 세월이 흘렀고, 북한은 변한 것이 없어도 우리나라는 많은 것이 변했습니다.

특히 경제 발전으로 젊은이들의 생각이 많이 변했지요.

또한 전제주의적 국가의 발전 형태를 가져가다보니, 소득분배의 차이가 더욱 심화되었습니다.

이런 젊은이들의 현실에 대한 자각과 바램이 촛불로 나타나고 많은 전후 이후의 세대들이 우리나라도 이제 외국과 같은 평등의 시대가 오기를 기대했습니다.

다시 한번 개천에서 용이 나오는 평등한 시대를 갈망하는 것이지요.

우리는 오바마 대통령의 한장의 사진에 부러움과 부끄러움을 동시에 느꼈습니다.

직원들과 대화를 나누는 오바마 대통령의 모습, 대통령 앞에서 다리를 올리고 대화를 나누는 스텝들, 단순히 미국이라서

라고 치부하기에는 너무도 큰 차이를 보여줍니다.

이정미 헌법 재판판은 큰 의미 있는 탄핵인용 선고를 했지요.

이정미 헌법재판판의 선고문은 향후 대통령에게도 많은 의미를 부여하는 듯 합니다. 이제는 제왕적 대통령, 정경유착의 대통령은 없어져야 한다는 뜻이지요.

헌법은 공무원을 "국민 전체에 대한 봉사자"로 규정하며 공익실현의무를 천명한다.

1. 대통령의 행위는 구속적 성격을 지닌다.
2. 대통령은 가장 강력한 권한을 가진 공무원 보다도 "국민전체"를 위한 국정을 운영하여야 한다.
3. 비선의 국정개입과 사실을 철저히 숨겼고 이로인해 국회등 헌법기관에 대한 견제나 언론에 의한 감시장치가 제대로 작동할 수 없었다.
4. 공무수행은 투명해야 하고 이를 통해 국민의 평가를 받아야 한다.
5. 대통령이라도 법 앞에서는 평등하며 법을 어긴 사람이 개선의 여지가 없어 헌법수호를 위해 파면하는 것이 당연하다.

- 이제는 제왕적인 대통령이 아닌, 투명한 대통령
- 법 앞에서는 만인이 평등하다는 논리
- 국민전체를 위한 대통령

14. • 남을 위해서 자기를 희생하는 것

이것이 선고의 요지입니다.

우리의 상황

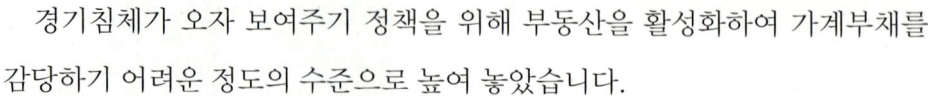

박근혜정부는 몇가지 큰 실수를 저질렀지요.

경기침체가 오자 보여주기 정책을 위해 부동산을 활성화하여 가계부채를 감당하기 어려운 정도의 수준으로 높여 놓았습니다.

구조조정을 미루어 청년실업을 사상최고로 만들고 저출산에 대한 대책이 없어 생산가능인구가 감소하는 인구절벽에 아무런 대책이 없었지요.

대기업 중심의 낙수효과를 강조해 소득분배를 사상최악으로 만들었습니다.

한마디로 "철학 없는 정치"의 표본이 된 듯 합니다.

우리나라의 소득 불평등은 이미 OECD 평균을 상회합니다.

그동안 착시효과를 일으키는 지니계수를 바로잡는 다고 하지요.

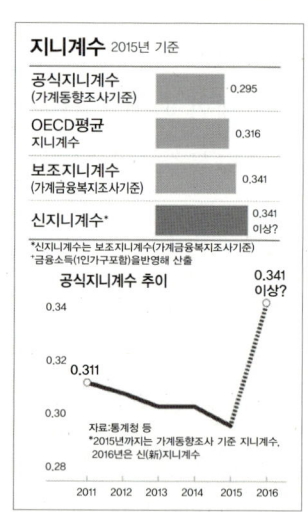

- ✓ 우리나라에서 제왕적 대통령이 없어지고,
- ✓ 대기업의 낙수효과가 아닌 소득의 재분배를 통한 소비가 활성화 되고
- ✓ 저 출산의 문제를 해결하기 위한 청년들의 일

자리 창출에 힘쓰고

✔ 기업이 잘되기 위해 생산자=소비자라는 인식으로 근로자의 임금이 높아지고 이로 인해 소비가 활성화 되고 다시 기업의 투자로 이어지는 선순환이 이루어 지기를 저는 간절히 기도를 합니다.

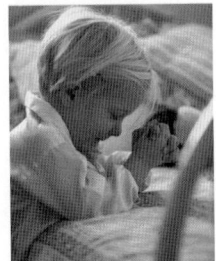

그리고 사회 구성원 간의 배려로 화합되기를…….

15.

유전학

찰스다윈이 말하는 종의 기원에서 유전학의 핵심은 바로 자연도태 설입니다. 자연에 적응하는 종만이 살아남아 자식에게 그 유전자를 전할 수 있고, 해당 종만이 번성한다는 것이지요.

위의 그림은 인간이 진화하는 모습입니다.

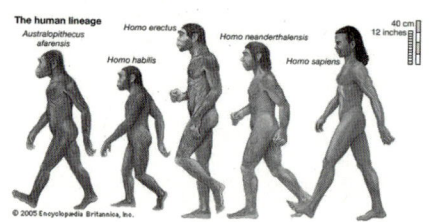

학설마다 조금씩 다르지만 대체로 뇌의 용량으로 구분합니다.

오스탈레피테쿠스

300만년전 동아프리카 지구대인 세렝게티 고원에서 서식한 종족입니다. 뇌의 용량은 약 400cc였습니다.

호모 에렉투스

180만년전 처음으로 인간의 특징을 갖는 종족이 폭발적으로 증가했습니다. 뇌의 용량은 약 800cc로 두배가 증가했고, 이때부터 불을 사용했지요.

호모 하이델베르긴시스

80만년전 언어를 사용하기 시작했다고 추정되는 종족이지요.

뇌의 용량이 1200cc로 증가했지요.

오모 2(호모사피엔스, 네안데르탈인)

20-40만년전에 나타났고, 네안데르탈인이 먼저 나타나고 호모사피엔스가 나중에 나타났지요.

뇌의 용량은 1400~1500cc로 현대 인류와 거의 같습니다.

그리고 4만년전, 구석시 시대, 1만년전 신석기 시대를 거쳐 5천년전 메소포타미아에서 처음으로 문명이 발생 되었습니다.

학자마다 이견이 있지만 대체로 위와 같은 것이 정설로 받아 들여집니다.

그런데 300만년 ⇨ 180만년 ⇨ 80만년 ⇨ 20~40만년으로 거의 40만년을 주기로 인간의 뇌가 증가했다는 것입니다.

여기에는 다음과 같은 학설이 학계에서 정설로 받아들여지고 있습니다.

15. • 유전학

태양계에서 지구의 공전주기, 즉 태양을 도는 궤도가 목성과 토성의 영향으로 40만년에 한번씩 커졌다가 작아졌다가를 반복한다고 합니다.

이런 공전궤도의 변화는 지구의 환경을 변화시켜, 동아프리카 지구대는 홍수와 가뭄이 극심하게 번갈아 나타났다고 합니다.

그런 극심한 기후변화를 견뎌낸 종만이 살아남아 자손을 번식시켰고 그렇지 못한 종족은 멸종되었다는 것이지요.

즉, 똑똑한 종만이 살아남았다는 것입니다.

그래서 인간의 뇌가 40만년마다 커지게 되었다는 것입니다.

그리고 또 한가지 학설 뇌의 부피가 180만년이후 커지는 속도가 빨라진 이유는 불의 사용 때문이라고 합니다.

불의 사용으로 인간은 음식을 굽거나, 삶아 먹을 수 있게 되었고, 이는 내장의 소화를 쉽게 해주어, 인간의 몸에 있는 에너지를 뇌로 집중할 수 있게 도와 주었다는 것이지요.

즉, 인간의 뇌가 인간의 에너지 소비를 가장 많이 하는 곳인데, 뇌의 에너지 소비를 집중화 할 수 있게 해준 것이 불의 사용이었고, 에너지의 효율로 뇌의 발달이 훨씬 빨라졌다는 것입니다.

그리고 5천년이후 오늘날에 이르기 까지 또 한번 급격히 사회가 발달한 이유는 농경에 있지요.

그전에는 수렵이던, 사냥이던 하루 사냥해서 하루 먹고 살아야 했기에 매일 인간은 바쁘게 살았습니다.

먹이를 찾아서 매일 남자들은 바쁘게 움직여야 했지요.

그런데 농경사회가 되면서 인간은 곡물을 저장할 수 있었고, 쉬는 시간과 여가시간이 생기기 시작했지요.

이렇게 먹는 것에 온 시간을 소비하던 인간이 쉬는 시간이 생기자 문학, 예술 등이 발달했고, 처음으로 문자가 생겼으며, 문명이 발달하기 시작했지요.

그리고 문자가 생겨서 (메소포타미아의 쐐기문자 ⇨ 이집트의 상형문자 ⇨ 그리고 알파벳) 인간은 기록과 소통을 할 수 있게 되면서 급속도로 발전하기 시작했습니다.

이 때부터 발전의 속도는 기하급수적으로 빨라지기 시작했습니다.

지구가 탄생한 것은 약 45억년전, 처음으로 생명체가 탄생한 것은 5억년전, 그리고 공룡이 운석 충돌로 멸망한 것은 6500만년전, 그리고 포유류의 시대에서 인간다운 인간이 등장한 것은 고작 200만년전, 그리고 현생 인류가 탄생한 것은 20만년전입니다. 우주가 빅뱅으로 탄생한 138억년에 비하면 정말 짧은 기간입니다.

이 짧은 인간의 역사 속에서 고고학자들의 발견에 의하면 인류의 절반이 인간에 의해 살육 당했다고 합니다.

원시인 때는 사냥감을 가지고 경쟁하기 위하여 최근 20만년전에는 호모사피엔스가 네안데르탈인을 멸족시켰고, 이후, 농경사회에서는 끊임없는 농토를 확보하기 위하여 전쟁을 일으켰지요.

최근 세계 1,2차대전에서 사망한 사람은 3,000천만명이 넘습니다.

그래서 역사학자, 인류학자, 고고학자들은 인간의 본성은 끊임없는 약탈과

잔인한 경쟁의 연속이고 이것을 경제학에서는 인간의 본성은 탐욕에서부터 출발한다고 정의 합니다.

아담스미스가 빵 가게 주인이 빵을 파는 것은 자비심 때문이 아니라 돈을 벌고자 하는 이기심 때문이라고 이야기 했고, 칼 마르크스는 인간의 본성인 탐욕은 멈출 수 없기에 자본가의 탐욕이 결국 공황을 불러 일으킬 것이라고 주장을 한 것입니다.

인류의 발달사를 보면 이해가 되는 부분이지요.

경제학에서의 시장

아래의 그림은 인간의 미래를 풍자한 그림입니다.

가끔 미래 공상 과학영화에서 우주인인 머리가 크고 몸집은 작은 형태로 나옵니다.

그 이유를 설명하는 그림입니다.

인간이 점점 척추가 줄어들 수 밖에 없는 이유를 설명하는 것이지요.

제가 인간의 뇌는

- 파충류의 뇌(뇌간)
- 포유류의 뇌(변연계)
- 인간의 뇌(대뇌피질)

로 발달했다는 말을 한적이 있습니다.

결국 오늘날의 인간은 대뇌피질이 만들었고, 이성적인 판단은 좌뇌가 감정적인 판단은 우뇌가 하여 학문과 예술을 발달시키게 된 원동력이라고 합니다.

하지만 변연계 속에 들어 있는 인간의 본성은 변하지 않는 다고 들 하지요.

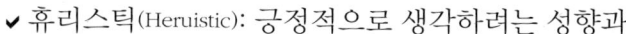

그래서 심리학 용어인

- 휴리스틱(Heruistic): 긍정적으로 생각하려는 성향과
- 바이어스(Bias): 그로 인한 잘못된 결정

도 설명이 되고, 인간이

- 파워에지: 경쟁본능(남성)
- 리딩에지: 새로운 것에 대한 호기심(도구)
- 리스크에지: 위기회피에 대한 본능(여성)

세가지 본능을 가지고 있다는 것도 설명이 됩니다.

경제학에서 말하는 시장이라는 것은 결국 개개인의 심리가 어떠하냐 하는 것을 표현하는 것입니다.

미국이 금리를 인상했을 때, 사람들이 어떤 심리로 판단을 하고 행동을 하느냐를, 시장이 어떻게 반응하느냐 하는 말로 표현을 합니다.

주식시장, 채권시장, 환율시장, 원자재시장등은 결국 참여자의 어떤 상황에 대한 심리상태를 말하고 그에 대한 대응 태도를 말하는 것입니다.

시장의 참여자들이 극도의 불안심리를 보여 투매가 일어나는 것을 공황이라고 하고, 참여자들이 묻지마 투자의 휴리스틱과 바이어스의 태도를 보이는 시장을 버블이라고 합니다.

　이런 이유로 경제학이 결국은 심리학이라고 부르는 것이지요.

　경제학의 이상주의는 배려와 공생입니다.
　누군가가 돈을 벌면 누군가는 돈을 잃어야 하는 것이 자본주의 구조입니다.
　다만 1%가 모두 벌면 99%가 모두 돈을 잃어야 하기에 폭동과 공황이 일어나는 것입니다.
　하지만 아담스미스와 칼마르크스는 경제학을 연구한 이유가 모두가 잘사는 국가를 만드는데 그 목표가 있었습니다.

　지금의 우리나라 경제도 1:99의 구조로 가고 있는 듯 해서 우려 스럽습니다. 기업은 임금을 높이고 근로자는 그것으로 소비를 일으켜 다시 기업이 투자할 여력을 가지게 해야합니다.
　혼자만의 이기심과 탐욕으로 대박을 꿈꾸며 부동산에 투기하는 것은 경제학의 이상인 배려와 공생과는 먼 파멸로 가는 길입니다.

16.

호모데우스

전작 호모사피엔스에서는 진화론적 측면에서 인간의 역사를 되짚어 보고, 나아갈 방향을 질문했습니다.

사실은 대부분 아는 내용이라 조금은 지루했습니다.

이전 책보다는 재미있게 읽었습니다. 통찰력을 엿 볼 수 있어서 그랬지요.

호모 + 데우스의 뜻은 인간 + 신이라는 뜻이지요.

즉 신이 되고자 하는 인간이라는 뜻입니다.

인간은 영원 불멸하지 않고 언젠가는 죽어서 무로 돌아갑니다.

인간이 지능을 가진 후, 끊임없는 노력과 성찰이 신의 경지에 올라 영원 불멸의 삶을 사는 것이지요.

이집트 파라오들도, 진시황도 무소불위의 권한을 가지면 자기가 신의 권한을 가졌다고 생각하고 신과 자신의 차이인 영원 불멸에 대한 탐욕을 가지게 되지요.

따라서 인간은 신의 창조적인 능력보다 영원 불멸의 능력을 더 높이 인정한 역사를 가지고 있습니다.

과학과 경제성장 덕분에 역사상 가장 풍요로운 삶을 살고 있는 현대의 인간들은 이제 신의 영역에 도전을 하려고 하지요.

바로 유전공학과 의학의 발전에 의해 영원한 삶을 살려고 하는 것입니다.

이제 100세시대인데 얼마나 빨리 200세 시대가 도래할 지 모르지요.

정말 그렇게 되는 시간이 어쩌면 2050년일지도 모릅니다.

우리가 말하는 인간의 평균수명은 2017년 100세시대라는 것은 2017년에 태어나는 아이들의 평균 수명을 언급합니다.

불과 50년만에 몇십년이 늘어났고, 기하급수의 시대에 2050년에는 족히 200세시대가 오리라는 것은 그리 큰 기대가 아닙니다.

신이 된 인간들과 그저 인간일 뿐인 인간들

신에게는 불멸과 창조의 능력이 있습니다. 아무리 인류가 7만년의 역사를 거쳐 지구를 정복하더라도, 삶과죽음은 신의 손에 달려 있다고 믿지요.

여전히 '죽음'은 인간의 가장 근원적인 문제이자 두려움입니다.

그렇다면 죽음이 사라지면 인간은 어떻게 될까.

인간의 사회, 정치적 외부조건뿐만 아니라 심리, 종교 등 내면의 문제까지 대대적인 혁신이 불가피하다고 저자는 주장합니다.

가난한 자의 주머니를 채워라

인간이 죽음을 정복하기 전 '무엇이 인간인지' '어디까지 타협하고 나아갈 것인지' 논의해야 하는 이유라고 주장합니다.

저자는 인간이 21세기 경제 성장 덕분에 기아와 역병,전쟁을 통제할 수 있게 됐다고 말합니다.

다음 수순으로 인류는 '불멸, 행복, 신성'을 꿈꾸는데,

이런 목표를 추구하면 궁극적으로 대부분의 사람이 필요 없어진다는 게 주장입니다.

생명공학의 발전이 인간의 수명을 대폭 연장하고, 인간의 몸과 마음을 업그레이드해 주겠지만, 그 혜택이 모든 사람에게 공평하게 돌아갈 가능성은 없기 때문이라고 주장합니다.

어쩌면 인류는 전례 없는 생물학적 빈부격차를 목도하게 될지 모른다는 거지요, 소득불평등이 결국 생물학적 불평등을 야기해서

능력이 향상된 초인간과 평범한 인간 사이의 격차는

호모 사피엔스와 네안데르탈인의 격차보다 훨씬 클 것이라고 경고합니다.

"인간을 신으로 업그레이드하는 데는 세가지 방법이 있다. 생명공학, 사이보그(인조인간), 그리고 비유기체 합성이다."

생명공학으로 죽음도 초월한 존재의 탄생, 사이보그 공학으로 타고난 인간의 능력을 뛰어넘는 초인간의 도래, 즉, 뇌와 컴퓨터의 연결로 비유기체적 합성을 이루는 시대가 곧 도래한다는 것이지요.

결국 다가올 몇십년 동안 유전공학, 인공지능, 나노기술을 이용해 인류는

천국 또는 지옥을 건설할 수 있다고 주장합니다.

　기술의 발전이 가져올 혜택은 어마어마 하겠지만, 현명하지 못한 결정의 대가는 인류 전체를 소멸에 이르게 할 수 있다고 경고합니다.

　그럼 인간은 지금 무엇을 해야 할까. 저자는 눈을 크게 뜨고 우리가 내리는 선택이 우리를 어디로 이끄는지 봐야 한다고 말합니다.

　개인의 힘으로 역사의 흐름을 바꿀 수는 없지만, 방향에 영향을 끼칠 수 있기 때문이지요.

　지옥행 열차를 천국행으로 바꿀 수 있는 기회가 지금이라고 주장합니다.

　경제적 불평등, 생물학적 불평등을 해소하는 것이 모든 사람들을 천국으로 이끌 것이고 반대로 탐욕에 의해 빈부의 격차, 기술발전의 혜택을 특정인에게만 국한된다면 신격화된 인간과 노예화 된 평범한 인간의 지옥이 우리 앞에 펼쳐질 수 있다는 경고입니다.

　한편으로는 섬뜩한 경고이지만 충분히 가능한 시나리오라는 느낌을 책 읽는 동안 계속 느꼈습니다.

　소득의 불평등으로 인한 빈부의 격차, 그로 인한 과학의 발전에 대한 혜택의 격차, 탐욕과 불평등이 어쩌면 인간 사회를 파멸로 만들어 버릴 수도 있다는 경고 였습니다.

17.

임금격차와 성차별

이번에 OECD에서 Going for Growth 2017이라는 리포트를 발간했습니다.

그리고 각 나라별 별도의 리포트도 출간했지요.

OECD는 우리나라 근로자의 근로시간이 OECD국가 중 최고 수준이지만 생산성은 이에 미치지 못한다고 판단했습니다.

소득불평등도를 나타내는 지니계수는 고성장기인 1980년 대에 비해 상승했지만 여전히 OECD 평균보다는 낮은 수준이라고 지적했고요, 특히 하위 20%인 1분위의 가처분소득 비중이 OECD 하위권에 머무는 것

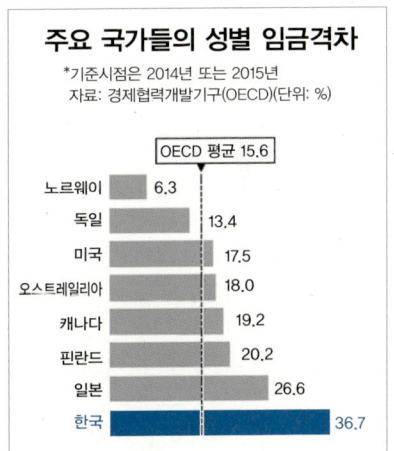

은 노동시장 이중구조와 조세·사회 이전시스템의 재분배 효과가 약하기 때문이라고 풀이했습니다.

노동시장 이중구조 해소를 위해서는 보육의 질 제고, 일과 생활의 균형, 출산·육아휴직 장려 등과 함께 여성고용 확대가 관건이라고 발표했습니다.

분류	전체	남성	여성
생산가능인구(명)	43,313,444	21,229,001	22,084,443
경제활동인구(명)	26,955,360	15,619,954	11,335,406
취업자수(명)	25,800,258	14,918,835	10,881,422
실업자(명)	1,155,102	701,118	453,954
비경제활동인구(명)	16,358,084	5,609,047	10,749,037
임금노동자수(명)	19,232,564	10,809,872	8,422,692
시간당 평균임금(원)	13,619.94	16,045.99	10,506.30
최저임금 미달자(명)	2,640,476	961,095	1,679,380
최저임금 수혜자(명)	1,846,518	664,091	1,182,427

표 1. 2016년 3월 경제활동인구 성별 현황
출처: 통계청,경제활동인구조사 2016년3월
참고: 시간당 평균임금=최근3개월평균임금/(일한시간)(365/7/12)

위의 표와 같이 우리나라는 임금격차가 OECD국가중 최악입니다.

그리고 자세한 내용을 표로 보면 다음과 같습니다.

왜 이런 차이가 생기는 것일까요? 특히 우리나라에서 더 심하게 말입니다.

경제학과 여성

경제학에서 여성은 경제학적 인간으로 여겨지지 않았습니다. 특히 1800년대에는 더욱 그렇습니다.

여러분 혹시 경제를 나타내는 Economy의 어원을 아시나요?

그리스어로 가정이라는 의미의 오이코스 "Oikos"에서 유래되었다고 합니다.

하지만 중농시대에서 상업시대로 넘어가며, 집안에서의 일은 경제학에서 잊혀져 갔고, 자녀 양육, 청소, 빨래 등의 가족을 위한 활동은 사고 팔거나 교환할 수 있는 유형의 재화를 생산하지 않다 보니, 여성이 경제적으로 역할을 하지 않는다고 생각했습니다. 경제적 활동은 오직 운반이 가능하고 공급이

제한되어 있으며, 사람들에게 직 간접적으로 즐거움을 주거나 고통을 피하게 해주는 무엇이라고 정의를 했습니다.

남성이 노동한 결과는 측정할 수 있고, 돈으로 환산할 수 있으나, 여성이 한 노동의 결과는 보이지 않는 다는 것이지요.

그런데 여성을 처음으로 경제적 주체로 인정한 학파가 다름아닌 자유주의 시장경제의 열렬한 전도사인 시카고 학파였습니다.

특히 그중 케리 베커라는 경제학자(노벨상 수상자)는 여성을 경제학의 한 주체로 인정하고 그 역할을 측정하려는 움직임을 보였지요. 케리 베커는 이 세상 모든 일은 경제학으로 설명할 수 있다는 극단주의 학자 였습니다.

그 분의 주장은 이렇습니다.

"여자는 직장을 퇴근하고 집에 돌아와서 가사일을 해야 한다. 따라서 남자보다 더 피곤하고 그것은 직장에서 효율을 떨어뜨린다. 그래서 시장의 작동 원리상 효율이 떨어지는 여성의 임금이 더 낮아지는 것은 보이지 않는 손의 경제학이 작동하는 것이다. 그리고 임신과 출산등 유가 휴직이 많으니, 직장에서는 그에 대한 보상으로 임금을 낮추는 것이 기업이 경쟁력을 유지하는 시장논리다"

또 이분은 인종차별도 경제학의 시장논리로 설명했습니다.

"흑인과 백인을 같이 고용한 빵 가게에는 손님들이 백인만 고용한 빵 가게보다 가기를 꺼려한다. 그리고 같이 고용된 백인은 흑인과 같이 일하는 것을 싫어해서 급여를 인상해 달라고 요구 할 수 있다. 그러면 주인은 비용이 늘어나 경쟁력을 잃고 파산될 것이다. 따라서, 주인은 백인과 흑인을 분리해서 시간별로 노동을 하게 하고 흑인을 고용해서 떨어지는 매출은 흑인의 임금을 삭감해서 보충하려는 자연적인 시장 선택의 현상이 발생한다."

조금 이상하지요. 현시대에 이분의 주장을 보면, 인종차별이나 성차별 자체가 문제가 아니라, 시장 논리를 위해서 인종 차별이나, 성차별이 당연하다는 논리이니까요.

현대에서는 남성과 여성이 생물학적으로 차이가 난다는 점은 중요한 것이 아니고, 그 차이에서 어떠한 결론을 내느냐가 더 중요한 것이라는 관점이지요.

여성이 임신과 출산을 하는 것은 임신과 출산을 한다는 것일 뿐 여성이 집에 머무르면서 아이가 대학에 갈 때까지 돌봐야 한다는 의미는 아닌 것이고, 여성의 육체에 호르몬이 더 많이 분비된다는 것은 여성에게 수학을 가르쳐서는 안된다는 의미는 아닌 것이지요.

최근에 나온 영화 히든 피겨스 (Hidden Figures)에서 나온 문구입니다.

"천재성에는 인종이 없고, 강인함에는 남녀가 없으며, 용기에는 한계가 없다"

1960년대 달착륙을 가능하게 한 나사의 3명의 천재 흑인 여성 수학자들의 이야기 입니다.

오바마 대통령의 부인이 극찬을 하면서 백안관에서 시사회를 할 정도의 반향을 일으킨 영화입니다.

그리고 그 대사가 정말 가슴에 와 닿았습니다.

여성간의 차별

호주에서 아주 재미있는 보고서가 나왔지요.

보고서에 따르면 여성들이 조직 전체 관리자급의 20% 이하를 차지할 경우 남녀 간 임금 격차는 약 15%였다는 데, 여성들이 더 많아 관리자급의 20%를 초과하면 임금 격차는 8% 정도로 줄었고, 하지만 여성이 관리자급의 80% 이상을 차지해 절대다수를 차지하는 조직의 사정은 달라졌는데, 이때의 임금 격차는 오히려 17%로 크게 벌어졌다고 합니다.

즉, 반대로 여성이 남성을 더 선호한다는 것이지요.

혹자는 여성들이 서로간의 질투심이 더 많아 더 많은 견제를 한다고 합니다. 즉, 팀워크 플레이를 못한다는 것이지요.

저는 개인적으로 어떤 것이 더 맞는 지 모르겠습니다. 하지만 제가 보기에도 여성들이 남성들과의 경쟁에서는 치열함을 보이다가도 여성들 간의 경쟁에서는 조금 다른 양상을 보이는 것을 많이 보았습니다.

어떤 의미로 여성이 더 남성과 여성을 구별한다는 것이지요.

이조 시대 성리학을 근본으로 살아온 한국 사회에서는 남녀 간의 차별이 유난히 심하고 그것을 당연시 생각합니다.

하지만 인구 절벽의 시대에 경제활동인구의 다양화는 우리에게 절대적인 기업의 생산력을 높이기 위한 숙제입니다.

제가 처음에 언급했듯이 저는 페미니스트는 아닌 듯 합니다. 하지만 저는 여성의 리스크 에지를 좋아합니다.

남성들은 파워 에지가 강하다 보니, 무모 하기도 하지요. 여성은 원금이 보장되지 않으면 선 듯 투자를 하지 않지만, 남성은 돈이 많이 벌린다고 하면 원금은 상관없이 투자를 하는 형태입니다.

유전심리학에서 제가 언급했듯이 리스크 에지는 위험 회피 성향이 가능해서 주변에서 바스락 소리만 나도 그것이 맹수인지 바람소리인지 꼭 살피는 습관이 있습니다. 살피지 않고 큰 문제를 야기하는 것보다 귀찮아도 반드시 살펴 큰 문제를 미연에 방지하고자 하는 것이 바로 위험 회피 성향입니다.

그래서 여성이 더 종교에 몰입한다고 하지요. 꼭 믿어야 되는 것은 아니지만 안 믿어서 닥쳐올지 모르는 불행을 미연에 방지하는 것이 더 옳다고 생각하기 때문이라고 합니다.

제 주위에는 나이가 40대 중반인데 아이가 없는 여성 고위직도 있고, 나이가 30대 중반인데 여행의 즐거움에 결혼을 하기 싫다는 능력 있는 여성도 있습니다.

40대 중반의 아이가 없는 여성은 일을 함에 있어 섬세함이 남성들이 따라가기 어려울 정도 입니다.

특히 금융업에서 섬세함 이라는 것은 무척이나 중요한 역할을 하지요. 무심코 넘기기 쉬운 일들을 꼼꼼히 체크하는 기능을 하니까요.

그리고 무엇보다 제가 여성들과 일하는 것을 좋아하는 이유는 커다란 사고를 치지 않기 때문입니다.

그래서 리먼브라더스가 리먼시스터즈 였다면 그렇게 허망하게 파산을 당하지 않았을 거라고들 하는 것 같습니다.

18.

노조와 소득 재분배

노조의 법적인 문제는 다음과 같은 유례가 있습니다.

1980년대 셔먼독점금지법에 의해 노조를 "불법적 거래제한"을 위반한 것으로 보고 규제를 했습니다.

1924년 클레이턴 반독점법에 의해 "인간의 노동은 상품도 아니고, 상업용 물품도 아니다"라고 하며 반독점금지법에 예외조항으로 인정했습니다.

1932년 노리스-라가디아법을 제정해서 노조를 영구적으로 인정했습니다.

1950년 전설적인 디트로이트 협약을 체결하고 생산성에 따른 이익을 공유하기로 합의한후, 근

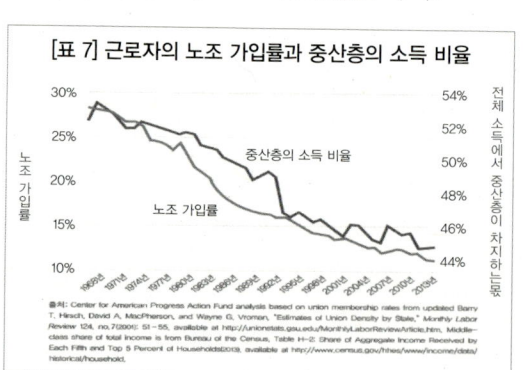

[표 7] 근로자의 노조 가입률과 중산층의 소득 비율

로자의 노조가입률이 급증했습니다.

1970년대 들어서면서 노조의 정치적, 경제적 영향력이 감소하고 주식회사가 주주의 이익을 반영하는 것을 최고의 목표로 삼는 잭웰치 GE의 경영철학이 대두되면서 노조는 쇠퇴의 길을 걷게 됩니다.

위의 표는 미국의 근로자의 노조가입률과 중산층의 소득비율을 나타내는 것입니다.

노조가입률이 30%에서 10%로 떨어지게 되면서 중산층의 소득비율도 55%에서 45%로 하락했지요.

위의 표를 보면 분명 노조가 소득의 재분배라는 사회경제학적 측면에서 보면 중요한 역할을 하는 것으로 판단 됩니다.

그런데 노조의 불협화음도 많지요.

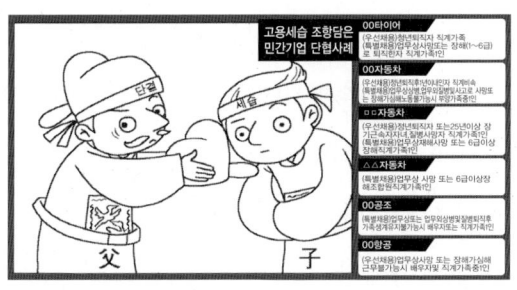

탐욕스런운 행보를 보이면서 스스로 대중에게 외면당하는 길을 겪고 있는 노조도 있는 줄 압니다. 고용 세습, 사주와의 담합 등, 조합원과 근로자의 이익을 대변하기 보다는 사리사욕을 앞세운 노조들로 변질되어 가고 있어 때로는 비난의 대상이 됩니다.

소위 말하는 귀족 노조라는 것이지요.

올해 현대 자동차 노조가 비난의 대상이 되고 있습니다.

30년간 단 4번. 현대자동차 노동조합이 1987년 출범 이후 파업이 없이 임금협상이 체결된 횟수입니다. 이 4번을 제외하고 현대차 노조는 매년 파업을 통해 사측과 줄다리기 끝에 임금을 올리고 복지 혜택을 늘려왔지요.

현대차 직원의 평균 급여는 9389만원(2016년 기준). 전년에 비해 200만원 가량 줄었지만 이는 비상경영 선포에 따라 임원들 연봉을 10% 반납한 영향입니다.

올해 현대차 노조는 또 경영환경을 반영치 않은 임금 인상과 정년 연장등을 요구하고 있어 연례 파업의 가능성이 제기되고 있다고 합니다.

파업은 노조의 당연한 권리이고, 회사가 적자도 아니고 이익을 내는데 임금 인상을 요구하는 것도 문제가 안된다고 볼 수도 있습니다. 하지만 몇가지를 고려해볼 필요가 있습니다.

글로벌 완성차업체와 비교해보면 현대차는 임금 수준은 높고 생산성은 낮은 기형적인 구조입니다. 현대차의 인건비는 2015년 말 기준으로 매출액 대비 14.3% 수준에 이르지요. 글로벌 자동차업체 1~2위인 도요타는 6.1%로 현대차의 절반 이하에 불과하고, 폭스바겐도 9.7%로 10% 안쪽이지요.

차 1대를 만드는데 소요되는 시간 HPV (Hour Per Vehicle)는 현대차는 26.8시간에 달하지만 도요타는 24.1시간, 폭스바겐은 23.4시간으로 현대차의 경쟁력이 낮습니다.

바람직한 독일 노조

독일의 예를 들지요.

독일은 볼프스프르크라는 자동차 전문 지역입니다.

여기서 폭스바켄이 생산됩니다.

이곳 공장에서, 중요한 노사합의가 있었습니다.

구조조정을 위해서 공장이 해외로 이전하려고 하자, 노사가 다음과 같은 합의를 이룹니다.

- 청년 5,000명을 채용한다.
- 그들에게 3개월간 채용 교육을 한다.
- 청년들에게 연간 최소 5,000 마르크를 보장한다.

이러자 독일의 다른 공장들도 이 노사 합의 모델을 따라했고, 독일 정부는 재정적 지원을 했습니다.

결과는 대 성공이었습니다.

- 공장은 생산성이 높아졌고
- 청년들은 활기를 되찾았고
- 청년들이 소비를 시작하자 경기가 활성화 되었습니다.

독일의 또 다른 정책이 있습니다.

독일은 노년층이 혼자 사는 주택이 많습니다.

이 주택을 젊은 층들에게 세를 줍니다.

그리고 청년들이 세를 들어와서 집안 일을 도우면 도운 만큼 월세를 깎아

줍니다.

그렇게 해서 청년들이 주거비용을 적게 부담하게 하는 것이지요. 역시 정부가 이런 정책에 재정적 지원을 합니다.

- 한달 월세 200마르크 이면
- 집안 청소 20마르크 제외
- 정원 청소 20마르크 제외
- 매일 설거지 하루 한번 20마르크 제외

이런 식입니다. 그러면 청년들은 거의 반값에 월세를 살게 되는 것이지요. 왜 독일이 세계 3-4위의 국가이고 끊임없이 불황을 이겨내는지 아시겠지요?

네덜란드의 기적, 노조협약

1980년대초 네덜란드는 극심한 실업률, 저성장, 강성 노조로 유럽의 병자라고 불리웠습니다.

이런 네덜란드가 1982년 기적의 협약을 체결합니다. 이른바 노사정 바세나르 3자 협약이라고 불리우지요.

노조가 임금인상을 억제하고 기업은 그 수익으로 일자리를 창출합니다.

정부는 그런 기업에게 세제감면 혜택을 주고, 실직자들을 실업급여와 재교육을 시켜 새로운 일자리를 찾을 수 있도록 지원합니다.

복지혜택이 단순이 돈을 지원하는 것이 아니라 새로운 일자리를 찾을 수 있는 지원인 것이지요.

이와 비슷한 사례는 스웨덴에도 있습니다.

바로 1938년 체결된 살트 셰바덴 협약이지요.

기업의 규모나 업종, 생산에 상관없이 동일노동, 동일임금에 합의합니다.

그러면 기업은 자연히 구조 조정되지요.

그러면 이때 발생하는 실업자에게 대하여 정부가 실업 재교육을 시켜 재취업을 알선하고 기업은 정상적인 성장을 하게 되지요.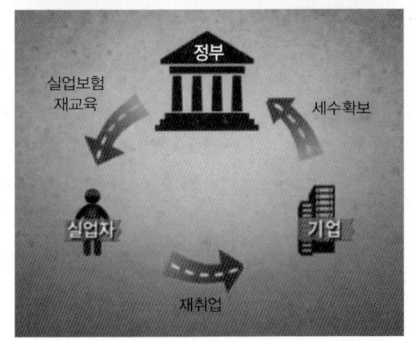

이런 일련의 과정을 통해, 스웨덴, 네덜란드는 세계적인 부국이 되었습니다.

항상 말씀드리지만 지금 우리나라는 사회 계층간의 이해와 타협이 필요한 시점입니다.

나만을 생각하면 모두 공멸하지요.

파이를 키우지 않고 나 혼자만의 파이를 만들면 공멸만이 존재합니다.

19.

환율

트럼프 미국 대통령은 강달러보다는 약달러를 선호한다는 말을 계속해왔습니다.

미국 달러를 예측하는 변수는 대개 3가지가 있습니다.

① 미국의 대외정책 ➪ 보호무역주의

② FED의 출구 전략

③ 유로존

④ 중국 위안화

- 미국의 무역적자를 줄이기 위한 약달러 정책이 지속될 것으로 보고 우리나라에서 환율을 1200~1300원까지 예측을 합니다.
- 제가 지난번에 미국은 강달러일 때 자산을 매입하고 약달러일 때 자산

을 매각하여 수익을 올린다는 말을 한적이 있습니다. FED가 자산을 3조 달러 이상으로 유지하면 큰 문제가 없으나, 만일 자산을 매각하여 달러를 회수하면 긴축이 일어나게 되고 원달러 환율은 상승할 수 있습니다.
- 유로존에서는 다행히 프랑스, 네덜란드의 총선이 개혁파의 승리로 끝나서 또 다른 브렉시트가 일어날 가능성은 줄어 들었습니다. 달러인덱스가 98대로 떨어진 가장 큰 이유이지요.
- 위안화와 원화간의 관계는 2015년 8월 이후 동조화 계수가 0.57정도 나옵니다. 위안화 가치가 1% 절상되면 원화가치는 0.57% 오른다는 의미입니다. 현재는 위안화는 달러화에 대해 가장 안정적인 환율을 유지하고 있습니다. 위안화 달러환율이 더 오르면 통상마찰이 불가피하고 내려가면 경제적인 중국의 경기에 악영향을 초래할 수 있지요.

따라서 제 견해는 환율은 당분가 안정세를 유지하고 더 이상 오르지 않을 것으로 보입니다.

미국 FED의 3 3 3 정책 3년 매년 3차례씩 인상해서 정책금리를 3%로 끌어 올린다는 정책입니다.

이에 따른 금리차이가 오히려 우리나라에는 커다란 부담으로 다가 올 듯 합니다.

그리고 각 나라가 긴축정책을 선호하며 마이너스금리, 양적완화의 출구전략을 구사하므로 국가 간의 자본이동 도 줄어 들 것으로 보입니다.

따라서 지나친 환율에 대한 투자는 금물로 보입니다.

부동산

많은 해외의 부동산 전문기관들이 한국 부동산 가격의 유보를 점쳤습니다. 오히려 한국의 블로거, 전문가들은 부동산 폭락은 없다고 열변을 토하였지요.

지금의 정책은 부동산 가격의 하락은 한계가구를 양상해서 금융위기를 불러 올 수 있으므로 정부에서는 수요와 공급의 원칙에 따라 공급을 줄여 가격을 유지하고, 중도금, 잔금 대출을 억제해 가계부채를 조정하고 있습니다. 따라서 투기 수요가 억제되니, 부동산은 당연히 답보 상태를 유지할 것으로 보입니다.

여기에 부동산 보유세 등이 강화되면 부동산 매물이 속출해 부동산은 하락할 수도 있지요.

제 개인적으로는 수익형 부동산 중, 상가, 지식산업센터, 오피스는 보유세에서 제외하고 대신 주거형인 오피스텔, 아파트 등은 보유세를 인상하여 서민의 주거비용을 줄여 가처분 소득을 높여서 소비를 활성화 하였으면 합니다.

세수

많은 전문가들은 세수 문제를 해결하기 위해서는 폭을 확대해야 한다고 하지요. 우리나라 세수입원이 너무 한정적이라는 것입니다.

고소득에게 세금을 더 거두어 들여도 형평성의 균형

감각이 없고, 법인세를 올리는 것은 세계적인 추세에 벗어난다고 하지요.

그래서 부가세 차등화가 많이 거론됩니다. 일반 소비재는 부가세율을 낮추고, 고가의 제품에는 부가세를 높여서 세수의 균형을 맞추라는 것이지요.

그리고 법인세의 경우, 세율을 올릴 것이 아니라 감면 세 항목을 줄이고, 대기업이 중소기업과 상생할 수 있도록 세제를 정책적으로 운용하라는 것입니다.

예를 들어 현재 연구개발비 대기업 감면조항을 중소기업 합동 연구개발, 기술이전 연구비등은 감면 등으로 바꾸면 대기업과 중소기업이 상생할 수 있다는 것이지요.

복지

복지의 대상을 나이 드신 분을 위주로 할 것이냐, 아니면 나라의 근간인 허리층의 청년들을 대상으로 할 것이냐 끊임없는 논쟁입니다.

하지만 제가 생각하기에는 발전적인 방법을 모색해야 할 듯 합니다.

소모적인 복지정책은 아무런 도움이 안되고, 발전적인, 즉, 복지정책이 경제의 선순환을 가져오는 정책이어야 합니다.

청년들에게 무상으로 돈을 주는 것이 아니라, 재교육, 취업 알선 등의 복지가 집중되어야 하고 49%의 노인 빈곤율을 보이는 노인층에는 삶의 질을 높여 줄 수 있는 다양한 주거대책이 필요합니다.

고령화로 진입한 우리나라에서 현명한 복지정책은 무엇보다 중요합니다.

복지가 경제의 선순환으로 이어지는 정책이 되어야 하는 중요한 이유입니다.

표는 역대 대통령들이 집권 1,2년차의 경제 성장률입니다.

대부분 2년차에 반등을 시도하지요.

분명 신정부의 경제활성화에 대한 기대감은 있겠으나, 항상 제가 주장하듯이 향후 100년을 바라보는 초석이 되는 정책을 펴 나가기를 기원합니다.

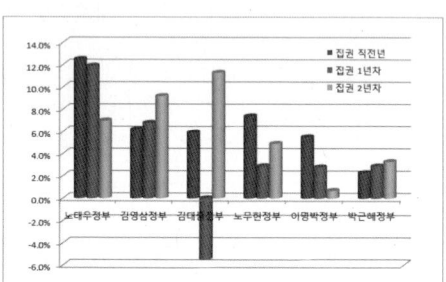

20.

대선주자들

우리나라 대선은 제가 말씀 드린데로 누가 누가 약점이 없나의 대선이다 보니 그들의 공약은 눈에 들어 오지 않고 오로지 그들의 약점만 공개하는 언론들의 움직임에 네거티브 선거전이 되는 듯 합니다.

프랑스의 대선에는 특이한 점이 있습니다.

바로 당명의 정치학이지요.

지난 프랑스 대선 예선전에서 민족전선의 마린 르펜, "전진!"의 에마뉘엘 마크롱이 결선에 진출했습니다.

그런데 프랑스의 대선을 보면 당명이 잘 보이지 않습니다.

11명의 후보를 낸 진영 가운데 '당(parti)'을 표방한 곳이 브누아 아몽 후보

의 집권 사회당(PC)과 군소후보 가운데 필립 푸투 후보의 '반자본주의 신당(UPR)' 등 두곳 뿐입니다.

이유는 프랑스 유권자들에게 '당'이 주는 부정적인 인상, 역사적으로 당은 딱딱한 이미지에 더해 당략과 당의 이익만을 추구하는 집단이라는 꼬리표를 달고 있기 때문이고. 또 다른 이유는 좌파연대 '굴복하지 않는 프랑스(프랑스 앵수미즈)의 장 뤽 멜랑숑 후보와 같이 프랑스공산당(PCF)를 비롯한 여러 정파가 선거연대를 한 경우 전체를 아우르는 정파의 이름을 지어야 하는 이유 때문이라고 합니다.

후보를 낸 정파 별로 느낌표가 붙은 구호나 각 후보가 꿈꾸는 프랑스에 대한 염원이 담긴 내용을 정파이름에 담고 있어, 이를 통해 선거를 바라보는 프랑스 각계각층의 염원을 짐작할 수 있고. 당명 또는 정파명에 이미 정체성이 담긴 것이라고 볼 수 있지요.

당명이나 정파명이 다양하기는 하지만 그렇다고 선거판의 판세에 따라 소속당을 옮기고 정치적 소신을 달라지는 동아시아 한 분단국가의 '철새 정치인'과는 확연히 다른데, 대부분 수십년 동안 같은 신념을 갖고 사회활동 또는 정치일선에 섰던 사람들이기 때문이라고 하지요. 탈당과 창당을 했더라도 손바닥 뒤집듯이 소신을 버렸다기 보다 치열하게 소신을 지키기 위한 경우가 많다고 합니다.

유력 후보인 마크롱은 사회당원으로 현 프랑수아 올랑드 정부에서 경제장관까지 지냈지만 당의 좌경화에 불만을 품고 2016년 '전진!'을 결성했고. 그가 내세우는 공약들은 자신이 경제장관 재직중에 추진했던 성장과 경제적 기회의 평등을 골자로 하는 경제개혁과 정체성이 맞는다고 합니다. 유럽통합과 세계화가 초래한 불평등의 문제를 고쳐야 하지만 앞으로 전진하면서 고치자는 의미가 담겨 있다고 합니다.

보수파인 르펜이 되면 이는 영국의 브렉시트의 5배의 충격이 가해질 것이라는 월스트리트의 우려 덕분인지, 30대 기수 마크롱이 유력하다고 합니다.

전체 11명의 후보 가운데 8명이 반 유럽, 반 세계화를 주장하고 있지만, 득표율로 보면 얼추 프랑스 유권자 2명 가운데 1명이 현재의 정치시스템이 지속가능 하지 않다는 생각을 갖고 있다고 하지요.

저는 프랑스의 대선을 보면서 이런 생각을 해보았습니다.

우리나라도 국민의당, 민주당, 한국당, 정의당 같은 당을 내세우지 말고, 후보별로

① "청년들에게 실패할 권한을"

② "성장이 우선이다"

③ "소득분배를 올바르게"

④ "낙수효과 그대로"

와 같이 자기의 소신과 정책을 당명대신 쓴다면 투표자는 자기가 투표하는 대선후보의 정책을 확실히 알 수 있지 않을 가 하는 생각을 했습니다.

기호1 문재인
더불어민주당

기호2 홍준표
자유한국당

기호3 안철수
국민의당

기호4 유승민
바른정당

기호5 심상정
정의당

공약

우리나라 대선 후보들의 공약은 지켜지는 확률이 50%이하라고 하지요.

이유는 우선 대통령이 되고 보자는 식의 무책임한 공약이 많기 때문이라고 합니다.

재원도, 현실성도 없는 공약을 남발하고 일단 대통령이 되고 나면 현실에 안주하고 누리기 바쁜 것이 대통령이라는 자리라고 생각하는 것 같습니다.

간디가 나라를 망하게 하는 7가지 악 중 으뜸은 철학 없는 정치라고 했습니다.

저는 누가 대통령이 되든,
① 자기의 임기 동안 치적을 쌓으려고 하지 말고
② 먼 미래를 내다보고 다음 대통령 및 정부의 초석이 되고
③ 기득권 세력과 이해 세력 들에 휘둘리지 말고 점진적으로 올바른 정책을 시행하기를 기원합니다.

저희 딸이 처음으로 중국 북경에서 재외 국민 투표를 하였다고 인증사진을 올렸더군요.

어느 대선보다 젊은 세대의 참여가 활발히 기대되는 대선입니다.

제가 이런 말을 한 적이 있습니다. 일본 경제가 복지정책, 노인 정책에 올

인 할 수 없는 것이 노인인구와 그들의 투표율 때문이라고,

한국도 마찬가지입니다. 젊은 이들이 사회를 움직이고 좌절을 극복하고 싶다면 투표를 해서 의견을 내놓아야 합니다.

숨어서 비판하는 것은 비겁한 짓이고 아무런 결과도 얻을 수 없습니다.

21.

돈을 빌리거나 투자를 받는 다는 것

며칠 전 명동의 사채업자 한 분이 저를 찾아왔습니다. 본인들의 돈이 지금 다른 곳에 잠겨 있어 대여를 못하니 저보고 대신 대출을 해달라고 하더군요.

조건은 다음과 같았습니다.

- ✓ 대한주택보증공사에서 보증서가 발급된 새마을 금고에 도착해 있다.
- ✓ 기성별로 공사비가 지급되는데, 초기 착공등 비용이 많이 들어 사전에 40억원을 빌려주면 기성금이 나오면 바로 갚겠다.
- ✓ 빌리는 기간은 6개월이고, 금리 및 수수료는 제가 원하는 수준을 맞추겠다.
- ✓ 원금에 대한 보장은 새마을 금고에서 발급하는 지급보증서로 대신하도록 하겠다.

저는 거절을 하였습니다.

투자나 대여를 하는 금융인은 가장 기본적으로 다음 3가지를 확인 합니다.

① 이렇게 안전하고 수익성이 높은 딜이 다른 곳에서 안되고 나한테까지 왔을까?

② 이자와 수수료를 많이 준다는 것은 그만큼 위험성이 큰 딜인데, 어떻게 위험이 없다는 걸까?

③ 새마을 금고에서 지급보증서를 지급하는데 왜 사금융을 이용하는가?

금융인들은 수익성이 높고, 금리가 높고, 안정성이 높다는 말을 의심부터 합니다. 그런데 왜 나에게 찾아왔는지 설명이 안되니까요.

나중에 알아보니 해당 사채업자가 전주의 자금을 운용하다 실수를 해서 현재는 사채업을 하지 못하고 전주의 돈을 갚아야 하는 처지에 있다고 하더군요.

사례 2

크라우딩펀드에 종사하시는 분이 원자재 사업에 투자자를 유치해달라고 또는 직접 투자를 해달라고 저에게 부탁을 해오셨습니다.

동해 경제특구에 창고를 짓고 굴착 장비를 들여오면 채굴된 원자재 전부를 일본에서 수입한다는 것이니, 장비와 창고 건립비용 25억원을 투자해 달라는 것이었습니다.

그리고 25억원은 6개월이면 회수되고, 원하면 지분을 25%를 원금 회수와 같이 지급할 수 있다는 것입니다.

이것도 거절했지요.

앞의 3가지 항목에 위배 됩니다.

① 그렇게 안전하고 수익성이 높은 딜에 왜 투자자가 없을 까요?

② 안전하고 수익성이 높은 사업에 지분까지 준다니 정말 안전하고 수익성이 높을 것일 까요?

③ 이런 사업은 창투사나 크라우딩펀드에 적합한 사업인데 왜 저를 찾아 왔을 까요?

크라우딩펀드에 종사하시지만 원래 금융인이 아닌 홍보 언론 분야에 계시던 분이라 금융적인 측면에는 잘 모르시는 듯 했습니다.

이런 경우에 투자를 유치하려면 다음과 같은 과정을 거쳐야 합니다.

① 우선 사업에 대한 IR(investor relation)을 작성합니다. 사업의 내용이 무엇이고 어떤 사업인지 자세히 작성을 해야 합니다.

② 이후 기초자산 (현금흐름)에 대한 작성을 해야 합니다. 언제 얼마를 투자해야 하고 투자금은 어떻게 쓰이며, 언제 얼마가 어떻게 회수되고, 지분을 주게 되면 그 지분의 가치가 얼마이고, 따라서 투자자의 수익률이 얼마가 되는지

③ 마지막으로 위의 현금흐름에 대한 보증을 해야 합니다. 위의 현금흐름이 사실이라는 것을 입증해야 하는 것이지요.

④ 예를 들면 일본에서 전량 수입한다고 했는데, 그러면 일본업체가 Bank Guarantee를 열어서 그것을 보증할 수 있느냐 하는 겁니다.

⑤ 따라서 이런 경우에만 투자가 가능합니다.

- 사업전반에 대한 이해도를 높일 수 있는 완벽한 IR자료
- 현금흐름표
- 현금흐름표를 보증하기 위한 기타 추가자료
- 기타 부가적인 담보로 상환을 보증할 수 있는 것들.

이분에게 제가 해외에서 했던 딜들에 대하여 샘플을 보내드렸는데, 놀라시더군요. 그런데 사실은 놀랄 일이 아니고 모르고 계셨던 것이지요.

우리나라에서는 증권사의 대체투자부, 자산운용사의 투자운용부에서 이와 같은 투자를 합니다.

정상적인 금융기관을 이용하지 않고 사금융을 이용하는 것에는 다 그만한 이유가 있는 법이지요.

사례 3

지난번에 해외 BG를 이용한 해외 호텔 투자건을 말씀 드린 적이 있습니다.

동생 친구의 일이라 해서 제가 자산운용사에 IM을 제공하고 BG가 도착하면 투자를 약속 받았습니다. 투자금액은 약 3백만불이고 BG는 1000만불이지요.

그 때 말씀 드린 바와 같이 전환사채를 이용한 방식이었습니다.

자산운용사의 승인을 받은 지 한달이 지났는데도 아직 BG가 도착하지 않고 있습니다.

당시에도 제가 동생의 부탁으로 진행은 해도 실제로는 성사가 안될 것이라는 의견을 내놓은 적이 있지요.

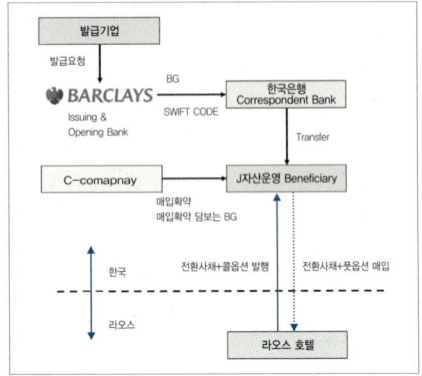

이유는 IRREVOCABLE, UNCON-DITIONAL을 열어줄 바에야 발급기관이 직접 현금을 투자하는 것이 타당하지 무엇 때문에 복잡하고 비용이 들어가는 BG를 개설하겠냐는 것이지요.

금융에서는 상식적으로 이해가 되지 않는 부분은 절대로 일어나지 않습니다.

남의 돈을 운용한다는 것

사모펀드는 대부분 운용 수익의 20%를 수수료 받아 갑니다.

유사수신등의 문제가 발생하지 않으려면 법적인 세심한 검토가 필요합니다.

제가 운용하는 펀드의 경우, 처음에 투자를 하기 위한 SPC를 만들 때, 투자자가 80%, 저의 운용사가 20%를 합법적으로 투자를 해서 SPC를 만듭니다. 자본금은 필요에 따라 1천만원에서 1억원, 10억원이 되는 경우도 있습니다.

이후 투자자가 SPC에 자금을 대여합니다. SPC와 투자자는 금전소비대차 계약서를 맺지요.

실제로 투자가 이루어지고 수익이 발생하면 투자자에게 원금을 상환하고, 나머지 이익을 80:20 지분 비율로 나누어 갖게 됩니다.

이번에 도심에 오피스텔 시행업을 하게 되어 약 30억원을 투자하는 사업을 다음과 같이 진행했습니다.

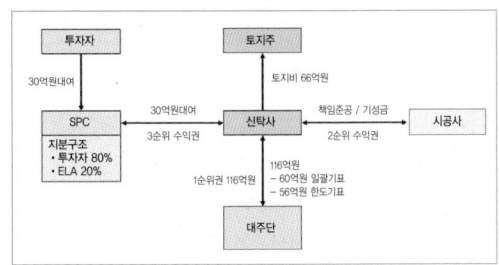

SPC를 만들고 SPC에 저의 운용사와 투자자가 각각 80:20으로 직접투자를 하여 지분구조를 8:2로 가져가고, 투자자가 SPC에 30억원을 빌려주고 그 30억원으로 토지매입을 하여 사업을 시행합니다.

제가 투자자들의 성화에 못 이겨 결국 시행업을 하게 된 것이지요.

최고의 팀들을 붙였지요. 삼성건축사무소, 분양대행사, 신탁사, 시공사 왜냐하면 제가 늘 주장하던 것과 같이 시행업은 작은 것에 욕심내어 비용을 깎으면 반드시 그에 상응하는 대가를 치릅니다.

저는 투자자들에게 원금상환과 ROE 200%를 보장했기에 30억원 투자후 사업이익 75억원, 30억원을 상환하면 45억원이 남고, 그중 20%인 9억원을 저의 운용사가 나머지 36억원을 투자자가 수익으로 가져가면 투자자는 1년만에 30억원을 투자하여 36억원을 벌게 됩니다.

물론 투자자는 제가 실수 없이 완벽히 일을 처리할 것이라는 믿음에 블라인드 펀드로 일체의 관여를 하지 않습니다.

30억원 투자해 원금 보장받고 30억원의 수익이 추가로 일어나면 행복한 것이지요.

하지만 저는 남의 돈을, 저를 믿고 투자해 주는 분들을 위해서 세심한 노력을 합니다.

① 설계도면에 이상이 없는지, 즉 실제 예상매출액과 맞는지
② 분양성과 매출액은 확실한지
③ 인허가에 문제는 없는지
④ 토지계약시 명도등의 문제는 없는지

조금이라도 이상이 생기면 멈춥니다.

이유는 일반인들은 남의 돈을 이용해 사업을 영위, 돈을 버는 기회라고 생각하겠지만, 저는 남의 돈을 운용해 남의 부를 늘려주는 일이라 굳이 위험한 일을 할 필요가 없다고 생각하기 때문입니다.

제가 돈 버는 사업이라 생각하지 않지요. 남의 돈을 벌어주는 사업이고 대신 원금을 상실하게 해서는 절대 안되지요. 그러면 금융인으로서 신용과 신뢰가 끝나니 신중 또 신중합니다.

남의 돈을 운용해주는 일은 엄청난 신경을 써야 하지요. 그래서 원래 안해주려고 하는 일입니다.

그럼에도 불구하고 지금 제가 이 일을 하는 이유는 제자들에게 일을 가르

치고 실적을 쌓게 해주려는 목표가 있기 때문입니다.

남에게 돈을 빌리거나, 투자를 유치하려고 할 때에는 역지사지라는 말을 한번쯤 생각해 보시기 바랍니다. 당신이라면 투자나 대여를 해줄 수 있는지, 당신의 재산 즉, 나의 재산은 아까운데 남의 재산은 손쉽게 생각하는 것 자체가 어불성설이지요.

22.
빈곤층

　　　　　　빈곤은 추상적인 개념이며 사회적인 합의를 이끌어내기 가 쉽지 않습니다. 그렇기 때문에 빈곤을 구체적으로 논의할 때는 보통 기본적인 욕구가 충족되지 않은 상태를 나타내는 어떤 기준선을 정하여 빈곤 여부를 판단하지요.

　위와 같은 빈곤선을 정하는 데는 여러가지 방식이 있습니다.

　Market basket method는 인간이 생활하는데 필요한 모든 필수품과 그 각각의 최저 수준을 정하고 그것을 가격으로 환산한 값의 총합을 최저 빈곤선으로 정하는 방법입니다.

　Engel method는 최저생활에 필요한 음식비만 산출하고 그것에 일정한 값을 곱하여 빈곤선을 설정하는 방식이지요. 미국의 오르샨스키(orshansky) 빈곤선은 최소한의 음식비에 3을 곱하여 정해집니다.

또한 상대적 빈곤선이라는 것은 사회구성원의 생활 수준을 고려해 빈곤을 정의합니다.

평균소득이나 중위소득의 40, 50, 60%, 세계은행은 개발도상국에 대해 평균 가구소득의 1/3을 선진국에 대해 평균 가구소득의 1/2을 상대적 빈곤선으로 설정하고 , OECD는 중위소득이 40, 50, 60%등의 상대적 빈곤선을 설정하지요.

일본은 일반 근로자 가구 소비지출의 68%를 빈곤선으로 설정합니다.

빈곤이 왜 문제인가?

빈곤이 사회적으로 합당하다고 간주되는 기본적 욕구가 충족되지 못한 상태를 뜻한다면 이는 당연히 끔찍한 일입니다.

빈곤이 문제가 되는 이유는 다음과 같습니다.
① 가난은 사회를 유지할 수 있는 건강한 인력확보를 어렵게 한다.
② 빈곤층 지원은 소비를 늘리고 나아가 경제를 활성화한다.
③ 빈곤은 사회적 불안과 갈등, 사회적 비용을 유발한다.
④ 빈곤은 민주주의 위기를 부른다.

우리나라는 경제가 성장해도 빈곤율이

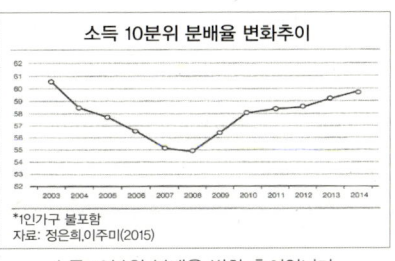

소득 10분위 분배율 변화 추이입니다.

줄어들지 않습니다.

2014년 기준 우리나라의 빈곤율은 가처분소득 상위 50%를 기준으로 약 13.3% 입니다. 여전히 100명중 13명이상이 가난한 삶을 산다는 것이지요.

위의 표는 불평등을 표현하는 또 다른 개념으로 분위 분배율 표입니다. 모든 가구를 소득에 따라 배열하고 10개의 집단으로 구분한 다음, 소득이 낮은 하위 40% 가구의 소득 합을 소득이 가장 높은 상위 20% 가구의 소득 합으로 나눈 것이지요. 이 비율이 높으면 소득격차가 작은 것이지요. 2008년 이후 좀처럼 개선되지 않는 것을 알 수 있습니다.

시장소득 대비 처분가능소득이 계속 줄어들고 있지요.

빈곤과 주택문제

주거비 부담이 저소득층으로 갈수록 점점 커지는 것을 알 수 있지요.

빈곤율의 변화

구분	전체	저소득층	중소득층	고소득층
자가	53.6%	47.5%	52.2%	60.5%
전세	19.6%	14.2%	23.3%	20.8%
보증부 월세	21.6%	29.4%	21.4%	7.7%
월세	1.4%	2.9%	0.6%	0.2%
사글세·연세	0.7%	1.7%	0.2%	0.2%
무상	2.6%	4.2%	2.3%	1.6%

자료: 국토교통부(2014)

소득계층별 주택점유 형태비교 표입니다.

구분	사업 전	사업 후
전용면적 60m² 이하 주택 비율	63%	30%
매매가 5억 원 미만 주택 비율	86%	30%
전세가 4000만 원 미만 주택 비율	83%	0%
평균 주택 규모(전용 면적)	80m²	107m²
평균 주택 가격	3억 9000만 원	5억 4000만 원

자료: 서울시 주거환경개선정책 자문위원회(2009)

뉴타운 전후 주택 수준 비교

소득계층별 현재 주택으로 이사한 이유

구분	전체	저소득층	중소득층	고소득층
품질이 양호한 주택또는 주택규모확장	49.1%	46.7%	48.4%	55.0%
교통이 편리하거나 환경이 쾌적·양호한 지역	38.8%	36.3%	38.8%	42.5%
직장변동	18.1%	12.7%	21.0%	20.0%
계약만기	17.9%	22.6%	18.5%	9.2%
비싼 집값 혹은 전세	8.8%	13.7%	7.6%	4.0%
자녀양육 및 교육환경	7.7%	2.5%	8.0%	14.9%
주택규모축소	5.4%	7.9%	4.8%	3.0%
집주인의 퇴거요구	5.0%	8.0%	4.6%	1.5%
재개발	2.4%	3.7%	1.8%	1.8%
기타	48.8%	46.0%	46.8%	47.8%
계	200.0%	200.0%	200.0%	200.0%

자료: 국토교통부(2014: 106에서 재구성)

저렴한 주택은 또한 계속 사라지고 있습니다.

"가난한 사람의 주거 공간은 보호 받아야 한다"는 명제하에 현 정부의 공공임대주택의 증가와 임대료 보조제도는 반드시 시행되어야 합니다.

소득계층별 주거비 부담변화

연도	연소득 대비 주택가격			월소득 대비 임대료		
	저소득층	중소득층	고소득층	저소득층	중소득층	고소득층
2006년	6.3배	3.4배	3.6배	27.6배	18.9%	16.1%
2010년	6.1배	4.2배	4.0배	28.2%	16.6%	21.1%
2014년	8.3배	5.0배	4.7배	29.0%	17.0%	21.6%

*소득계층은 2014년도 주거실태조사에서 조사된 가구소득 10분위수를 기준으로 저소득층은 1~4분위, 중소득층은 5~8분위, 고소득층은 9~10분위임.
자료: 국토교통부(2014)

비정규직

근로빈곤층이란 "근로 능력이 있지만 빈곤한 집단"으로 정의합니다.

일할 수 있는데 빈곤층이 늘어난 이유는 무엇일까요?

이 문제가 우리의 사회에 본격적으로 대두된 것은 1997년 외환위기부터 입니다.

케인스주의적 복지국가 한계에 달했다고 생각하고 신자유주의 물결이 세계를 지배하면서 기업의 자유를 극대화하고 기업 간의 경쟁을 극대화하는 현상이 생겼지요.

이렇게 기업의 이윤을 극대화 하기 위하여 가장 손쉬운 방법인 노동시장의 유연화

연도	경제활동인구의 빈곤율	취업자의 빈곤율			실업자의 빈곤율
		취업자	임금 근로자	비임금 근로자	
2003년	9.1%	8.5%	8.0%	10.2%	23.1%
2004년	9.0%	8.7%	7.3%	11.4%	25.8%
2005년	9.3%	8.8%	7.6%	11.5%	28.3%

자료: 노대명외(2007a)

취업상태를 고려한 근로 빈곤층의 규모입니다.

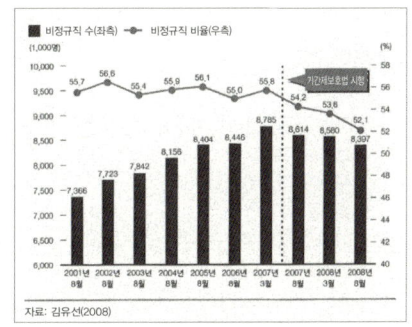

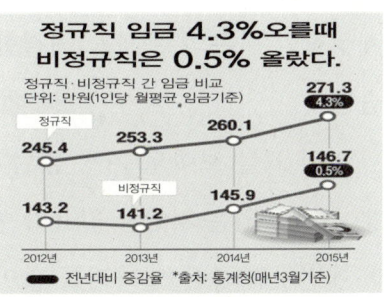

22. • 빈곤층

가 이슈가 되었습니다.

　기업의 노동비용을 줄이기 위한 수단으로 적극적으로 활용되는데 근로자를 핵심노동력과 주변노동력으로 구분하고 주변노동력은 수요에 따라 수시로 채용하고 해고하게 되지요.

　만약 가족이 4명이고 혼자 비정규직으로 취업해 비정규직 평균 임금을 받는 다면 그 가구는 정부가 인정하는 빈곤 가구가 됩니다.

대안은 무엇인가?

　보수주의자들이 내놓는 대안이 바로 낙수효과, 경제성장입니다.

　경제성장을 통해 근로 빈곤 문제를 해결하려면 경제성장 과정에서 좋은 일자리가 많이 만들어지고 근로자의 임금이 올라야 합니다.

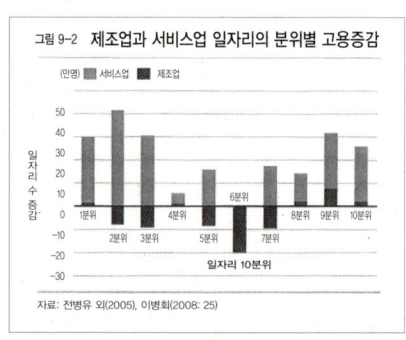

　하지만 서구사회의 경험과 외환위기 이후의 우리의 경험을 보더라도, 경제성장인 빈곤의 문제를 해결한다는 것은 그렇게 설득력이 있어 보이지 않습니다.

　위의 표를 보아도 가장 많은 일자리가 창출되는 곳은 서비스업인데 대부분 서비스 업은 저임금 일자리 이지요.

　예전처럼 좋은 일자리를 많이 창출하려면 예전보다 더 높은 수준의 경제성장을 해야 합니다. 하지만 현재 우리나라의 경제 수준을 고려할 때, 중국처럼 연평균 7% 이상의 경제성장을 기대하는 것은 불가능하지요.

이러한 점을 고려해 볼 때 경제성장만 하면 현재의 근로 빈곤문제가 해결될 수 있다는 주장은 현실성이 없습니다.

주변에 빈곤층이 많다는 것은 우리들의 부끄러운 면입니다.

나만이 잘 살면 된다고 외면하는 것은 결코 거시경제 차원에서 올바른 대안이 될 수 없습니다.

빈곤 노인층, 여성빈곤율 등 우리는 우리의 많은 문제점을 가지고 있으나 가장 시급한 문제는 근로자의 빈곤입니다.

이문제를 해결하는 것이 가장 시급하고 소비를 활성화해서 저성장에 경제를 활성화하는 초석이 되지요.

그런 의미에서 문재인 정부의 비정규직 문제화는 의미가 있는 것입니다.

23.

비전 2030

한나라의 경제정책, 미국과 중국은 100년을 바라보고 수립한다고 하지요. 하지만 우리나라는 너무 근시안적입니다.

"나라 장래에 관해 30년 뒤 청사진을 만든다는 것은 완전히 '뻥'이다. 아라비안나이트도 아니고, 헛된 꿈으로 국민을 현혹시키지 말아라". 2006년 한나라당 강재섭 대표는 정부가 발표한 한 장기계획 보고서를 두고 한 말입니다.

시간이 지난 지금 '뻥'과 '헛된 꿈'은 어떻게 됐을까. '비현실적'이라던 비전과 정책은 어느새 '현실'이 되고 있지요. 당시의 논의는 19대 대선의 주요 정책목표가 됐고. 일부 정책은 이미 지난 보수 정권에서 이름을 달리해 시행됐습니다. 새로 들어서는 문재인 정부의 요직에 당시 이 보고서 작성에 참여했던 인사들이 중용될 가능성도 크다고 할 수 있습니다.

부활한 2030정책					
정년 연장,임금피크제	학제개편,가을학기제	만4세완전무상보육	근로장려세제(EITC)	국민연금,직역연금 개혁	노인장기수발보험
2015년 12월 공공기관 임금피크제 시행	2009년 대통령 직속 미래기획위원회 취학 연령 1년 단축 추진	2013년 3~5세 누리과정 시행	2009년 근로장려세제 도입	2015년 공무원연금 개혁, 군인연금·사학연금개혁 논의	2008년 7월 노인장기요양보험 도입
2016년 1월 공공기관 정년 연장	2014년 박근혜대통령 '가을학기제' 도입				

비전 2030 보고서에 명시된 추진 배경은 '저출산·고령화와 양극화로 인한 경제 저성장에 대응하기 위해서' 입니다. 10여 년이 지난 현 시점의 고민과 다르지 않습니다. 해법의 방향도 지금의 논의와 비슷하지요. 기존의 '선성장 후복지' '낙수효과'식 경제구조에서 벗어나 성장-복지 '동반성장' 구조로 바꿔야 한다는 게 보고서의 큰 줄기입니다. 인적 투자가 성장의 기반이 되는 동시에 성장을 통해 복지를 확대한다는 논리이지요.

세부적으로는 수출시장을 확대하기 위해 한미 자유무역협정(FTA) 등을 추진하고 국내시장을 개방해 경쟁을 촉진하며, 저출산 고령화에 대응하기 위해 공보육, 장기노인요양보험, 기초 노령연금 등을 도입하기로 했습니다. 사회적 상향이동을 위해 어린이에 대한 투자를 늘리고, 사회서비스 일자리를 늘려 고용과 복지 향상을 동시에 추구했습니다. 근로 동기를 부여하고 근로빈곤 문제 해결을 위해 근로장려세제(EITC) 등을 도입하기로 했고. 이 밖에 군복무 기간 단축, 학년 조정 등을 통해 생애 근로기간을 늘리는 계획, 자원봉사 활성화, 부정부패 해소 등도 포함된 체계화된 포괄적 종합 처방전이었습니다.

2006년 당시에는 '좌파 정권을 재창출하기 위한 애드벌룬'이라고 비판 받았지만, 이후 박근혜 정부가 유사한 개념인 '소득주도성장론'을 내세웠고. 새로 들어선 문재인 정부의 정책 기조와도 결이 같다고 할 수 있습니다.

비전 2030이 제안한 정책 과제는 19대 대선 후보들의 공약과 '싱크로율'이 높습니다. 비전 2030은 사회복지 선진화의 주요 과제로 '만4세 무상보육' '국공립 보육시설 확충' '방과후 활동 확대' 등을 제시했고. 보육 서비스 강화는 19대 대선 과정에서 주요 후보들이 공히 약속한 내용이지요.

1000조원이 넘는 숫자에 다들 경악했지만, 비전 입안자들은 이를 '선제적 투자' 개념으로 이해했습니다. 비전 2030 같은 체계화된 계획 없이 저출산고령화 사회를 맞이하면, 그보다 더 많은 사회경제적 비용이 발생하고, 경제와 복지는 끝도 없이 추락할 것이라고 보았던 것이지요.

실제 시간이 지나 비전 2030이 추구하던 국가경쟁력 강화와 저출산·고령화와 양극화를 극복해야 한다는 문제의식은 좌·우를 떠나 모든 정부들이 달성해야 하는 정책목표가 됐고. 또 합리적 자원배분은 정권의 이념과 상관없이 국가경영의 정도입니다. 따라서 정권변화에 따라 이름과 형식은 달리하고 있으나, 비전 2030에 담긴 정책 중 상당수가 후임 정부에 의해 계승되고 있습니다. 그리고 복지예산이 SOC예산을 비롯한 경제 분야 예산의 규모를 크게 넘어서는 선진국형 재정구조도 한국에서 실현되고 있지요.

비전 2030의 내용 가운데 이념 성향이 다른 이명박·박근혜 정부에서 추진 과제로 삼거나 이름을 달리해 실제 도입한 정책도 많습니다. 해외 자원개발, 한류 콘텐트 지원, 노인수발보험(장기노인요양보험), 정년 연장과 임금피크제,

국민연금·지역연금 개혁, 공공임대주택 확충 및 주택바우처, 지역 혁신클러스터(창조경제혁신센터) 등이 해당됩니다. 2007년 대선에서 이명박 후보는 무상보육과 반값 등록금 공약을 벤치마킹했고, 민주당은 2010년 지방선거에서 학교 무상급식 공약을 이어받았습니다.

복지정책의 방법론도 비슷해서, 비전 2030은 교육·의료·주거 등 분야별 수요 맞춤형 복지를 주장했습니다. 기존과 달리 같은 저소득층도 육아 부담, 건강 상태, 장애 여부 등 각자의 서로 다른 사정과 필요에 맞춰 다른 복지 서비스를 제공한다는 것이지요. 이런 특징은 이명박 정부와 박근혜 정부가 주창한 '능동적 복지' '한국형 복지국가'에 그대로 녹아들었습니다. 보고서가 주장한 학제 개편과 가을학기제 도입은 지난 두 번의 보수정권이 꺼낸 카드이기도 하고요. 이명박 정부는 2009년 저출산 대책으로 초등학교 취학 연령을 1년 앞당기는 방안을 내놨고, 박근혜 정부에서는 2014년 '가을학기제' 도입을 제시한 바 있습니다.

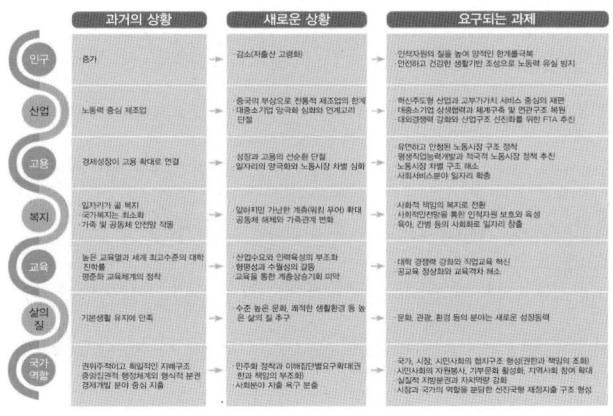

비전 2030은 경제기획원의 후신인 기획예산처 주도로 모든 부처와 국책연구기관이 동원돼 만들어졌고. 과거 5개년 계획을 빼닮았습니다.

그러나 두 가지 면에서 과거 발전계획과 다르지요.

① 첫째, 비전 2030은 5년이 아니라 25년을 내다보는 초장기 경제 사회 발전계획이었다.
② 둘째, 비전과 정책목표를 재정전략과 연계시켜 놓았다.

과거 한국의 5개년 경제사회발전계획도 그랬고, 슈뢰더 총리 시절 독일의 비전 2010 같은 성공적인 해외 국가발전계획도 대부분 재정계획이 동반되지 않은 미래 발전 청사진이었습니다. 반면 비전 2030은 초창기 재정계획이라는 측면이 강한 미래사회 비전을 제시했습니다.

왜 그랬을까요?. 비전 2030은 1년짜리 예산편성의 불합리성을 극복하려는 시도였습니다. 노무현 정부가 2004년에 도입한 예산 총액배분자율편성제도(톱다운 방식의 예산사전배분제)와 5년 단위 국가재정 운용계획의 준거점을 마련하는 차원에서 시작된 것입니다. 비전 2030 역시 5년 단위 국가재정 운용계획과 연계되는 것을 전제로 짜인 장기재정 계획이었습니다. 장기 플랜을 세우다 보니 계획기간 중 최대 1600조원이라는 추가재정 소요가 발표되기도 했고요. 이는 비전 2030은 종합부동산세에 이은 제2의 '세금폭탄'으로 언론과 야당인 한나라당으로부터 융단 폭격을 받는 빌미가 됐습니다.

국가발전계획은 필연적으로 장기적인 재정운용방식을 요구합니다. 반면 1년을 단위로 재원을 배분하는 기존의 예산편성에서는 각 부처의 예산요구가 상향식으로 종합화되지요. 중장기적인 계획과 전략을 기초로 재원을 배분하기 어렵습니다. 나무는 보되 숲을 보지 못하는 위험성이 큰 것이지요. 또 미래에 지속적으로 확대될 지출에 대한 예측 없이 현재의 필요에 의해 재원을 배분하게 됩니다. 인구고령화와 같은 사회 변화로 고정적인 지출이 증대하게 되면 만성적인 재정적자가 불가피하지요. 기존 예산 편성방식은 장기적인 시각을 결여한 예산제도로 장기사업의 지속성을 저해한다고 볼 수 있습니다.

문재인 버전의 비전 2050

새 정부는 청와대 직제 개편을 통해 대통령 비서실장 직속으로 신설한 재정기획관에서 '국가비전 2050 (가칭)'을 수립할 계획이라고 합니다. 국가비전 2030을 벤치마킹해 30년간의 복지정책과 재원 조달 방안을 담을 것으로 알려졌습니다.

문재인 정부 개각 인선에서도 노무현 정부 당시 비전 2030과 관계된 인사들이 두각을 나타내고 있습니다. 홍남기 국무조정실장, 김용익 전 민주연구원장과 기획예산처 고위공무원으로 비전 2030을 주도했던 김동연 아주대 총장 이 있습니다.

제가 늘 주장하는 것이 "철학 없는 정치가 나라를 망하게 하는 첫번째 악"이라고 주장합니다.

당리당략과 표에 의식해서 나라의 미래를 보지 못하는 철학 없는 정책들이 결국 나라를 망하게 만듭니다.

이제라도 50년을 내다보는 정책이 입안되기를 기대합니다. 저성장, 저출산, 고령화 시대에서 청년들과 사회의 구조적인 소득재분배의 실현이 없다면 우리나라의 앞날은 암울하기 그지 없습니다.

새 정부에 많은 기대를 하는 이유이기도 합니다.

24.

잃어버린 20년과 소비절벽, 저성장의 늪

제가 이전 강의에서 일본의 잃어버린 20년의 대표적인 사례로 임금이 10% 감소했으나, 소비자 물가와 세금이 그 이상 인하되어 일본 국민은 생활의 불편을 느끼지 못한다고 말씀 드린 적이 있습니다.

두나라 모두 저성장, 소비절벽, 1인가구의 증가, 가성비 등 같은 듯, 다른 부분이 있지요.
두나라 모두 디플레이션의 악순환에 빠져들고 있는 부분도 비슷합니다.

소비절벽 ⇨ 경기둔화 ⇨ 기업투자감소 ⇨ 구조조정 ⇨ 실업률 상승 ⇨ 소비둔화의 굴레이지요.

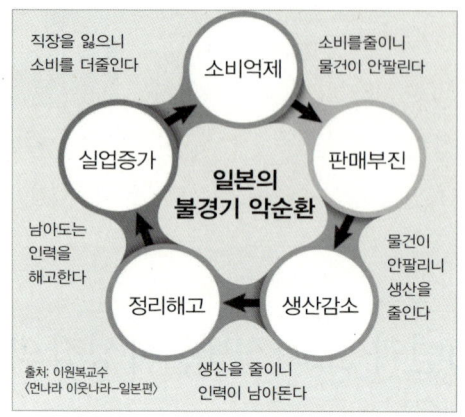

오타쿠와 덕후

오타쿠란 다른 분야에는 전혀 관심이 없고 오로지 한 분야에만 관심을 갖는 사람을 말합니다.

우리나라에도 이와 동일한 의미의 덕후라는 단어가 탄생하였지요.

다만 다른 것은 일본은 오타쿠 문화가 캐릭터 산업의 발전으로 이어졌다는 것이라고 생각됩니다.

1인 가구의 등장과 차이

두나라다 고령화, 저출산, 생산인구의 감소를 겪고 있지요.

그래서 1인 가구가 폭발적으로 증가했습니다.

그런데 다른 것은 일본은 고령화로 인한 고령 1인 가구가 늘어났고, 한국은 결혼의 기피로 인한 젊은 층의 1인 가구가 늘어났다는 점입니다.

따라서 발전 산업도 약간은 다르게 나타납니다.

일본은 대행서비스업이 급속히 발전하는데 비해, 특히 청소대행서비스가 50%를 차지하고, 반면 한국은 배달서비스업이 급속히 증가했습니다. 하지만 일본은 노동인구의 감소로 인해 배달인구가 부족해 배달서비스업은 반대로 위축되었지요.

하지만 같은 부분도 있습니다.

바로 혼술, 혼밥족입니다.

인기방송 프로로 한국의 혼술남녀가 있었다면 일본은 B급 쿠르메(미식가)가 있었지요. 쿠르메라는 단어는 제가 이전에 말씀드린바와 같이 미식가를 뜻합니다. 하지만 B급이 붙은 것은 정말 비싼 식도락가 아닌 저렴한 식도락가라는 뜻이지요.

또한 1인가구의 증가로 반려견, 반려묘의 시장이 무섭게 성장하는 것은 두 나라가 동일합니다.

편의점과 가성비

소비절벽의 시대에 등장한 단어가 가성비 입니다.

즉, 가격대비 성능이 좋다는 이야기 입니다.

한국에서 샤오미 열풍이 불고, 일본에서 유니클로가 선풍적인 인기를 끄는 것이 바로 가성비로 설명이 되지요.

하지만, 현재수준에서 즐길 수 있는 고급품, 너무 비싸지 않지만 부담스러운 가격의 제품도 단 한가지만은 고급을 사용한다는 경향이 나타나기도 합니다.

편의점의 경우는 이미 한국은 백화점과 마트의 매출을 앞질렀습니다.

바로 편의점의 생활밀착형 서비스, 즉, 택배서비스, 기타 생활에 필요한 제세공과금 대납 등 각종 특화된 서비스와 1인가구의 등장으로 인한 편리한 도시락 문화가 대세를 이루었기 때문입니다.

현재 한국의 편의점 수는 2015년을 기준으로 인국 1777명당 1개이고, 일본은 2374명당 1개입니다.

그래서 일각에서는 편의점이 매출액 포화에 이른 것이 아니냐는 지적이 있지요.

그런데 양국 모두 편의점의 매출액 중 제일 큰 것이 식품으로 전체 매출액의 30%를 차지합니다. 삼각김밥과 한국의 도시락, 그리고 100엔 커피와 1000원 커피 등, 가성비와 1인 가구를 대상으로 하는 매출이 급 성장한 것이지요.

다만 일본은 단카이 세대를 중심으로 고령화 1인 가구, 한국은 결혼을 포기한 젊은 세대를 중심으로 한 젊은 1인 가구의 차이가 존재합니다.

이렇게 음식에 대한 가성비가 발전하면서 끊임없이 매출이 성장세인 이유는 인간의 1차적인 욕망과 관계가 있지요.

유전학적으로 인간은 살기위해서 먹거리를 찾은 호모사피엔스입니다.

사람들이 저성장과 불황으로 불안할 때 가장 우리의 심리를 안정화 시켜주고 달래주는 것이 바로 "먹는 것"이라고 하지요. 다만 주머니 사정을 고려한 먹는 유혹에 빠지게 되고 이것이 가성비, 편의점, 혼술, 혼밥 전문식당으로 표현되는 경향이 있는 것입니다.

25.

김전무의 룰 4

1. 까마귀 노는데 백노야 가지마라
2. 가구는 고쳐 써도 사람은 고쳐 쓰지 못한다.
3. 일확천금은 없다.
4. 사촌이 땅을 사면 진심으로 축하해라.

여러분들에게 강의 중간 중간에 한 말들입니다.

까마귀 노는데 백노야 가지마라

부동산 금융업을 하다 보면 자기는 돈 한푼 안들이고 중간에 업무 조정만 하면서 막대한 이익을 챙기거나 수수료를 받는 사람들이 있습니다.

이런 사람들을 저는 까마귀라고 생각하지요.

탈무드의 예를 하나 들까 합니다.

옛날에 가나안 땅에 한 왕국이 있었습니다. 이 왕국에는 3형제가 살았는데 첫째는 멀리 보는 천리경을, 둘째는 하늘을 나는 양탄자를 셋째는 어떤 병도 고칠 수 있는 복숭아를 가지고 있었지요.

어느 날 옆 왕국의 공주가 죽을 병에 걸려서 하루밖에는 시간이 없었습니다. 그래서 왕은 방을 붙였지요, 공주를 살려주는 사람에게 공주와 혼인을 시켜주어 나라를 물려주겠다고 말이지요.

그러자, 첫째가 천리경으로 그 방을 보고는 둘째의 하늘을 나는 양탄자를 타고, 셋째와 함께 왕궁으로 갔습니다.

셋째가 복숭아를 공주에게 먹이자 공주가 일어났지요.

자 이제 논공행상을 해야 하는데, 첫째는 내가 아니었으면 이런 소식을 보지도 못했을 거라고 하고 둘째는 하늘을 나는 양탄자가 없었다면 시간에 맞추어 도착을 못했을 거라고 하고, 셋째의 복숭아가 없었으면 공주가 살아나지 못했을 겁니다.

누구에게 공주와 이 나라를 물려주어야 할까요?

왕은 셋째에게 물려주었습니다.

이유는 다음과 같습니다.

첫째와 둘째는 아직도 천리경과 양탄자를 가지고 있습니다. 하지만 셋째는 자기가 가진 전부인 복숭아를 주었지요. 다른 곳에 쓸 수도 있었지만, 또는 복숭아가 공주에게는 안 들을 수도 있는 리스크를 감수하면서 모험을 한 것이지요.

위의 이야기에서 탈무드가 하고 픈 이야기는 어떤 일에 대한 논공행상은 그 일에 대하여 각자 얼마의 리스크를 지고 부담하고 있는가에 달려있다는 것이지요.

부동산 금융에서도 사업자의 자기자본 비율을 따집니다. 즉, 자기자본비율이 낮으면 결국 대주단이 모든 책임을 지고 시행사는 안되면 본전, 되면 대박이니 이치에 맞지 않는 다는 것이지요.

그런데 입으로만 중개를 하는 사람들이 pm수수료등을 요구하면서 지분이나, 막대한 비용을 요구한다면, 이는 그 사람은 리스크는 0인데 수익은 막대하니 문제가 있는 것입니다.

제가 1% 이상을 수수료로 청구하지 않는 이유도 여기에 있습니다. 아무리 제가 전문적인 지식으로 이 사업이 성공하기 위해 많은 노력과 기여를 했다고 해도, 리스크를 부담하지 않으니, 1% 이상을 받으면 안되는 것이지요.

그런데 이런 브로커들과 어울리다 보면, 리스크 0를 추구하는 시행사들과 어울리다 보면 자기도 모르게 그렇게 변화됩니다.

그래서 까마귀가 되는 것이지요.

가구는 고쳐 써도 사람은 고쳐 쓰지 못한다.

改過遷善(개과천선) 한다는 말도 있지요.

하지만 부동산 금융에서 한번 자기가 했던 일들을 바꾸고 새로운 모습으로 등장하는 사람은 없습니다.

매번 돈 없이 이런 저런 사업을 기웃거리는 사람들로 항상 만원입니다. 그런 사람들은 이런 저런 사업거리를 가져오지만 역시 결과가 좋지 못합니다.

제가 회계사, 후배들에게 "신발값 나오지 않는 일은 해서는 안된다. 바로 접어라" 라고 가르칩니다.

쓸데없는 일에 매달리다 보면 시간만 낭비하는 것이지요.

금융인에게 "시간=돈"입니다.

예를 하나 들지요.

A라는 나이 80된 시행사 한 분이 저를 찾아오셨습니다. 동해에 상가를 개발하신다는 것이었지요.

신탁사에서 저를 소개해서 찾아왔다고 하시더군요.

처음에는 48억원의 토지비중, 30억만 대출해주면 (브릿지론) 나머지는 본인이 자기자본으로 조달 가능하다고 하시더군요. 그래서 신협에서 조달을 해드렸습니다. 그랬더니, 자기자본 18억이 모자라니, 천천히 사업을 진행하겠다고 하시더군요. 그래서 그러시라고 했습니다. 시행사에게 사업을 강요할 수는 없으니까요.

그런데 알고 보니, 이분은 자기가 사업을 중단하겠다고 하면 제가 반대로 이미 자금이 조달되었으니, 사업을 진행하는 방법을 찾아보자고 하실 줄 알았던 것이지요.

그런데 중단이 맞다고 하니 난감해 지신 거지요.

이틀후에 다시 진행할 테니, 진행 해 달라고 하시 더 군요. 그래서 진행을 했더니, 18억이 다 준비가 안되니, 10억은 토지주에게 2순위 신탁권리를 주고 8억만 준비가 되었다고 하셨습니다.

그래서 그것도 방법이니 그렇게 하자고 했지요.

그랬더니 이번에는 본인이 인천에 오피스텔을 가지고 있는데 그것이 분양이 되어야 8억이 준비 된다고, 하시 더 군요.

그래서 또 그렇게 하시라고 했습니다. 신협에서는 30억을 승인을 내고 1달이 경과해서 문제가 있다고 차주가 의심스럽다고 저에게 이 딜을 해도 괜찮으냐고 질의가 왔지요.

그래서 조금만 더 기다려 보자고 했습니다.

그 분이 연락이 와서 8억이 준비되었고 토지주도 2순위 수익권을 주는 것으로 합의가 되었다고 했습니다.

그래서 신협에게 통보하고 약정일 하루 전날 신협 담당자와 변호사가 서울에 도착했고, 신탁회사도 서류를 준비했습니다.

그런데 막상 약정일날 80된 그 시행사분과 토지주가 나타나지 않았습니다. 이유는 재판이 급하게 잡혀서 본인이 반드시 참석해야 했기 때문이고, 토지주가 서울까지 오기 어려우니 동해로 와야 한다는 변명이었습니다.

저는 이 딜을 중지시키고 신협과 변호사에게는 제 개인이 보상을 해주었습니다. (감정평가비, 변호사비, 출장비 등)

상가 본 PF는 증권사와 협의를 해 놓았으니, 브릿지론으로 토지를 가져오면 바로 인허가 접수 후 PF를 진행할 수 있는 상황이었는데, 중지했지요.

이유는 가구는 고쳐 써도 사람은 고쳐 쓸 수 없으니 이런 시행사는 두고두고 말썽을 일으킬 것이기 때문입니다.

신협에 보상을 해준 이유는 금융기관 상호간에 신뢰를 어기지 않기 위함입니다. 딜은 성사되지 않았고 보상금을 지불했지만 그 보다 더 큰 신뢰를 얻었으니 그것이 중요한 것이지요. 신협 입장에서는 김전무는 가져온 딜에 대하여 책임을 다한다는 신뢰를 가질 수 있었지요.

일확천금은 없다

많은 분들이 일확천금을 노리고 사업을 합니다.

지난 날의 실패를 한번에 만회하려고, 한번에 큰 돈을 벌려고 등등

지난번에 제가 제 후배의 이야기를 해드린 적이 있지요. 항상 을로만 살아서 목에 힘주고 싶어서 시행업을 했고, 200억원을 벌어서 떵떵거리고 살고 싶다고 말이지요.

결국 그 친구는 막대한 피해를 보고 실패를 했지요.

사회가 안정되고 시스템이 구축되면 일확천금은 복권이외에는 없지요. 이런 꿈을 쫓는 모든 사람은 불나방과 같습니다.

매일매일 얼마간의 수입을 일정하게 벌어들이고 그것을 저축하며 안정된 삶을 살지 않는 사람들은 혹시 벌더라도 번만큼 쓰면서 살게 되지요.

사촌이 땅을 사면 축하해 주어라 ?

"사촌이 땅을 사면 배가 아프다"는 말의 어원을 아시는 지요?

원래는 좋은 뜻이었습니다.

조선시대에는 가족공동체 사회이고 농경사회였습니다. 이 풍습이 내려와서 지금도 우리는 식당에 가면 "언니", "이모"를 자연스럽게 부릅니다.

조선시대의 격언은 다음과 같습니다.

"사촌이 땅을 사면 거름이 필요하니, 배를 아프게 해서 사촌이 산 땅에 인

분을 주어라" 입니다.

　즉, 농경사회에서 사촌이 땅을 사면 축하하기 위해 작물이 잘 재배되도록 거름대신 인분을 주라고 한 이야기 이지요.

　이것이 일제시대를 지나면서 사람들을 이간시키고 토지를 빼앗기 위해 시기와 질투를 조장하고, 서로 밀정 노릇을 시키기 위해 우리의 좋은 격언을 변질 시킨 것이라고 하지요.

　우리는 무한 경쟁의 시대에 살고 있습니다.
　따라서 남이 잘되는 것을 축하하기 보다는 시기와 질투를 보냅니다.
　자기만 잘하면 되고, 자기 일에만 신경 쓰면 되는데 내 급여가 얼마인데 다른 사람의 급여는 얼마인지, 다른 사람이 많이 받으면 왜 그런지, 불평등이나 다른 이유는 없는지 일을 열심히 하기 보다는 불평과 의심, 질투, 시기로 세월을 낭비합니다.
　남이 잘하면 칭찬을 해줄 줄 알아야 하지요.

　부동산 시행사 브로커 분들이 저에게 와서 지금 투자하지 않으면 다른 사람이 가져간다고 합니다.
　저는 당연히 그렇게 되도록 내버려 두라고 합니다.
　이유는 그 사람이 저보다 더 능력이 있어 토지를 비싼 가격에 사더라도 사업수완을 발휘해 더 많은 이익을 남긴다면 그 사람의 능력이니 당연하다고 생각합니다.

내 것이 아니라고 여기는 것이지요. 그래서 쉽게 포기 합니다.

내가 가지기는 벅차고 남이 가지는 것은 싫은 것은 바로 사촌이 땅을 사면 배가 아픈 것과 같지요.

상대방의 능력과 실력을 인정하고 축하해주고 그것을 배워서 다음에 더 좋은 기회를 만들면 되는 것이지요.

이런 사람은 발전하지만 시기와 질투를 하는 사람은 절대 발전이라는 것이 없습니다.

제 강의록을 받는 사람들 중에 30대 초반의 젊은이들이 의외로 많더군요. 그 분들이 저에게 가끔 메일로 멘토와 같은 삶에 대한 이야기를 해 달라고 요청하십니다.

그래서 오늘은 젊은 분들에게 인생을 살면서 반드시 지키면 좋은 4가지 룰을 말씀드렸습니다.

26.

이기적인 유전자

제자중 한명이 이런 메일을 보내왔습니다.
"부모님이 암 투병중이신데, 갑자기 사이비 종교에 심취하셨습니다. 종교란 무엇인지 한번 강의를 부탁드리고, 어떻게 하는 것이 좋은 지 의견을 구합니다."

현존하는 가장 유명한 진화론자인 리처드 도킨스는 그의 저서 "이기적인 유전자"에서 이렇게 말했습니다.

"엄마가 자식을 위해서 희생하는 사랑을 폄하할 생각은 추호도 없다. 하지만 호모 사피엔스에서 진화한 인류는 자식을 번식시키는 것이 본능이고, 모든 동물의 이타적인 행동은 바로 자기의 유전자를 번식시키려는 본능에서 나온다"

야생 다람쥐가 독수리가 나타났음을 주변의 같은 종족에게 알리다가 결국 독수리의 표적이 되어 죽게 되거나, 호모사피엔스가 사자가 나타났을 때 사자의 시선을 끌어 종족이 대피할 시간을 벌어주고 희생을 하는 이유는 자기 종족의 유전자를 보존하기 위한 유전자의 이타적인 본능 때문이라는 것입니다.

물론 창조론자는, "하느님이 현재의 인간과 만물을 창조하신 것이지, 진화된 것이 아니다"라는 것을 주장하기에 이것에 대하여 강한 비난을 제기합니다. "이타적인 사랑은 예수그리스도의 숭고한 희생에서 시작된 숭고한 것인데, 이것을 동물적 본능으로 비하하는 것은 결코 용납할 수 없다" 라는 것이지요.

여기서 잠깐 진화론과 창조론에 대하여 살펴보지요.

진화론과 창조론

✓ 진화론

우주는 135억년전 빅뱅에 의해서 탄생하였지요. 아인슈타인의 유명한 방적식인 $E=mc^2$에 의해 빅뱅 당시의 강력한 에너지가 물질로 변환되었고, 변환된 물질이 현재의 우주를 이루는 은하계, 태양계를 만들었다는 것입니다.

우주가 끊임없이 팽창한다는 것은 언제가는 한점에서 시작되었다는 것을 뜻하는 것이고, 노벨물리학상을 수상한 펜지와 윌슨이 우주배경복사 (빅뱅탄생이후의 강렬한 잔존열량의 증거)를 발견하여 빅뱅을 과학 이론으로 증명하였습니다.

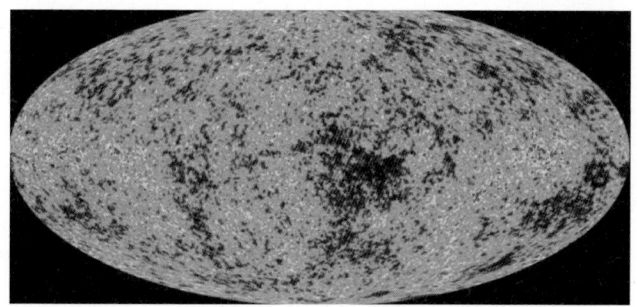

이후 인공위성을 발사하여 우주배경복사를 정밀하게 측정한 것이 위의 사진입니다.

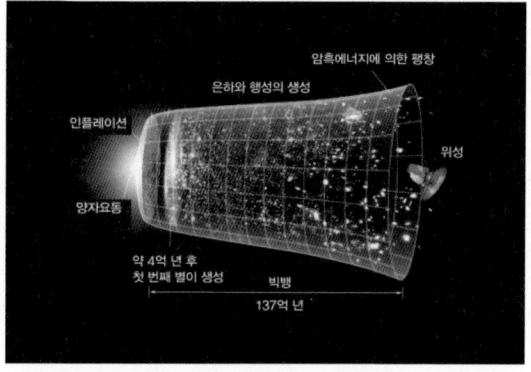

그리고 위의 사진이 빅뱅이론 입니다.

결국 인간은 우주의 다양한 원소가 결합되어 진화되어 만들어진 것 이라는 것이지요.

힌두교의 경전인 베다 경전에는 "신조차 우주가 탄생한 이후 탄생하였다"고 기록되어 있지요.
의미 심장한 말입니다.

그리고 45억년전 태양계가 생기고 물에 박테리아와 같은 초기 생명체가 생기고.끊임없이 진화해 공룡을 거쳐 약 1천만년전의 유인원을 거쳐 2백만년전에 다양한 인류의 조상들이 탄생했고, 그중에 20만년전 호모사피엔스가 생존하여 현재의 인류가 되었다는 것이 진화론입니다.

도킨스를 비난하는 창조론자들은 도킨스 자체가 대사장이고 무신론이라는 종교의 교주라고 비난을 합니다.

이에 대해 도킨스는 "신은 없다, 그냥 오늘을 즐겨라"라는 런던 버스 광고로 응수를 하지요.

✔ 창조론

창조론은 다음과 같이 주장합니다. "바닷가에서 돌을 주울 수 있고, 다양한 모양의 돌이 존재할 수는 있다. 또한 그 돌은 자연의 풍화 등을 받아서 여러가지 특이한 모습을 할 수도 있다. 하지만 인간은 일반적인 돌의 모습이 아니고 정교한 시계와 같은 것이다. 이런 정교한 시계를 어떻게 바닷가에서 자연스럽게 만들어졌다고 할 수 있는가?, 이는 누군가 시계공이 있다는 증거이고, 시계공이 정밀한 시계를 만들어 바닷가에 놓아 두었다는 것이다. 따라서 신이 우주만물과 이렇게 정교한 인간을 창조한 것이다."

"진화론에서 원숭이로부터 사람이 진화하였다고 하는데, 원숭이가 컴퓨터 앞에 앉아서 아무리 자판을 두드려도 "나는 원숭이다"라는 타이핑을 할 확률은 0이다"

이에 대해 진화론자는 자연을 "눈먼 시계공"이라고 표현합니다. 즉, 원숭이가 컴퓨터에 자판을 두드려서 "나는 원숭이다"를 칠 확률은 없지만, 원숭이가 무심코 두드리는 자판에서 "ㄴㅏㄴㅡㄴㅇㅜㅓㄴㅅㅜㅣㄷㅏ" 만을 선택적으로 골라서 조합하게 되면 되는 것이고 이렇게 선택적인 것만을 고르는 역할은 바로 자연이고 인간도 바로 선택적인 것만 고르는 자연선택설에 의해 진화된 것이라고 설명합니다. 그래서 자연을 눈먼 시계공이라고 부릅니다. 의도하지 않았지만 자연에 생존하기 좋은 조건만 선택적으로 유전되도록 한다는 것이지요.

이슬람과 기독교는 진화론을 배척합니다. 창조주인 하나님을 믿기 때문이지요.

반대로 천주교는 진화론을 옹호합니다. 진화 자체가 하느님의 배려라고 생각하기 때문이지요.

저는 어떤 것이 옳다고 주장하고 픈 생각은 없습니다.

제 개인적인 의견으로는 진화론은 과학적인 것이고 창조론은 철학적인 것이지요.

종교의 탄생

종교가 탄생한 것은 이런 역사적인 이유가 있다고 하지요.

원시인이 부족을 이루고 농경사회를 이루고 살 때 처음에는 150명 단위였다고 합니다.

요즈음도 한 중대병력이 150명인 것은 한명이 통솔할 수 있는 최대인원이 150명이기 때문이라고 하지요.

그런데 곡식이 많아지고, 무역이 발달하자 도시가 생기고 폭발적인 인구 증가로 많은 사람들이 몰려 살게 되었지요. 그래서 그 집단의 우두머리는 집단을 통솔하기 위해 "자기의 권한이 신에게서 받은 신성한 것이니 나를 따르라"는 명분이 필요했고, 이것이 종교의 탄생이라고 많은 인류학자, 역사학자가 주장합니다.

또 한가지 진화론자들은 종교의 탄생을 이렇게 주장합니다.

"인간은 본능적으로 리스크에지의 성격을 가지고 있다"

제가 이전에도 강의한 파워에지, 리딩에지, 리스크에지 중 리스크에지는 다음과 같이 설명할 수 있습니다.

✔ 왜 여성이 더 종교적인가!

우리는 사람마다 징크스라는 것을 가지고 있지요. 징크스란 어떤 옷을 입으면, 수염을 깍지 않으면 승리를 한다는 자기만의 증표 같은 것입니다. 과학적으로 입증할 수 없는 것이지요. 이런 징크스를 가진 사람은 징크스가 100%로 맞지 않아도, 징크스를 외면하는 것보다 지키는 것이 더 낫다고 생각합니다. 설혹 실패를 하여도 징크스를 지키지 않으면 더 실패할 확률이 높다고 생각하는 것이지요.

이런 본능은 남성보다 여성에게 더 강하게 나타나지요. 유전심리학에서는 남자들이 사냥을 나갔을 때 집안에 있는 여성들은 자식을 지키는 역할을 맡아서 합니다. 그런데 어디서 부스럭 소리가 나면 혹시 맹수가 왔을까봐 반드시 확인을 하려고 합니다. 남자는 바람소리라고 치부하는 것도 여성은 반드시 확인하려고 하는 것은 바람소리일 수도 있지만 만에 하나 맹수일 것이라는 두려움에 일말의 불확실성도 없애려는 행동을 보입니다.

이렇게 징크스와 같은 무엇인가 초 현실적인 것에 의존하려는 경향이 여성에게 더 강해서 여성들이 종교에 더 심취한다고 하지요.

노부모님과 사추기

위에서 언급한 바와 같이 인간은 종족 번식의 본능이 있다고 합니다. 그래서 우리 속담과 같이 "내리 사랑은 있어도 윗 사랑은 없다"라는 말이 존재합니다.

부모에 대한 사랑보다 자기자식에 대한 사랑이 더 크다라는 것이지요.

그래서 부모님들은 나이가 들면 소외감을 느끼시고 우울증을 경험하십니다.

자식과 주위로부터 관심의 대상에서 멀어지는 것에 대한 심한 사추기(思秋期)를 겪으시지요.

자식들과 주변의 관심과 애정을 받고 싶으신 것입니다.

저의 어머님도 마찬가지 십니다. 힘들어도 집의 재활용 쓰레기를 반드시 직접 버리시고, 아들과 손자의 식사를 한끼라도 당신 손으로 직접 해 주시려고 노력하는 것은 본인의 존재감을 알리려는 행동이시지요.

저는 새벽에 출근을 할 때마다 어머님을 안아드리고 나옵니다. 어머님에게 아들이 어머님을 오늘 하루도 사랑하고 기억한다는 표현이지요.

부모님이 암 투병중이시고 갑자기 사이비 종교에 심취하시는 것은 아마도 제 생각에는 외로움과 두려움에 대한 회피라고 생각이 듭니다.

누구나 죽음에 대한 두려움이 있고, 나이가 들면 주변의 배려와 관심에서 멀어지는 것이 두렵지요.

한국의 삼성병원과 서울대 병원이 최근 암환자 2000명을 대상으로 한 설문조사에서 환자들은 일반인 보다 주변에 배려를 많이 받지만, 주변의 배려가 없다고 느끼면 그 우울증이 일반인의 몇 배이상으로 급격히 증가한다는 결과가 있습니다.

그냥 나이가 드셔도 사추기를 겪으시면서 자식들의 관심과 사랑을 갈망하시는데, 하물며 아프시기까지 하시면 얼마나 더 갈증이 심하실까요!

왜 부모님이 사이비 종교에 심취 하냐고 비난하기전에 부모님의 외로움과 두려움을 먼저 배려해야 하는 것이 타당할 것이라고 생각됩니다.

宗教(종교)는 한자를 뜻 풀이하면 큰 가르침입니다. 저 또한 과학을 공부하고 유전한, 심리학을 공부한 사람이지만 천주교 신자입니다.

종교는 사람들에게 사람 답게 사는 법을 역설하지요. 그것 만으로도 저는 신이 있고 없고를 떠나서 종교의 존재이유가 있다고 생각합니다.

우리 부모님은 모두 사추기를 겪고 계십니다. 오늘 하루 잊었던 부모님에게 안부를 전해드리세요.

27.

유비와 조조

젊은시절 후배는 군대를 가야했기에 자기가 창업한 회사를 당분간 운영해줄 사람이 필요했습니다. 저는 박사과정에 있어서 시간도 있었지요.

그런데 창업회사의 직원들과 제가 면담을 한 후, 그 친구가 저에게 와서 선배님은 탈락했다고 하더군요.

저는 "부탁한 사람이 누군데 이제와서 탈락이라니, 내가 언제 면접을 부탁했나?"하고 어이가 없었습니다.

그런데 그 때 그 친구가 저에게 해준 말이 아직도 기억에 남습니다.

"선배님 조조와 유비의 차이를 아시나요?, 조조 밑에는 관우, 장비, 조자룡에 필적할 만한 많은 장수들이 있었지만 사람들은 그들을 기억하지 못합니다. 유비는 반대로 유비에 대해서는 많은 사람들이 모르지만, 관우, 장비, 조자룡에 대해서는 너무 많이 알고 있습니다. 이유는 조조는 혼자만 똑똑한 천재이고, 유비는 덕장이라 주위를 운영하는 능력이 있기에 수하가 더 많이 알려지게 된 것입니다."

"선배님은 조조이시기에 직원들이 받아 들 일수 없다고 합니다."

이렇게 말한 후배가 바로 N소프트사의 창업자이고 지금도 대표인 사람이지요.

처음에 기분이 나빴지만 저에게는 커다란 반향을 일으킨 말이었습니다.

유비의 처세술

여포에게 패하고, 원술에게 패하고, 조조에게도 패한 유비입니다.

말 그대로 초기의 유비는 실패의 연속이었고, 굴욕의 연속이었지요.

적이었던, 여포에게 항복한 이유는 여포, 원술 둘을 상대로 싸우기가 벅차서, 적이었던 여포에게 항복하여 원술을 쳐부수지요.

그리고 조조를 도와 여포를 항복 시킨 후에는, 조조의 의심을 피하기 위해 비굴하고 자신을 낮추는 행보를 보이다가 결국 기회를 얻어 서주를 얻고 제갈량이라는 인재를 얻어 삼국시대를 만들게 됩니다.

① 유비가 실패에 좌절해 도전하지 않았다면

② 굽힐 때를 모르고 무모한 도전을 계속했다면
③ 겸손하지 않아 인재를 모으지 못했다면

아마 우리가 아는 유비는 존재하지 않았을 겁니다.
제가 삼국지에서 읽은 대목 중 가장 인상 깊이 읽은 글귀는 유비의 다음 내용입니다.

"유비는 자신과 식솔들을 공손찬에게 의탁했다. 원소와의 싸움 때문에 누군가의 도움이 필요했기 때문이다. 그는 유비를 별부사마에 임명했다 (지금의 여단장 정도), 그리고 여러 차례 공을 세운후, 작은 고을의 수령이 되었다.
이 곳에서 유비는 세가지 일을 한다.
① 외부의 약탈을 막아 백성을 편안하게 한 것
② 지방경제 발전을 꾀해 백성의 삶을 편안하기 한 것
③ 인재를 모은 것
그리고 때를 기다린다"

지금으로 말하면
어떤 일을 시작하기 전에
① 인재를 모으고
② 인재들을 편안하게 일에 전념할 수 있게 하고

③ 인재들의 수입을 보장해 편안한 삶을 영위하게

그리고
① 나아갈 때와 물러설 때를 알고
② 무슨 일을 하던지, 그 일로 자신의 지명도와 명성을 쌓도록 하고
③ 굽힘의 미학을 알아 겸손함으로 후일을 도모한다.

현재 경영학의 리더십의 표본이 되고도 남을 만한 일입니다.
저는 개인적으로 유비를 보면서 크게 배운 것이 다음과 같습니다.

① 남의 힘을 빌려 쓰는데 아주 능숙하고
② 자신의 어려움을 공동의 어려움으로 만들고
③ 자신의 목적을 우리의 목적으로 바꾸며
④ 대비책을 세우면 근심이 없고, 마음이 편안해 일을 성공시킨다.

현재 제 주위의 파트너들은 이 글을 읽으면서 느끼는 점들이 무척이나 많을 겁니다.
그리고 돌아보면 정말 제가 그렇게 일을 추진하는 것을 본인 들도 모르게 진행되고 있었다는 것을 알게 될 겁니다.
저는 주위에 실패한 제자들이나, 후배들을 참 많이 봅니다.

어떤 사업을 하다가 실패를 해서 경제적으로 궁핍한 생활을 이어가지요.

그들의 대부분의 생각은 언제 이 궁핍함을 면할 수 있을까, 언제 한탕을 해서 다시 떵떵거리고 살 수 있을 까 하는 환상 속에 살고 있는 듯 합니다.

무척이나 오만한 생각이지요.

- 왜 실패했는지.
- 뼈 저린 자기 반성과
- 다시는 그런 실수를 되풀이 하지 않기 위한

전략이 필요합니다.

많은 실패는 문제가 아닙니다.
실패에서 이유를 찾지 못하고 똑 같은 일을 반복하는 것이 문제이지요.

유비의 능굴능신能屈能伸을 다시한번 새겨보시기 바랍니다.

28.

CPINM

직장인은
① 등 따습고
② 마음 편하고
③ 배 부르면
최고라고 제가 종종 언급했지요.

하지만 아무나 이런 권리를 누릴 수 있는 것은 아니지요.
저는 스텝들과 일을 할 때 다음 5가지를 염두에 둡니다.

- ✔ C : capability (실력)
- ✔ P : performance (능력)

- I : insight (통찰력)
- N : network (조직력)
- M : manner (태도)

한가지씩 설명을 하겠습니다.

- Capability

예를 들어 사업수지분석표를 작성한다고 하면 엑셀을 사용할 줄 알아야 하고, 금리 및 취급수수료, 각종 제세공과금, 현금흐름표등을 작성할 줄 알아야하지요.

기본적으로 이런 실력을 배양하지 못한 사람은 일을 할 수가 없습니다.

- Performance

위의 실력이 있어도 performance는 전혀 다른 이야기 입니다.

제 개인적으로는 집중력의 차이라고도 생각이 됩니다.

똑 같은 실력의 2명의 회계사에게 일을 주어도 한사람은 정확히 4시간만에 일을 끝내고, 한사람은 12시간만에 일을 끝내는 이유는 실력의 차이가 아닌 집중력의 차이라고 보여집니다.

얼마나 일에 집중하고 일을 신속 정확히 처리하느냐가 바로 그 사람의 performance 이지요.

✔ Insight

위의 두가지인 Capability와 Performance는 자기의 노력에 의해 달성되지만, Insight는 단순한 노력만으로는 달성되지 않습니다.

통찰력, 직관력, 이해력 등은 많은 책을 읽고 트렌드를 파악하고 업무에 대한 이해도가 높아야 하지요.

예를 들면 브릿지론을 조달하는 경우, 어떤 금융기관에서 어떤 조건으로 조달을 해야 하는지를 빠르게 파악하고 오피스텔이 활기가 있을지, 중대형 아파트가 분양이 활성화 될지를 예측하고 미국 금리 인상과 한국 금리를 예측하여 부동산의 시중자금의 유동성을 예측하는 것 등이 바로 insight입니다.

Insight를 키우기 위해서는 다양한 정보를 수집할 줄 알아야 합니다.

몇가지 팁을 드리면 다음과 같습니다.

https://www.google.co.kr/alerts

위의 주소는 구글 검색의 알림 서비스입니다.

저 같은 경우는 하루 2번 통계청, 금감원, 한국은행, 부동산, 국토부 등등의 키워드에 대하여 모든 뉴스 및 정보를 검색하여 구글 검색로봇이 매일 보내줍니다.

그러면 그 내용들을 읽어보고 필요한 것은 스크랩을 합니다.

또 한가지는 제가 하루에 한권의 책을 읽는 다고 말씀 드렸는데, 책 만큼 통찰력을 키워주는 것은 없는 듯 합니다.

다양한 정보와 지식을 습득하면 위의 정보들을 보는 눈이 또 달라집니다.

- ✔ Network

인적 물적 네트워크인데, 예를 들면 PF를 하는 경우, 어떤 증권사와 협력해야 하는지를 검토한 후, 구체적인 협의를 하려면 증권사 네트워크가 있어야 하지요. 하지만 한 개의 증권사 네트워크가 낭패를 볼 수 있고 금융조건에 따라 다양한 저축은행, 신탁사, 증권사의 금융구조를 구상해야 하니 다양한 금융네트워크가 필요합니다.

제가 말한 금융네트워크란 임원들을 의미하는 것이 아니라 실무자를 의미합니다.

예전에는 임원이 눌러서 하던 시절이지만 지금은 스텝이 진행하지 않으면 어떤 한 일도 진행이 안되고 스텝이 부정적이면 그 일은 진행되지 않습니다.

따라서 각 금융기관의 에이스들을 알고 그들과 협조할 수 있는 네트워크가 필요하지요.

- ✔ Manner

저의 경우를 예로 들지요.

고객이 찾아옵니다. 그런데 제가 하기에는 버거운 일이지요. 그러면 제일 잘 할 수 있는 금융기관을 소개합니다.

그리고 저는 일체의 비용을 청구하지 않습니다.

항상 말하지만 "노동 없는 부는 악"이라고 주장하듯이, 한국의 증권사나 브로커들의 소개비는 말도 안되는 일이지요.

한 예로 전화 한 통화하여 사람을 소개했다고 해당 딜에 자기 지분을 주장하는 것은 어처구니 없는 일입니다.

제가 주장하는 것은 어떤 딜을 하던 명성과 덕망을 얻어야 하지요. 그러면 앞의 네트워크는 자연히 생기게 됩니다.

네트워크를 만든다고 술을 먹고 흥청망청 노는 것은 절대로 긴 생명력을 갖는 네트워크가 될 수 없습니다.

어떤 딜이 있는데, 자기가 하기 어려운 경우, 다른 금융기관을 소개하고 본인은 아무런 대가를 바라지 않으면 그 금융기관에서 다음에 새로운 딜이 있으면 참여를 시키거나 소개를 하면서 자연스럽게 네트워크에 신뢰가 쌓이게 됩니다.

돈만 밝히고 술만 밝히고, 여자만 밝히는 사람으로 찍히면 영원히 그것이 없으면 딜은 일어나지 않지요.

제 강의록을 듣는 많은 금융인들과 시행업, 시공사 직원들은 오늘 제가 한 이야기를 귀 담아 듣기를 부탁드립니다.

기본적인 실력(capability)를 배양하고
집중해서 능력(performance)를 높이고
많은 정보를 통한 통찰력(insight)를 높이고
Network와 Manner를 갖추게 되면 여러분들은 성공한 스텝, 시행업자, 금융인, PM & FA가 될 겁니다.

위의 것 중 한가지라도 모자라는 사람은 자기가 준비될 때까지 겸손하게 노력해야 합니다.

29.

인덱싱 이론

랜스 베넷 교수, 2006년 초
두 명의 학자와 함께 〈언론이 망가질 때〉라는 책을 내놓았지요. 한국에서는 "뉴스 허깨비를 쫓는 정치"라는 번역서로 출판 되었습니다. 이 책은 2003년 이라크 침공을 중심으로 삼아, 미국 주류 언론이 견제와 비판을 제대로 하지 못한 원인을 따진 책입니다.

이라크가 대량 살상 무기를 갖고 있다는 미국 정부의 근거 없는 주장을 언론이 검증하려 하지도 않고 앵무새처럼 반복한 데에는 어떤 구조적인 문제가 숨어 있는가?를 파헤친 책입니다.

권력이 설정한 의제를 앵무새처럼 따라 하기의 원인은? 이라는 질문에 대해 베넷 교수의 답은 이른바 '인덱싱 이론'(indexing theory)입니다. 미국 언론은 정치 권력이 제기하는 의제를 죽 나열할 뿐이며, 권력이 설정한 범위를 벗어나 의제를 이끌어가려 하지 않는다는 것이지요. 이런 상황에서 정부나 정치인들이 거론하지 않는 사안은 좀처럼 주목받지 못합니다. 여야를 포함한 정치인들 가운데 이라크에 대량 살상 무기가 있다는 주장을 반박하거나 의심하는 이가 없었으니, 언론이 침묵하게 마련이었다는 말이지요.

이런 문제는 워낙 구조적인 것이어서 좀처럼 바뀌지 않습니다. 그래서 베넷 교수는 미국 정부의 새 목표물인 이란 관련 보도도 이라크 때와 별로 다를 게 없을 것이라고 자신 있게 말했습니다. 심지어 미국 주요 언론사 기자들은 자신들이 정부의 프로파간다(선전 활동) 도구로 쓰인다고는 꿈에도 생각할 수 없다고 말했지요. 그들은 이미 권력과 거리를 두고 자신을 되돌아볼 능력을 상실했다는 주장입니다.

정부가 공격 대상으로 삼는 나라에 대해 언론이 부정적인 보도를 쏟아내는 것은 새삼스러울 것이 없는 현상입니다. 이런 '악마 만들기'는 1991년 걸프전쟁, 1999년 나토의 코소보 폭격, 2003년 이라크 침공 때도 어김없이 반복됐습니다.

영국 학자 데이비드 윌콕스가 걸프전쟁과 코소보 관련 영국 신문 보도를 분석한 결과 도출해낸 5가지 프로파간다 양태 가운데 대표적인 것이 바로 악마 만들기 입니다. 많은 정부는 전쟁을 계획할 때 프로파간다를 필수적인 작업으로 인식한다고 하지요.

2009년 7월 22일 지상파 방송의 대기업 지분 허용과 신문의 방송사 소유가 핵심인 '미디어법'이 국회에서 날치기로 통과돼 우리 사회에 엄청난 파장을 가져왔지요. 우선 당시 야당인 민주당은 국회 통과가 법적으로 문제가 없는지 헌법 소원을 냈고, 의원직 사퇴를 결의했습니다. 또 언론단체와 학자, 시민단체들까지 나서서 원천 무효를 선언하고 대국민 폐지 서명 운동에 들어갔지요.

진보와 보수의 대결로 압축된 이런 미디어법이 왜 이토록 한국 사회를 뒤흔들었을까?

이보다 앞서 1996년 미국은 여러 개의 미디어를 소유하거나 서로 다른 미디어 부문을 동시에 소유할 수 있도록 장벽을 낮춘 '통신법'을 의회에서 가결했습니다. 이후 미국의 미디어 산업은 5개의 미디어 재벌 (타임워너, 베텔스만, 뉴스코퍼레이션, 비아컴, 디즈니)로 재편되고 수많은 언론사들이 통폐합되거나 사라졌습니다. 이 통신법을 통과시키기 위해 미디어 기업들은 "기업 간 경쟁으로 수용자들을 위한 다양한 콘텐츠 생산과, 지역 사회의 가치를 반영하는 쪽으로 움직일 것"이라는 논리를 펼쳤습니다.

그럼 그들의 논리대로 현재 미국에서는 과연 다양한 콘텐츠와 사회적 가치가 소비자들에게 제대로 전달되고 있을까? 라는 질문에 랜스버넷은 책에 다음과 같이 비판합니다.

첫째, 한 지역 혹은 광역 시장을 미디어 재벌이 지배함으로써 광고료가 왜곡되고, 소규모 독립 미디어는 문을 닫거나 팔려나가거나, 포맷을 변경할 수밖에 없게 된다. 그 결과로 음악, 뉴스, 소수자 문제를 다루는 프로그램의 다양성은 감소되었다.

둘째, 기업의 자체 홍보 압력 탓에 미디어 산업 전반과 모기업에 대한 비판적인 보도가 줄어들었다.

셋째, 사주가 엔터테인먼트를 더 중시하는 데다 소프트 뉴스와 '리얼리티 프로그램'과 인정 미담기사가 경제적으로 더 효율적인 까닭에 뉴스 콘텐츠가 인포테인먼트(정보와 오락을 함께 제공하는 프로그램) 형식으로 바뀌었다.

넷째, 뉴스가 공적 서비스나 모기업의 이미지를 대표하는 간판이 아니라 다른 프로그램과 똑같이 이윤 경쟁을 벌이는 생산 라인 가운데 하나로 전락했다.

다섯째, 포장과 상표를 혁신해서 정보 다양성과 콘텐츠 차별성의 퇴보를

위장한다

　이상은 "언론이 망가질 때"에서 랜스 베넥이 주장한 내용입니다.
　이처럼 미국의 통신법이 가져온 미디어 독점의 영향을 수많은 사례를 정리, 다섯 가지로 요약해 비판한 것이지요.
　우리나라의 '미디어법' 찬반이 이념에 따라 극명하게 갈리는 원인은 이 책의 사례처럼 다양한 콘텐츠와 가치들이 민주주의에 집중하기보다는 정치권력과 언론권력의 이해관계에 더 집중하기 때문이라는 것입니다.

　양상과 쟁점은 사뭇 다르지만 한국에서도 '언론의 망가짐'은 남의 이야기가 아니었습니다. 특정한 이념이나 주장을 의식적으로 퍼뜨리려는 프로파간다 또한 흔하고, 언론의 폐해도 익히 모두 알고 있는 사실입니다. 광고주를 의식한 많은 기사들의 왜곡도 무척이나 편향적으로 심한 편입니다.

포털의 TF-IDF 알고리즘

　포털 검색은 현대인의 일상입니다.
　매일 아침 '핫' 이슈를 실시간 급상승 검색어를 통해 확인하고, 어떤 인물이 혹은 어떤 이슈가 대한민국의 관심을 주도하고 있는지 검색을 통해 발견하고 확인하지요.

무심코 검색어를 클릭하거나 키워드를 입력하면 수많은 검색 결과가 일목요연하게 정리돼 나타납니다. 관련 콘텐츠가 어림잡아 수만, 수십만 건이 될 텐데도, 검색 결과는 알토란 같은 정보만 뽑아서 보여주지요.

바로 '필터링'의 힘입니다.
우리가 매일매일 포털 모바일앱에서 만나는 검색 결과물들은 알고리즘의 계산 결과치 이지요.

'부자 증세'가 이슈라고 한다면 검색엔진은 부자 증세와 관련된 문서 가운데 현재 가장 관련성이 높은 것들만 골라서 보여주고. 누가 봐도 고개를 끄덕일 정도의 정확성과 적절한 공간 배열에 깜짝 놀랄 때도 있습니다.

'TF-IDF'라는 알고리즘은 검색 키워드에 가장 부합하는 문서를 검색 결과 최상위에 배치하는 알고리즘 가운데 하나입니다. 키워드 검색을 기반으로 하는 검색엔진이라면 이 알고리즘을 피해 가긴 어렵습니다. 문서를 중요도에 따라 줄 세우는 것에 기반이 되는 알고리즘이기 때문이지요.

TF-IDF 가중치 알고리즘은 'Term Frequency'와 'Inverse Document Frequency'가 결합된 알고리즘 명입니다. 각 단어의 첫 자를 빼어내 알고리즘 이름으로 붙였다. 해석하면 '단어 빈도-역문서 빈도'쯤 되지요.

한스 피터룬이라는 1957년 이론에 기초를 둔 것입니다.

TF-IDF는 '특정 단어의 중요도는 단어가 출현한 횟수에 비례하고 그 단어가 언급된 모든 문서의 총수에 반비례한다'는 명제에 기초하고 있습니다.
수식으로 표현하면 다음과 같지요.

$$w_{x,y} = tf_{x,y} \times \log\left(\frac{N}{df_x}\right)$$

TF-IDF
Term x within document y

$tf_{x,y}$ = frequency of x in y
df_x = number of documents containing x
N = total number of documents

예를 들어 4건의 정치 기사가 현재 중요하게 다루는 소재가 무엇인지 확인하라는 과제를 검색엔진이 받았다고 가정합니다.

현재 정치 뉴스 검색 결과에 5건의 기사(문서)가 저장돼 있습니다. y1은 정당 기사, y2는 청와대발 기사, y3는 총리실발, y4는 통일외교 기사입니다. 이 4건의 문서에서 이정현은 4회, 국회의원 6회, 대통령 9회 등장했습니다. 빈도수로만 판단하면 대통령이 가장 중요한 소재가 됩니다.

이들 뉴스가 비중있게 다루는 단어가 무엇인지 TF-IDF로 계산해보면, 가장 빈도수가 높았던 단어 '대통령'이 가장 낮은 중요도로 집계되고. 반면 '이정현

'이라는 단어는 TF-IDF 값이 16으로 세 단어가 가운데 가장 높은 수치를 나타내게 됩니다. 빈도수는 낮았지만 비중은 가장 높은 단어가 되는 것이지요. 여러 문서에서 자주 등장하는 단어는 중요하지 않을 확률이 높다는 가정을 충실히 반영하고 있습니다.

	정당기사(y1)	청와대 기사(y2)	총리실 기사(y3)	외교 기사(y4)	tf(빈도값)	w값(가중치값)
이정현	4	0	0	0	4	16
국회의원	2	1	1	2	6	6
대통령	2	4	1	2	9	9

TF-IDF는 수식으로만 보면 간단해 보입니다. 하지만 정확한 가중치를 계산하기 위해서는 여러 변형 절차를 거쳐야 하는 것이 일반적입니다. 특히 문서 길이에 따라 가중치를 달리 적용해야 하는 문제부터 해결할 필요가 있습니다.

A와 B라는 문서에서 '블로터'라는 키워드가 각각 10번과 15번 등장했다고 하지요. B문서는 A문서보다 1.5배나 더 긴 문장입니다. 문서가 길어지면 자연스럽게 특정 단어가 출현할 빈도가 높아지기 마련이지요. 단어 출현 빈도(TF)라는 측면에서 블로터라는 단어가 어느 문서에서 더 비중있게 다뤄지고 있을까를 측정하기 위해서는 정규화(normalization)라는 과정이 진행돼야 합니다. 이를테면, A라는 문서가 총 150개 단어로, B 문서는 250개 단어로 이뤄졌다고 하면, '블로터'의 TF를 정규화한 값은 A에선 10/150=0.066, B에선 15/250=0.6이 된다. 블로터라는 단어가 B 문서보다 A에서 상대적으로 더 자

주 등장한 셈이 됩니다.

물론 현재의 포털에서는 벡터스페이스모델등 더 추가적인 알고리즘이 사용되고 있습니다.

하지만 가장 기본이 되는 것은 TF-IDF로 알고 있습니다.
결론적으로 TF-IDF는 정확한 뉴스를 검색엔진을 통해 찾고자 하는 독자들에게 가장 만족스런 응답을 제공하는 알고리즘이라 할 수 있고, 이 과정에서 뉴스의 순위를 결정하는데 중추적인 역할을 합니다.

국정원의 댓글 미디어 장악 시도, 종합언론들의 정부 편향 보도 또는 광고주 편향 보도 등은 인텍싱 이론과 포털의 알고리즘을 이용한 시도라고 할 수 있습니다.

그래서 많은 소셜테이너, 블로거들의 소신 있는 미디어 창출이 중요하다고 학자들은 입을 모으고 있습니다.

니콜라스 잭슨 오쇼네시 (Nicholas Jackson O'Shaughnessy)는 그의 저서 〈정치와 프로파간다 (Politics and Propaganda-Weapon of mass seduction)〉에서 미디어가 중요한 이슈에 대해 침묵하는 것, 그리고 미디어로 하여금 중요한 이슈를 다루지 못하도록 하는 것도 프로파간다의 핵심 유형 중 하나라고 지적했습니다. "어떤 중요한 일이 벌어지고 있다면, 공중은 그것에 대해 맥락이 부여된 정확하고 심층적인 정보를 제공받아야 하고 이를 기반으로 활발한 토론을 통해서 자유롭고 독립적인 의견과 태도를 형성해야 한다. 이것이 민주주의가 제대로 작동할 수 있는 전제 조건이다. 중요한 이슈에 대한 정보를 차단하고, 토론을 막아서 대중을 무지 속에 가둬두는 것이야말로 또 하나의 프로파간다이자 여론조작이다." 라고 역설했습니다.

또한 사회계층간의 다양한 목소리를 대변하지 못하는 언론은 버넷교수의 인덱싱이론에 부합한 행동이지요.

많은 다양한 사회계층간의 목소리가 우리나라 사회전반에 널리 퍼져 나오기를 바랍니다.

그리고 기자들도 특정계층의 프로퍼간다가 되거나 인덱싱이론의 주인공이 되지 않기를 간절히 희망합니다.

그리고 그 중에 옥석을 가릴 수 있는 애독자들의 관심도 기원합니다.

30.
부자증세 이론적 배경

토마피케티는 극단적인 소득재분배의 불균형은 경제공황으로 이어진다는 이론을 발표했습니다.

1928년, 2007년 경제위기가 오기 1년 전에 미국 소득 상위 1%의 소득은 전체 소득의 25%에 육박했지요.

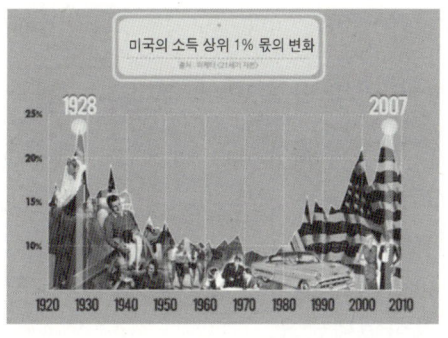

자본소득이 늘어나고 노동소득이 줄어들어 99%의 가처분 소득이 줄어들면 소비가 줄어들어 모든 기업이 불황을 맞이한다는 것이지요. 마치 칼마르크스의 자본론과 일맥상통한 부분이 있습니다.

훨씬 이전에 영국의 고전경제학자인 맬더스는 최상위 계층의 소비성향은 평균보다 낮고, 최하위 계층은 평균보다 소비성향이 높아 경제를 활성화하려면 최하위 계층, 즉 가난한 자의 주머니를 채워야 한다고 했습니다.

우리나라는 소득불균형으로 상위 1%의 소득 비중은 OECD국가중 2위에 해당하는 최고의 불균형 나라입니다.

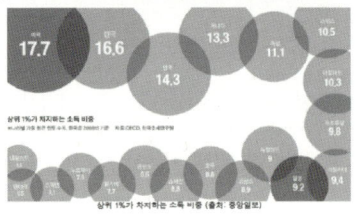

토마피케티의 이론과 맬더스의 이론에 의하면 우리나라 내수부진의 원인이 밝혀지는 셈이지요. 바로 극심한 소득불균형이 이유인 것이지요.

법인세, 소득세, 실효세율

한 경제지에서는 대기업이 분할을 검토한다고 주장하며, 오히려 경제활력을 떨어뜨릴 우려가 있다고 주장합니다.

그러면서 이상한 데이터를 기사화하였더군요.

OECD국가중 GDP대비 법인세 부담수준이 우리나라가 4위라는

것이지요.

그래서 저도 외국 데이터와 OECD의 파일을 엑셀로 받아서 조사를 해 보았습니다.

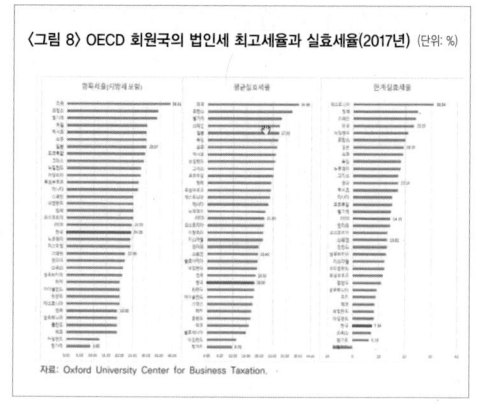

〈그림 8〉 OECD 회원국의 법인세 최고세율과 실효세율(2017년) (단위: %)

자료: Oxford University Center for Business Taxation.

첫번째가 명목세율(지방세포함)이고, 두번째가 실효세율, 세번째가 한계실효세율입니다.

- 녹색이 OECD 평균이고 빨간색이 한국입니다.
- 명목세율은 말 그대로 법정 세율이고
- 실효세율은 각종 공제 및 조세특별조치등에 의해 세금감면을 받은 것이고
- 한계실효세율은 초과이익분에 대한 실질적 세금적용률입니다.

정확한 숫자는 파악이 어려우시더라도 색깔로 한국의 순위(진한색)와 국가 간 평균값(옅은색)을 확인할 수 있지요.

이렇게 법인세율이 낮은데 조금 올리는 것을 가지고

- 기업 분할이니,
- 경제활력을 떨어뜨린다느니
- 세계가 기업을 유치하기 위해 법인세율을 낮추는데 우리나라만 높이는 역방향이니,
- 조세형평성에 어긋난다고 난리 들입니다.

법인세율을 높이면 벌어지는 현상

아무도 말하지 않는 법인세율을 높이면 벌어지는 현상을 말씀드리지요.

다음 글은 소득세와 법인세가 높아지면 실제 기업들이 하는 행위를 묘사한 글입니다.

실제로 그런 상황이 벌어지게 됩니다.

우리나라 언론들의 여러가지 기사를 보면 광고주들인 대기업을 위한 프로퍼간다의 역할을 하고 있다고 생각됩니다.

언론의 문제점인 인텍싱이론에 따라 우리나라 언론들은 소득불균형에 대해

"창립초기에는 땅한 미용실 상가에서 시작했을 정도로 미약했으나 좋은 아이템 덕에 회사는 몇년동안 꾸준히 성장할 수 있었고 매출은 100억을 돌파하여 30억 정도의 영업익이 발생했다. 당시 법인세율은 25프로. 감면혜택을 감안하더라도 회사는 5억 이상의 세금을 부담해야했다.
헌데 당시 오너는 세금으로 내느니 회사에 재투자하는 것이 좋겠다며 토지를 매입하고 공장을 지었고 추가인력을 고용했고 기존 직원들 보너스를 늘렸다. 모두 비용으로 처리되어 부담해야할 세금이 크게 줄었다. 재투자는 그 자체로 세금 감면 효과가 있는 것이다."

"소득구간이 최고세율 구간이라 열두달 중 다섯달 수입은 소득세로 내야한다. 소득세만 억단위이다. 소득세를 감면받을 수 있는 가장 쉬운 항목은 교통비와 숙박비이다. 세금으로 내느니 여행경비로 쓰는 것이다.
이렇듯 대기업의 법인세와 부자들의 소득세를 감면해주어 투자와 소비를 촉진한다는 주장은 현실과는 동떨어진 얘기다. 높은 세율이 오히려 투자와 소비를 촉진한다."

이슈화 하지 않고 있지요. 소득불균형이 어떠한 재앙을 가져오고 우리나라가 얼마나 심각한지 언급조차 하지 않습니다.

제가 전편에 미디어와 인덱싱이론을 설명한 이유입니다.

낙수효과, 성장이 우선 되어야 하는 경제정책은 이제 한계에 다다랐지요.

내수와 소비 진작없이 저성장을 탈피할 방법은 없고, 우리나라가 저성장의 늪에 빠진 것이 바로 소득의 불균형이라는 것을 모든 언론은 회피하는 것입니다.

31.

중산층의 몰락

기업가들은 성장 주도의 정책을 좋아하지요. 그래서 낙수효과로 본인이 돈을 벌면 그로 인해 주변 협력업체 및 직원들이 덩달아 수입이 올라간다고 생각하십니다.

그래서 문재인 정부의 소득 위주, 분배 위주의 정책에 대하여 강한 불만을 나타내십니다.

"누가 말리는 사람 없나?"
"이러다가 다 망한다"
등등이지요.

다른 한 건설업체 사장님은 지방의 건설업체중 60%이상이 수주가 없어 힘들다고 토로하십니다

인건비 상승으로 수주를 해도 수익이 예전까지 않아서 힘들다고 하십니다.

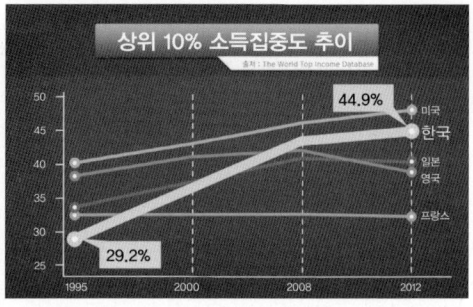

위의 표는 상위 10%의 소득 집중도 추이입니다.

우리나라는 주요국가중에서 미국 다음으로 높습니다.

즉, 상위 10%의 소득이 전체 소득의 45%를 차지한다는 것이지요.

대기업과 중소기업의 임금차이를 보면 다음과 같습니다.

중소기업이 1980년도에는 거의 90%에 육박했지만 2015년에는 60% 정도 수준입니다.

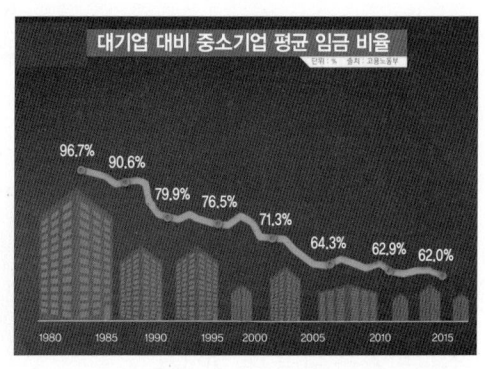

이렇게 소득불균형이 발생하다 보니 경제성장에서 기업과 가계가 차지하는 비중은 크게 변화되었지요

31. • 중산층의 몰락

다시 말해서 소비가 일어나지 않고 있다는 것입니다.

이로 인해 우리나라 중산층의 비중은 극단적으로 낮아지고 있습니다.

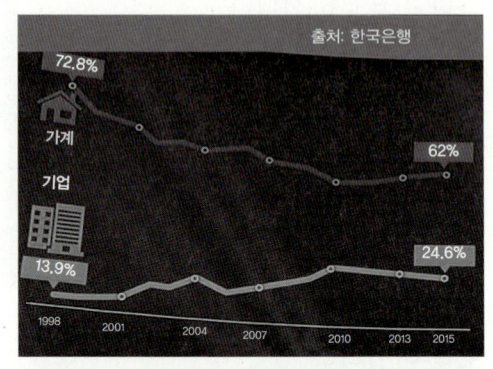

이렇게 축소된 중산층은 소비가 위축되고 소비가 위축되니 저성장의 원인이 되어 결국 디플레이션의 악순환에 접어든 것이지요.

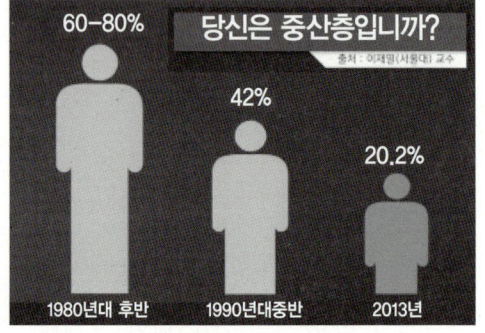

소비위축 ⇨ 경기위축 ⇨ 구조조정 ⇨ 실업률 증가 ⇨ 소비위축

소득 분배 위주 정책

현재 대기업은 우리나라 전체 기업의 12% 수준입니다.

그리고 우리나라 정규직과 비정규직의 비율은 다음과 같지요.

가난한 자의 주머니를 채워라

그리고 정규직과 비정규직의 임금 격차는 다음과 같습니다.
2배정도의 차이가 있습니다.

일본도 우리와 같은 것을 겪었습니다.
　성장위주의 정책을 펴다보니, 인구 고령화가 빠르게 진행되다보니, 모든 국민이 중산층이라던 일본은 소득 불균형이 극에 달하고 이에 소비가 급격히 위축되자 잃어버린 30년이라는 극도의 경기 침체기를 맞이하게 되었지요.

중산층이 사라지고 거리에 부랑민이 늘어나고 정부의 지원금으로 생활하는 사람들이 생겨나고 등등 많은 사회적인 부작용이 생겼지요.

아베총리의 일본 경제를 살리는 아베노믹스의 핵심은 다음과 같습니다.
① 동일 노동 동일 임금을 통한 소비진작 (비정규직 ⇨ 정규직)
② 엔화하락을 통한 수출경쟁력

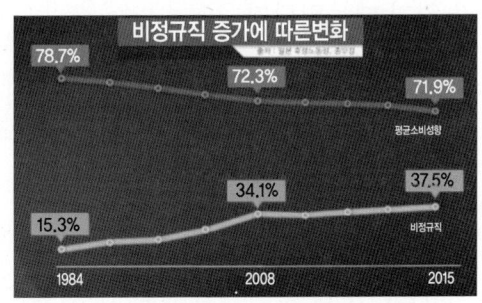

31. • 중산층의 몰락

229

처음에 기업들은 소비위축으로 어려움에 즉면했는데 인건비 상승을 불러온다고 반발이 심했습니다.

그런데 결과는 반대로 나타났지요.

비정규직이 정규직이 되고 임금이 상승되자 오히려 영업이익이 늘어났습니다.

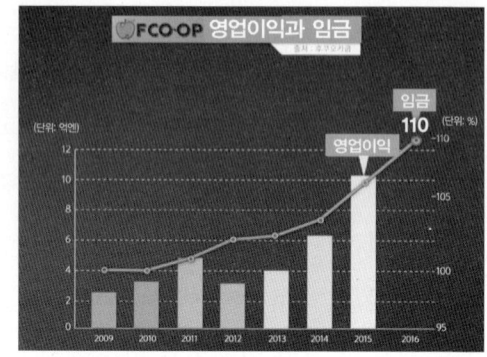

왜 일까요?

현대의 자본주의는 생산자 = 소비자 이기 때문입니다.

생산자가 소비자인데 소비할 여력이 없으면 결코 경기가 활성화 될 수가 없기 때문입니다.

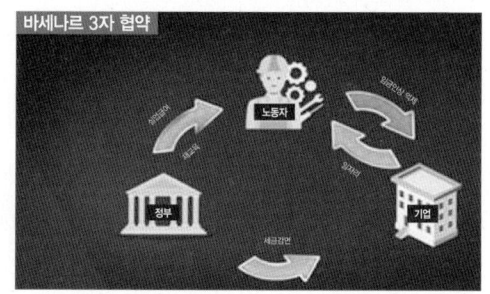

네덜란드는 유명한 바세나르협약(1982)에 의해 노동시장의 유연성과 임금 격차를 해소해 부국으로 발돋움하게 되었지요

파트타임을 활성화하고 대신 임금은 정규직화 해서 노동시장의 유연성을

활성화하고 임금 소득은 높여서 소비를 활성화한 것입니다.

항상 언급하지만 거시경제라는 것은 나 하나 배불러서 해결되는 것이 아닙니다.

저유가는 자동차 기름값이 싸져서 좋다고 생각하지만 반대로 직장을 잃어버릴 수 있는 경기침체를 불러오고 최저임금 및 임금 삭감은 소비위축을 일으켜 결국 기업의 생존을 불투명하게 만듭니다.

현재의 저성장은 상생의 노력으로만 극복할 수 있습니다. 사회 각 계층이 탐욕을 버리고 "닭이 먼저냐 알이 먼저냐" 가 아닌 서로 양보할 때 비로서 부국으로 도약할 수 있는 것입니다.

최저임금을 올렸다고 많은 언론들이 난리더군요. 하지만 비정규직의 문제를 해결하고 소득분배위주의 정책을 실현시켜 중산층을 복원하지 못하면 한국경제는 영원한 추락의 나락으로 빠져들지도 모릅니다.

chapter 2

거시경제학

1.
중국의 경제

위의 표는 중국의 경제성장률입니다.

중국은 신흥개발도상국으로 분류되는 세계의 공장입니다. 철강분야는 세계의 50%를 공급할 정도로 성장을 위한 과잉 설비투자가 되어 있는 나라이지요. 이런 신흥 성장 주도형 개발도상국들의 설비 과잉투자와 재고부담이 세계경제의 저성장의 하나의 원인이라는 말씀은 드린적이 있습니다. 제가 작성한 "2017년을 예측한다"라는 보고서에 자세히 기록되어 있습니다.

따라서 중국은 시진핑 주석이 중국경제 성장의 최저치인 6.5% 미만도 수용하겠다는 의견을 내면서 위험속에 고속성장 보다는 안전과 산업구조 개편을 목표로 내세운 것이지요.

시진핑 노믹스로 대표되는 과잉생산해소와 부채해소, 부동산 재고소진과 단순 제조업에 부가가치 산업으로의 구조조정등이 시작되었습니다.

이를 위해서 중국은 청년 스타트업을 무척이나 강조합니다.

이 청년 스타트업을 이끄는 세대가 바링허우와 주링허우 세대이지요. 위의 그림과 같은 특징을 같는 세대들이고 중국의 하이테크 산업을 이끌고 있습니다.

중국 사회를 이해하려면 바로 이 주링허우 세대들이 펼치는 하이테크 사업에 의한 산업과 사회의 발전상을 알아야 하지요.

한 나라의 스타트업, 청년산업이 발전하려면 무엇보다 평등한 경쟁과 사회의 지원이 필수적입니다.

한국과 비교하면 중국의 우월성을 단적으로 알 수 있습니다.

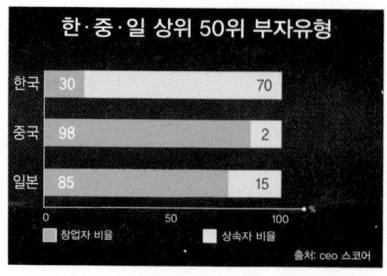 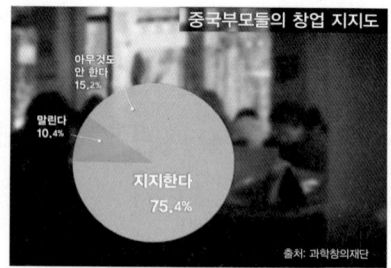

　위의 50위 부자 유형을 보면 한국은 자수성가한 창업자가 30%밖에는 되지 않고, 중국은 98%에 이릅니다. 이는 무엇을 말하는 것이냐면, 중국은 평등한 경쟁이 보장되어있지만 한국은 재벌의 관계 기업 밀어주기 식으로 부가 세습된다는 것을 의미합니다. 따라서 한국이 상당 소득 격차를 줄일 수 없는 금수저, 흙수저의 사회인 반면 중국은 혁신적인 사회라고 볼 수 있지요.

　중국 부모들의 창업지지도는 75.4%로 한국의 13%를 압도합니다. 중국의 창업 성공 스토리를 기반으로 많은 사람들이 꿈을 쫓아 창업을 하지만 한국은 부모들이 위험하다고 생각을 하고 공무원이 되라고 권해서 취준생중 40%가 공시준비생일 정도로 꿈이 없는 청년들로 모여있습니다.

　그러다 보니 중국의 스타트업의 활약은 실로 놀랍습니다.

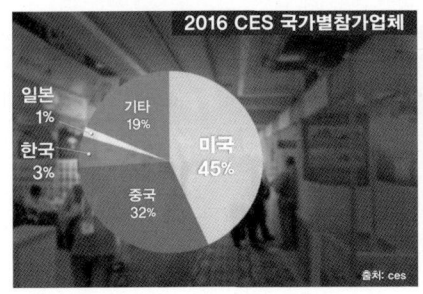
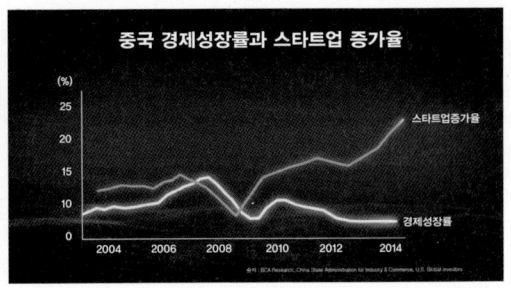

그리고 사회 산업적인 기반의 발달로 인해(한국의 Active X등의 규제와 반대) 많은 앱등 소프트웨어가 발달해 전자상거래등을 활성화 시키고 있지요.

대표적인 것이 알리페이 입니다.

저희 딸이 칭화대 건축과를 졸업하고 중국의 제일 큰 건설회사의 인테리어 디자인 팀장으로 일하고 있는데 전자상거래로 모든 물건을 사고 물건은 하루안에 배달되고 돈은 핸드폰의 알리페이를 통해 스캔만 하면 지급이 된다고 합니다. 또한 음식점에서 음식을 먹고 난후 더치페이를 할 때도 알아서 자동으로 1/N로 통장에서 빠져 나간다고 하네요.

이제 우리나라의 금융서비스와 전자상거래는 중국에 많이 뒤쳐져있다는 것을 인정하지 않을 수가 없을 정도 입니다.

1. • 중국의 경제

저희 딸이 한국은 불편하다고 할 정도이니까요.

한국이 발전된 나라라고 자만하는 동안 중국은 이미 한국을 앞서고 있는 것이지요.

또 한가지 거시경제적인 측면에서 중국의 외환 구조와 금보유량을 빼 놓을 수가 없습니다.

한 나라의 거시경제의 주요지표중 하나인 외환보유고와 금보유고는 매우 중요한 의미를 가지게 됩니다.

중국은 2016년 처음으로 3조달러 밑으로 외환 보유고가 내려갔습니다.

금보유량은 약 3천톤으로 미국과 동일할 것으로 추정됩니다. 중국은 자국의 금보유량을 철저히 비밀로 하지요.

현재 미국이 3천톤, 중국이 3천톤 정도, IMF가 1500톤, 독일이 1500톤, 영국이 700톤 정도를 보유하는 것으로 알고 있습니다. 중국의 금 보유 목표액은 8천톤이라는 것이 공공연한 비밀이지요.

여기서 잠깐 금 애호가인 제가 금에 대한 이야기를 해드리지요. 사람들의 오해를 풀어드리려고 합니다.

사람들은 금값이 "떨어졌다, 올랐다"라고 표현하지만 이는 잘못된 표현입니다.

금값은 변하지 않습니다. 다만 금의 가치를 평가하는 달러의 가치가 하락한 것이지요.

1970년대 대비 금값은 달러화 3,000%가 인상되었습니다. 금값이 오른 것이 아니라 달러화의 가치가 3,000% 절하되었다는 뜻이지요.

왜냐하면 미국연방준비은행이 경제성장을 위해 인플레이션을 조장하고 그를 위해 양적완화(저금리 및 채권 매입)를 시행하기에 달러의 가치는 지속적으로 하락하게 되지요.

왜 연방준비은행이 인플레이션을 조장할까요? 그것은 미국 재무부의 막대한 재정부채 때문이지요. 인플레이션으로 달러가치가 하락하면 재정부채를 갚을 때 그 만큼 채무자는 이익이기 때문입니다.

하지만 부채를 지속 가능하게 하려면 실질경제성장률에 인플레이션을 합한 명목성장률이 높아야 하는데, 실질 경제성장률을 끌어 올리는 것은 한계가 있기 때문에 인플레이션을 통한 명목성장률을 높이려는 의도인 것이지요.

그런데 중국은 막대한 미국 국채를 보유한 나라입니다. 미국이 인플레이션을 조장하여 실질적인 국채의 가격을 낮추면 중국은 자산 감소효과를 보게 되어 불이익을 당하게 됩니다. 그럼에도 중국이 그것을 용인하는데는 중국과 미국의 밀약이 있기 때문입니다.

미국이 인플레이션을 조장하는 것을 묵인하는 조건으로 인플레이션에 따른 달러가치 하락으로 금값이 상승하는 것은 미국이 최대한 억제하고, 낮은 금값으로 중국이 계속 금을 매입할 수 있도록 미국이 용인하는 것이지요.

중국이 이렇게 금을 보유하는 이유는 추후에 달러를 압도하여 인민폐를 기축통화로 만들려는 의도가 숨어있는 것이기도 합니다.

하여튼 중국은 이렇게 산업구조조정으로 점점 무서운 경제대국으로 발전해 가고 있고, 1000만 빈곤자들을 없애겠다는 샤오캉 사회를 2020년에 이루겠다는 시진핑 수석의 약속을 위해 달려가고 있습니다.

어떻게 보면 경제분야에서는 우리나라보다 앞서는 철학있는 정치를 하는 나라라고 보여집니다.

중국과의 비즈니스 관계

사드가 중요이슈로 등장하고 있지요 2017년 1월부터 딸의 이야기에 의하면 이미 중국은 단순 비즈니스 비자의 승인을 무척이나 까다롭게 하여 90%가 반려된다고 합니다. 심지어 사진까지 트집을 잡는다고 합니다. 딸은 중국의 취업비자를 받아서 일을 하고 있기에 상관없지만 다른 사람들이 중국을 방문하려면 단기 비자를 내야 하는데, 이제는 정말 어려워 졌다고 합니다.

많은 분들의 골프여행도 어려워 진 듯 합니다.

막대한 내수시장을 가지고 있는 중국은 자국 부의 유출과 자국 산업의 보호라는 입장을 위해서 자국 시장에서 판매를 하려면 자동차의 경우 70% 국내 생산, 지분은 49%만 출자 가능 등의 제약이 있었습니다. 또한 한국은 외국 투자자들에게 ATM기계로 표현되는데 반해 중국은 외국 투자자금이 빠져 나오는데 여러 가지 규약과 제약이 있습니다.

비즈니스관계에서 조심해야 할 몇가지를 제가 참여한 비즈니스의 실례를 참고 삼아 말씀 드리지요.

한국 통신회사의 합작 사례

한국의 대기업 통신회사가 중국 나스닥 등록회사와 40억원씩을 합작으로 투자하여 통신회사를 설립했습니다. 제가 주선한 비즈니스인데, 나스닥 상장 회사와 같은 돈을 투자하므로 안전한 투자 사업이라고 여기고 한국 통신회사에서 투자를 하게 된 겁니다.

그런데 통신 장비를 나스닥 중국 현지회사의 자회사에서 만들었는데, 무척이나 비싸게 만들어 유통을 하게 되어 결국 투자를 한 모회사는 이익이 하나도 나지 않고 오히려 적자를 보았고, 한국의 기술을 도입하여 생산하는 자회사는 나중에 별도의 회사를 차려 한국의 통신기술을 접목한 새로운 제품을 출시하여 결국 합작회사는 도산을 하게 되었습니다.

이런 경우가 종종 있어서 무척이나 조심을 해야 합니다.

사기 건설회사

중국 북경에는 북경 건설협회라는 단체가 있습니다. 한국의 모르는 사람들은 한국의 전경련 같은 단체로 오인해서 그 협회사람이 발주를 준다고 하면 극진한 대접을 합니다.

그런데 이 단체가 바로 사기 단체입니다. 심지어 북경에는 이런 사기 단체가 100여개나 존재한다고 합니다. 전문적으로 외국 건설사들에게 중국의 건설 수주 물량을 발주한다는 명목하에 돈을 뜯어 내는 것이지요.

외국 펀드 투자 사례

제가 교통사고를 당한 후 따뜻한 곳에서 요양을 할 필요가 있었을 때 제가 근무하던 외국계펀드가 인수합병되고 당시 CEO가 영국과 합작으로 병원 투자 전문 펀드를 설립하고 제게 CIO를 의뢰해서 2년간 근무를 했습니다. 당시 중국 실버타운에 투자를 했는데, 당시 실버타운은 5순환(중국은 외곽순환도로를 중심으로 중심가를 표현함. 2순환, 3순환등등)지역에 프랑스와 중국이 합작으로 실버타운을 건설했는데, 약 400억원을 투자하여 토지를 확보하고 병원을 설립했는데, 의사 채용과 장비 구입을 위해 추가 자금이 필요했습니다. 저희 펀드에서 200억원을 투자하고 33%의 지분을 요구했는데, 20%밖에는 줄 수 없다는 것이었지요.

이유인 즉, 현재 땅값이 5배가 올라서 1천억 규모이므로 자산대비 20%만 인정할 수 있다는 것이었습니다.

이렇게 중국은 투자에 대한 수익성을 계산할 때 자산대비 평가를 하는 것이 보편화 되어 있습니다.

병원 합작 사례

한국에 성형 여행을 많이 올 정도로 한국 드라마의 한류 열풍으로 성형, 피부과, 치아교정등이 중국에서는 대대적인 인기를 끌고 있습니다.

한국에 여행을 와서 수술을 하는 것보다는 중국, 한국이 합작으로 중국내 병원을 차려서 시술을 하는 것이 유리하다고 보고 많은 제안들을 합니다.

한가지 재미있는 것은 중국 의사들의 봉급 수준이 한국의사들의 1/5정도입니다. 즉, 중국은 한국과 달리 의사가 거의 중산층에 가깝지요.

그리고 최고로 인기 있는 의사가 비뇨기과 의사입니다. 왜냐하면 제 친구도 북경대 비뇨기과 과장인데, 병원에서 진료하는 것보다 지방의 공무원(성장, 시장등)들이나 갑부들의 발기부전을 치료하는 것의 수입이 막대하다고 합니다.

또 다른 것은 이식 수술입니다. 중국은 사형수의 각종 장기를 이식 수술에 사용하기에 한국이나 다른 외국보다 장기가 많이 있습니다. 그래서 장기 이식수술을 받는 외국인들이 상당히 많습니다.

대부분 병원 합작사례에 대한 가치평가를 하게 되면 중국 병원이 건물이나 임대료를 부담하고, 한국측이 의사와 장비를 부담하며, 기본적인 간호사와 운영비는 매출액에서 제외하고 나오는 수익을 지분에 따라 나누게 됩니다. 이때 중국측은 한계비용이 건물 또는 토지이므로 0이나, 한국측은 한계비용이 갈수록 높아지는 단점이 있습니다. 즉, 감가상각과 체재비용, 인건비 등이 상승하기 때문이지요.

이런 점들을 잘 감안하여 가치평가를 해야 합니다.

조심해야 하는 것은 외국인들이 막대한 중국 내수시장에서 많은 돈을 벌어서 나가는 것을 중국 정부는 절대로 쉽게 용인하지 않는 다는 것입니다. 이 점을 항상 유념해서 비즈니스 관계를 정리하는 것이 중요합니다.

중국의 법률

한 나라에 외국에서 투자를 할 때 중요한 것 중의 하나가 바로 그 나라의 투명성, 정치적 안정성 등입니다. 이중 투명성에 가장 큰 영향을 주는 것이 법 체제이지요.

그런데 중국은 이 법 체제가 문제가 있습니다.

중국은 일반 민법, 형법 위에 공산당 법이 있습니다. 시지핑 주석이 전체를 관할하고 리커칭 수상이 내각을 지휘하지만 실질적인 순위는 시진핑-리커창 순이지요.

이는 한 도시에서 서기(공산당)-시장(행정부)가 존재하는 것과 같습니다. 시장이 서기보다 서열이 아래이고, 시가 보증하는 사업권도 서기가 주관하는 공산당 해당지역인민회의의 추인을 받지 못하면 아무런 효력이 없습니다.

간혹 한국에서 중국 어느 시에서 보증서를 발급받아 도로공사를 했는데 공사비를 받지 못하는 경우가 바로 이런 서기와 시장과의 관계를 모르기 때문에 발생합니다.

그러다 보니, 중국의 민법과 형법은 상당히 불분명합니다. 즉, 예외조항이 많은 것이지요. 예를 들면 이렇습니다.

"해외 투자의 경우 특별한 제약이 있으나 예외조항이 있고 그 예외조항은 공산당 법령을 따른다" 이런 식입니다.

그래서 법 보다는 꽌시 - 관계를 더욱 중요시 하게 되는 것이지요.

중국은 외국이 중국 법률회사를 소유하는 것을 불허합니다. 또한 법정에는 중국 변호사만이 변론을 할 수 있습니다. 그래서 한국의 태평양, 김앤장 같은 회사도 중국에 컨설팅 회사를 설립하고 그 컨설팅 회사가 지분을 소유한 법률회사를 설립하고 중국 변호사들을 고용합니다. 그리고 법률적인 문제가 생기면 한국에서 상담을 하고, 실제 변론은 본인들이 지분을 소유한 중국 법률회사를 통하여 하지요. 중국의 최대 로펌은 그랜달이라는 회사가 있습니다. 대부분 외국회사들은 이 로펌을 이용하는데 각 나라별 국제변호사들을 보유하고 있기 때문이기도 합니다.

중국의 부동산 시장

중국은 토지가 국가의 소유이고 개인은 사용권을 부여 받기만 합니다. 주택은 70년이고 상업시설은 40년이지요.

토지가격은 주택가격에 비해 3-5배를 넘다가 최근에는 한자리 숫자로 낮아졌습니다. 주택가격도 높은 증가률을 기록하다가 요즈음은 당국의 규제로 완만한 증가세를 보이고 있습니다.

중국의 부동산 시장은 중국 GDP의 15%를 차지하고 부동산 경기의 하락은 원자재, 구리, 철강의 침체까지 몰고 오기에 중국 정부는 부동산 규제 정책에 신중을 기합니다. 2014년 이전에는 기준금리를 6%로 유지하다가 2014년 11월 기점으로 5.6%, 2015년 6월에는 다시 4.85%, 현재는 4.35%에 지급준비율은 30%에서 17%로 낮추었습니다.

이렇게 투기에 대한 규제와 활성화를 위한 대책이 교차하는 것은 한국이나 중국이 같은 것 같습니다.

중국의 부채비율을 보면 국가 부채가 GDP대비 282%정도이나, 가계부채는 38% 정도입니다. 증가세는 빠르나 소수의 MBS만이 거래되고 있고 중국인 특유의 저축률로 인해 대부분 부채는 상당히 안정적인 요인으로 분석됩니다.

중국의 부동산 관련 주요 조세 기준은 다음과 같습니다.

① 영업세: 5%

② 법인세: 25%

③ 개인소득세: 10-20% (임대수익, 매각수익 대비)

④ 토지세: 30-60% (양도소득대비)

⑤ 양도소득세: 25%

⑥ 토지사용세: 0.6-30 RMB/m2

⑦ 부동산세: 1.2%(감정평가금액대비), 12%(임대가격대비)

⑧ 취등록세: 3-5%

⑨ 인지세: 0.1%

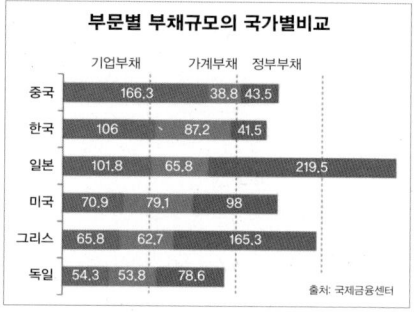

현재는 조인트벤처등으로 만 부동산 개발업을 할 수 있도록 외국에게는

제약이 많습니다.

제가 알고 있는 범위 내에서 여러분에게 도움이 되고자 작성했습니다.

중국에서 등샤오핑, 후진타오, 시진핑등 정권이 교체 되는 것을 보면 사전에 각 이해 집단이 모인 8인회라는 것이 있어서 이 모임에서 차기 주석을 선정하고, 평화로운 정권이양을 하고 있습니다. 이런 집단 사회주의 체제는 베트남도 마찬가지 이지요.

그리고 중국은 대국답게 정책을 정할 때 100년을 내다보고 한다고 합니다.

중국에서는 상하이방이니, 태자당이 특수 권력층이 존재하고 있으나, 하지만 권력의 이양과 배분, 그리고 선출된 권력자에게 권력을 몰아주는 관계는 그대로 유지되는 것 같습니다.

하지만 모든 권력자들이 권력을 잡으면 항상 하는 말이 부패를 몰아내고, 빈곤층을 없애겠다는 말은 어쩌면 자본주의와 마찬가지로 사회주의가 가지고 있는 약점을 들어내는 것일 수도 있습니다.

2.

세계 자본의 역사

1717년 대 과학자인 아이작 뉴튼이 파운드와 금을 통합하는 금본위제를 만들어 이후로 200년간 영국 파운드는 기축통화가 됩니다. 기축통화가 만들어짐으로써 변화가 된 것은 이제 바야흐로 세계화가 시작되어 세계 어디에서나 파운드화를 통한 자유로운 무역이 활성화 된 것이지요. 이후로 영국은 세계 철도연장의 50%, 철강의 50%, 면화의 40%를 생산하는 막강한 경제부국으로서 세계를 호령합니다.

1800년대 초 당시 태평성대를 누리던 중국은 세계 최대 GDP 보유국가였고, 최대 내수시장을 가지고 있었지요, 이는 강대국인 영국의 침략의 원인이 됩니다.

1840년 1차 아편전쟁의 패배로 중국은 농경사회에서 산업사회로 변화하기 시작합니다.

1850년 중국상해에 영국의 HSBC를 비롯해 해외 은행 10여곳이 문을 열고 영업을 시작했지요. 처음으로 중국이 근대화된 금융시스템을 도입하게 된 계기가 되었습니다.

1872년 청나라 말기의 대 신하였던 리홍장이 동치황제에게 상소를 올려서 중국 최초의 주식회사인 윤선 초상국이 만들어졌고, 50%는 중국 왕실이 나머지 50%는 상인들이 주식을 소유하고 윤선(선박)을 만들어 영국, 미국과 함께 해운운송을 맡는 회사가 탄생합니다.

1896년 리홍장은 서방 7개국을 순방하면서 서방국가들의 발전한 기술을 배우고 싶어했습니다. 리홍장은 당시 이런 말을 했습니다.

"정치, 경제의 시스템은 중국 것이 우수하고 우리는 단지 서방의 기술만을 배우면 된다"

이 말을 놓고 리홍장의 자서전을 쓴 양치지우는 다음과 같이 말을 했습니다.

"리홍장의 재능은 경외하나, 그의 식견이 아쉽고, 그의 처지를 생각하면 슬프다"

시스템이 뒷받침 되지 못한 경제개혁의 한계를 아쉬워 한 것이지요.

1883-1884년 금융위기를 처음으로 중국이 겪게 되고

1904년 공사율이라는 최초의 상법을 만들고

1905년 상하이 준업공사라는 최초의 증권거래소를 설립하고

1912년 중화민국이 탄생하면서 상해는 금융의 중심이 되었습니다.

1919년 미국의 아이스크림회사가 상해에 진출해 본인의 사업과 무관한 금

융 대부업을 시작했는데, 이게 바로 세계최대 보험회사인 AIG의 시초입니다.

1929년 현대화된 증권거래법을 만들었으나, 중국의 실패는 금융, 경제등 모든 분야에서 체제의 시스템이 뒷 받침 되지 못한 사상누각이었던 것이지요.

따라서 중국 지도부의 뼈저린 생각은 발전된 나라가 되기 위해 진정으로 강대국이 되기 위해서는 경제가 발전하고 금융이 발전해야 하지만 그에 못지 않게 그를 뒷받침하는 시스템이 따라주어야 한다는 것이 가슴 속 깊이 자리 잡게 되었습니다.

이에
① 중국은 세계 최대 생산국이 되는 것,
② 위안화를 기축통화로 만드는 것,
③ 그러기 위해서 최대 금 보유국이 되는 것,
④ 그리고 시스템이 뒷받침 되는 것
이 목표인 나라 입니다.

중국의 배우는 과정

중국에는 유명한 속담이 있습니다.

중국인들이 원수에게 복수를 하려고 하면

"상대방의 부하로 들어가 평생을 그를 위해 봉사하고 원수가 죽을 때 귓속 말로 자기가 그 동안 어떻게 당신을 결정적으로 방해하고 실패하게 했는지를 말해주고 편안하게 눈을 못감게 한다"라는 말이 있습니다.

중국인들의 음흉함을 단적으로 표현한 말이지요.

중국은 금융제도를 배워야 한다는 것을 지난 역사에서 뼈저리게 느꼈습니다. 결코 내수시장과 산업의 발달 만으로, 금융체제가 뒷받침 되지 않는 한 사상누각일 뿐이라는 것을 잘 알게 되었습니다.

현재 중국은 배우고 있는 중입니다.

위 도표는 2014년 1월부터 2017년 1월까지의 상해주식주가지수입니다.

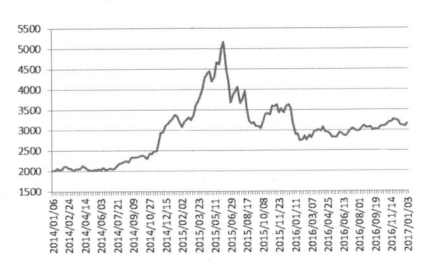

2015년 6월 당시 5000포인트였던, 중국 주가지수가 3000포인트로 무려 40%가 폭락하는 사태를 맞이 합니다.

당시 위안화 가치가 하락하고 핫머니가 유출되어 외환보유고가 위험상태를 맞이합니다.

이유는 중국은 경기가 활성화되며, 산업발전과 경기 부양을 위해 금리가 인하될 것이라는 예측이, 미국은 금리가 인상될 것이라는 예측이 있었던 시절이었고, 핫머니는 국가간의 금리차이에 민감해 위안화를 팔고 미국 채권으로 대 자본이동이 시작되어 중국 증권을 팔고 위안화를 달러로 바꾸는 과정에서 증시는 폭락하고 위안화는 추락했지요.

2016년 1월 또 한번의 위기를 맞이 합니다. 증시지수가 3500포인트에서

2700포인트로 23%가 하락했지요. 다시 위안화가치가 급락했습니다.

바로 헤지펀드의 위안화 하락에 대한 베팅이었습니다. 하지만 중국 정부가 막대한 외환보유고를 앞세워 이를 이겨냈지요. 한번 실패로 얻은 경험으로 두번의 실패를 반복하지 않은 셈이지요.

확실히 무엇인가를 배운 것입니다.

2016년의 헤지펀드의 위안화 공격에는 다음과 같은 이유가 있었습니다.

세계적인 불경기

이로 인한 중국의 디플레이션 우려

수출장려를 위한 중국정부의 위안화 절하용인

이를 노리고 헤지펀드들이 위안화 약세에 베팅을 하고 집요한 공격을 했지만 외환보유고를 이용한 중국정부의 적절한 대응으로 위한화 급락을 막아냈고 헤지펀드에 승리를 거두었지요.

중국의 대응

중국은 이후 확실히 다른 태도를 보였습니다.

바로 중국의 통화바스켓을 기존 13개 통화에서 24개로 늘리고, 13개 통화(유로화, 달러화, 엔화등)의 비중을 줄이고 11개 통화비중을 늘리는 정책을 사용했습니다.

이는 위안화의 달러에 대한 위험성을

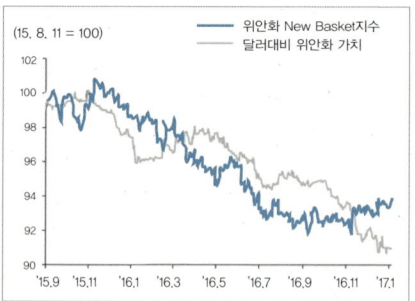

헤지하는 효과가 있습니다.

　달러강세로 위안화가 약세를 보이더라도 달러 대비 다른 통화가 하락폭이 크다면 상대적으로 위안화는 안정적으로 유지되게 됩니다. 위 표에서 보듯이 달러대비 지수는 약세이어도 통화 바스켓상의 위안화는 강세인 셈이지요.

　중국은 통화바스켓을 더 확장할 가능성이 아주 농후합니다. 그로 인해 달러의 위안화에 대한 영향력을 줄여나가고, 이로 인해 미국의 금융, 경제 공격으로부터 자국의 금융시스템을 안정적으로 유지할 수 있을 것으로 보입니다.

중국정부의 목표

　중국은 세계 최대 생산 국가입니다. 그리고 국민들의 실질소득이 점점 높아질수록 많은 인구수를 자랑하는 세계 최대의 소비국가가 될 수 있을 것입니다.

　또한 이미 미국과 동등한 금을 보유한 것으로 알려져있고 그들의 금 보유량의 목표는 미국의 2배라고 하지요.

　그리고 일련의 사태를 겪으면서 스스로 배우고 시스템을 고쳐나가는 모습이 대단하다는 생각을 가지게 합니다.

① 안정된 금융제도
② 최대 금보유국
③ 최대 생산국
④ 최대 소비국

이것이 중국의 지도부가 아주 은밀히 하지만 천천히 진행하고 있는 중국의 경제 정책입니다.

1800년대 리홍장의 실수를 되풀이 하지 않겠다는 의지가 역력합니다.

세계적인 투자가인 짐 로저스는 며칠전 한국을 방문해서 한국의 그리핀(흑연) 산업에 대한 투자 설명을 하였지요.

이 투자의 귀재 짐로저스(조지소로스의 퀀텀펀드 공동설립자)는 자기 딸을 어려서부터 중국에서 교육을 받게 하고 있습니다.

이유는 향후 2050년 이내에 중국이 세계의 중심이 될 것이라는 생각에서 그렇습니다.

저 또한 제 딸을 칭화대를 졸업시키고 대기업에 팀장으로 10년을 넘게 중국에서 일하게 하는 이유이기도 합니다.

3.

중국 신세대

아래의 표는 중국 산업을 이끌고 있는 신세대에 대한 설명 입니다.

그리고 중국의 신세대는 중국소비의 핵심계층입니다.

소위 월광족(月光族)이라 불리우는 한달 벌고 한달 쓰는 중심핵심 소비 계층을 일컫는 단어입니다.

신세대 소비자 바링허우(80后)주링허우(90后)세대비교	
바링허우(80后)세대	**주링허우(90后)세대**
1980년대부터 태어난젊은세대 • 사상과 혁명보다 시장경제와 글로벌 문화에 익숙한 정보화세대 • 서구적 라이프스타일을 동경하며 고가제품을 선호하는경향을 지님 • 기성세대 못지않은 애국심과 단체 행동에 익숙	1990년대 태어난 젊은세대 • 해외문화 수용에 개방적 • 감성적만족을 중시하고 해외 브랜드 의존도가 높다. • 현재 직접적 소비주체는 아니지만 중국시장을 선도할 잠재적 가치를 지닌세대

한국은 저성장으로 인해 젊은 층이 가성비를 중요시하는 풍속을 나타내지만 중국은 한국제품의 품질에 대한 신뢰도와 충성도가 대단합니다.

역직구의 금액만 몇 조원에 이를 정도로 한국 제품에 대한 인기가 높습니다.

저희 딸이 한국에 들어왔다가 중국으로 돌아가는데, 공항에 구매대행을 하는 한국인들이 인산인해라고 합니다.

아침마다 회사에 출근하기전에 새벽 3시경 사우나를 가는데, 하루는 찜질방에 손님이 다 찼다고 하더군요. 그래서 무슨 일 이냐고 주인아주머니에게 물었더니, 중국 젊은 유커들이 한국 가수들 콘서트를 1박2일로 방문하고 호텔이 아닌 찜질방에서 숙박비를 절약한다고 하더군요.

이렇게 중국은 이제 한국에 대해서 많은 정보를 가지고 있고 한국 제품에 대한 이해도도 높습니다.

저희 딸 같은 경우는 대부분의 친구들이 중국 상위 0.1%라 딸이 한국을 방문할 때 마다 이런 저런 한국 제품을 많이 부탁합니다. 돌아갈 때 보면 거의 큰 가방 하나 가득 물건을 사가지고 갑니다.

딸의 중국 고객들은 부자들인 관계로 사전에 자기들이 물건값을 인터넷으로 확인하고 가격 + 비용까지 사전 입금시킨다고 합니다. 그래서 딸은 항상 비행기 값을 비즈니스로 보충한다고 하더군요.

중국 신세대 지출 항목

그래도 주택비에 대한 지출이 아직은 제일 높습니다. 중국은 우리나라와 같이 전세 제도가 없고 월 임대료만 냅니다. 보증금도 없지요. 있다면 한달 정도의 임대료를 down payment하는 정도 입니다.

중국이 이렇게 폭발적으로 온라인 쇼핑이 늘어난 이유는 쇼핑몰 소프트웨어와 택배 그리고 지급 수단의 발전에 있습니다.

특히 택배는 기하급수적으로 발달하여, 한 택배 직원에 대하여 사용후기를 올릴 수 있고, 인센티브제도인 직원들은 많이 버는 직원이 한달에 1만 인민폐를 번다고 합니다. (중국 의사 월급이 1~2만 인민폐) 그래서 친절하기 이를 데가 없다고 합니다.

一号店(이하오디엔), 京东(징동) 이라는 택배 및 온라인 쇼핑몰이라고 합니다.

택배 기사들의 서비스정신이 한국 보다 앞선다고 하니, 이제 정말 중국은 경제적으로도 공급자에서⇨서비스고객으로 완전히 발전을 하는 듯 합니다.

쇼핑의 형태를 보면 남자보다는 여자들이 더 많은 쇼핑을 하고 남녀의 지출 비율은 다음과 같다고 합니다.

그리고 지출 비용의 증감추세는 다음과 같다고 합니다.

여행에 대한 지출비 구성은 다음과 같은데 숙박비에 대해서는 무척이나 지출이 작습니다.

이 지출 구성을 보면 앞서 이야기한 찜질방 이야기가 사실인 듯 합니다.

심지어는 좋은 호텔보다 파주나, 수도권의 전철등이 있는 곳의 러브호텔을 이용하기도 한다고 하더군요.

중국 신세대의 건강을 위한 지출은 상대적으로 작습니다.

재태크에 대한 비중은 다음과 같습니다.

중국 젊은 이들은 확실히 중국 경제를 오늘날 최첨단으로 발전시키고 4차 산업혁명에 최적화 되게 만든 장본인 들이라는 것을 부인하기 어렵습니다.

중국 신세대와 부동산 금융

현재 한국의 부동산 매각의 대행 업체 순위

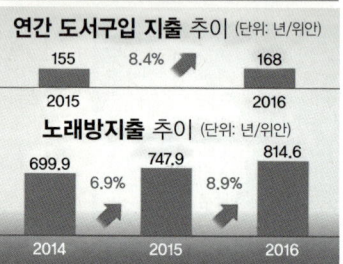
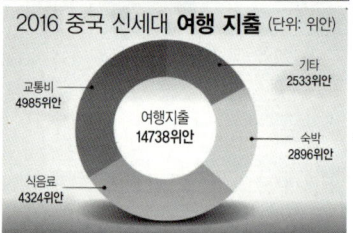
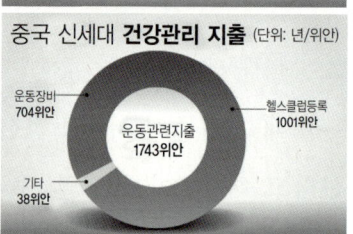
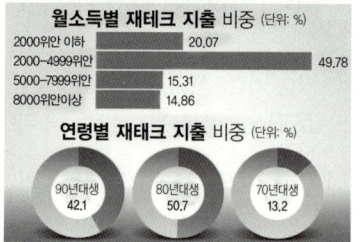

는 세빌스, 메이트플러스, 쿠시먼, JLL순이라고 하더군요.

해당 업체의 책임자들이 저를 많이 찾아옵니다. 최근에 더 횟수가 잦아졌습니다.

이유는 현재 한국의 오피스는 수익률(Cap Rate)이 4~5%, 호텔은 5~6%, 창고는 6~7% 정도의 수준이라고 합니다.

외국에 비하면 상대적으로 낮은 숫자이지요.

그런데, 특히 호텔의 매각이 많다고 합니다. 도심, 수도권, 그리고 강원도의 호텔들이 NPL수준으로 나온다고 하더군요.

현재 소유하고 있는 소유주는 자산운용사가 대부분인데, 호텔 부동산 운용에 대한 지식이 전무하기 때문에 호텔의 수익률이 나오지 않는 다고 합니다.

그래서 저에게 중국 지인들을 통한 마스터리스나, 매수, 또는 여행객의 고정방문등을 의뢰하고 이를 근거로 금융구조를 만들어서 매각을 해달라고 요청하는 것이지요.

현재 3건 정도를 중국 지인들과 협의중입니다.

제가 만들어 내는 금융구조가 아직은 한국에 없는 금융구조 이다 보니 중국인들도 한국 리츠 및 자산운용사들도 신선하게 받아들이더군요.

몇 건이 성사되면 다음에 자세한 금융구조를 설명하도록 하겠습니다.

우리나라는 인구도 적고, 수출 형으로 발전한 나라입니다. 그래서 항상 주변 국가의 소비 형태나, 사회의 발전상에 민감해야 합니다.

그리고 그것을 우리의 비즈니스에 최적화 시킬 수 있는 모델을 만들어야 하지요.

중국인들이 한국에 투자하면 그 투자 모델과 돈이 들어오는 경로, 투자자들의 내용 등 수박 겉핥기 식이 아닌 정말 내면을 살피고 비즈니스에 적용할 수 있어야 합니다.

그것이 한정된 자원을 가지고 있는 우리나라에게는 반드시 필요한 것이지요.

비즈니스란 파이가 커져야 하는데, 파이를 키우기 위해 부단한 노력과 공부, 이해가 필요합니다.

그것이 제가 중국과 미국에 대해 제가 이런 저런 이야기를 전하는 이유입니다.

4.

한중 무역 현황

우선 한국과 중국의 무역 현황을 보도록 하겠습니다.

그리고 2016년 관광산업의 비중을 보도록 하지요.

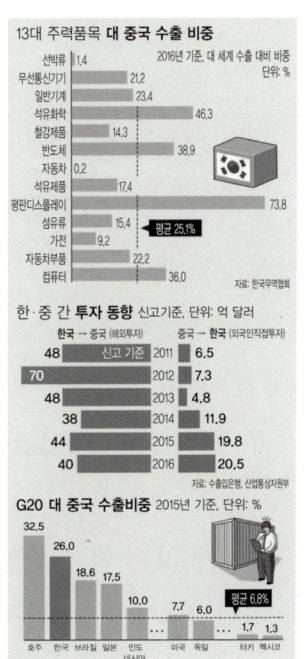

우선 무역현황을 보면 화장품이 석유화학제품으로 분류되어 46.3% 반도체는 세계의 공장이 중국이 필요에 의해 수입하고 있는 것이고, 평판디스플레이, 컴퓨터 또한 그러한 것입니다. 따라서 소비재로 화장품을 제외한 나머지 수출품들은 사드 때문에 영향을 받을 염려가 없다는 것이지요.

다만 문제가 되는 것은 바로 관광 산업 부문입니다. 정말 두 나라간의 비대칭이 확연한 분야입니다.

이때문에 중국은 관광을 중단하고자 하면 이로 인해 한국에 막대한 피해를 줄 수 있다고 여기는 것입니다.

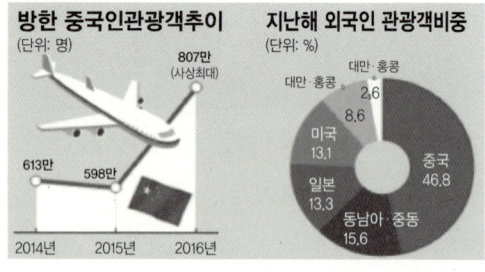

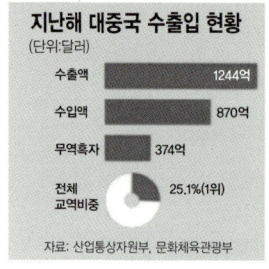

지난해 면세점 매출의 12조 2700억원, 그중 70%가 중국 유커로 인한 매출입니다. 지금 같은 사드 보복이 이어지면 매출의 50%가 줄어들 것이라는 우려입니다.

거시 경제 측면

그러면 거시경제 측면에서의 영향은 어떻게 될까요?

2016년 우리나라 수출품의 경상수지는 986.8억달러였지만 서비스수지는 오히려 마이너스 176.1억달러였습니다.

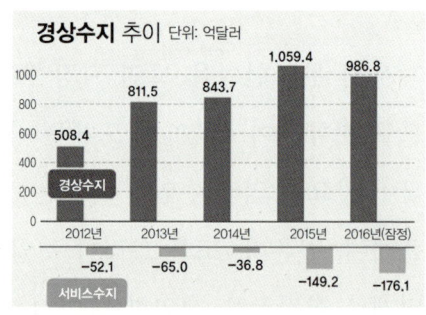

그렇게 많은 외국 관광객 특히 중국인들이 찾아왔지만 한국인들이 외국에 나가서 쓴 돈이 너무 많아 적자였지요.

가난한 자의 주머니를 채워라

작년 서비스수지 적자폭 중 여행관련 부문은 약 60억 달러로 전체의 적자의 30%를 차지하고 있습니다.

올해 예상되는 서비스 수지 여행 부문 적자폭은 다음과 같습니다.

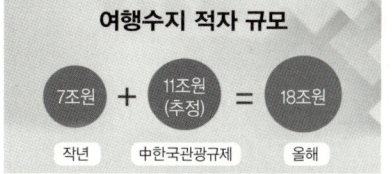

앞에서도 언급 했듯이 경상수지 부문의 수출부문은 큰 영향이 없을 듯 합니다.

오히려 금년 2월에는 사상최대의 대중국 수출을 달성했습니다.

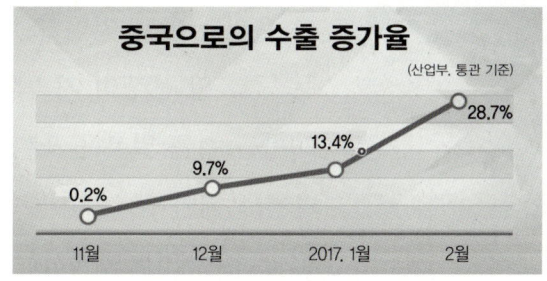

우리나라와 중국의 극명한 비대칭관계인 서비스수지가 중국정부에서도 우리나라의 아킬레스건으로 보고 있는 것이지요.

대응 전략

우리나라보다 먼저 중국의 무역 보복을 받았던 일본과 대만의 사례를 보도록 하겠습니다.

일본

2012년 9월 일본이 센카쿠 열도를 국유화하자 중국에서는 대규모 반일(反日) 시위와 함께 일본 제품 불매 운동이 거세게 일어났습니다. 중국 칭다오(靑島)에 있는 도요타 대리점과 파나소닉 전자 부품 공장은 시위대의 방화로 전소됐다. 일본계 백화점과 점포는 약탈까지 당했고. 중국 정부는 반일 시위대에 소극적으로 대응, 사실상 약탈 시위를 용인했지요. 인민일보 등 관영매체는 "중·일 분쟁이 지속되면 잃어버린 20년을 겪은 일본은 또다시 20년 불황을 각오해야 할 것"이라며 협박에 가세했습니다. 인터넷에서는 일본 영상에 대한 검색 제한 조치도 취해졌고요.

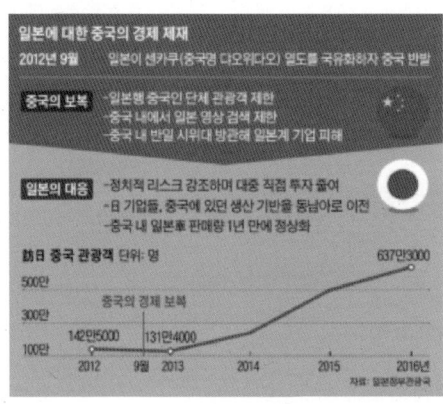

가장 큰 타격을 입은 건 자동차 산업이었습니다.

도요타·혼다·닛산의 중국 내 판매량이 반 토막 났다. 2012년에만 일본 차업계 순이익 1조7000억원이 사라졌고, 파나소닉·캐논은 중국 내 공장 가동을 일시 중단하기도 했습니다.

중국 정부는 일본 관광도 제재했지요. 2012년 10월 일본을 방문한 중국인 관광객은 6만9713명으로 전년 대비 34% 급감했고, 항공기와 호텔 예약이 무더기로 취소됐습니다. 그러나 일본 정부와 국민, 언론은 냉정하게 대응했습니다. 기무라 간(木村幹) 일본 고베대 교수는 "일본이 민감하게 반응할수록 중국 정부가 이 카드를 더 강하게 이용할 것이라는 공감대가 형성돼 있었다"며 "일·중 경제는 서로 보완적인 관계이기 때문에 한쪽만 피해를 보는 것도 불가능해 무한정 지속될 수는 없다는 분석도 있었다"고 말했습니다.

이후 도요타·반다이 등 일본 기업들은 "중국은 정치적 리스크가 너무 크다"며 "생산시설을 중국에서 태국·인도네시아 등으로 이동하겠다"고 발표했고, 이른바 '차이나 플러스 원' 전략입니다. 이로 인해 일본 수출액 중 중국이 차지하는 비중은 2011년 19.7%에서 2014년 17.5%로 떨어졌지요.

2010년 센카쿠 앞바다에서 중국 어선이 일본 해상 보안청 순시선과 충돌해 선장을 체포하자, 중국은 희토류 대일 수출을 제한하자, 일본은 세계무역기구(WTO)에 중국을 제소하고 희토류 수입처를 인도, 베트남 등으로 다변화하는 방식으로 대응했습니다. 오사와 분고(大澤文護) 지바과학대 교수는 "일본은 중국이 언제든 과도한 조치를 취할 수 있는 국가라는 인식을 갖고 있어서 중국의 위협적 대응에도 크게 놀라거나 당황하지 않았다"고 말했습니다.

중국의 무리한 대(對)일본 제재 조치는 결국 일시적인 효과만 거둔 채 효력을 잃게 되었습니다.

- 중국 내 일본 자동차 판매는 1년 뒤인 2013년 가을부터 회복됐고. 2013년 11월 중국 내 일본차 브랜드 판매는 닛산의 경우에는 전년 동기 대비 96% 증가, 혼다의 경우에는 2배 가까이 증가, 도요타도 41% 증가했습니다.
- 일시적으로 줄어들었던 방일 중국 관광객도 급증하고 있습니다. 2013년 131만명이던 방일 중국 관광객은 2016년에는 637만명까지 늘어났습니다.

대만

대만도 지난해 5월 차이 총통이 '하나의 중국 원칙을 인정 하라'는 중국 정부의 요구를 듣지 않자, 중국 국가여유국은 대만행 단체 관광객들을 통제했습니다.

그 여파로 차이 총통 취임 이후 4개월 연속 중국인 관광객이 30%씩 급감했고, 관광업계 종사자 2만명이 총통부 앞에서 대규모 시위를 벌일 정도였습니다. 그러나 정작 지난해 대만은 외국인 관광객 1069만 명을 불러들여, 전년보다 2.4%가 늘어난 사상 최대 기록을 갈아치웠습니다. 중국 관광객 감소에 대응해 동남아 국가 등에 대해 무비자 입국을 확대하는 등 '신남향정책(新南向政策)'을 통해 새 시장을 개척했고, 일본·한국·싱가포르 등 기존 시장에 대한 마케팅도 강화했지요.

중국의 제재로 인해 줄어든 중국인 관광객은 전년 대비 18%나 됐고. 특히 단체 관광객은 30% 이상 줄었습니다. 하지만 같은 기간 대만을 찾은 태국 관광객이 전년보다 57%가 급증했고, 베트남과 필리핀에서 온 관광객들도 각각 34%, 24% 늘었지요. 소득이 높은 일본과 한국의 관광객도 각각 17%, 34% 증가했습니다.

마침내 독일의 도이체벨레지(誌)는 "결과적으로 중국의 대만에 대한 제재는 별 효과가 없었다"고 평가했습니다.

이렇게 대만과 일본의 대응전략은 우리에게 많은 교훈을 주고 있습니다.

냉정하게 대처하고 관광객들을 다변화하는 정책이 무엇보다 필요한 시기입니다.

우리의 피해만을 부각시켜 자극적인 보도를 하는 언론은 시장의 불안 만을 조성하기에 정말 피해야 하는 것입니다.

그보다는 냉정한 대처를 위한 방안을 마련하고 국민의 일치된 인식을 이끌어 내는 역할을 해야 하는 것이지요.

앞서 언급했듯이 우리나라 수출품목 중 반도체 평판 디스 플레이, 컴퓨터 등은 세계의 공장인 중국에게 매우 중요한 수입 품목입니다. 이는 비대칭이 아닌 상호 보안적인 관계인 것이지요. 2월 수출량이 사상최대를 기록한 것도 그런 이유입니다. 회복되는 중국 경제를 반영하는 것입니다.

지금은 호들갑 떨고 불안해 할 때가 아닙니다.

냉철하게 대응을 모색하고 나아가야 할 때 인 것이지요.

다만 한가지 올해 하반기에는 중국 공산당 제 19차 전국대표 대회가 열리지요. 여기서 시진핑의 연임은 확실하지만 시진핑은 개인적으로 차차기 임기까지 노리다 보니 강공을 피게 되는 것 아닌 가 생각됩니다. 우리나라가 중국에 출구전략을 주는 유일한 방법은 전국대표이후로 사드배치를 연기하는 것 이외에는 없는 듯 보입니다.

5. 한반도의 지정학적요소의 역사

임진왜란 당시 일본 토요토미 히데요시가 조선에게 명나라를 치러갈 테니 길을 열어달라고 전쟁을 일으켰습니다.

한반도는 내륙의 통로였고, 내륙의 입장에서는 해양으로 나가는 길목에 있었지요.

이런 지정학적 위치로 인해 한반도는 끊임없이 주변국의 야욕의 희생양이 되었습니다.

전쟁을 일으키는 당사자에게는 물자수송이 가장 중요한 문제인데, 이런 물자 수송의 병참기지로 한반도의 중요성이 크게 부각되었기 때문입니다.

38선의 유래

전해지는 38선의 야사는 다음과 같습니다.

2차 대전이 일본의 패망으로 끝나고 미국은 일본의 항복과 그에 대한 통치로 정신이 없었습니다.

그래서 한반도에는 전혀 집중을 하지 않고 있었지요.

그러던 중 트루먼 대통령의 백악관에는 어느 날 저녁 갑자기 급전이 날라 들어옵니다.

러시아가 남하를 준비하고 있다는 것이었지요. 당시 중국도 공산국가였고, 러시아의 남진은 동북아 정세에 커다란 위협이 될 것 같아 보였습니다.

잠옷 바람의 트루먼 대통령이 참모들과 협의를 하는 탁자에서 두명의 보좌관이 손가락으로 어떠한 선을 가리켰다고 합니다.

그 선이 바로 38도선입니다.

이렇게 단순히 2명의 미국 백악관 보좌관의 손가락으로 38도선이 확정되었다고 합니다.

백악과 보좌관이 38도선을 지명한 이유는 다음과 같다고 합니다.

1904년 당시 한반도와 만주 진출의 패권을 두고 러·일 전쟁이 발발했지요.

당시 전쟁 이전에 러시아와 일본은 한반도 분할을 협의했다고 합니다. 그리고 38도선 이북은 러시아가 이남은 일본이 각각 신탁통치를 하는 협의를 진행하다가 일본이 만주지역에 야욕을 들어내면서 협상이 결렬되고 일본군이 인천에 상륙하고 러시아 해군을 궤멸하면서 러일 전쟁이 발발한 것이지요.

당시에 일본과 러시아가 협의한 분할독점의 선이 바로 38도선이었다고 합니다.

그래서 미국은 러시아가 이런 역사적인 배경으로 인해 38도선을 받아들일 것이라고 생각해 단순하게 제안을 한 것이고, 러시아도 흔쾌히 받아들였다고 합니다.

러시아는 한반도이북을 통치함으로 인해서 만주의 기득권을 획득하고자 하는 것이 목적이었으니까요.

이렇게 늦은 밤에 단순히 백악관 보좌관 2명의 손가락으로 그어진 한반도 비극의 씨앗이 탄생한 것이라고 합니다.

6 · 25전쟁과 미국의 참전

한국전쟁이 발발하면서 낙동강까지 한국군이 밀린 이후에나 미국의 참전을 했습니다.

이렇게 미국의 참전이 늦어진 이유는 미국이 그 만큼 한반도에 관심이 없었기 때문이라고 하지요.

대륙의 태평양 진출의 관문인 일본의 통치에 온 신경을 쏟고 있던 일본은 북한의 침략으로 한반도가 위기 상황인데도 미쳐 정신을 집중하지 못하였다고 합니다.

하지만 트루먼 대통령이 한반도 전쟁에 참여하기로 뒤늦게 결정을 한 이유는 다른 곳에 있다고 하지요.

당시 미국은 공산주의 강대국인 러시아와 유럽, 아시아, 아메리카 등 여러 곳에서 경쟁을 하고 있었습니다.

그런데 만일 러시아가 남한을 삼켜버린다면 세계의 다른 나라들이 이것을 보고 러시아와 미국의 양다리 외교를 할 염려가 있었다고 합니다.

러시아와 미국에 양다리 외교를 하면서 힘이 강한 쪽으로 치우치는 대외정책을 세계 여러 나라가 사용할 위험이 있고, 그렇게 되면 세계2차대전이후 쇠락한 영국의 뒤를 이어 세계초강대국으로 발돋움 하려는 미국의 세계정책에 커다란 장애 요인이 발생하는 것이지요.

그래서 미국은 한반도 사태를 지켜보는 세계 여러 나라들에게 미국의 힘과 미국의 우방은 끝까지 미국이 지킨다는 본보기를 보여줄 필요가 있었다고 합니다.

그래서 막대한 인명피해를 보면서 까지 한국전쟁에 참여를 한 것이라고 하지요.

실제로 한국 전쟁 이후, 많은 아시아 국가들은 확실한 친미 성향으로 돌아섰다고 합니다.

한반도의 통일을 바라보는 시선

많은 경제학자들은 한반도의 통일이 경제학적으로 많은 이득을 가져온다고 말하지요.

특히 남한의 기술과 북한의 천연자원

인구수의 결합으로 인한 내수 발전

남한의 인구 절벽을 해소할 근거

북한에 대한 각종 개발사업으로 인한 경제성장

이런 것들이 경제학자들이 통일의 장점으로 꼽고 있습니다.

하지만 정치인들은 조금 다른 관점을 가지고 있는 것으로 보입니다.

① 막대한 통일비용

② 많은 북한 난민 문제

③ 다른 문화의 민족간의 화학적 결합

④ 주변 국가들의 이해충돌

이런 점에서 통일을 부정적인 시선으로 보고 있는 것 같습니다.

그래서 정치인들은 지금 아무 문제 없이 잘 살고 있는데, 긁어서 부스럼 만들고 싶지 않다는 심정이 대부분이라고 합니다.

분명 보이는 장점은 있으나, 불확실성이 있는 많은 단점들은 어떤 방향으로 진행될지 모르다 보니, 불확실성을 없애는 쪽으로 마음이 쏠리는 것이지요.

마치 한 가구가 부모님을 모시고 살 것이냐, 분가하여 살 것이냐를 놓고 고민하는 것과 같은 것 같습니다.

경제적으로는 도움이 되지만, 동거를 한다는 것은 여러가지 불확실한 잡음이 발생할 소지가 많다고 느끼는 것과 같은 이치인 듯 합니다.

중국입장에서는 두가지의 두려움이 있다고 합니다.

① 난민문제

북한내부의 정세가 급변하면 약 300만으로 추정되는 난민이 압록강을 넘을 것으로 보이고, 그러면 동북3성은 커다란 혼란에 빠질 것이라는 것이지요

특히 조선족 자치구가 있는 지린성 연변을 중심으로 문제가 심각하게 일어날 수 있을 거라는 두려움이 있다고 합니다.

그래서 북한의 내부에 정치적 문제만 있으면 중국군을 압록강에 배치하는 것은 이런 난민의 유입 문제를 차단하기 위함이라고 하지요.

② 지정학적 문제

특히 지난번에 중국의 지정학적 위치에서도 언급한 바와 같이 중국은 미국에 의해 해양 통로가 봉쇄되어 고립된 모습인데, 바로 옆에 한반도가 미군이 주둔하는 곳이 되면, 대륙의 통로가 열린 모습이 되어 절대로 방치할 수 없는 것입니다.

마치 티벳이 인도의 대륙 침략의 통로로 인식되어 티벳 독립을 반대하는 것과 같은 이치라고 합니다.

그래서 중국은 북한이 세계에서 가장 폐쇄적인 반 민주적 독재 국가이고 극빈한 나라라고 해도 자기들이 주는 원조에 만족하면서 지정학적 위치를 지

켜주기를 바라는 것이지요.

상대적으로 일본과 러시아는 한반도의 문제에 미국과 중국보다는 덜 민감하고, 유탄이 떨어질 것을 두려워하는 것이라고 합니다.

다만 최근에 일본의 아베 정권이 극우 성격을 가지다 보니, 숨겨논 야욕을 들어내 논공행상에 한자리를 차지하려는 움직임이 엿보인다고 하지요.

하지만 한반도의 전쟁은 일본에도 미사일 등이 떨어지면 막대한 혼란이 야기될 수 있어 조심스러워 하고 있지요.

미국 입장에서는 세계 경찰국가의 위상과 중국의 세계 최강 국가에 대한 경제적, 군사적, 정치적 도전의 기를 꺾을 필요가 있다는 것이지요.

그래서 트럼프의 내각은 북한에 대한 강한 압박을 가하고 이는 중국에 대해 미국의 힘을 과시하는 효과도 있다는 것입니다.

그리고 이런 대중국 관계를 세계에 보여줘 중국에 치우치려는 다른 세계 약소 국가들에게

"너희를 확실히 지켜줄 수 있는 나라는 중국이 아닌 미국이다" 라는 것을 보여주고 싶은 것이라고 합니다.

한반도는 삼국시대, 통일신라시대, 후삼국시대, 고려시대, 조선시대를 거쳐서 이제 남북한 시대를 맞이하고 있습니다.

몇 천년을 거치면서 한반도의 조그마한 땅 덩어리는 붙었다 떨어졌다를 반복했지만 자석처럼 하나로 뭉치려는 힘은 계속 존재하는 것 같습니다.

이제 한반도가 분리된 이후 70년이 넘었습니다. 28년만 더 있으면 딱 100년이 되는 군요.

우리의 소원은 통일이라고 우리는 노래를 부르면서 자랐습니다.

그런데 점점 세대가 발전하고 경제적, 정치적 발전이 이루어지면서 이전의 단순한 염원인 통일은 복잡한 양상으로 변해 가고 있습니다.

또 한가지 이전 1900년대에는 이산가족이라는 가족개념으로 북한을 바라보았지요. 가족이 떨어져 살고 있어서 당연히 뭉치고 싶어했습니다. 그런데 이제는 모두 사망하고 더 이상이 이산가족이 존재하지 않는 시대가 다가오고 있습니다.

그러면 통일에 대한 열망은 식어만 갈 겁니다.

후삼국시대가 고려로 통일되는 데 걸린 시간은 단 35년이었습니다.(901~936)

독일이 다시 통일 되기까지는 41년이 걸렸습니다.(1949~1990)

그런데 남북한은 현재 72년이 지나고 있습니다.

조금 더 시간이 지나면 북한은 이제 같은 말과 모습이 비슷한 완전히 다른 나라가 될지도 모릅니다.

가끔은 통일에 대한 우리의 시각을 재정립할 필요가 있다고 생각하고 그런 연구와 대비도 필요하다고 생각합니다.

6.
상하이방

　　　　　　1980년대 중반부터 중국 권부의 실세로 등장한 상하이 출신의 인사들을 일컫는 말이지요.

　1985년 상하이 시장, 1987년 상하이 당 서기장 겸 중앙정치국 위원, 1989년 당 총서기를 거쳐 1990년 국가 중앙군사위원회 주석에 올라 중국의 당과 정부의 전권을 완전히 장악한 장쩌민[江澤民]의 후원에 힘입어 중국의 실세를 차지하고 있는 상하이 출신의 인물들을 통틀어 일컫습니다. 상하이는 장쩌민이 정치 기반을 다진 곳으로, 이후 상하이에 기반을 둔 정치인들이 대대적으로 중앙 권부로 모여들었는데, 1991년 경제부총리를 거쳐 제5대 총리를 지낸 주룽지[朱鎔基]도 상하이 시장을 지낸 인물로 들 수 있습니다

　이들 상하이방은 1980년대 중반부터 2003년까지 중국 정치의 실세로서 정치 이념보다는 경제에 중점을 두고 중국을 상하이처럼 발전된 모습으로 만들

겠다는 계획을 추진해 왔습니다.

대부분이 외국어에 능통해 외교협상능력이 뛰어나며, 실제로도 중국의 개혁과 개방 이후 중국외교를 담당해 온 대표적인 지역 인맥이지요.

태자당

중국 당·정·군·재계 고위층 인사들의 자녀를 일컫는 말입니다.

1997년에 사망한 덩샤오핑[鄧小平]의 자녀 및 사위를 비롯해 당(黨)·정(政)·군(軍)·재(財)계 실력자들의 자녀 약 4,000명이 중국의 핵심적인 요직에 포진하고 있습니다. 이들은 하나의 조직으로 모여 있는 것은 아니지만 혈연관계에다 결혼, 학교, 직장 등을 통해 그물망처럼 촘촘한 '관시[關係]'를 맺으며 중국의 정·관계와 경제계를 주름잡고 있지요.

태자당의 가장 대표적인 인물은 태자당의 황제로 군림하며 '중국제일태자'로 불리던 덩샤오핑의 큰 아들로, 현재 전국장애자협회 회장인 덩푸팡[鄧樸方]을 꼽을 수 있고. 덩푸팡은 1987년 태자당을 대거 취합해 캉화[康華]개발공사를 창립했는데, 겉으로는 영리를 목적으로 한 상업기관이지만 중국인들에게는 또 하나의 권부(權府)로 통했습니다.

특히, 국내 생산물자들의 구입권을 독점으로 인정받아 홍콩등에 내다팔면서 막대한 이익을 챙겼습니다. 그러나 1988년 캉화그룹을 경영하는 과정에서 덩푸팡이 금융비리를 저지른 것이 밝혀져 그룹 전체가 공중분해되기도 했지요.

덩샤오핑의 장녀 덩린[鄧林]의 정식직업은 화가로 그녀의 작품은 작품성과 관계없이 중국 최고실력자에게 줄을 대려는 홍콩, 타이완 기업인에게 엄청난 고가에 팔렸습니다. 덩린의 남편 우젠창(吳建常)은 하급노동자 출신으로 출세를 거듭해 중국 유색(有色) 금속총공사 사장이 되면서 재계의 실력자로 통하고 있습니다.

부친의 대변인 역할을 했던 3녀 덩룽(鄧榕)은 한때 지나치게 정치에 개입하면서 장쩌민 국가주석과 불편한 관계가 되기도 했지요. 또한 덩룽은 인민해방군 현역 소장이면서 대외 무기거래를 관장하는 남편 허핑을 통해 막대한 재력을 쌓았습니다.

장남 덩푸팡이 1980년대의 태자당을 대표했다면 1990년대는 단연 막내 덩즈팡(鄧質方)의 시대였습니다. 비교적 대외적인 활동에 소극적이었던 덩즈팡은 미국유학을 마치고 돌아와 1987년 이후 중국국제투자신탁공사에서 일반사무원으로 일했지요. 그러나 결국 태자당 특유의 인맥인 '관시'를 최대한 이용해 부동산과 주식투자 등에서 막대한 부를 구축하였고, 현재 쓰팡 공사를 운영하고 있습니다.

그러나 덩샤오핑의 죽음으로 이들 남매들이 태자당을 대표하던 시절은 끝나고 새로운 인물들이 전면에 등장하게 되었지요.

정치계에서 활동하고 있는 태자당 출신으로는 혁명열사의 아들로 저우언라이의 양자인 리펑, 등이 대표적입니다.

이처럼 태자당은 중국의 정·관·재계 곳곳에서 막강한 권력을 행사해 왔지요. 그러나 1989년 6월 4일 톈안먼사건을 야기한 중국민주화운동의 핵심요구 중 하나가 '태자당의 비리척결'이었을 정도로 이들에 대한 중국민의 여론은 부정적이었습니다.

이러한 여론에 힘입어 중국 지도부는 1997년 8월 공산당 내부 태자당 출신들의 승진을 늦추도록 결정했는데, 중국이 '열린 사회'로 나가기 위해서는 혈연을 등에 업고 출세가도를 달린 태자당의 역할이 당연히 제한 받아야 한다는 인식 때문이었습니다.

아이러니 한 것은 덩샤오핑이 노회한 중국 지도부를 쇄신하기 위하여 자녀들을 정계에 발을 붙이지 못하게 하고 대신 경제계에서는 특혜를 주었는데, 이 당시 태자당의 많은 자녀들이 외국 유학을 다녀와 경제계를 주름잡으며, 반대로 금권을 무기로 정계에 영향을 미치게 된 것 입니다.

공청단

중국공산주의청년단 약칭 중국공청단 또는 공청단이라고 합니다.

공산주의 사회제도 구현을 목표로 설립된 조직으로, 중국공산당이 운영하지요. 중국공산당의 인재 양성소 역할을 하며, 전국 청년을 단결시키고 교육합니다. 14세 이하 유소년 조직인 중국소년선봉대의 활동을 관리하기도 합니다.

1920년 5월 "중국사회주의청년단"이라는 명칭으로 설립되었고, 1922년 5월 중국 사회주의 청년단 제1차 전국대표대회가 중국공산당의 지도하에 개최되었고, 이 때 정식 조직으로 출범하였습니다. 1925년에 열린 제3회 전국

대표대회에서 "공산주의청년당"으로 개명되었습니다.

중국공산당 내부에 공청단 출신의 고위 인사들이 많아지면서, 이들 인사에게 "단파(団派, 퇀파이)"라는 별명이 붙여졌고. 단파의 가장 대표적인 인물로 전 중국공산당 총서기 후야오방과 후진타오 전 주석, 리커창 현 총리, 후춘화 광둥성 서기 등이 있습니다.

공청단은 14세에서 28세의 젊은이들로 구성되었으며, 28세가 된 회원은 간부직을 맡지 않는 한 조직을 떠나야 한다고 합니다. 공청단의 조직 체계는 중국공산당의 조직체계를 그대로 본 딴 것이며, 리더인 제1서기는 중국공산당 내 핵심 기구인 중앙위원회의 회원입니다.

2006년 공청단 중앙 위원회 자료에 따르면 회원의 49.9%는 학생이며, 2017년 기준 공청단 회원은 8,000만 명에 이른다고 합니다.

시진핑

시진핑 현 주석이 주석 물망에 올랐을 때 공청단 출신이며 상해 서기 출신인 그를 공청단과 상하이방의 지지를 받는다고 사람들은 오해를 했습니다.

하지만 사실이 아니었지요.

집권이후 그는 상하이방과 공청단에 대한 숙청과 계파 장악을 시도해 왔습니다.

공청단의 문제는 중국 공산당 중앙기율검사위원 회(기율위) 중앙순시조가 공청단

의 중추인 중앙서기처를 상대로 현장 감찰을 진행하는 과정에서 여실히 드러났다고 합니다. 기율위는 "공청단 조직이 기관화, 행정화, 귀족화, 오락화 했다"고 비판했습니다.

시진핑 수석은 예산을 51%로 줄이고 3-5년간 공청단 단원수를 대거 줄이는 방안을 발표했지요.

시진핑이 이렇게 공청단을 대대적인 개혁을 하면서 공청단의 실질적인 주도권을 손에 넣은 이유는 바로 저우융캉(정치국 상무위원, 무기징역), 링지화(후진타오 비서실장, 무기징역) 등이 시진핑의 주석 취임을 반대하여 반대파에 대한 숙청이라는 시각이 많습니다.

개혁방안은 공청단 개혁이 '종엄치당'(從嚴治黨 · 엄격한 당 관리)의 일환이라고 강조한 것으로 보아, 엘리트 공산당원 산실의 역할은 살리되 정치 세력화하는 것은 철저히 막겠다는 시진핑 주석의 의중으로 보입니다.

시 주석은 2012년 말 제18차 당대회를 계기로 집권한 이후 부정부패 사정작업을 명분으로 장쩌민 전 국가주석의 권력기반인 상하이방은 물론 후진타오 · 리커창의 권력 근간인 공청단 척결작업을 해왔습니다.

중국은 앞서 말씀 드린데로 각 파벌이 차기 지도자를 협의에 의해 선출하

가난한 자의 주머니를 채워라

는 집단지도체제이나, 일단 주석이 되면 주석에게 모든 힘을 모아 줍니다.

공청단 단원이었고 상해의 서기였던 시진핑 주석을 선출했으나, 시진핑 주석은 너무 커진 두 계파의 우두머리들을 모두 숙청하고 계파를 장악하려는 듯 합니다.

부패와 연결된 지도부를 부패척결 이라는 핑계로 말이지요.

국민에게 "당이 여러분을 배부르게 해줄 테니, 당을 믿고 따르라"는 중국 공산당, 그 안에 존재하는 여러 파벌의 이권 다툼에 대한 이야기 였습니다.

7.

중국은 왜 시간대가 동일할까?

왜 중국은 전 지역이 한국과 1시간 차이가 나는 것일까요?

나라의 면적을 기준으로 현재의 시차를 보면 다음과 같습니다.

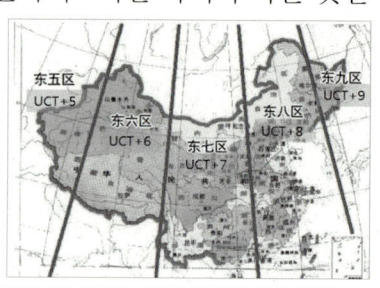

위와 같이 많은 시간대가 존재해야 합니다.

그런데 북경을 기준으로 시간대가 통일된 이유는 다음과 같다고 합니다.

우선 인구밀도를 보면 다음과 같습니다.

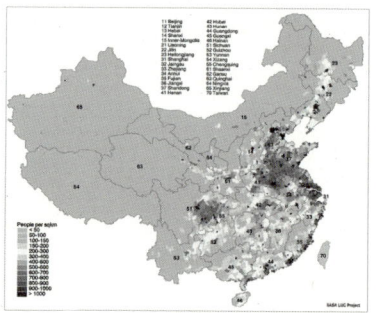

거의 UCT-8의 지역에 모든 인구가 밀집해 있습니다.

그래서 중국은 편하게 사용하기위해 북경

시간으로 통일하였다고 합니다.

불편한 점은 신장에 사는 사람들도 출근시간이 똑같이 9시이다보니 새벽에 출근을 하는 모양세입니다.

중국의 영어명은 왜 CHINA일까?

제가 개인적으로 알고 있기는 중국을 첫번째로 통일한 진나라를 따라서 CHINA라고 한 것이라는 학설이 있지요.

하지만 원래 중국은 CHINA라고 불리우지 않았습니다.

기원전 1세기 유럽사람들에게 중국은 Serica라고 불리웠고 뜻은 "비단을 생산하는 사람들"이라는 뜻이었다고 합니다.

그리고 진나라를 뜻하는 Thinae 에라고 불리웠다고 하지요.

이후 1000년이 지나고 나서 Khitan으로 불리웠는데 다름아닌 마르코폴로가 서양에 소개했다고 하지요. 바로 거란족이 요나라를 세워 중국 북부지역을 통치했는데 거란족에서 이름을 가져왔다고 하지요.

이후 Cathay라고 불리웠다고 합니다. 여러분이 아시는 바로 홍콩 국적 항공인 캐세이 패시픽이 여기서 유래한 이름입니다.

캐세이 항공으로 명명한 이유는 당시 회사가 설립된 호텔의 이름을 따라서 명명했다고 하는데, 상해나 광둥성등은 Cathay 라는 중국의 오랜 명칭을 사용하는 곳이 많았다고 하지요. 캐세이 호텔, 캐세

이 대극장 등 복고적인 느낌을 강조하기 위해 캐세이라는 명칭을 특히 상하이에서는 지금도 많이 사용하고 있다고 합니다.

Seres ⇨ Thinae ⇨ Kithan ⇨ Cathay에서 China로 불리우게 된 것은 이탈리아 선교사 마테로 리치가 중국 견문록을 기록하였는데, 당시 태국, 인도등에서는 중국을 진나 (China)라고 불렀는데, 이것인 포르투갈 인들을 통해 유럽에 전해지고 오늘날의 China로 유럽에 정식으로 소개되었다고 합니다.

중국의 명문대학생들

중국은 한국의 서울대가 이과 문과로 분리되어 있습니다.

이과는 칭화대, 문과는 북경대이지요.

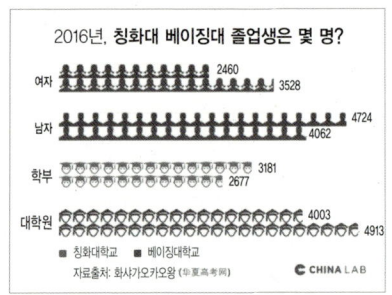

칭화대는 후진타오, 시진핑 주석 등 많은 중국의 지도부가 졸업을 한 대학으로 현재는 북경대보다 훨씬 높은 위치에 있습니다.

제 딸도 칭화대 출신입니다. 제가 고3때 전략적으로 학교를 진학시켰지요.

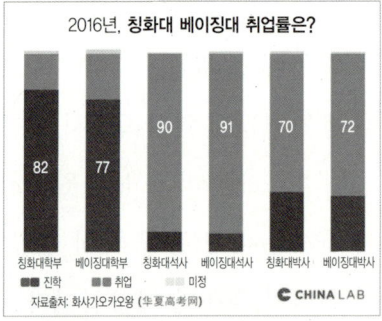

칭화대 입시때에는 전국에서 부모들이 상경하고 경쟁률이 치열하다보니 많은 부모들을 위해 운동장에 텐트를 지원하기도 합니다.

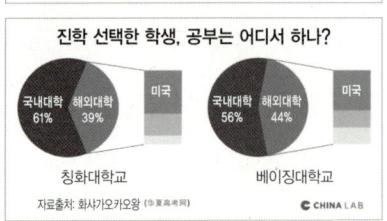

칭화대와 북경대의 진학, 취업률은 다음과 같습니다.

그러면 졸업생들은 주로 취직을 어디로 할까요.

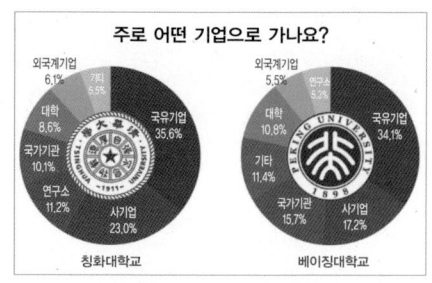

저희 딸은 국유기업에 있으니 35.6%에 해당하겠군요.

가장 많이 취업하는 기업은 다음과 같다고 합니다.

그리고 분야는 다음과 같습니다.

역시 금융분야가 강세이군요.

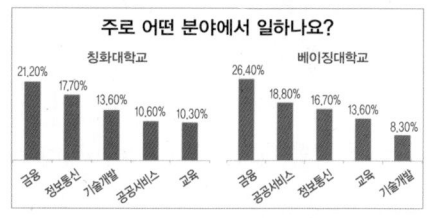

그리고 일하고 싶은 지역은 역시 북경입니다.

창업을 하는 학생이 다른 대학보다 훨씬 적습니다.

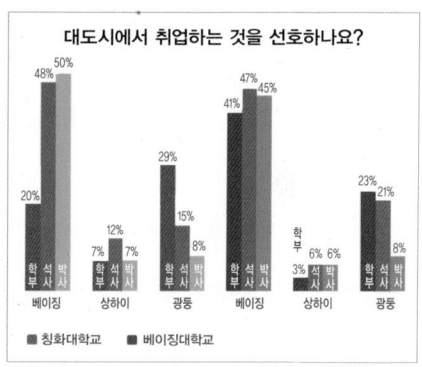

칭화대가 전체 졸업생의 약 1%가 창업을 하고, 북경대는 전체졸업생의 0.6%가 창업을 한다고 합니다.

머리가 좋을수록, 고학력 일수록 리스크 회피 기질은 어느 나라나 비슷한 듯 합니다.

8.

중국의 딜레마

트럼프 대통령과 미국이 중국의 북한에 대한 원유공급을 중단하라고 하고, 중국 기업에 대한 독자 제재를 하려고 하자 중국이 반발하고 있지요..

북한을 압박하기 보다는 대화로 해결을 해야 한다고 주장합니다.

이미 대화를 주장했던 10년의 역사를 보면 큰 결실을 거두지 못했는데도 이렇게 대화를 주장할 수 밖에 없는 중국의 입장은 왜 그럴까요?

북한에 대한 원유 중단을 하면서 바로 북한정권을 붕괴시킬 수 있는데 왜 중국은 북한에 끌려갈까요?

중국의 악몽

북한은 연일 ICBM을 쏘아 올리면서 미국을 자극하고 있고 이미 미국이 정한 레드라인은 넘어서고, 중국이 정한 레드라인, 즉 6차 핵실험은 교묘히 피해가고 있습니다.

현재 북한의 ICBM 추정사거리는 미국 본토를 충분히 타격할 만한 거리를 가지고 있습니다.

미국을 자극하기 위한 북한의 시도이지만 다른 한편으로는 미국과 직접 대화를 위한 구애로도 보이지요.

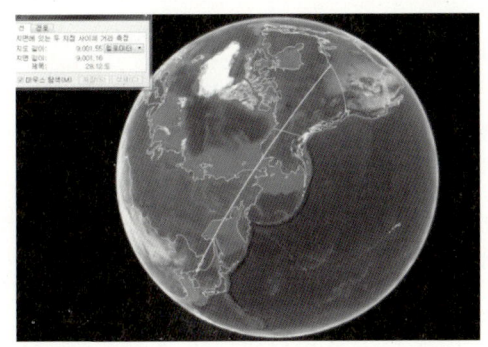

만일 북한이 미국과 비밀리에 직접대화를 하고 ICBM을 포기하는 대가로 핵보유국과 중단거리 미사일 보유를 미국으로 부터 인정을 받고, 핵보유국으로 체제의 안정을 확보한다면, 미국과 직접 교류에 대한 불안감을 없애고 경제개방을 서두를 수 있습니다.

이것이 바로 중국의 악몽입니다.

코앞의 북한이 중단거리 핵미사일을 보유하고, 미국과 직접 협상으로 경제를 개방한다면 중국은 또 다른 적을 코앞에 가지게 되는 것이지요.

이것이 현실화 될 가능성은 많이 있고, 이미 중국은 경험을 가지고 있습니다.

2007년 남북한 10.4선언이지요. 노무현 대통령과 김정일 대통령은 한반도 3 또는 4자 회담을 합의 했습니다. 4자회담은 남북한과 미중이지만 3자 회담은 남북한과 미국의 회담이지요.

중국으로서는 상상도 못할 일이 벌어진 것입니다.

김정일 위원장이 중국을 제외한 3자 회담을 제안했다는 것을 안 중국의 당혹감이 어느 정도였을지 짐작이 갑니다.

또한 2007년 미국 코리아 소사이어티에서 김계관 전 외상이 행한 연설은 중국을 격분하게 했습니다.

"중국은 한반도와 동북아 평화에 기여한 적이 한번도 없었다. 북한이 핵을 갖도록 미국이 용인해 준다면 북한은 중국을 견제할 수 있다."

중국에게는 악몽 같은 시나리오가 현실화 된 순간이었지요.

가난한 자의 주머니를 채워라

중국의 선택

북한에 원유 공급중단한다면 북한 정권이 무너지고 대규모 탈북인들이 중국으로 국경을 넘어와 중국의 동북성들은 큰 혼란에 빠질 염려가 있습니다.

또한 북한 정권이 어떠한 극단적인 선택을 할 지도 두려움의 대상이지요.

북한이 만일 미국과 비밀 협상으로 핵보유국 지위를 인정받고 핵보유국으로 중단거리 미사일을 확보하고 중국을 견제한다면 최악의 악몽입니다.

북한이 핵을 보유하는 순간 중국이 치루어야 할 비용은 상상이 되지 않을 정도 입니다.

G2로서 영향력을 확보하려는 중국에게는 북한에게 어떠한 영향력을 펼치는 가가 세계 국가들에게 자신들의 위치와 영향을 보여주는 시험대 입니다.

정말 이러지도 저러지도 못하는 실정인 것이지요.

이번 사드의 사태에서도 보듯이 한국은 결정적인 순간 미국을 선택할 것이기에 중국은 지정학적인 위험 때문이라도 북한이 아무리 몽니를 부려도 북한을 결코 압박하거나 포기할 수 없는 것이지요.

사드 사태로 경제보복을 한국에 가하는 중국은 다음 두가지의 노림수가 있습니다.

북한 정부에 중국이 동맹으로서의 역할을 한다는 것을 보여주는 것이고, 한국 정부에게는 미국 편향적인 정책에 중국의 영향력이 얼마인지 확인 시키려는 정책이지요.

하지만 할 수 있는 영향력이 관광수지에 대한 압박이 다 이고 경제성장을 위해서는 한국의 원자재와 기술에 대한 도움이 절대적이니 그마저도 한계가 있습니다.

시간이 흘러 중국의 선택이 다가오는 순간 어떤 선택을 하게 될지 궁금합니다.

9. 국제수지란?

국제 수지란 한나라가 외국과 교역을 하면서 생기는 지출과 수입을 말합니다.

우리가 물건을 외국에 수출하면 외화가 국내로 들어오고, 반대로 수입을 하면 수입국에 외화가 해외로 나가는 무역이 경상수지의 대표적인 사례라 할 수 있습니다. 우리가 수출량이 많아지면 국제수지는 흑자로 될 것이며, 반대로 수입하는 양이 많아지면 국제수지는 적자가 되는 것이지요.

또한 우리나라 사람이 해외로 여행을 가거나 외국 관광객이 우리나라를 찾아오는 여행도 경상수지라 합니다. 외국에서 우리나라로 온 관광객이 많으면 관광객이 우리나라에 많은 돈을 쓰기 때문에 국제수지가 흑자로 되는 것입니다.

이처럼 물건의 수출과 수입으로 얻은 결과를 상품수지라 하며, 한국을 방문하는 외국인의 여행, 해외여행으로 얻은 것을 서비스 수지라 합니다.

우리나라 사람이 외국에 취업해 벌어들인 소득도 경상수지를 이룹니다. 또한 우리나라로 취업한 외국인 근로자의 소득도 당연히 경상수지를 이루겠지요. 이처럼 우리나라 사람이 외국에 취업하여 버는 돈이나 외국 사람들이 우리나라 안에서 버는 돈의 결과도 경상수지의 한 구성 요소로 이를 본원소득수지라고 부릅니다.

이외에도 전쟁이나 재해 등으로 피해를 입은 국가에 무상으로 원조를 주는 것도 경상수지의 한 종류로써 이를 이전소득수지라고 부릅니다.

외국인이 우리나라에 외화를 투자하는 활동 등이 자본 수지에 해당한다고 볼 수 있습니다.

왜냐하면 외국의 투자 자본이 국내로 들어와 외화가 늘어났기 때문입니다. 반대로 우리나라가 해외에 투자를 하는 것도 자본수지라 할 수 있습니다.

쉽게 말해서 자본수지는 한 나라의 국제거래에서 실제로 물건이 오가지 않는 거래를 뜻하며 자본의 이동에 따른 재산의 변화를 표시하는 국제수지표의 한 항목입니다.

이 국제수지의 차이에 의해 발생하는 것이 외환보유고 입니다.

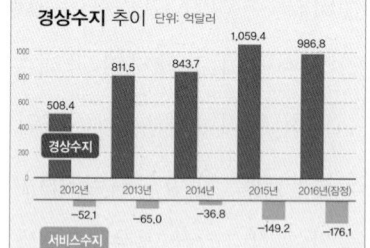

중국의 외환 보유고

2014년 3조 9932억 달러를 기록하다가 2016년에 3조달러 밑으로 떨어진다고 외환시장에서 한번 난리가 난적이 있습니다.

하지만 중국은 계속 하향세를 가고 있지요.

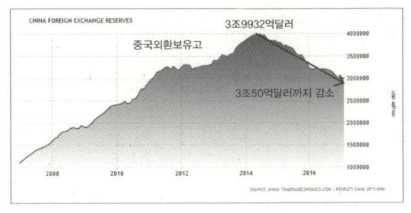

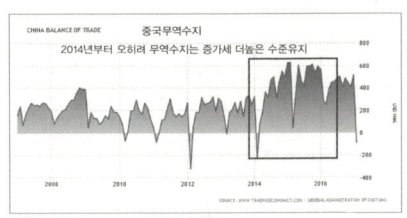

일각에서는 이를 두고 세계적인 불황으로 중국의 구조조정이 임박했고, 이를 통해 인민폐의 하락이 점쳐지며, 중국발 위기가 다가올 수도 있다고 했습니다.

그런데 흥미로운 것은 이 당시에 오히려 무역수지는 최고의 증가세와 높은 수준을 위의 표와 같이 유지했다는 것입니다.

앞서 말씀 드린 데로 무역수지가 최고인데 오히려 외환보유고가 감소했다는 것은 쉽게 이해가 가지 않는 항목입니다.

이는 중국의 자본수지 이동에 그 이유가 있습니다.

1921년 공산당이 창립되고 마오쩌둥이 1949년 신중국 건국을 천명하고 이후의 그림이라 할 수 있습니다.

신중국 건국 100주년이 되는 2049년에는 선진국으로 들어서는 것을 목표로 중국은 고속성장, 구조조정 및 개혁(현재), 경제발전방식의 전환을 동시에 이루고 있어 뉴노멀 시대로 접어드는 것을 목표로 하고 있죠.

그리고 무역수지 흑자로 막대한 외환보유고를 기록하자 이제는 자본수지의 이동으로 해외 기술업종의 M&A에 나서고 있습니다.

중국 기업들의 거침없는 해외 기업 인수·합병(M&A)에는 막대한 국부 펀드를 조성해 지원하는 중국 정부의 뒷받침이 있습니다.

중국은 원래 철저히 외환의 이동을 규제하였고, 한국이 외국인들에게 ATM이라고 불리울 때, 중국은 돈은 들어가기 쉬우나 나오기가 어려운 나라입니다.

 중국은 2001년 3월 전국인민대표자대회에서 '쩌우추취(走出去·해외로 나가다)' 정책을 국가 시책으로 결정했습니다.

기업의 글로벌 경쟁력 확보를 위해 해외 투자를 적극 장려하는 것이지요. 이를 위해 중국 수출신용보험공사는 2005년부터 중국 기업이 해외 M&A 투자를 할 때 정부가 보증을 서주는 제도를 도입했고. 2009년 7월엔 원자바오 당시 총리가 "기업의 해외 M&A를 지원하기 위해 외환보유금도 활용할 것"이라고 말하기도 했습니다.

규제도 대폭 완화했지요. 2014년엔 자원 및 에너지 분야의 해외 투자 때 정부 승인이 필요한 금액을 기존 3000만달러(약 345억원)에서 10억달러(1조1400억원)로 대폭 높였고 민감 업종을 제외하면 신고만으로 해외 투자가 가능하도록 했습니다.

이러한 정책적 지원 외에도 중국 기업들에는 막대한 규모의 국부 펀드가 있습니다. 원래 국부 펀드는 외환의 이동이 자유롭지 못한 중국 기업들이 자금을 모아 정부의 펀드형태로 해외에 투자를 하기 위해 설립된 펀드였습니다. 우리나라 쌍용자동차인수등 굵직한 해외투자는 이 국부펀드를 통해서 만 자금이 해외로 이동할 수 있었습니다. 중국의 국부 펀드(CIC)는 자산 규모 660조원으로 세계 5위입니다. 중국화공집단공사(CNCC)가 430억달러에 스위스 농약·종자 기업 신젠타 인수를 추진하는 것도 이런 국부 펀드의 지원이 있기 때문입니다. CNCC의 작년 영업이익 대비 총부채비율은 9.5배로 M&A에 큰돈을 쓸 여력이 없지만 중국 정부의 지원 아래 자금을 조달하고 있는 것입니다.

중국 업체들의 해외 기업 M&A는 앞으로도 거셀 것으로 보입니다. 중국 정부는 2014년 1200억위안(약 22조원) 규모의 '반도체 펀드'를 조성해 2017년까지 반도체 산업 생태계 활성화를 위한 전방위적 투자에 나서겠다고 했고. 지난 2월에는 중국 가전 대기업 TCL그룹이 국유 반도체 기업인 즈광그룹과 손잡고 100억위안(2조원) 규모의 산업 M&A 펀드를 만든다고 밝히기도 했습니다.

중국 정부의 국부 펀드 체제에서 이제 기업들의 자유로운 해외 투자를 위한 펀드 설립이 가능해진 것입니다.
이런 이유로 무역수지는 커졌지만, 반대로 자본수지가 유출되어 외환보유고가 감소된 것입니다.
제러드 라이언스는 2008년 금융위기를 예측했던 경제학자로 유명합니다.

이분이 쓴 책인 거대한 전환이라는 책을 읽어보면 향후 세계경제를 움직이는 핵심동력으로 중국, 무역, 신기술, 인구, 소비, 도시화라는 여섯가지를 꼽았습니다.

그리고 중국에 대해서는 새로운 교역로, 모압에서 신기술의 창조력으로 변화, 인구와 노동력의 변화, 중산층의 성장, 도시화등을 주목해야 한다고 했습니다.

타오싱즈에서 제가 우리는 중국을 레드콤플렉스로 미개하고 가난한 나라로 여기고 싶어한다고 말했습니다.

하지만 중국 공산당 독재체제이지만 국가의 100년의 밑그림을 차근 차근 실천해 나가는 효율적인 집단지도체제를 이루고 있는 나라입니다.

우리나라와의 차이는 정권을 잡은 사람이 임기 5년에 실적에 급급한 반면, 중국은 자기 집권하의 치적보다 중국 100년의 미래방향에 주춧돌을 놓으려고 고심한다는 것입니다.

이런 중국의 지도체제 사상을 우리도 따라가야 한다고 생각하지요.

10.

보호무역주의

트럼프는 많은 책들과 방송에서 언급하듯이 철저히 계산적인 인물로 알려져 있습니다.

그런 그가 보호무역주의를 들고 나왔지요. 물론 선거의 유권자들 표를 의식해서 일자리를 창출을 목표로 내건 이유도 있습니다.

하지만 트럼프의 보호무역주의는 단순히 일자리 창출을 목표로 하는 단순한 포퓰러리즘으로 보기에는 복잡한 계산이 있어야 합니다.

보호무역주의를 위해서 관세부과, 환율조작국지정, 미국 기업의 본토 귀환, 에너지 자급자족이 주된 정책이지요.

하지만 미국의 보호무역주의는 기축통화인 달러와의 문제가 항상 결부되게 됩니다.

기축통화 달러

달러는 전세계의 기축통화입니다. 따라서 달러는 그 유동성이 중요한 문제이지요.

유동성이 약화되면 기축통화로서의 지배력이 약화되고, 반대로 유동성이 커져 달러의 가치가 하락하면 기축통화의 힘이 약화하게 되는 것입니다.

이를 트리핀딜레마 (Triffin Dilema)라고 합니다. 따라서 적절한 달러의 유동성과 가치를 유지하는 것이 미국의 주요 경제 정책입니다.

재정적자

미국이 막대한 재정적자를 기록하는 것은 위에서 언급한 바와 같이 달러의 유동성 때문입니다.

미국은 소비국가이고 파는 것보다 사는 것이 더 많아 달러를 지급하면 달러의 유동성이 높아집니다.

또한 찍어내는 달러로 수입된 물건을 사게 되면 그 만큼 물가상승을 억제해 인플레이션을 통제할 수 있는 것이지요.

미국이 재정흑자 국가가 안되고 재정적자 국가로 유지하는 이유는 바로 달러의 유동성과 자국의 인플레이션 억제를 위해서 입니다.

공장 미국 귀환 정책

하지만 보호무역주의를 펼치면 달러의 유동성은 줄어들고 수입된 물건들은 관세에 가격이 비싸져 급격한 소비자 물가 상승을 유발할 수 있습니다.

이런 소비자 물가 상승을 적절히 억제할 수 있는 것이 수입물건을 사는 것이 아니라 자국 내에서 생산된 물건을 사는 것이지요.

관세가 붙지 않으니 소비가 물가의 상승을 억제 할 수 있습니다.

제가 보기에는 트럼프가 멕시코로 진출 하려는 미국 자동차 산업과 도요타, 삼성등 글로벌 대기업들의 자국내 생산기지를 강화하려는 이유는 바로 보호무역주의를 통한 부작용인 소비자 물가 상승을 억제하려는 의도가 다분하다고 보입니다.

유가와 달러

OPEC가 감산에 합의해서 유가가 상승하고 있습니다. 그런데 문제가 한가지 있지요. 미국의회는 2015년 원유수출법을 폐기하기로 했습니다. 이는 원유소비국인 미국이 원유를 수출하기 시작한다는 것이고, 반대로 달러의 유동성이 그만큼 낮아진다는 것입니다.

모든 원유는 1970년대 사우디아라비아와 미국의 밀약에 따라 달러로만 결제를 합니다. 기축통화인 달러의 지위를 강화하기 위한 밀약이었지요.

그런데 미국이 원유를 수출하기 시작하면서 세계에 지급하는 달러의 유동성이 줄어들었습니다.

또한 미국의 금리인상으로 달러가 강세를 유지하게 되면 유가 상승을 억제하는 요인이 됩니다.

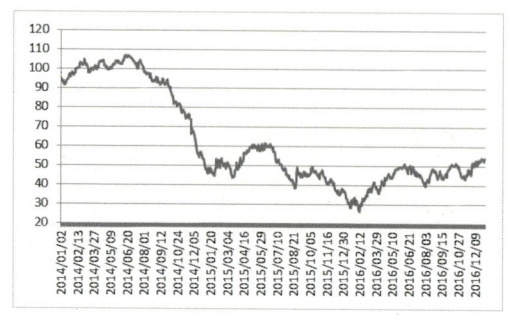

서브텍사유 추이 출처: 인베스팅닷컴

트럼프의 정책

트럼프는 다음과 같은 이유로 약 달러를 희망합니다.
① 자국내 상품의 수출 장려 ⇨ 달러 약세로 수출경쟁력 확보
② 원유의 적정 상승으로 세계경기 성장 ⇨ 세계경제성장으로 미국 제품을 구매할 수 있음
③ 미국 금리 인하 ⇨ 금리 인상으로 미국 달러화 가치 상승

그런데 지금처럼 금리를 인상하면 약 달러가 될 수 없지요. 그래서 연준이 마음에 들지 않는 다고 하는 것이지요.

연준이 금리를 인상하는 것은 인플레이션 우려 때문입니다. 그런데 트럼

프는 다음과 같은 방법으로 인플레이션을 억제 할 수 있다고 생각합니다.

① 자국내 생산기지 회귀로 수입물가 상승 억제 ⇨ 소비자 물가 상승 억제

② 높은 관세를 무기 ⇨ 글로벌기업 및 미국 기업들 공장 이전 억제

트럼프의 정책은

① 환율지정국을 이용하여 달러 가치 하락 유도

② 연준의 금리 인상 반대로 약달러 유지와 수출경쟁력 확보

③ 자국내 생산을 통한 소비자 물가 상승 억제

④ 약달러로 유가 상승을 용인하여 세계경제 성장의 둔화 해결

이렇게 요약이 되는 듯 합니다.

그런데 한가지 빠진 것이 바로 기축통화인 달러의 유동성입니다.

수입보다 수출이 많아지고 원유를 수출하기 시작하면 달러의 유동성이 작아져 기축통화로서의 힘이 약화되지요.

이것이 트럼프의 경기활성화 정책을 제한적으로 만들 수 밖에 없을 수도 있습니다.

그리고 금리가 인상되면 채권가격은 하락합니다. 채권보다 이자가 높은 시장금리를 더 선호하니까요.

자 회계사 여러분!!!

여러분들이 헤지펀드의 마크로 트레이더라 생각하고 여러분은 달러의 상승, 하락 어디에 베팅을 하겠습니까?

그리고 유가는 상승, 하락 어디에 베팅을 할까요?

채권은 상승, 하락 어디에 베팅을 할까요?

마크로 트레이더는 정치적인 관점보다 시장경제 논리에 맞추어 베팅을 합니다.

11.
미국의 기준 금리

미국의 기준 금리는 테일러준칙(taylor's rule)이라는 스탠 포드대학의 경제학자가 1992년에 제시한 통화운용 준칙입니다.

크리스펀, 앨런 등 연방준비은행장은 모두 이 준칙에 따라서 미국의 기준 금리를 운용하고 있습니다.

자세한 내용은 어려우니 생략하고 단순히 말하면 경제성장률(고용)과 물가상승률(인플레이션)이 기준금리를 정하는데 중요한 역할을 한다는 것이지요.

미국의 경제 현황

인플레이션 압력

미국은 2008년 금융대란이후 소비 중심

으로 경기가 회복되었습니다.

일본과 유럽이 각각 4%, 3%씩 증가한대 반해 16%가 증가 했지요.

미 의회가 추정한 잠재 GDP와 실제 GDP를 비교해보면 2017년 마이너스 0.9%로 줄어 들었고, 만일 올해 미국 경제가 2.5% 이상 성장한다고 가정하면, 실제 GDP가 잠재 GDP를 넘어서서 인플레이션 압력이 나타날 수 있습니다.

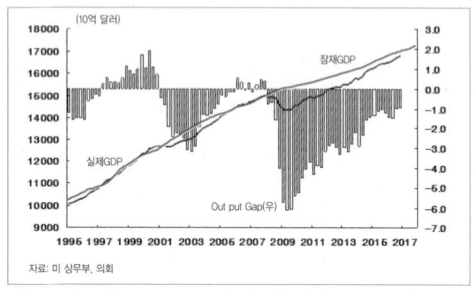

고용

2010년까지 870만개의 일자리가 사라졌는데, 올해 1월까지 1582만개나 증가했습니다. 제조업에서는 38% 정도가 회복되었는데, 서비스업에서 제조업의 3.1배나 증가했기 때문입니다.

2017년 1월 4.8%로 완전고용에 근접해 가고 있습니다.

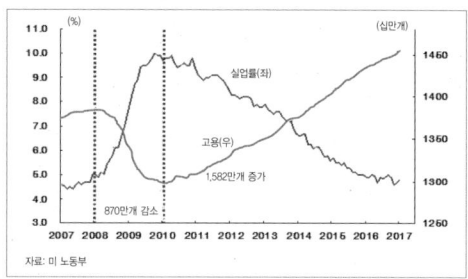

소비

2017년 1월 소비자 물가(CPI)도 전

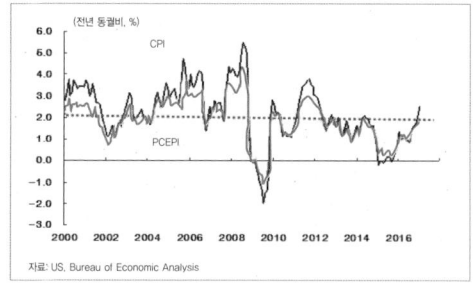

년 동 월비 2.5% 상승했고, 연준이 참조하는 개인소비지출가격지수(PCEPI) 상승률도 조만간 2%를 넘어설 가능성이 높습니다.

연준은 일반적으로 물가 상승률 목표를 2%로 설정하고 있지요.

미국의 적정 금리

테일러 준칙에 따른 미국의 적정금리는 다음과 같습니다.

2017년 4분기 기준으로 0.7%였으니 실제금리 0.5~0.75%와 유사한 수준이었습니다. 그런데 올 1분기 GDP

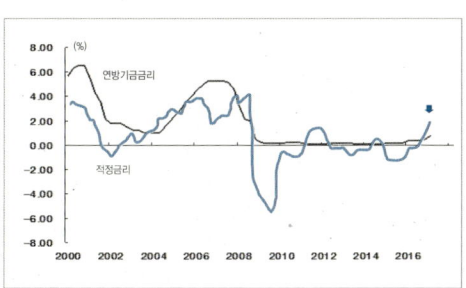

가 예상치와 같이 2.4% 증가하고 개인소비지출물가가 2.2% 상승한다면 적정금리 수준은 1.9%로 크게 오르게 됩니다.

올해 3-6월에 연방준비위원회가 3번 열리는 데 매번 0.25%씩 올려야 한다는 의미 입니다.

그래서 옐런 준비위원장이 현재의 지표를 보면 빠르게 기준금리를 올려야 하는 수준에 도달했다고 한 것이지요.

다만 미국의 금리 인상은 신흥국에 커다란 충격으로 다가오기에 신중하게 진행해야 하지요, 자국의 경제 상황 만을 고려할 수 없는 이유가 여기에 있습니다.

미국 금리 인상의 영향

2008년 미국발 금융위기 때문에 미국뿐만 아니라 신흥국도 과감한 재정 및 통화정책으로 대응을 했습니다. 이 과정에서 각국의 부채가 크게 증가했지요. 국제결제은행에 따르면 2014년 선진국의 비금융부문 부채가 GDP의 265%로 2007년에 비해 36% 증가했고, 신흥국은 117%에서 167%로 50% 증가했습니다.

다시 말해 모든 국가가 부채로 경제성장을 이루었다는 것이지요.

중국은 2008-2009년 선진국이 마이너스 성장을 했는데 중국은 투자를 늘리면서 9%의 성장을 했습니다. 당시 고정투자가 GDP의 45%에 이르렀지요. 이 과정에서 기업의 부채가 2007년 99%에서 2016년 170%를 넘어섰습니다.

한마디로 과잉투자의 후유증이 나타난 것입니다. 기업과 은행이 동시에 부실해지고 있는 것이지요.

미국이 아무리 보호무역주의와 환율 조작국 지정을 무기로 중국을 압박한다 해도 결국 제조업으로는 중국을 이길 수가 없습니다. 유일한 방법이 금융인데, 따라서 중국에게 트럼프는 금융시장 개방을 강력히 요구할 겁니다.

중국이 자본 및 외환시장을 자유화하게 되면 현재의 저금리 3~4%가 점차 시장금리를 반영하리라 보입니다.

미국의 압박이 중국의 금리 상승 속도를 가속화해 중국 기업의 구조조정을 촉진할 것으로 보입니다.

만일 중국의 많은 과잉투자 기업들이 구조조정 된다면 경제성장률은 4-5%

로 낮추어 질 것 같고 중국이 세계 원자재 시장의 50%를 차지하고 있기에 러시아, 브라질과 같이 원자재 수출국등은 계속해서 타격을 받을 것입니다.

특히 브라질처럼 정부 부채가 크게 증가한 나라들은 미국 금리인상의 여파를 직접적으로 크게 받을 것이고 터키 같은 경우는 단기대외부채가 외환보유액보다 많아 외국자본이 이탈한다면 리라화의 가치폭락으로 금융위기가 올 수 있지요.

미국의 기준금리인상은 결국 신흥국을 중심으로 세계경제의 둔화를 가져올 수 있고 우리나라의 저성장, 저소비를 장기화 할 수 있지요. 더 이상 금리 카드를 사용할 수 없는 한국은행의 상황에서 미국의 기준금리 인상은 가계부채라는 커다란 암초를 만날 수 있습니다.
더 이상 빚으로 경기를 부양할 수 없을 테니까요.

올해는 미국이 몇 번의 금리 인상을 통해 기준금리가 어디까지 갈 것인지, 그에 따른 세계경제의 흐름은 어떻게 되고 한국의 가계부채는 어떻게 될 것인지가 초미의 관심사입니다.

12.

한국의 주식시장

미국의 금리인상이 예견되는 때에 미국과 유럽의 주식시장을 살펴 보겠습니다.

영국 FTSE100의 상황입니다.

그리고 다우지수 입니다.

급격히들 상승했습니다.

반면에 한국의 코스피의 상황을 보지요

상승은 했으나 다른 나라보다는 미미 합니다.

우리나라는 경상수지 세계 6위의 나라 입니다.

우리나라보다 흑자도 적은 나라들이 주

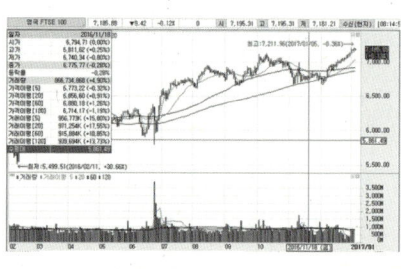

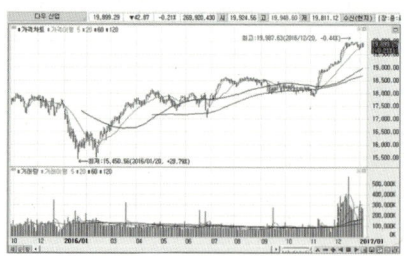

가지수가 30~60%로 오르는 동안 코스피지
수는 2011년 2200이후 지금까지 2000포인
트에 머물러 있습니다.

이러한 상황에서 외국 주가가 고점일 때 차익실현 매물이 저 평가인 한국의 주식시장으로 몰려들어오게 됩니다.

즉, 외국 자금의 주식시장 유입이 달러 공급을 확대시켜 지금의 원화강세의 현상이 나타나고 있는 것이지요.

환율 영향

이렇게 원화 강세의 시장에서는 우리나라 수출기업의 실적이 호성적을 기록하게 되지요.

거기에 외국 자본의 유입으로 주식시장은 활황을 띄게 됩니다.

여기에 몇가지의 요인이 더 있습니다.
① 도널드 트럼프의 약세로 인한 미국 인플레이션 기대감 약화
② 약달러 가능성 약화
③ 동남아시아 국가들의 환율 조작국 지정가능성
④ 주요국 통화정책의 변화
위와 같은 요인으로 원화가 강세를 유지하는 것이지요.

아마도 환율 지정국이 예정된 4월을 기점으로 변화가 있을 듯 합니다.

달러 선물을 보더라도 4월에 들어서 반등의 기미가 엿보입니다.

이렇게 약 달러가 지속 하면 몇가지 문제가 발생할 수 있습니다.

우선 달러로 지급하는 원유가가 오르게 되지요.

그리고 계속되는 미국의 금리인상으로 금리가 역전되어 우리나라도 금리를 인상할 수 밖에 없을 겁니다.

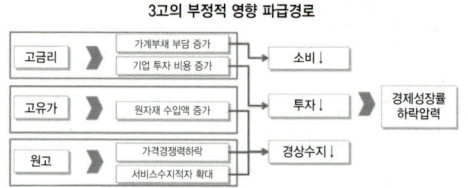

그래서 현대경제연구원이 다음과 같은 경고를 했습니다.

예측

많은 전문가들이 올 하반기, 내년 상반기중에 금리가 인상될 것으로 예측합니다.

금리 인상으로 가계부채에 대한 우려를 대비하기 위해 이미 금융권에서는 대출총량제를 실시하고 있습니다.

즉, 신규대출은 거의 중단된 상태인 것이지요.

대신 서민들의 부담을 경감하기 위해서 햇살론, 보금자리론의 제한을 많이 경감하고 있습니다.

하지만 부동산의 대출규제는 올해는 계속 될 듯 합니다.

내년에 4조원 규모의 증권사들은 기업어음을 이용한 자본금의 2배를 조달할 수 있고, 이중 30%를 부동산에 사용할 수 있어, 모든 거대 증권사들이 이를 이용해 중도금 대출에 나서는 시기까지 중도금 대출은 상당히 위축될 겁니다.

새로운 정부가 들어서서 경제 활성화를 위한 내수진작 및 구조조정 카드를 꺼내겠지만, 많은 제약이 따를 듯 합니다.

지금처럼 건설경기와 재정 지출이 GDP의 53% 이상이 되는 상황에서 정부가 할 수 있는 일은 극히 제한적입니다.

만일 또 다시 부동산을 통한 경기부양을 나선다면, 아마도 정권이 끝나기 전에 파국을 맞을 테니까요.

지금처럼 저성장의 시대에 기업들이 불안한 심리에 투자를 꺼리는 상황은 국제 경기의 활성화를 통해 수출기업은 실적이 늘어나나, 실제로 근로자들에게 소득분배가 되지 않아, 가처분 소득이 부족한 가계의 소비가 활성화 되지 않아 내수 진작이 희망하는 만큼 빠르게 회복되지 못할 듯 합니다.

부동산 개발업은

① 적정가 토지 매입
② 원활한 사업 자금 조달
③ 수분양자 모집

④ 중도금 대출에 의한 공사비 원활한 조달
⑤ 잔금 대출

위의 조건들이 원활히 진행되어야 합니다.

왜냐하면 1,000%의 부채비율을 가지고 시작하는 사업이다 보니 단 한가지만 이라도 잘못되면 큰 낭패를 보게 되는 것이지요.

그런데 수분양자모집, 중도금 대출, 잔금대출등이 어려워 질 것 같으니 부동산 개발업도 신중해야 할 듯 합니다.

미국 금리 인상이 되었는데도 원화는 강세가 지속되고 있습니다.

원화가 강세라고 하는 것은 외국 자본의 유입이 지속되고 있어 갑작스러운 이탈보다는 다행스럽습니다. 또한 수출이 늘어서 내수가 진작될 기미도 있어 다행입니다.

다만 아직 우리나라의 경제는 살얼음판의 상황입니다.

가계부채, 정치적 불안정, 북한의 지형적 리스크, 중국의 사드 보복, 미국의 보호무역정책 등, 대외적인 리스크가 불확실성을 높이기만 합니다.

이런 상황에서는 기초체력을 튼튼히 해야하는데 가계부채라는 뇌관 때문에 그것도 마음대로 하기가 어렵습니다.

새로운 정부의 현명한 판단을 기대합니다.

13.

트럼프는 왜?

트럼프가 왜 법인세를 인하하려고 할까요?

그 이유는 다음과 같습니다.

연방정부의 세수입중 법인세 비율은 9%에 개인소득세 비율은 47%입니다.

그리고 지출항목은 다음과 같습니다.

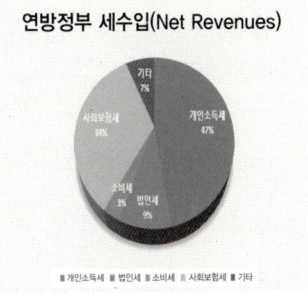

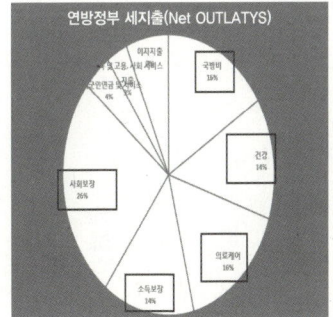

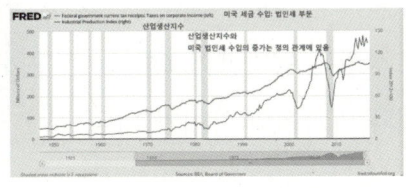

결국 트럼프는 법인세를 인하해서 근로자의 소득을 증가시켜 세수를 더 확보하려

는 것이 목적이고, 오바마 케어를 손보아서 연방정부의 지출을 감소시켜 연방정부의 막대한 재정적자를 줄이려는 정책을 펴는 것입니다.

(단위 %)

구분	2013	2014	2015	2016	변동결과
미국	35	35	35	35	유지
일본	28.05	28.05	23.9	23.4	인하
영국	23	21	20	20	인하
프랑스	38	38	38	34.43	인하
독일	15.83	15.83	15.83	15.83	유지
이탈리아	27.5	27.5	27.5	27.5	유지
캐나다	15	15	15	15	유지
한국	22	22	22	22	유지

주: 법인세 최고세율은 지방세를 제외함
자료: OECD statistics, Dataset: Table II.1. Corporate income tax rate.

35%의 법인세율을 15%로 줄여서 산업생산지수를 높이면 근로자의 소득이 증가하여 소득세 수입이 늘어날 것이라는 기대로 시행하는 것입니다.

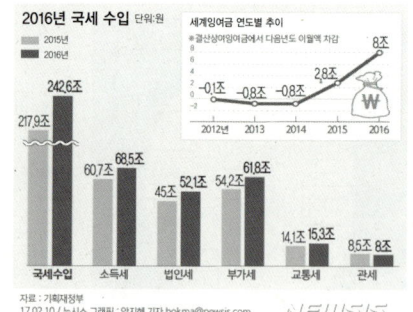

한국은?

그러면 한국의 상황은 어떠할까요?

한국은 소득세와 법인세의 차이가 미국

가난한 자의 주머니를 채워라

처럼 심하지 않습니다.

미국이 법인세와 소득세의 비중이 9:47인데 반해 한국은 52.1:68.5입니다.

한국은 개인소득세를 올리게 되면 가처분 소득이 줄어 현재도 소비가 위축되었는데 더 위축될 가능성이 있지요.

G7과 우리나라 법인세 최고 세율입니다.

법인세 개편안입니다.

다만 한국은 조세 형평성이 다음과 같습니다.

5일 국세통계연보에 따르면 2015년 신고법인 기준으로 법인세를 내지 않은 과세미달 법인은 약 28만개로, 전체 신고법인(59만개)의 47.1%를 차지했습니다.

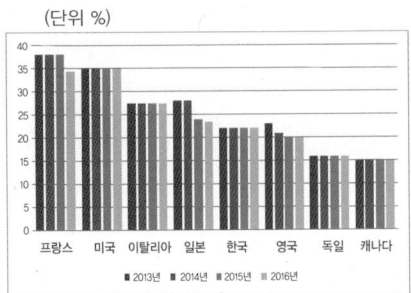

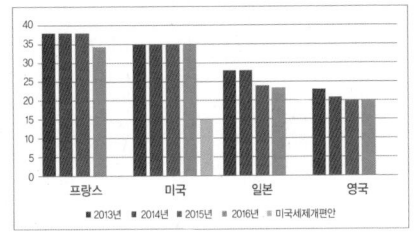

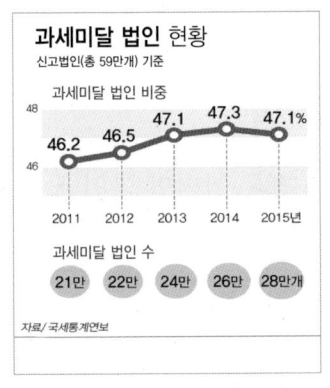

과세미달 법인 비중은 2011년 46.2%에서 2012년 46.5%, 2013년 47.1%, 2014년 47.3%까지 쭉 올랐다가 소폭 꺾였지요.

경기가 나아지지 않으면서 당기 결손, 이월 결손 등으로 법인세를 내지 않는 기업들이 줄지 않고 있다는 것입니다.

근로소득자도 상황은 비슷합니다.

2015년 귀속 근로소득세 과세미달자는 약 810만 명으로 전체 근로소득세 신고자 1천733만 명의 46.8%에 달했습니다.

2014년 소득 공제 항목의 대부분이 세액 공제로 전환된 세법 개정 이후 낮은 세율을 적용 받은 저소득 근로자들이 대거 과세미달자로 편입된 탓이지요.

종합소득세 신고자(548만 명) 중에서도 14.3%를 차지하는 79만 명이 과세미달자로 세금을 내지 않았고.

상황이 이렇다 보니 상위 법인·소득자에게로 부담 세액 쏠림 현상이 나타났습니다.

2015년 신고한 법인 중 수입금액 상위 1% 법인이 전체 법인세의 75.9%를, 상위 10% 법인은 91.7%를 부담했고.

근로소득자 중에선 상위 1%가 전체 근로소득세의 32.6%를, 상위 10%가 75.9%를 부담하는 것으로 나타났습니다.

종합소득세에서도 상위 1%는 전체 세금의 47.4%를, 상위 10%가 85.7%를 부담하는 구조로 파악됐습니다.

이런 상황 속에서 정부가 법인세를 만지작거리는 것은 어쩌면 당연해 보입니다.

우리나라 국민의 정서상 대기업과 중소기업의 차이가 심하고 소득 불평등 차이가 심하다고 느끼는 사람들은 당연히 대기업이 더 많은 세금을 내야 한다고 생각을 할 것이고, 국민들에게 직접적인 피해가 오는 소득세 인상보다는 법인세 인상을 통한 세수확보와 그를 통한 저소득층에 대한 분배가 이루어져야 한다고 생각하기 때문입니다.

세수를 건드리는 것은 신중해야 합니다. 잘못하면 오히려 일자리 감소가 올 수 있기 때문이지요. 적절한 방법과 절차가 필요합니다.
특히 포퓰리즘에 의한 정책은 오히려 거시경제 차원에서 많은 문제를 야기할 수 있습니다.

33.

이상한 달러화

달러인덱스미 트럼프 당선 이후 강세를 띠던 달러화가 약세로 돌아선지 상당기간이 흘렀습니다.

트럼프 대통령이 약달러를 선호한다고 했지만 이상하게 약달러가 지속되고 있지요.

미국 연준이 금리를 올리고, 자산 매각을 통한 양적완화의 테이퍼링을 공식화 하였는데도 달러화는 오르지 않고 계속 내리기만 합니다.

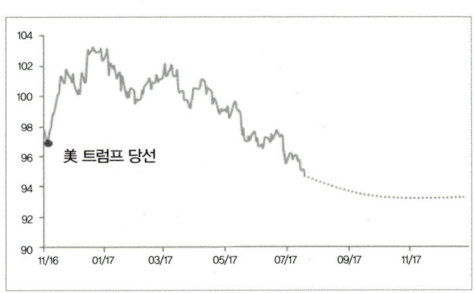

출처 : 블룸버그

며칠전 93포인트까지 내려갔습니다.

가난한 자의 주머니를 채워라

보통 헤지펀드나 다른 투자은행에서는 이 정도면 바닥이라고 인수하고 매수시점인데, 선물시장에서의 움직임이 없습니다.

이전에도 말씀드렸 듯이 달러는 기축통화 입니다.
너무 낮으면 기축통화의 가치를 잃어버리고
너무 높으면 유동성이 낮아져 문제입니다.

달러화 가치가 낮으면 인플레이션이 우려되어 연준은 금리를 올리거나 자산매각을 통해 달러화를 높이려 하지요.

인플레이션과의 전쟁을 하는 중앙은행에서는 "필립스 곡선"을 주목합니다.
물론 1970년이후 많이 퇴색했지만요.
실업률이 낮아지면 물가는 오른다는 것이지요.
앨런 연준의장도 이 곡선의 신봉자로 알려져 있습니다.

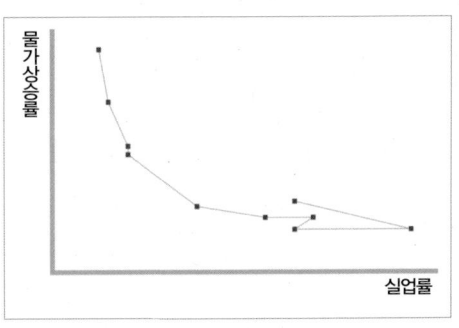

그런데 미국에서는 실업률이 낮아져도 물가가 높아지는 추세가 둔화되었

습니다.

미국의 달러 약세를 분석하는 것들은 많이 있습니다.
① 트럼프 경제부흥정책의 불투명
② 트럼프 정부의 불확실성

트럼프 대통령이 입만 요란하지 실제로 공화다 장악력이나, 정책 추진력이 약하다는 것이지요.

그래서 수출을 통해 미국을 부강한 국가로 재 정립하겠다는 트럼프의 경제정책에 대하여 많은 사람들이 회의를 가지는 것이 가장 큰 이유인 듯 합니다.

달러화 약세 원인
많은 분석가들이 분석을 쏟아내고 있지만 제가 보는 견해는 다음과 같습니다.

① 유로화 강세

IMF는 미국의 경제성장률은 2017년 2.3% à 2.1%로 2018년 2.5% à 2.1%로 하향 조정했습니다.

반대로 유로존은 1분기 성장률 2.3%로 미국을 추월하였고 소비자 물가지수도 예상대로 1.3% 상승했지요. 즉 유로존의 경제가 정상화로 가능국면에서 긴축을 시사한 유럽중앙은행의 금리를 올리는 등, 테이퍼링을 망설일 이유가 없고, 이는 달러화 약세, 유로화 강세를 나타낼 것이지요.

② 신흥국으로 유동성 이동

호주 등 글로벌 유동성이 신흥국 자산으로 대거 이동하고 있습니다. 특히 캐나다와 호주 등 신흥국에서 일고 있는 부동산 돌풍은 바로 이런 자산이동을 보여주는 증거이지요.

호주의 경우, 부동산 가격의 증가로 인해 중앙은행이 현재의 기준금리 1.5%를 3.5%까지 인상할 것이라는 발표를 할 정도입니다.

원화 환율

우리나라는 지정학적 리스크가 있습니다.
이것도 다른 나라와 다르게 환율에 영향을 크게 줍니다.
또 한가지 계속 원화가치가 상승하면 수출에 부정적인 요인이 되므로 한국은행에 개입할 여지가 많지요.

여러가지 상황으로 미국과 금리가 같은 우리나라에서는 당연히 금리를 올려야 하는 상황이 되고 있지요.

다만 금리를 올리면 가계부채의 문제로 인해 신중할 뿐입니다.

하지만
① 부동산이 과열조짐을 보이고 있고
② 달러화가 계속 약세이고
③ 물가 인상률이 안정적이라면

한국은행의 금리인상이 빨라 질 수 있습니다.

그러면 증권과 채권의 동반 랠리는 문제가 될 수 있습니다.

정부가 근원적인 부동산 대책 중에서 기준 금리인상을 쉽게 결정하지 못하는 것은 거시경제에 미치는 영향 때문이라는 말씀을 여러 번 드렸지요.

한국은행이 미국 금리의 인상으로 외국 자본의 대거 유출 사태가 우려되었다면 어쩔 수 없이 금리를 인상했겠지요.

① 하지만 달러화가 약세이고, 수출로 인한 외환 보유고가 높은 상태와

① 기준금리 인상은 가계부채 뇌관에 많은 영향을 주게 되며
③ 회복을 기록하고 있는 국내 경제에 찬물을 끼얹을 수 없으니

인내하고 있는 것입니다.

하지만 전세계적으로 금리인상은 추세이고 더 이상 양적완화 정책이 시행되지 않을 것이라는 측면에서는 한국은행의 점진적인 금리인상은 당연히 예측이 됩니다.

이로 인한 말 많은 부동산에 어떠한 영향을 주게 될지 예의 주시할 필요가 있겠지요.

15.

고령화와 인구절벽

우리나라가 초고령화 사회로 진입하는 속도가 세계에서 가장 빠르다는 말은 여러 번 드렸지요.

구분	일본	한국
고령화(7%이상)	1970	2000
고령 (14%이상)	1994	2017
초고령(20%이상)	2006	2025

그리고 생산가능인구가 감소하기 시작하는 것을 인구 절벽이라고 하고 한국은 2017년부터 시작됩니다.

베이비 부머 세대가 고령화 되면 부의 이동이 일어나, 부동산 시장도 자산 시장도 변화할 것이라는 말을 한적이 있습니다.

부동산 시장도, 자산시장도 안정된 수익을 창출하는 투자로 이어져, 상가나 오피스, 오피스텔과 같이 안정된 수익이 창출되는 부동산 투자와, 자산시장에서도 증권에서 엑티브 투자와 같이 한 종목의 등락에 집중하지 않고 지수에 투자하는 패시브 투자와 배당주에 관심이 집중될 것이라는 말씀도 드렸습니다.

실제로 2016년부터 이러한 양상이 두드러지게 나타나고 있습니다.

4차 산업 혁명

4차 산업혁명은 인공지능, 서비스, 초연결망, 로봇, 소프트 웨어 등으로 대변.되는 산업혁명입니다.

이 4차 산업혁명이 우리를 고령화, 인구절벽으로부터 탈출 시켜줄 열쇠라고 합니다.

그래서 그 부가가치가 32조달러에 달한다고 합니다.

현재 1년 전세계 GDP가 72조달러 정도이니, 그 부가가치가 얼마나 큰지 확인 할 수 있습니다.

고령화 사회가 되면 정부의 복지지출이 늘어나 재정이 악화되고 의료관련 비용이 절대적으로 증가할 것이라는 우려가 있습니다.

인구절벽이 되어 생산가능 인력이 줄어들게 되면 생산성이 감소되어 기업들이 채산성이 약화될 것이란 주장이 있지요.

그런데 4차 산업혁명이 이루어지면, 노인들의 집집마다 로봇이 있고, 그

로봇이 항상 노인 곁에서 헬스케어를 한다고 합니다.

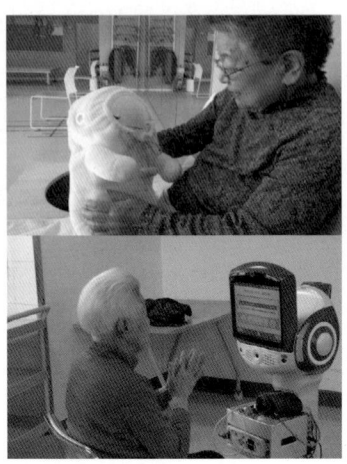

그리고 이 로봇은 병원과 초고속인터넷으로 연결되어 병원에서 원격으로 노인들의 혈압, 맥박, 그리고 기타 증상 등을 원격으로 모니터링 할 수 있다고 합니다.

그래서 의료비 지출을 혁신적으로 줄일 수 있다고 하네요.

그리고 인구절벽으로 노동력 감소는 산업용 로봇으로 대체가 되어 생산성이 감소되지 않고 오히려 증가한다고 합니다.

로드바이저가 증권을 투자하고, 왓슨 컴퓨터가 원격 의료진료를 하고 인공지능 자율 자동차가 운전기사 없이 차를 운전하고, 많은 인간의 일자리를 로봇이 대체하여 생산성이 감소하기는커녕 오히려 실업률을 걱정해야 한다고 하지요.

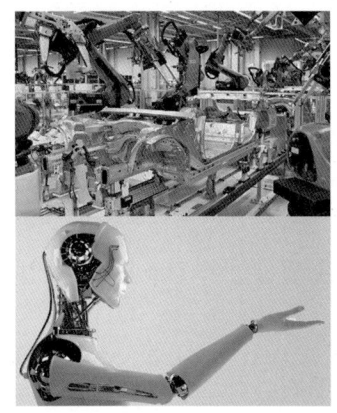

여러분 이러한 시대가 얼마나 있어야 도래 할까요.

우리가 기하 급수의 시대에 살고 있다는 것을 명심한다면 아마도 10년안에 도래할 것이라 예상됩니다.

이미 오프라인 마켓인 이마트, 롯데마트등이

가난한 자의 주머니를 채워라

감소세로 돌아섰고, 온라인 마케팅이 매년 성장속도가 오프라인을 3-4배 추월한 상황에서 아마도 이런 추세는 아주 빠르게 진화할 겁니다.

부의 편중, 1:99

이렇게 인간을 대체한다면, 아마도 부의 편중이 역사적으로 최대치에 도달할 겁니다.

1명이 99명의 모든 자산을 독식하는 상태가 될 겁니다. 이유는 생산에 필요한 근로자가 필요없으니까요.

자본주의 사회가 태동하고 산업사회가 되면서 생산자=소비자 라는 등식이 성립했지요. 그래서 부의 편중이 커지면 소비자의 주머니가 비워져서 소비가 축소하고 그러면 생산자인 기업도 같이 어려워져 공황이 오는 사태가 발생합니다.

그런데 이렇게 로봇이 생산을 하면 생산자는 모두 로봇이 되는 것은 문제가 없는데, 반대로 소비자의 주머니는 어떻게 채워야 하는 가가 문제입니다.

미래의 정부

그래서 미래학자들은 미래에는 정부의 역할이 더 커질 것이라고 예측합니다.

1: 99로 부의 쏠림이 일어나면 정부가 1로부터 많은 세금을 거두어 들여 부의 재분배를 통해 나머지 99에게 복지혜택을 주어 주머니를 채워주고, 그 돈으로 소비를 일으켜 다시 1의 물건을 사게 한다는 것이지요.

그래서 미래에는 아주 부유한 1과 중산층 99의 세계가 될 것이라고 예견하는 미래학자들도 많습니다.

아담스미스의 국부론에서 언급한 정부는 야경국가의 모습이었지요. 영토를 지키고 치안을 수호하는 이상의 역할이 없었습니다.

하지만, 미래의 4차 산업혁명에는 정부의 역할이 커져서 결국 부의 재분배와 이를 실현시키는 것이 1과 99를 모두 살리는 역할이 될 것이라는 주장입니다.

로봇이 인공지능의 발달로 인간이 하는 모든 노동력을 대체한다면 인간은 말 그대로 놀고 먹는 것 이외에는 할 것이 없고, 극도의 생산원가의 절감으로 인해 모든 상품의 가격은 거의 무상에 가까워 질 것이라는 것이지요.

인간이 할 수 있는 일이라고는 로봇을 제어하거나 감시하는 것이 다라는 것입니다. 이것 조차도 초연결 사회에서는 어디에서든 가능하다는 것입니다.

다만 창의적인 아이디어로 획기적인 서비스를 제공하는 비즈니스 모델을 만들거나, 상품을 만들면 그 사람은 아마도 1에 속하게 될 겁니다.

그래서 미래 학자들은 전문 인력은 일자리를 모두 로봇에게 넘겨주고, 문학, 예술등 문화적인 창의적인 일자리만 남을 것이라는 예견을 합니다.

베이비 부머 세대의 나머지 30년에는 필연적으로 이러한 시대가 올 거라고도 합니다.

아마도 이런 시대에는 부동산 금융도 필요 없을 겁니다.

로봇이 지금의 공사기간을 10배이상 단축시키고 공사비도 1/10로 줄일 테니까요 아마도 원자재 값만 필요할 겁니다. 그러니 부동산 금융이 필요 없이 정부가 필요한 건물을 빠르게 짓기만 하면 될 겁니다.

한편으로는 너무 편할 듯하고 한편으로는 섬뜩하기도 합니다.

가까운 미래 부동산 금융

하지만 바로 이런 시대가 도래하지는 않을 듯하고 과도기를 거칠 것 같습니다.

부동산은 어떻게 변할 까요.

부동산 개발 사업은 다음과 같은 과정을 거쳐왔습니다.

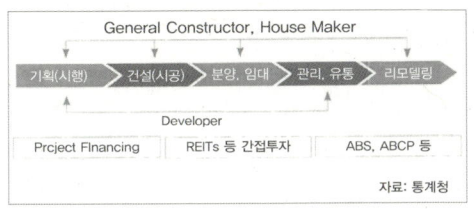

시공사 위주의 건설업이 성장된 역사였지요.

하지만 이제 가까운 시기에 시행과 시공이 주가 아닌 분양과 관리가 주가 되는 시대가 올 것 같습니다.

이미 부동산 리츠가 많이 활성화 된 것만 보아도 그 추세를 알 수 있지요.

미국은 이미 부동산 리츠의 자산규모가 3000억달러를 넘어섰고, 전체 부동산의 50.1%가 리츠자산입니다.

이제는 개발의 시대가 아닌 관리의 시대가 부동산 금융에 다가 올 겁니다.

아마도 5년이내에 이러한 추세는 빠르게 진행될 겁니다.

베이비 부머의 안정된 수입 욕구와 발맞추어 부동산 관리 시대는 빠르게 진행 될 것으로 보입니다.

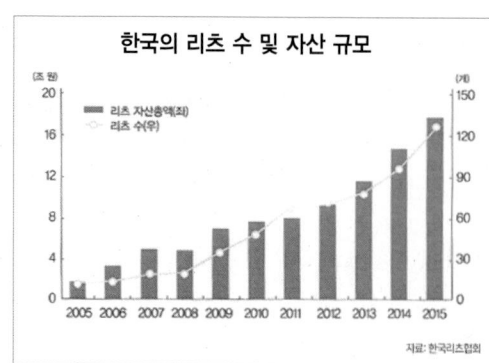

2000년대 이전에는 주택 보급률이 턱없이 부족한 시대에 시공사가 토지를 매입해서 직접 아파트를 건축하고 분양하던 시대였다면

2000년대 이후에는 시공사는 건축만 하고, 시행사가 증권사의 부동산 금융을 이용하여 개발사업을 하던 시대입니다.

2020년대에는 아마도 분양을 하는 개발사업보다 빌딩을 짓고 자산으로서 운용하며 얼마의 수익을 올릴 수 있는 지의 부동산 관리의 시대가 올 듯 합니다.

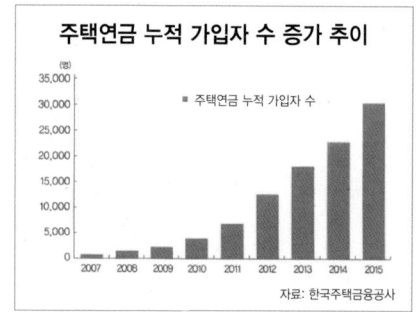

가난한 자의 주머니를 채워라

이미 베이비 부머 시대가 부동산을 자산으로 재테크의 수단으로 취급하지 않는 것은 주택연금가입자의 수에서도 잘 나타납니다.

또한 중장년층의 자산운용에도 위의 그림처럼 잘 나타나지요.

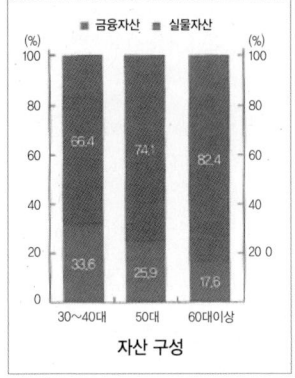

상가와 오피스텔의 수익률도 다음 표와 같습니다.

이제는 개발자, 시공자의 시대가 저물어가고 분양자와 관리자의 시대가 점점 다가오는 것이 모든 지표에서 나타납니다.

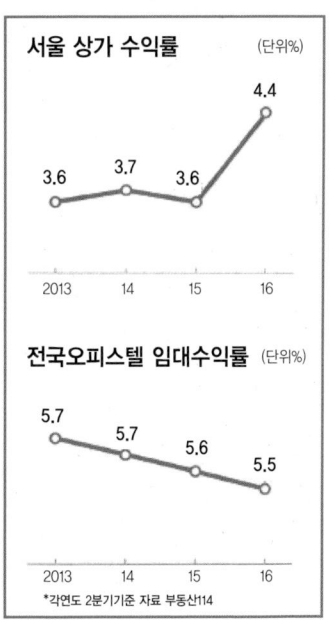

저도 요즈음 부동산 리츠(Real Estate Investmens Trusts) REITs 책을 열심히 보면서 공부를 하고 있습니다.

지적 호기심이기도 하고 남들보다 빠르게 시대의 변화에 적응하려는 본능이기도 합니다.

이제는 부동산 금융도 시행에서 실물로 변화되는 거대한 파도를 이겨내지 못할 듯 하군요.

15. • 고령화와 인구절벽

16.

한계비용

제러미 리프킨의 한계비용 제로사회라는 책입니다.
제러미 리프킨은 저서 '한계비용 제로 사회'를 통해 공유
경제에 대한 개념을 정리했습니다. 한계비용은 재화 생산에
드는 추가적 비용을 뜻하는데, 일반적으로 기업이 한계비용
보다 가격이 낮은데도 생산을 계속 하는 경우는 거의 없습
니다. 따라서, 제러미 리프킨은 현재 자본주의 시스템은 한
계에 봉착했으며 그 원인에 대해 "재화나 서비스 생산에 들어가는 한계비용
이 제로 수준이 되었기 때문"이라고 분석했습니다. 그의 말대로라면 더 이상
재화를 생산할 필요성이 없어진 세상이 오고 있는 셈이지요.

한계비용이 낯설은 분들을 위해서 부연 설명을 하도록 하겠습니다.

한계비용(marginal cost)이란 추가로 드는 비용을 말합니다. 한계(margin)는

"끝"을 의미하죠.

 빵 1개를 만드는데 100이 들고

 빵 2개를 만드는데 180이 든다고 하면

 빵 2개를 만드는데 드는 빵 1개당 평균비용은 90인 반면

 빵 2개째를 만드는데 드는 추가비용은 80입니다.(1개 만들 때 100→2개 만들 때 180 들었으므로)

이 때, 빵 2개째 만들 때 추가로 드는 비용인 80을 한계비용이라고 합니다.

한계비용제로사회에서 말하고자 하는 것은 인터넷 기반에서는 한계비용 0이 가능하다는 것인데, 예를 들어, 네이버뉴스를 1명에게 제공하려면 100의 비용이 든다고 합시다.

네이버뉴스를 2명에게 제공할 때의 비용은? 인터넷만 접속된다면 2명에게 제공한다고 비용이 더 드는 건 아니죠. 역시 100이 들겁니다.

같은 방식으로 네이버뉴스를 100명에게 제공한다면? 이 경우도 100밖에 안들겁니다.

이렇게 되면 네이버뉴스제공을 1명에게 제공하는 한계비용은 100이지만, 그 다음부터 2명, 3명, 4명…100명에게 추가로 제공할때 드는 한계비용은 0입니다.

공유경제시대에는 소유하지 않으니 추가로 재화를 생산하지 않고 공유로 재화의 서비스를 이용한다는 것입니다.

우리는 이미 주위에서 이런 것을 많이 보고 있지요. 전/월세 임대주택, 렌

터카, 렌트 정수기, 그리고 더 나아가 에어비앤비와 우버와 같은 집과 차량을 공유하는 것이 있습니다.

B2P에서 P2P로 그리고 플랫폼

소비자 중심의 사회가 되다보니, 기업이 일방적으로 만들어서 소비자에게 공급하는 B2P가 아니라 P2P의 발전된 형태로 발전이 되어 졌습니다.

심지어는 금융조차도 P2P, 클라우드펀딩등이 생겨났고 인터넷 뱅킹이 활성화되면서 은행이라는 B를 거치지 않고 P에서 P로 진행되는 사회가 되었지요.

그리고 이런 P2P를 연결하는 플랫폼 비즈니스가 대세가 되었습니다.

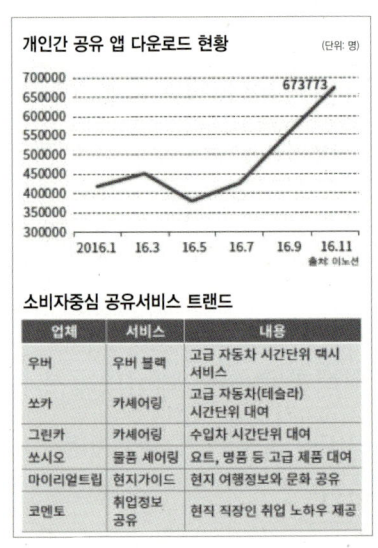

위의 공유앱을 다운로드한 현황을 보아도, 그리고 공유서비스를 보아도 그 숫자가 급속히 늘어나고 있습니다.

이러한 현상은 소유보다는 공유에 대한 거부감이 없어지고 있다는 것을 단적으로 보여줍니다.

다시 말해서, 저성장 시대에 가성비를 따지는 시대에는 이에 대한 가속도가 붙어서 더 많은 사람이 소유하여 사용하지 않는 때보다 필요할 때 빌려서 공유하는 것이 가성비 측면에서 훨씬 유리하다는 인식이 깔려 있는 것입니다.

셰어링 서비스 브랜드 쏘시오는 '슈퍼 셰어링'이라는 이름의 이벤트를 통해 보편화되지 않아 체험하기 힘든 요트 체험의 기회를 제공하고 있고. 카테고리 중 아예 명품 대여 항목도 있다고 합니다. 구찌, 샤넬과 같은 명품가방부터 시작해 유모차 대여 서비스를 제공한다고 하네요.

셀잇은 중고물품을 구매해 소비자에게 되파는 시스템으로 운영됩니다. 지난 2013년에는 전자제품 위주였지만 지난해 4월부터는 명품 제품도 취급하기 시작했으며, 최근엔 캠핑용품 중개도 활발히 이뤄지고 있다고 합니다. 무형 자산의 경우 '마이리얼트립'이 대표적입니다. 이 서비스는 현지 가이드와 여행자를 잇는 플랫폼입니다. 여행사를 통한 비용을 절감할 수 있는 장점이 있지요. 여행지의 핵심 문화를 공유한다는 개념을 최초로 도입했고 현재 200개 도시에 1500여개의 가이드 투어를 중개하고 있다고 합니다. '코멘토'는 취업 정보를 공유하는 플랫폼으로. 현직에 있는 채용 담당자나 직장인이 직접 취업 노하우를 제공하는 형태입니다.

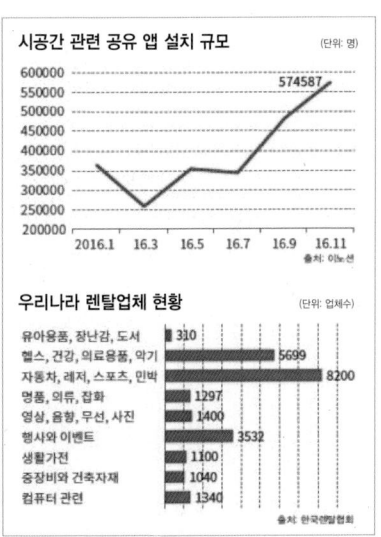

정말 다양한 형태의 공유서비스가 생겨서

운영하고 있고, 앞으로는 더 생길 것으로 보입니다.

부동산에서의 공유경제

가장 핵심적인 것은 실수요층의 구매력 하락이 임대사업 확장으로 이어지고 있다는 것입니다.

특히 하나의 주택을 여러 명이 함께 사용하는 셰어링 하우스를 비롯해 빈집을 공유하는 개념의 에어비앤비, 사무실 공유 서비스까지 확장되는 추세이지요. 집을 사지 않고도 평생 살아갈 수 있는 환경이 조성될 수 있다는 전망이 나옵니다.

부동산이 재테크가 아닌 거주의 목적이 되고, 거주의 목적인 이상 굳이 소유의 필요가 없다는 것이지요. 이는 젊은 세대를 중심으로 더욱 빠르게 확산되고 있는 사상입니다.

셰어하우스는 다수가 한 집에서 살면서 침실은 각자 따로 사용하지만, 거실·욕실 등은 공유하는 방식으로 운영됩니다. 소비자 입장에서는 저렴한 주거공간을 획득할 수 있고, 임대인은 보다 많은 수입을 올릴 수 있어. 아예 플랫폼 업체가 건물 전체를 구매해 서비스를 제공하는 경우도 다수입니다. 특히 대학생, 1인 가구에 많은 관심의 대상이라고 합니다.

셰어하우스 규모는 지난 2013년 기준 1700실밖에 없었지만 2015년에는 5000실까지 규모가 폭발적으로 증가했고. 향후 2020년에는 1만실 이상이 확보될 것으로 예상된다고 합니다.

협동조합을 통한 셰어하우스도 등장했습니다. '민달팽이 유니온'은 대학생들이 주축이 돼 설립됐고. 비영리모델 주택 '달팽이집'을 최근 6호까지 내는 등 사업을 확장하고 있습니다.

'야놀자', '여기어때'와 같은 숙박업소 중개는 이미 유명세를 타고 있습니다. 대규모 서비스 제공자와 소비자를 연결해 주는 플랫폼 비즈니스입니다.

세계적으로 유명한 '에이비앤비'는 소비자들이 직접 자신의 주거지의 유휴공간을 공유하는 형태로 서비스가 제공됩니다.

프랑스의 경우 주요 대도시의 에어비앤비와 일반 숙박 업소의 객실 수는 비슷하거나 오히려 역전되는 양상을 보이고 있습니다.

에어비앤비 중개시스템은 우리나라에서도 급속도로 확산 중에 있습니다. 한국에어비앤비에 등록된 숙소는 지난해 말 3000여개에서 올해 1만개로 늘었고. 최근 우리 나라에는 한옥 공유 플랫폼 '코자자'가 등장해 주목받고 있습니다. 지난해 2500여개 숙소가 등록됐지만 현재는 현재 6000여개로 확대됐는데. 이 중 절반은 한옥이라고 합니다.

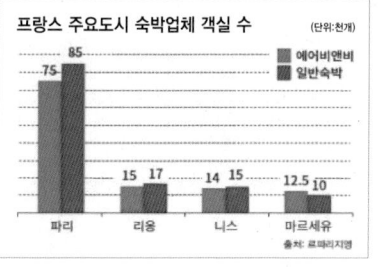

출근한 뒤 업무를 보는 사무실도 공유경제의 카테고리 안에 포함되지요. 기존 사무공간 공유에는 '소호사무실' 혹은 '임대사무실'이 대표적이었는데. 최근 코워킹 스페이스를 중심으로 사무실 공간 공유에 대한 패러다임이 변화하고 있습니다. 단순히 사무공간을 임대해 주는 개념에서 발전해 업무효율을 높이기 위한 다양한 부가 서비스도 함께 제공되는 비즈니스 센터가 활성화 되고 있습니다.

현대카드는 스타트업·창작자들을 위한 공유 사무실인 '스튜디오 블랙'(STUDIO BLACK)을 오픈했습니다. 강남역 인근 건물 5개 층으로 구성돼 있으며 642석·160실 규모로. 사무 공간은 물론 라운지, 휴게실, 샤워실 등 다양한 편의시설을 갖추고 있습니다.

4차 산업혁명과 공유경제

4차 산업혁명을 통해 개인이 모든 사물 및 공간과 연결될 수 있는 사회가 도래할 경우 공유경제는 지금과는 또 다른 발전을 이룩할 가능성이 높습니다.

지난 2008년 로렌스 레식 교수가 처음 사용했던 공유경제의 개념은 최근 유휴자원이 있는 개인과 이를 필요로 하는 개인을 매개시켜주는 플랫폼 기업을 토대로 발전해왔습니다. 현재의 공유경제는 플랫폼 제공을 기반으로 한 '상업적 공유경제'를 기반으로 하고 있지요.

하지만, 로렌스 레식 교수는 이후 미래에는 한 단계 더 발전한 '협력적 공유경제'가 나타날 것으로 전망합니다. 협력적 공유경제란 금전적 보상에 따른 목적이 아닌 콘텐츠 자체에 대한 기여로 한계비용이 0이 되는 공유경제를 의미합니다. 네이버의 지식서비스 같은 것을 상상하시면 이해가 빠를 듯 합니다.

공유경제는 다음과 같이 다양 플랫폼을 탄생시킬 겁니다.

- 소셜 모빌리티 플랫폼
- 소셜 워킹스페이스 플랫폼
- 소셜 전력 플랫폼
- 소셜 하우스 플래폼

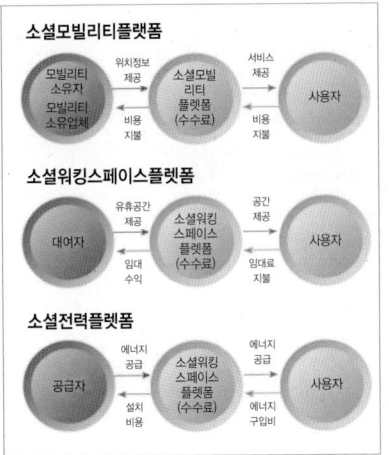

이중 에너지 분야에서도 전력을 사고 파는 '소셜전력'이 등장할 가능성이 높습니다. 실제 네덜란드의 반데브론(Vandebron), 미국의 옐로하(Yeloha) 등 에너지 스타트업들은 공유경제 플랫폼을 도입, 에너지 사용의 새로운 모델을 제시하고 있습니다. 반데브론은 최초로 '생산자-소비자 간 전력 직거래'라는 사업모델을 도입해서. 이웃이 생산하는 친환경에너지를 편리하게 사용할 수 있도록 에너지 생산자 관련 상세정보를 소비자에게 제공하고. 옐로하는 자택 내 태양광 패널을 통해 에너지를 생산하는 썬호스트(Sun Host)와 태양광 에너지를 필요로 하는 썬파트너(Sun Partner)를 연결시켜주는 에너지 공유 플랫폼을 운영하고 있습니다.

이렇게 우리는 우리가 모르는 사이에 시대적 변화와 경제적 변화에 따라 공유경제를 받아 드리고 적응해 나가고 있지요.

이런 공유경제의 패러다임이 앞으로 다가올 시대의 모든 문화와 경제를 바꾸리라 예상됩니다.

17.

저성장의 이론

저성장이라는 성장세가 약화 또는 둔화되어 양적으로 경제성장률 자체가 낮아진 경제활동의 상태를 말합니다.

로스토(Walt. Whitman. Rostow)의 경제발전 5단계설이 있습니다. 케네디 대통령의 경제보좌관 출신이지요.

이분의 학설에 의하면 성장률은 완만한 S 곡선의 로그함수와 같다고 했지요. 초기에는 완만하고 도약준비단계부터 가파른 곡선을 그리다가, 성숙단계로 접어들면서 다시 완만해지는 패턴입니다.

우리나라 1960년대부터 1970, 80, 90, 그리고 2000년대이 경제성장속도를 생각하시면 머릿속에 떠오르실 겁니다.

로스트는 1) 전통사회 2) 도약준비 3) 도약 4)

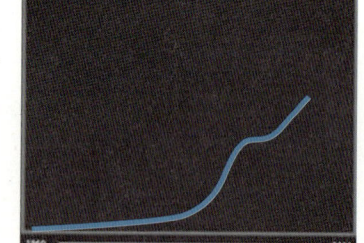

가난한 자의 주머니를 채워라

성숙 5) 고도대중소비의 5단계로 나누어 경제발전을 설명합니다.

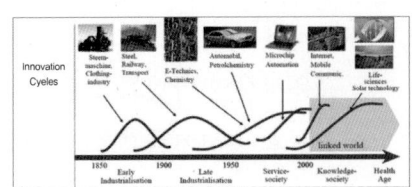

고도성장이후 성숙단계에 들어가면 저성장이 다시 시작된다는 것이지요.

이런 저성장이 나타나는 이유를 설명한 또 다른 이론이 콘드라티에프의 장기파동 입니다. 40-50년을 주기로 상승과 하강을 반복한다는 것이지요.

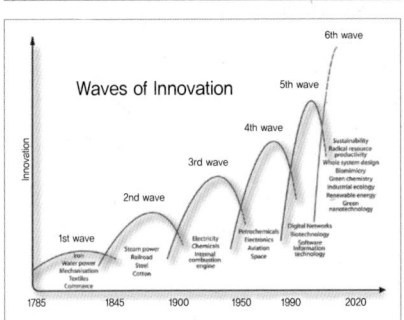

이는 새로운 산업혁명이 일어나면 기존 자본주의 경제구조의 해체로 높은 실업률, 탈숙련화, 산업폐쇄, 소득감소, 공공재정축소, 투자감소, 구도심 및 구 산업지역의 방기 등을 공통적으로 겪기에 이런 주기가 나타난다는 것입니다.

저성장에 대한 자본주의 경제학적 작동 원리는 다음과 같습니다.

자본주의 체제는 노동가치에서 잉여가 근본적으로 산출됩니다. 아담스가 말한 국가의 부는 노동에서 생산되는 것이지요.

따라서 이를 극대화하기 위하여 자본의 집중과 집적이라는 경제 형태를 만들어 내고 변형시키는 경향성을 가지고 있습니다.

현실에서는
① 노동력을 최소화하는 자동화,

② 노동강도를 강화하기 위한 경영합리화,

③ 고용시장의 파편화를 위한 노동시장의 유연화

④ 새로운 잉여창출을 위한 사업의 지속적 확장

⑤ 상대적 저임금과 그로 인한 상품소비의 부족

⑥ 국가의 의한 노동 재생산비(복지비)

⑦ 금융자본화를 통한 실현.유통영역의 통제

등이 구체적으로 끊임없이 반복적으로 나타납니다.

그런데 문제는 자본주의 모순이 잉여가치의 생산을 극대화하기 위해 자본의 구성도를 높이면 잉여가치율은 상대적으로 떨어진다는 문제점이 발생합니다.

즉, 과잉 투자되고 이윤 생산이 떨어지면 가격이 부풀려져(부동산 거품) 위기가 오고 거품을 거두어 내고 새로운 재 구조화를 기다리게 되는 순환을 거듭하게 되는 것입니다.

또 다른 최근의 이론은 하비(D. Harvey)의 신자유주의 시대의 강탈에 의한 축적이라는 이론입니다.

토마 피케디의 소득의 불균형이 커질 때 경제 공황이 온다는 이론과 유사합니다.

하비는 지난 10년간 금융자본주의인 신자유주의에서 인간은 가장 크게 성장했고 호황을 누렸다고 합니다. 하지만 이는 강탈에 의한 축적으로

① 한 계층에 의한 다른 모든 계층으로 부터의 강탈

② 선진국에 의한 개도국의 강탈

③ 현세대의 미래세대에 대한 강탈

④ 인간에 의한 자연의 강탈

즉, 승자독식주의에 의한 강탈이 시간이 지나면서 성장 자원과 잠재력을 소진시켜 세계 경제가 장기적, 저성장,

저소비, 고실업으로 특징되는 뉴노멀 시대를 맞이하게 된다는 이론입니다.

한국의 저성장

한국의 저성장 기조는 1998년 IMF이후 본격적으로 나타나기 시작했습니다. 이는 한국경제의 내부적 결함

① 정경유착

② 재벌과 독과점

③ 과도한 대외의존

④ 전근대적인 노동통제

등에서 유래되었다고 알려집니다.

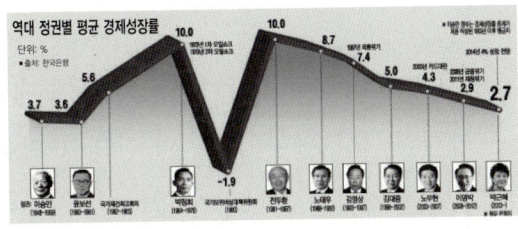

IMF이후의 변화의 핵심은

- IMF이전 고부채, 고투자, 저수익/저이윤 ⇨ 고축적에너지 ⇨ 고성장을 특징으로 하던 경제체질이
- 저부채, 저투자, 고수익/고이윤 ⇨ 저축적에너지 ⇨ 저성장으로 바뀌었

다는 것입니다.

수익성이 강화되지만 축적에너지가 악화된다는 뜻은 구조조정으로 기업의 수익성은 높아지지만 사회적 양극화로 인한 구매력 악화로 경기활력이 상대적으로 떨어진다는 의미이지요.

이를 단적으로 나타내는 총요소생산성 기여도 표가 있습니다.

기간		GDP 증가율	성장기여도			
			취업자수	인적자본	물적자본	총요소생산성
1981	1985	7.82	1.23	0.87	3.08	2.64
1986	1990	9.64	2.59	0.7	3.47	2.88
1991	1995	7.81	1.66	0.97	3.15	2.03
1996	2000	4.37	0.49	0.78	2.26	0.84
2001	2003	4.62	1.04	1.05	1.51	1.01

총요소 생산성의 성장기여도 비중에 대한 국제적비교에 따르면 한국은 미국, 캐나다, 노르웨이의 50%가 안되고 핀란드의 30% 수준이라고 합니다. 이는 그만큼 축적된 에너지가 없다는 뜻이지요. 즉 구매력의 약화를 뜻하기도 합니다.

위와 같은 이유로 문재인 정부에서는 소득재분배와 가난한 자의 주머니를 채워 국가의 축적된 에너지를 다시 높여서 경제의 활력을 가져오려는 정책을 시도하는 것이지요.

반드시 성공하기를 개인적으로 기원합니다.

18.

중앙은행의 정의

많은 노벨학상 수상자 및 세계적인 석학들은 중앙은행에 대하여 다음과 같이 정의 합니다.

- 제프리 마이론 교수: 중앙은행은 발권력을 가진 곳이다.
- 존 스틸 고든: 중앙은행은 은행가들을 위한 은행
- 리처드 실라: 중앙은행은 재정적으로 경제를 안정시키고 불황을 줄이기 위한 금융기관
- 엘렌 브라운: 중앙은행이 하는 것은 야바위 게임이다.

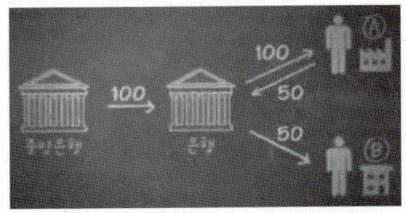

중앙은행이 돈을 찍어서 시중은행에게 주면 시중은행은 그것을 A라는 기업에 대출하고 A라는 기업이 반을 상환하면 다시

B라는 기업에 대출해주는 것이라 일반인들은 생각합니다.

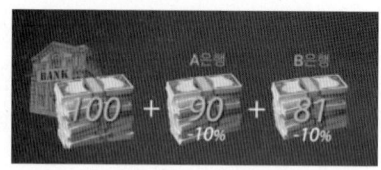

그런데 사실은 지급준비율 만큼만 은행에 예치하고 나머지를 계속 대출을 할 수 있어서 이렇게 만들어지는 돈을 신용창조라고 하지요.

즉 예금 준비율만큼만(위에서는 10%) 예치하면 가상의 돈(신용화폐)이 생겨납니다.

즉, 100억을 중앙은행에서 받으면 10억만 예치하고 90억을 대출하고 다시 90억원에 9억만 예치하고 81억을 대출할 수 있고, 이렇게 계속하다보면 처음에 100억원이 1,000억원으로 늘어나게 되는 것이지요.

즉, 예금준비율이 10%일 경우 중앙은행에 100억원을 발권하면 시중에 유통되는 화폐의 량은 1,000억원이 되는 것입니다.

그래서 세계적인 석학들이
- 돈을 찍어내니 ⇨ 발권력 기관
- 은행에 돈을 빌려주니 ⇨ 은행가들을 위한 곳
- 은행이 기업에게 돈을 빌려줄 수 있게 ⇨ 경제를 안정시키고 불황을 줄이는
- 야바위 ⇨ 신용창조를 통해 돈을 불리는

라고 하는 것입니다.

한국은행의 현판입니다.

즉 중앙은행은 통화량을 조절하여 물가를 안정시키는데 그 목적이 있는데, 발권력과 이자율 통제를 통해서 그 기능을 수행합니다.

그런데 문제가 있지요 화폐 발행량이 계속 늘어나게 됩니다. 이유는 로저랭그릭의 "새로운 천년을 위한 통화시스템"이라는 논문에 그 이유가 잘 나와 있습니다.

이전에도 설명한 적이 있습니다.

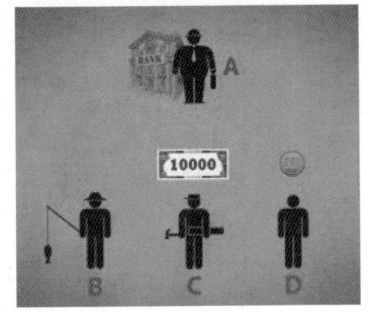

외딴섬에 중앙은행이 10,000원을 찍어서 내서 C에게 5%의 이자로 대출을 해주면 C는 그것으로 고깃배를 사서 고기를 잡고 그 고기를 모두 팔아도 섬에 있는 돈을 모두 벌어도 섬에는 10,000원 밖에 없으니, 이자를 갚을 수 가 없지요, 그래서 은행이 다시 500원을 찍어서 D에게 빌려주면 C가 D에게 고기를 팔아 500원을 벌어 원금과 이자를 상환할 수 있습니다.

이렇게 은행이 이자를 받는 과정에서 어쩔 수 없이 돈은 계속 돈을 만들어야 하게 되지요.

그래서 중앙은행은 시중에 계속 통화량을 증가시킬 수 밖에 없는 것입니다.

그렇게 통화량을 증가시키면 화폐의 가치가 하락해 물가가 오르게 되지요.

중앙은행의 정책 수단

그래서 중앙은행은 기본적으로 몇가지 방법으로 화폐 유통량을 조절합니다.

① 시중은행에 빌려줄때 기준금리를 높이고 내리고 하여 시중은행의 금리를 조정해 돈이 풀리는 것을 조절하거나
② DISCOUNT WINDOW (재할인 창구)를 이용해 은행에서 담보로 취득한 기업의 어음을 할인해주는데 이 때 할인율을 높이거나 낮추어 화폐의 유통량을 조절합니다.
③ 또 다른 방법은 현재 한국은행에서 금융중개 지원대출이라고 해서 위의 재할인 어음의 총량을 규제하는 것이지요.

이 총량 규제는 1996년 이전에는 약 10조원 그리고 축소되어 3조원이던 것이 2002년 까지 12조원으로 늘어 났고 다시 점진적으로 줄여서 7조원가지 축소했으나, 2008년 금융위기 이후, 25조원으로 크게 늘어 났습니다.

소위 말하는 양적팽창의 정책인 것입니다.
또 다른 양정팽창(화폐 유통량)의 증가 방안은 정부가 발행하는 채권을 사서 시중에 자금을 공급하는 방법이 있지요. 미국의 연방준비은행과 일본중앙은행이 사용하는 방법이지요.
70년대에는 경제개발을 위한 유동성 지원이 불가피한 측면이 있었고 물가 안정이 한국 경제의 최대 현안이었던 8, 90년대에는 중앙은행의 물가안정 의

지를 반영하는 정책이 필요했다면,

2000년대에는 빈번한 대내외 위기극복에 과감하게 대응하는 정책이 필요했지요. 이제 한국은행은 중앙은행으로서 본연의 책임을 다하면서도 한국 경제가 저성장의 늪에 빠지지 않도록 구조적 문제에 대응하는 묘책을 고민해야 하지요.

이러한 측면에서 최근 고승범 금통위원이 고용을 늘리는 중소기업에 금융중개지원대출을 확대해야 한다고 언급한 것은 한국은행이 이러한 문제를 고민하고 있는 모습을 보여주고 있다는 측면에서 바람직한 모습입니다.

고용뿐만 아니라 다른 구조적 문제들에도 정책적 방안을 제시하는 적극적인 중앙은행의 신용정책이 요구되는 것이지요.

우리는 중앙은행이 기준금리를 인상하면 우리의 대출 금리가 오른다고 생각해서 민감하게 반응을 하지만, 사실 기준금리는 중앙은행의 많은 정책 중에 하나일 뿐입니다.

발권력, 재할인율, 대출총량규제, 국채매입 등의 다양한 방법으로 화폐의 총량을 규제하여 물가를 안정시키고, 적절한 유동성 공급을 통하여 거시경제의 측면에서 경제를 활성화하는 것이 바로 중앙은행의 역할입니다.

그래서 현재 거시경제에서는 중앙은행의 역할이 더욱 중요시 되는 것입니다.

19.

돈의 흐름

　　　　　　　　　　한 나라의 국내총생산(GDP)는
민간소비, 투자, 정부지출, 순수출의 합입니다. 그리고 한 나라에서의 돈의 흐름이라는 것은 소득과 소비의 흐름입니다.

　기업이 생산을 하고 근로자에게 임금을 주면 근로자는 주거비, 생활비등의 소비를 일으키고 이것이 다시 기업의 투자로 이어집니다.

　이런 일련의 흐름이 돈의 흐름인 것이지요.

　그런데 이렇게 노동력을 기반으로 일어나는 소득과 소비이외에 또 다른 시장이 존재합니다.

　바로 자본시장입니다. 노동력에 근거하지 않고 돈을 빌려주고 이자를 받는 또 다른 돈의 흐름이 있는 것입니다.

돈을 빌려, 은행에 이자를 지불하고, 돈을 굴려 수익을 창출해 창출된 돈으로 소비를 하는 돈의 흐름이 자본시장에 존재합니다.

이렇게 정부의 거시경제는 이런 돈의 흐름에서 소득과 소비의 흐름이 막히지 않고 균형을 이루도록 하는 것이지요.

이런 정책이 한쪽으로 치우치면 균형이 깨지고, 저성장, 소득분배의 불균형 등을 야기해 경제, 사회, 정치, 전반에 걸쳐 문제를 일으킵니다.

부동산의 돈의 흐름

우리나라 부동산의 흐름은 제가 느낀 바로는 1990년대부터 왜곡되기 시작했던 듯 합니다.

시행사가 토지비의 10%만을 계약금으로 지급하고 나머지 건축비 전부를 은행에서 빌려서 1000%이상의 수익을 올리는 구조인 것이지요.

그래서 많은 사람들이 불나방처럼 시행업에 뛰어듭니다.

시행사 ⇨ 토지주 ⇨ 은행 ⇨ 시공사 ⇨ 수분양자 ⇨ 임대업 ⇨ 임차인

이 때 정상적인 돈의 흐름은 시행사가 토지를 자기돈으로 사고 은행에서 시공비를 대출받아, 분양을 해서, 수분양자들에게 건물을 양도하고 수분양자들은 자기가 거주하거나 임대업을 해서 임차인으로부터 월세를 받는 돈의 흐름입니다.

그런데 균형이 깨지는 것은, 시행사가 10%만 토지비를 지불하다 보니, 은행에서 건축을 위한 막대한 금융비용(이자, 수수료, 대출금)을 발생시키고, 이러한 막대한 금융비용은 분양대금을 상승시켜 결국 임차인의 월세를 높이는 결과를 가져옵니다.

누군가가 돈을 벌면, 누군가는 돈을 잃어야 하는 것이지요.

이런 금융비용을 매몰 비용이라고 합니다. 정상적인 상품의 가격을 상승시키는 것이 아니라 비정상적으로 가격을 상승시킨다는 뜻이지요.

통상 주거비가 가처분 소득대비 30% 이상이면 위험 수준이라고 합니다.

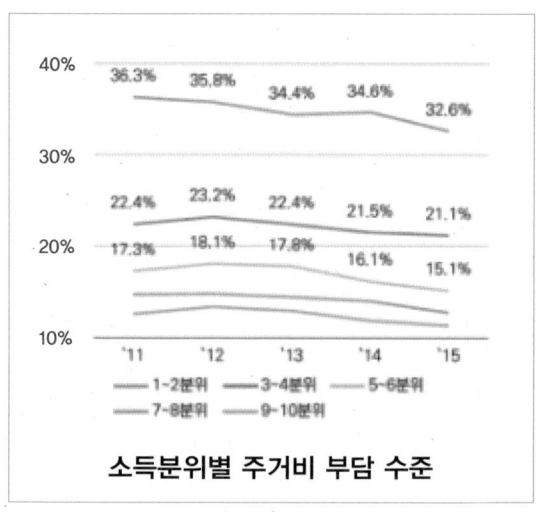

소득분위별 주거비 부담 수준

수도권의 경우 평균 월 소득대비 30%를 주거비로 지출하고 있습니다.

이렇게 주거비중이 높아지니, 자연히 소비가 이루어지지 않겠지요.

그러면 부동산으로 인해 막힌 돈의 흐름이 경기전반을 어둡게 만들어 버립니다.

그래서 정부는 재정지출을 늘려 소득대비 30%가 주거비로 사용되는 서민들에게 주거비의 30%를 지원하는 정책을 발표하고 공공임대주택을 늘리는 것입니다.

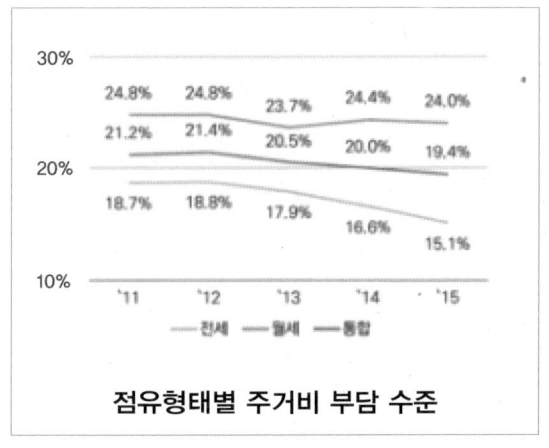

점유형태별 주거비 부담 수준

박근혜정부의 손쉬운, 보여 주기식, 경기부양정책으로 부동산 규제를 완화하다 보니, 마구잡이 개발이 시행되고, 여기에 매몰비용인 금융비용이 상승하고, 수분양자들이 이를 감당하기 위하여 대출을 받다 보니 가계대출이 비정상적으로 상승한 것입니다.

 소득대비 주거비 비율이 높아지니, 당연히 가구마다 씀씀이를 줄이려고 노력하고 내수는 악화되는 것이지요. 내수악화는 기업의 투자를 위축시키고, 임금 삭감, 구조조정을 하다 보니, 일반 국민은 소득이 더욱 줄어들고 점점 주거비 비중은 높아지는 것이지요.
 이렇게 보니 부동산의 모든 문제의 근원인 듯이 보이네요.
 반드시 그렇지 만은 않지만, 부동산으로 인해서 돈의 흐름이 왜곡된 것만은 사실입니다.

부동산 정책
 정부가 부동산의 돈의 흐름을 바로잡기 위해서 할 수 있는 정책은 크게 두 가지 입니다.

 ① 당장 서민들의 주거비를 경감하는 재정지출
 ② 가계대출을 규제해, 시장이 왜곡된 분양가 거품을 억제 시키도록 유도하는 것
 결국, 가격은 공급과 수요에 의해서 결정되므로 수요를 억제 시키면 가격은 내려갈 수 밖에 없으니까요.
 정부의 부동산, 잔금, 중도금 규제는 바로 이런 점을 노리고 하는 것입니다.

고소득자인 소득 4,5분위는 문제가 없습니다. 다만 저소득 자와 중 순위 소득자들이 문제이지요. 고소득자들이 주거형 아파트를 사서 비싼 월세로 수입을 올리면 소득재분배상 양극화가 심해집니다.

그래서 저는 주택에 관해서는 1가구 2주택이상의 소유자에게 양도과세를 해야 한다고 생각합니다.

- 고소득자들이 자신의 재산을 수익형 부동산인 오피스, 상업용 부동산에 투자하는 돈의 흐름을 만들기 위해서도
- 서민들의 주거비 안정을 통한 소비 활성화를 위해서도
- 주거비에 대한 부담은 재정지출로만 해결할 수 없으므로

이런 조세정책이 돈의 흐름을 정상으로 돌릴 수 있을 거라 생각됩니다.

우리나라 고소득자들은 대부분 아파트로 돈을 번 사람들이 많습니다. 이유는 인간의 衣食住중 하나인 주거는 안정성이 뛰어나니까요.

하지만 거시경제학적으로 보면 부유한 사람들이 계속 자본소득을 증가시키는 것은 바람 직 하지 않습니다.

그간의 우리나라 정책은 보수적인 정책 (소위 부자들을 위한 정책)으로 이런 1가구 2주택의 조세에 대하여 회피하였지요.

- ✓ 소득의 재분배라는 차원에서 보면 부자도 잘못 판단하면 손해를 볼 수 있고,
- ✓ 부자들이 상업용 부동산에 투자를 하게 되면 경기가 활성화 되지 않아 임대료 수입이 줄어들게 되면 더욱 경기활성화와 소득재분배에 관심을 가지게 될 것입니다.
- ✓ 많은 수익형 부동산인 오피스, 상가가 생기면 수요와 공급의 법칙에 의해서 가격이 싸질 것이고, 그렇게 되면 기업의 활동이 촉진되고, 근로자의 임금 상승 요인이 됩니다.

부동산 불패라는 말은 결코 정상적인 돈의 흐름에 의한 경제의 활성화에 도움이 되지 않습니다. 특히 우리나라처럼 수출로 지탱하는 나라에서는 특히 그렇습니다.

국가의 자원이 상품을 만들고 개발하는 곳에 집중되어야 하는데, 부동산을 통한 부의 창출에 집중되는 것은 아무런 의미가 없는 것이지요.

자본시장의 왜곡

자본시장이라 하면 원자재, 외환, 채권, 증권 등을 말합니다. 정상적인 경제의 발전은 증권, 외환, 원자재 등 기업활동에 필요한 자본시장에 집중되어야 하지요. 그런데 채권 중에서도 부동산 채권에 자본이 집중되는 가계부채

1344조의 상황은 자본시장이 심각하게 왜곡된 현상입니다.

   1344조의 가계부채는 시행사, 시공사, 금융기관이 벌어들이고, 돈을 잃은 사람들은 일반 수분양자와 임차인인 것이지요.

   1344조의 가계부채는 박근혜정부에 와서 급격히 40%가 증가한 것입니다. 이중 절반만이라도 기업활동에 들어가고, 그것이 다시 임금소득으로 근로자에게 돌아갔다면 우리나라가 이렇게 저 소비의 문제를 앓고 있지는 않을 겁니다.

   이제 새로운 정부에서는 부동산 정책의 변화를 통해 자본시장의 왜곡을 막고, 기업활동과 임금 소득수준을 높이는 돈의 흐름을 창출해야 하지요.

- 후분양제를 도입해 무분별한 개발을 막고
- 1가구 2주택 재산세 중과세를 통해 주거비를 안정화 시키고
- 고소득자의 부동산 투자를 수익형 부동산으로 유도해
- 기업과 자영업자들이 적은 임차료를 지불하게 하여
- 소득을 높이고 주거비 비율을 낮추어 소비를 진작시켜야 합니다.

   올바른 부동산 정책이 시행되어 새정부가 돈의 흐름의 왜곡을 바로잡고 다시한번 한강의 기적을 이루기를 간절히 기원합니다.

20.

건설업으로 유지한 나라 대한민국

아래와 같이 박근혜 정부의 부동산 살리기 규제완화 정책을 시행했지요.

그로 인해 경제를 유지하려고 발버둥 쳤습니다.

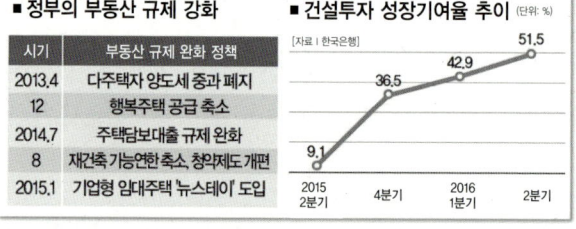

위와 같이 건설투자가 경제성장률에 미친 영향은 실로 막대했습니다.

그로 인해 역대 최고의 가계부채를 만들어 냈고, 증가율이 이명박 대통령

시절보다 40%나 증가했지요.

올해 주택가격 전망은 다음과 같습니다.

주택시장의 버블을 걱정해야 하는 지경에 이르렀고 모두가 빚잔치로 부동산 시장을 견인했습니다.

위축된 제조업의 나라 대한민국

신흥개발도상국은 제조업과 수출로 경제를 발전시키지요.

그런데 우리나라는 지난 4년간 다음과 같은 현상을 유지했습니다.

그런데 재미있는 것은 제조업의 부채는 줄어들었다는 것입니다.

이는 투자를 하지 않았다는 반증이지요.

그리고 직원을 고용하지도 않고, 대신 구조조정으로 인건비등의 비용을 줄이기만 하였다는 이야기 입니다.

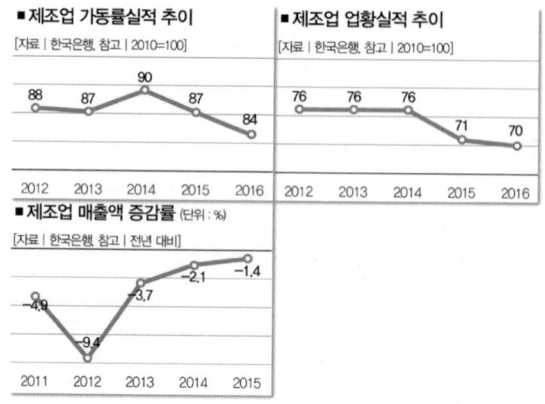

그에 대한 증거가 다음 도표입니다.

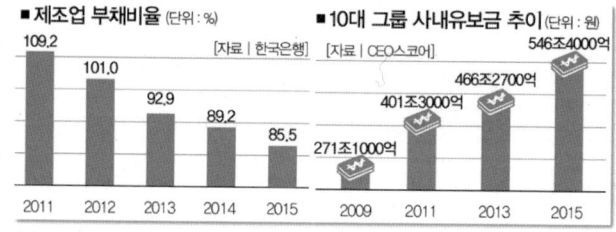

위와 같이 전혀 투자를 하지 않고 비용만 절약하면서 남은 자본을 사내에 쌓아두기만 합니다.

항상 제가 언급하듯이 자본주의는 생산자=소비자인데, 근로자의 임금이 줄어드니 소비는 자연히 냉각됩니다.

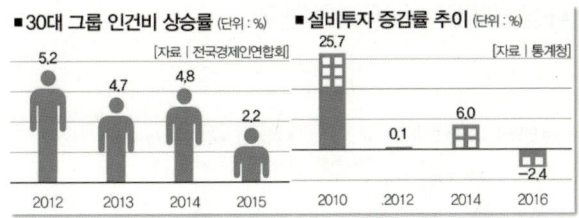

그러면 기업은 다시 투자를 하지 않고 버티기 모드로 부채를 줄여갑니다.

고령화로 진입한 대한민국

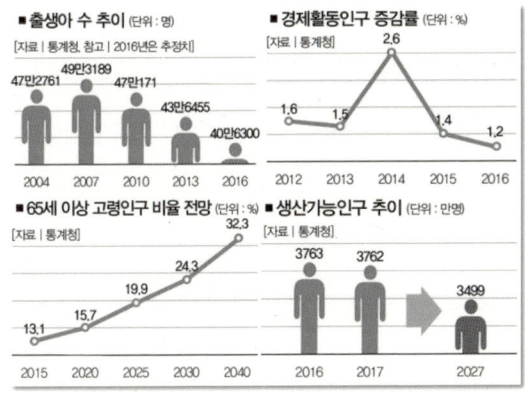

젊은 이들이 주거비 상승등의 생활고에 시달리다보니, 3포, 5포, N포세대가 등장하고 결혼과 출산을 꺼려하니 고령화의 진입 속도는 세계 최고 입니다.

그러다 보니 경제활동인구 증가가 최악입니다.(인구절벽)

청년 실업률 사상최대인 나라 대한민국

청년 고용률이 40%밑을 맴돌고 대신 40대 이상의 고용률이 높아지면서 평균을 밀어 올리고 있지요. 청년 고용률이 60대 고용률과 비슷해져 간다는 이상한 수치가 나옵니다.

하지만 우리나라 사회는 전반적인 취업자가 줄어들고 있습니다.

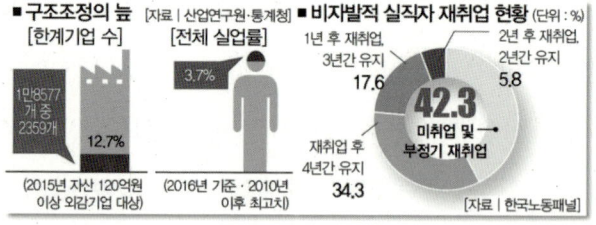

소비 위축이 최악인 나라

지난 4년간 평균인 100포인트를 넘은 적이 없습니다.
이런 소비 심리를 잘 보여주는 것이 아래 도표입니다.

자영업과 스타트업의 위축

개천에서 용나는 것이 어려워진 나라라는 말은 제가 강의에서 여러 번 했지요.

금수저, 흙수저가 되어 소득간 계층의 사다리 높이가 높아져 계층이동이 어렵고, 청년들의 자수성가는 요원한 나라가 되었습니다.

가계부채의 또 다른 뇌관인 자영업은 생존율이 최악을 향해 가고 있고, 자영업 부채 비율은 나날이 늘어가고 있습니다.

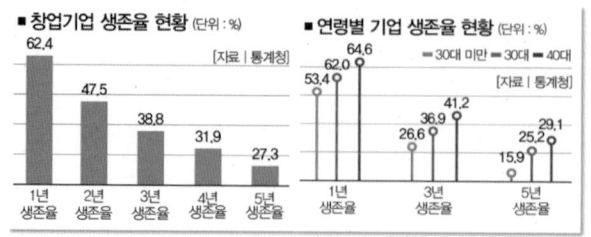

그런데 스타트업과 창업을 지원하는 것이 부족한 정부정책에 의해 창업도 쉽지가 않습니다.

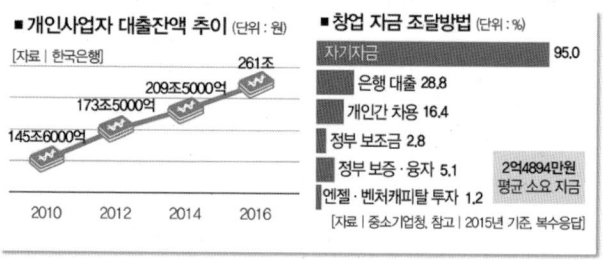

그래서 우리나라의 소득 계층간의 불평등은 세계 2위입니다.

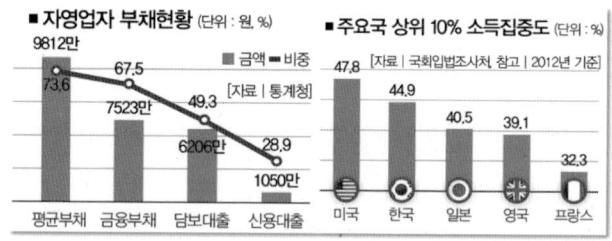

우리나라의 경제에 대하여 유일호 부총리가 선방을 했다고 한 말이 도마 위에 올랐지요.

다른 뜻으로는 부동산으로 그래도 겉으로 보기에 이만큼의 경제성장률을 유지한 것을 선방했다고 표현하는 듯 합니다.

하지만 이것은 상처에 독을 붓는 것과 같은 처방들을 해온 것이지요.

- 시중의 자금이 기업에 투여되고
- 기업이 투자를 늘려 임금이 상승되고
- 근로자의 소비심리가 늘어나고
- 다시 고용이 확대되고
- 청년고용률이 높아져
- 결혼과 출산률이 높아져
- 생산가능인구가 커져야 하는 데

우리나라는 정말로 정반대로 진행된 4년이었습니다.

- 시중자금이 부동산에 몰리고
- 기업이 투자를 유보하고 구조조정으로
- 임금과 고용을 축소하고
- 근로자의 소비심리가 최악으로 가고

- ✓ 결혼과 출산을 포기하고
- ✓ 생산가능인구가 최악으로 줄어드는

나라가 바로 대한민국입니다.

돈의 흐름이 선순환으로 가느냐 아니면 악순환으로 가느냐는 정말 중요하고 한번 악순환으로 가면 돌리기가 2배, 4배의 힘과 부작용이 따라옵니다.

21.

돈의 정의

돈이라는 것은 무엇일까요?

교과서적인 정의는 돈은 교환할 수 있는 물건의 가치입니다.

좀더 어려운 말로는 잠재적 구매력 이라고도 합니다.

돈은 반드시 그것으로 교환할 수 있는 재화가 있어야 의미가 있습니다.

무인도에 1억원을 가지고 있다고 쳐도, 그 1억으로 먹을 것을 구할 수 없고, 신발을 구할 수도 없으며, 타고나갈 배도 구할 수 없다면 돈 1억원은 아무런 의미가 없습니다.

따라서 돈이란 그것으로 구할 수, 또는 교환할 수 있는 대상이 있어야 의미를 부여 받을 수 있습니다.

이런 돈에는 좌표가 있습니다.

마치 우리가 3차원의 공간에서 지내고 아인슈타인이 우주는 시간이라는 한

개의 좌표를 더해 4차원 공간이라고 말한 것처럼 돈에도 좌표가 있습니다.

돈의 좌표

돈의 좌표는 4차원 공간에 있습니다.

돈의 좌표라는 것은 다시 말하면 돈의 가치를 표현하는 방법이 4차원으로 표현 할 수 있다는 말입니다.

제 1 좌표는 수량.

제 2 좌표는 시간

제3좌표는 변동성

제4좌표는 불확실성

이렇게 돈은 4개의 좌표에 의해 그 의미와 표시가 달라집니다.

① 수량

집한채가 5억원을 한다면 바로 이 5억원이 수량입니다. 즉, 재화를 교환할 수 있는 수량을 나타내지요. 교과서적인 의미의 물건의 교환가치를 표현하는 것이 바로 수량입니다.

② 시간

시간에 따라 돈의 가치는 변화합니다.

5년전 5억원으로 살 수 있는 집과 현재 5억원으로 살 수 있는 집은 다릅니다. 화폐의 가치가 하락해서 똑 같은 집을 5년전과 현재에 살 수 있는 수량이 시간에 따라 변하기 때문입니다.

따라서 돈을 표시할 때는 반드시 언제의 돈인가가 중요합니다.

5년전 5억원인지, 1년전 5억원인지 아니면 미래의 5억인지, 시간을 표시하여야 하지요.

③ 변동성

제가 의미하는 변동성은 각종 돈에 부여되는 수수료, 보수, 수익률, 이자 등을 의미합니다.

자기가 금고에 가지고 있는 돈 1억원과, 예금에 가지고 있는 1억원, 펀드에 투자한 1억원은 모두 그 가치가 다릅니다.

금고에 가지고 있는 돈은 그대로 1억원이고, 예금에 가지고 있는 1억원은 이자가 붙는 돈이고, 펀드에 가입한 돈은 적어질 수도 불어날 수도 있는 1억원입니다.

이렇게 돈은 어떻게 사용 되느냐에 따라 변동성이 있습니다.

④ 불확실성

제가 1억원을 2007년에 미국부동산담보부 채권에 투자했다고 하지요. 그러면
- ✓ 수량 좌표 1억원

- ✓ 시간좌표 2007년
- ✓ 변동성좌표 담보부 채권

이 됩니다.

그런데 갑자기 집값이 폭락하여 채권이 휴지조각이 됩니다.

이런 경우를 불확실성이라고 합니다.

돈은 이렇게 누구도 예측 못하는 곳으로 진행할 수 있어서 이를 두고 불확실성의 좌표라고 합니다.

따라서 금융인들이 돈에 대해서 말을 할 때에는 4가지 좌표를 확실하게 표현하여야 합니다.

- ✓ 수량이 얼마이고
- ✓ 언제이고
- ✓ 변동성은 무엇이고
- ✓ 불확실성은 어떤지

그래야 그 돈의 잠재적 구매력 (교환가치)이 얼마인지를 판별할 수 있는 것이지요.

돈의 흐름

물을 예로 들지요.

우리는 집에서 물을 물 탱크에 받아 사용하고 있습니다.

이 물로 세수도하고 밥도 하고, 양치질도 하고 마시기도 합니다.

그래서 물을 쓰기 위하여 물을 채워야 하고, 물을 채우기 위해 물을 보충할 방법을 찾아야 하지요.

돈도 마찬가지지요.
- 가지고 있는 돈
- 돈을 버는 법
- 돈을 쓰는 법

이렇게 3가지가 돈의 흐름입니다.

여기서 잠깐, 숫자로 점을 치는 점술학을 Numerology라고 합니다.

이 Numerology에서는 3자를 완성된 숫자라고 합니다.

3으로 표시되는 경우가 많지요.

우선 손쉬운 예가 가위 바위 보이고, 아침 점심 저녁, 소위 말하는 3세판등 우리 주위에 3으로 결정이 되거나 표현하는 예가 많습니다.

그래서 피타고라스가 3을 신성한 숫자라고 표현을 했지요.

돈은 이렇게 3가지의 흐름이 있습니다.

따라서 돈을 벌고 싶은 사람은 3가지의 흐름을 먼저 알고 돈의 좌표를 생각해서 투자를 해야 합니다.

예를 들지요, 물을 채우는 이유는 물을 쓸 곳이 많기 때문입니다.

가지고 있는 물을 채우지 않으면 물이 없어져서 사용하고 싶어도 사용할 물이 없지요.

그래서 끊임없이 물을 채워야 합니다.

돈도 마찬가지 입니다.

제 제자중에 한명이 설계사인데 나이가 거의 50인데 자녀는 초등학생 남자 3명입니다.

이 친구가 채워야 하는 돈의 양은 어린 자녀들이 최소한 학업을 마칠 때까지의 뒷바라지 입니다.

이제 채워야 하는 돈의 양이 나왔고, 월급쟁이이니 열심히 일해서 월급을 올려서 돈을 채워야 하겠지요.

하지만 써야 하는 곳이 버는 것보다 많다면, 가진 것을 사용해야 하고, 또는 가진 것을 사용하지 못하면 다른 쓰는 것을 줄이거나, 더 많이 버는 방법을 고민해야 합니다.

많은 사람들은 이렇게 돈의 흐름을 의식하지 못하고 살고 있는 듯 합니다.

많이 가진 사람은 더 가지려고 더 쓸 곳도 없으면서 돈을 모으는데 혈안이 되기도 합니다.

가진 것이 없는 사람은, 더 벌 수 있는 방법이 없는 사람은, 돈을 벌기 위해 이리 저리방법을 찾습니다.

가끔은 우리는 우리가 얼마를 써야 하므로 얼마를 벌어야 하는지,

그리고 벌기 위해 돈의 좌표를 명확히 알고 어떻게 해야하는지를 잊고 삽니다.

무작정 많이 벌기만 하려고 하고, 내가 씀씀이가 많다는 것을 잊고 낭비를 하기도 하지요.

칼마르크스가 자본론에서 물질만능주의를 경고하면서 화폐의 물신성을 경고했지요.

다른 말로 하면, 돈이면 무엇이든 할 수 있다는 사상을 경고한 것입니다.

돈의 본질과 흐름을 알지 못하고 돈 돈 돈 하면서 살고 있는 우리들도 한번은 돈의 본질과 흐름을 생각할 필요가 있습니다.

그래야 자기의 물 탱크에 정확한 필요한 물의 양을 알고 현명하게 대처를 할 수 있는 것이지요.

제가 이런 이야기를 한적이 있지요.
- 앞으로는 30년은 돈을 벌기 위한 준비를 하고
- 30년간은 열심히 돈을 모으면
- 나머지 30년은 돈을 쓰면서 살아야 한다.

우리는 이제 이렇게 90세를 사는 시대에 살고 있습니다.

22.

진보 경제학의 논리

많은 사람들은 소득재분배를 논하면 진보 경제학자로 생각합니다.

물론 진보 경제학이 소득의 재분배를 성장보다 더 중요시 하지만 이는 단순히 가난자와 부자와의 격차를 비난하는 논리만이 아닙니다.

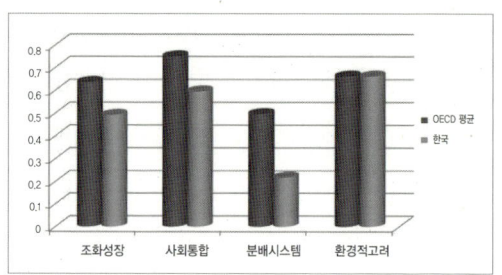

위의 그림은 현대경제연구원의 조화성장 분야의 지수를 나타내는 그래프입니다.

한국의 조화성장 지수는 OECD28개국중 27위 입니다.

노벨경제학상 수상자인 조지프 스티글리츠 미국 컬럼비아대 교수는 최근

"사회경제적 변화의 대응, 불평등 해소, 환경에 대한 투자 등이 뒷받침 될 때 지속성장이 가능하다"고 주장했습니다.

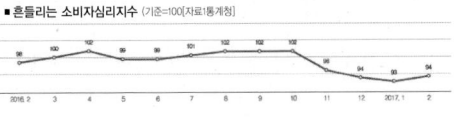

"나는 생각한다, 고로 존재한다." 프랑스 철학자 데카르트의 유명한 말이지요. 여기에 빗대 독일의 경제학자 다비트보스하르트(David Bosshart)는 "나는 소비한다, 고로 존재한다." 라고 했습니다.

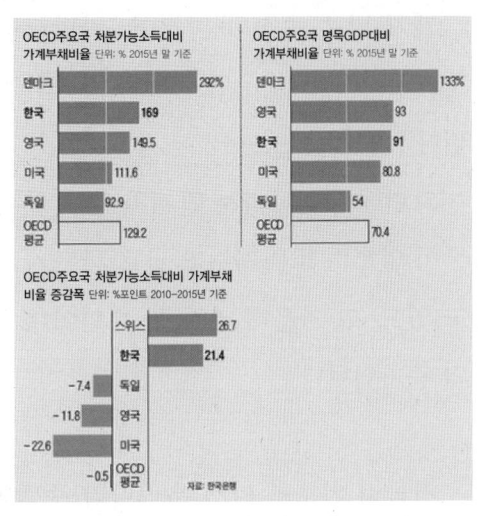

인간의 삶은 '소비의 연속'입니다. 화폐를 매개로 누군가의 소비는 누군가의 소득이 되고, 그런 소득은 또한 정부의 자산(세금)이 됩니다. 소비가 경제활동의 원천으로 불리는 이유입니다.

위의 그래프는 우리나라의 최근 소비지수 변동 추세입니다.

갈수록 소비가 위축됩니다.

이렇게 소비가 위축되는 이유는 가계에서 소비를 할 여유가 없기 때문입니다.

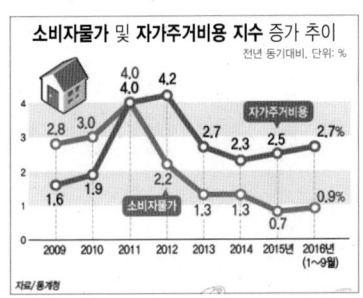

위의 그림은 가처분 가능 소득대비 가계부채비율을 나타내는 그래프입니다. 우리나라가 거의 최고의 가처분 소득 가난한 나라입니다.

왜 이런 현상이 일어났을까요?

제가 많이 주장하는 것이 "가난한 자의 주머니를 채우면 소비가 활성화된다"이지요.

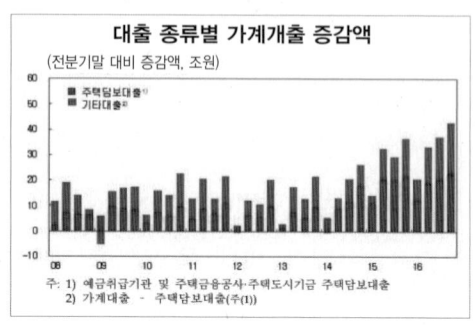

그런데 우리나라는 가계가 쓸 여유 돈이 없으니 소비지수가 날로 나빠지고 있고, 그 가운데 가장 큰 요인이 주거비용의 증가입니다.

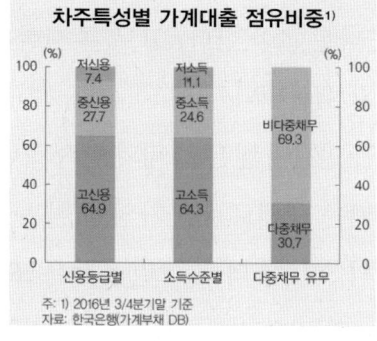

저금리 기조를 타서 우리나라 주택담보대출의 증가세는 날로 높아집니다.

그런데 재미있는 것은 가계부채의 차주별 구분입니다.

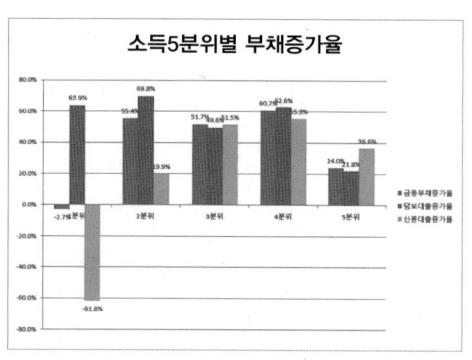

고신용, 고소득자의 비중이 60%를 상회합니다. 이를 보고 일부 경제학자 및 언론에서는 우리나라 가계부채는 관리가 가능하다고 말합니다.

가난한 자의 주머니를 채워라

그리고 연령별 부채증가율은 다음 그림과 같습니다.

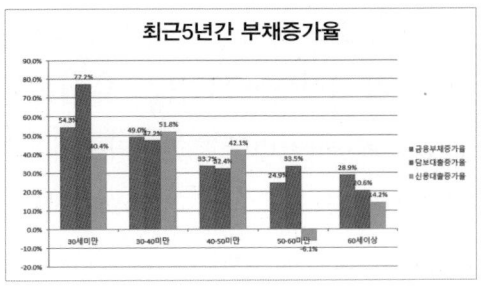

위의 그림에서 알 수 있는 것은 소득이 큰 사람들이 더 많은 담보대출을 하여 집을 사고, 이를 임대업으로 하여 젊은 사람들에게 월세 수입을 거두어 들여 젊은 사람들은 가처분 소득이 날로 줄어갔다는 것이지요.

고소득자 ⇨ 담보대출 ⇨ 부동산 임대업 ⇨ 젊은이 주거비 상승 ⇨ 가처분 소득 하락 ⇨ 소비성향 급락 ⇨ 기업투자 저하 ⇨ 임금상승 둔화 ⇨ 가처분 소득 하락 ⇨ 소비성향 하락

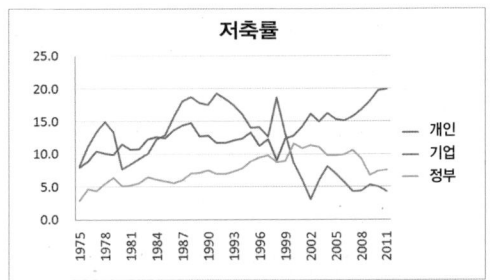

위의 그래프는 기업과 정부, 가계의 저축률 변화입니다.

기업은 날로 돈을 쌓아 두고, 개인은 저축할 돈이 없어지고 있습니다.

우리나라의 정책은 친 기업 정책의 나라였습니다. 이유는 신흥 개발도상국에서는 수출을 해야 먹고 살 수 있기 때문이지요. 기업을

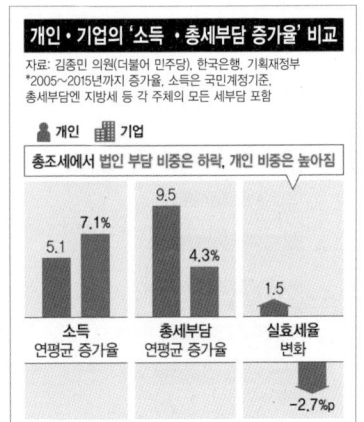

22. • 진보 경제학의 논리

지원해 수출을 잘해야 국가의 경제가 발전하는 것은 당연한 논리입니다.

그런데 기업들이 벌어들인 수입을 소득재분배로 근로자에게 내려주지 않고 있지요. 이는 비단 우리나라만의 일이 아닙니다.

블룸버그는 주요 7개국(G7)의 실업률이 갈수록 낮아지면서 최근 사실상 완전고용에 이르렀다고 진단했습니다. 지난해 12월에서 올해 2월까지 집계된 미국, 영국, 독일, 일본의 실업률은 3~6%로 지난 3년새 지속적인 하락세를 보이고 있지요.

하지만 문제는 늘어난 일자리의 질입니다. 지난 1월 미국의 민간부문 시간당 임금은 전월대비 0.12% 올라 시장 전망(0.3%)에 크게 못 미쳤고. 같은 기간 일본의 실질임금 상승률은 전년 동기 대비 0%를 기록했으며. 지난달 독일 통계당국에 의하면 지난해 독일의 실질 임금 상승률은 1.8%로 최근 3년내 가장 낮았으나. 같은 기간 독일의 실업률은 1990년 통일 이후 최저치였습니다. 독일 도이체방크의 토르스텐 슬 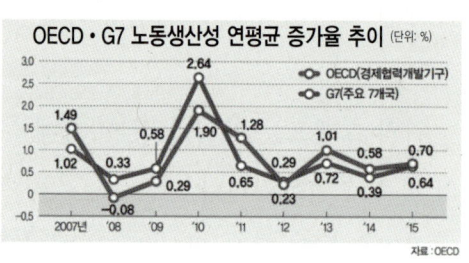 록 수석 국제경제 이코노미스트는 "미스터리한 현상"이라며 "임금 상승이 거의 일어나지 않고 있다"고 우려했습니다.

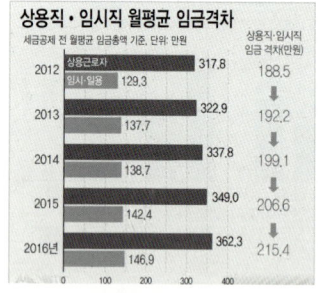

결국 세계적으로 일자리는 늘어났지만 임금

상승은 이루어지지 않고 결국 일자리의 질이 나빠지고 있다는 것입니다.

이러한 현상은 한국에서 더 심화됩니다.

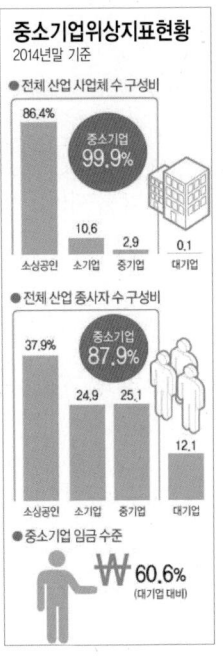

결국 기업은 돈을 벌고 있으나, 근로자는 임금이 늘어나지 않고 근로자는 주거비용의 상승으로 가처분 소득이 없는 상황입니다.

그래서 소득격차는 더 크게 늘어나고 있습니다.

대부분의 국민들은 행복하지 않다고 느끼고 있습니다.

삶이 고단하다고 느끼고 있지요.

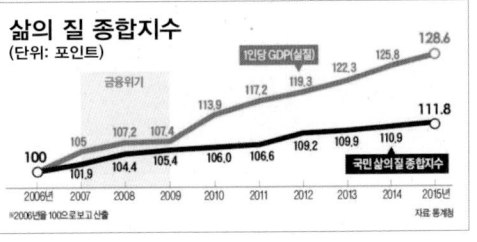

경제 성장은 늘어나도 삶의 질과 행복지수는 그 절반에도 미치지 못하고 있습니다.

기업은 잘되고 개인은 힘들고, 결국 개인의 희생으로 기업이 유지되고 나라가 유지되는 형국이 바로 대한민국입니다.

22. • 진보 경제학의 논리

저는 부동산 분양 경쟁률이 5:1등 과열되었다는 말을 들을 때마다 화가 납니다.

과연 실수요자가 그렇게 치열한 경쟁을 치룰까요?

아닙니다. 수익형부동산에 투자하려는 가진 자들이 저금리를 이용해 투자를 하는 것이고 거기에 세 들어 살아야 하는 젊은이들과 가난한 자들은 그 월세 부담에 소비를 하지 못하는 것이지요.

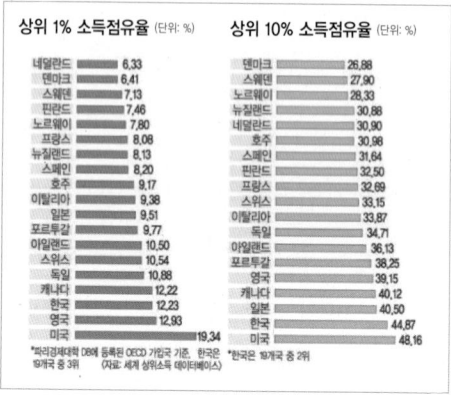

토마 피케티가 경고를 했지요.

소득 상위 1%의 몫이 최고치였던 1928, 2007년 이후 다음 해에 대 공황의 경제위기가 닥쳐왔습니다.

결국 1명이 아닌 99명의 주머니가 비워지면 소비가 사라져서 기업, 가계 모두가 불행해지는 공황이 오게 됩니다.

우리나라처럼 저성장의 늪에 빠져 버리는 것이지요.

23.

소득세와 회계사의 유래

1793년 나폴레옹 전쟁을 시작으로 프랑스 혁명과 1815년 워털루 전쟁까지의 영국은 정말 수없이 많은 전쟁과 분쟁에 휘말렸고 나라는 앞가림 하기 힘이 들었습니다.

당시 영국 수상 Pitt 의 Assessed Taxes Act of 1798를 재정하려 했으나 실패로 끝났고(이 역시 전쟁자금을 모으기 위했던 세금 법안) 다시금 돈을 모으기 위해서는 당시 영국 왕실과 정부로서는 사실상 선택이 아예 없었지요.

세금을 올리거나 새로운 세금을 도입함으로써 국가 재정을 모으는 것이 답이었고 그리하여 1799년 1월 9일의 Duties upon Income Act 이 개정되게 되었습니다.

이렇게 제정되고 폐지되고를 반복하다, 1842년 제정된 세법은 Property Tax Act 1842 로써 세계 최초의 '소득세' 로 이때부터 본격적인 '소득세' 가 부과되기 시작합니다.

월리엄 피트의 1799 법안을 포함해 '소득세'의 기원이 되는 1842년 세법은 자선단체에 대해 모두 세금 공제 혜택을 제공하고 있었습니다.

1799 법안에서는 자선단체는 무조건적으로 소득세를 내지 않았지만 1803년 상원의원 애딩턴에 의해 처음으로 세금을 내게 되었습니다.

애딩턴은 1803년 두가지 원천징수세를 도입했으며 그 두가지는 현재의 PAYE(pay as you earn) 와 RWHT(resident withholding tax) 입니다.

이에 자선단체들은 굉장히 격한 반응을 보였으며 원천징수 된 세금을 다시금 환급받을 수 있는 기회를 영국 정부는 제공했지요.

정부는 새로운 개념의 공무원인 Special Commissioners 를 새로 고용해 자선단체들의 환급 신청을 조사하고 절차를 밟아 환급해주는 역할을 맡겼다고 합니다.

바로 이 사람들이 세무사 또는 회계사의 기원으로 보는 것이 타당하다는 견해입니다.

물론 1494년 루카 파치올리라는 학자를 회계사의 시초로 보는 견해도 있으나, 이 분은 학자이지 회계사는 아니라고 생각됩니다.

세금이란?

국가는 국민들의 복지와 국가의 발전을 위해 국민들로 부터 일정한 세금을 거두어 들입니다. 그리고 이 세금을 가지고 국민과 국가를 위해서만 사용해야 하지요.

따라서 세금은 일종의 법률과 같이 국가와 국민들이 상호간에 약정한 일정의 규약 같은 것으로 보이지요.

PAYE(소득이 있는 곳에 세금이 있다)라는 것은 소득을 얻는 사람은 국가의 서비스와 국민을 상대로 소득을 올린 것이니, 당연히 정해진 %를 국가에 지급해야 한다는 논리입니다.

그러면 국가별 조세율을 살펴보지요.

국가	법인세 최고세율	소득세 최고세율	부가가치세 표준세율	조세 부담률	국민 부담률
독일	15.83	45	19	22.6	36.5
일본	23.9	45	5	17.9	30.3
미국	35	39.6		19.3	25.4
한국	22	38	10	17.9	24.3
OECD	23.2	35.9	10.07	25.1	34.2

한국은 법인세 및 소득세의 세율이 낮고 국민부담률, 조세부담률 모두 낮습니다.

특히 우리나라의 경우 2015년 신고한 법인 중 수입금액 상위 1% 법인이 전체 법인세의 75.9%를, 상위 10% 법인은 91.7%를 부담했고,. 근로소득자 중에선 상위 1%가 전체 근로소득세의 32.6%를, 상위 10%가 75.9%를 부담합니다.

종합소득세에서도 상위 1%는 전체 세금의 47.4%를, 상위 10%가 85.7%를 부담하는 구조입니다.

대선후보들의 세금에 대한 공약을 살펴보지요.

홍준표의원을 제외한 모두가 법인세를 올리겠다고 하고, 고소득자에 대한 세금도 올리겠다고 합니다.

특히 부동산 보유세에 대해서는 모두 인상을 강력히 주장합니다.

세금과 거시경제학

소득의 재분배의 불평등이라는 측면에서 보면 소득에 대한 세금은 중요한 역할을 거시경제에서 합니다.

미국의 경우, 경제성장의 수익의 75%를 상위 10%가 가지고 가고, 상위 1%는 60%를 가져갑니다. 나머지 90%가 25%를 가져가는 것입니다.

그러면 상위 1%가 60%

상위 9%가 15%

하위 90%가 25%를 가져가는 것입니다.

엄청남 부의 쏠림 현상이 있습니다. 그

런데 어떻게 이런 일이 가능할까요?

경제성장의 과실은 노동소득(임금)과 자본소득(임대료, 이윤, 배당)등이 있습니다.

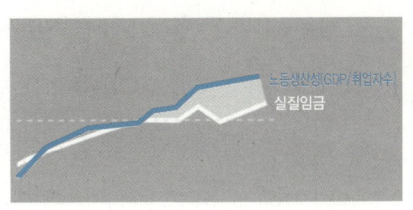

자본소득은 항상 일정하게 증가해 왔습니다.

그런데 노동소득은 그렇지 않았습니다.

노동생산성은 높아지나, 실질임금은 그에 미치지 못하고 있지요.

즉, 노동소득보다 자본소득만이 계속 증가하는 형태인 것입니다. 다시 말하면, 근로자의 실질 소득은 계속 줄고, 자본가는 임대소득, 이윤 등으로 계속 재산이 늘어나고 있는 것입니다.

자본가의 부를 근로자에게 배분하기 위해서도 부동산 보유세 인상은 필연적으로 보입니다.

저금리의 기조 속에 자본가와 부동산 투기꾼들이 대출을 받아 건물을 임대 받아 근로자에게 높은 임대료를 받게 되니, 근로자는 가처분 소득이 줄어만 가게 되고, 그로 인해 소비가 둔화되는 것이지요.

항상 말하지만 상위 1%가 소비하는 것과 나머지 99%가 소비하는 것은 하루에 상위 1명 3끼 먹는 것과 하위 99명이 하루에 한끼 먹는 것과의 차이에서도 잘 나타납니다. 33배의 차이가 납니다.

가계부채가 문제가 아니라 문제는

① 자본가가 저금리의 대출을 받아 부동산 매입으로 돈을 써서,
② 실제 기업에는 돈이 흘러가지 않고
③ 기업에 돈이 흘러가지 않으니, 임금이 인상되지 않고,
④ 주거비로 소득의 30%이상을 부담하니
⑤ 가처분 소득이 줄어들어 소비가 안 일어나는 것이지요.

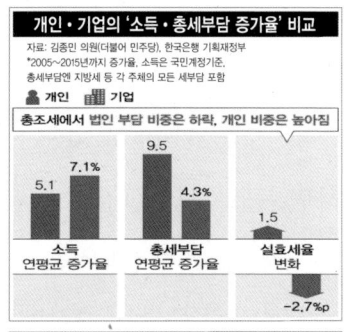

실효세율이란 세법에 의하여 정해진 법정세율에 대해서, 각종 공제, 면세 제도, 조세특별조치 등에 의하여 실제 세부담률이 차이가 있을 경우, 현실적으로 납세자가 부담하는 세액의 과세표준에 대한 비율을 말합니다.

실질임금 상승율은 다음과 같습니다.

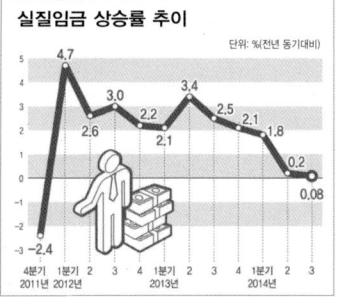

그로 인해 소비성향은 다음과 같이 추락하고 있지요.

올바른 조세 정책이란, 국가 전 국민에게 소득에 따라, 소득을 올리는 사유에 따라 평등하게 세금을 거두어야 합니다.

소득이 국가의 발전에 이바지 하고 기업의 활동과 그로 인한 근로자의 임

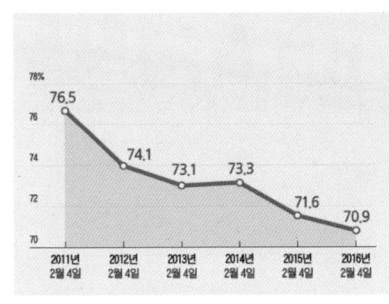
금으로 재분배 되는 경우와, 단지 아무런 생산적인 활동 없이 자산의 증식으로 인해 소득이 늘어나는 경우는 구분해야 합니다.

그리고 그렇게 자본 이익을 늘어난 소득에 대하여 거두어 들인 세금을 99%의 저임금 근로자들에게 혜택이 돌아가게 하여 가난한 자들의 주머니를 채워야 하지요.

그래야 기업과 근로자 모두가 행복해지는 길입니다.

우리나라는 자원이 없고 사람과 기술로 수출 집약형인 나라입니다.

그런 나라에서 자기나라의 땅덩어리와 집값에만 돈이 투자되는 흐름은 반드시 규제해야 합니다.

24.

가계부채 내용

주요 경제지표

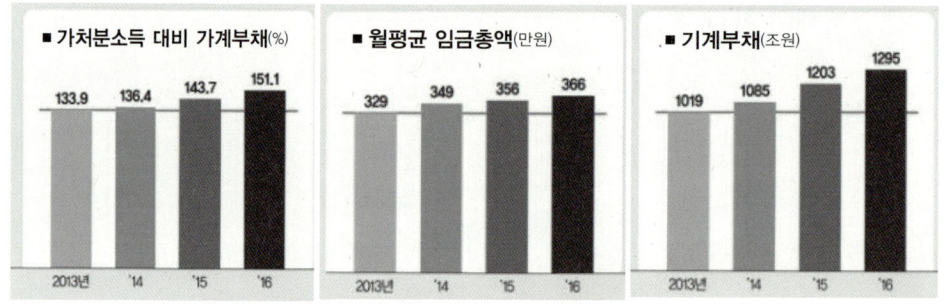

이중에서 중요한 지표가 가처분 소득대비 가계부채 비율입니다.

가처분 소득이란 일반적인 통계로는 소득중에 세금을 제외한 부분으로 정의합니다. 물론 필수 지출비용을 제외한 경우를 나타내기도 합니다.

하여튼 가처분 소득이란 필수 사용액을 제외한 나머지 소비 및 저축을 할 수 있는 금액으로 정의하도록 합니다.

그런데 우리나라는 가처분 소득대비 부채비율이 150%라는 것은 1년내내 안쓰고, 안먹고 해도 부채를 갚지 못한다는 뜻이지요.

우리나라 1인당 부채는 1300조 / 5천만 = 2600 만원입니다.

4인가구로 말하면 1억4백만원입니다.

이렇게 부채가 심각하다 보니, 아무도 소비를 할 수가 없는 것이지요.

GDP 대비 가계부채 비율

우리나라가 얼마나 큰 가계부채 국가인지 단적으로 보여주는 그래프 입니다.

그래서 정부는 건설경기가 GDP에서 절반이상을 차지하지만 가계부채의 증가율을 그대로 두면 더 위험하다고 생각해 집단대출등 가계 부채를 줄이는 정책을 사용하는 겁니다.

즉, 양적완화등 한국은행의 통화정책으로 시중의 부동자금은 많아졌는데, 대부분 가계부채로 부동산에 몰입되고 있기 때문에 경제가 저성장이 되는 것이지요.

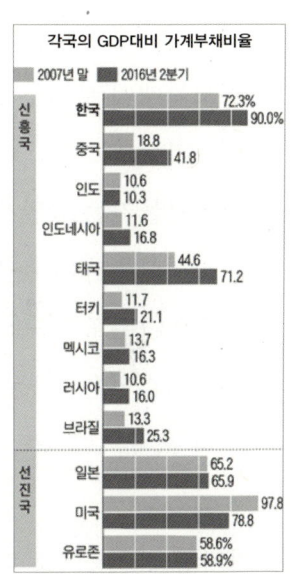

코스닥 상장사들의 당기 순이익이 줄어들었습니다. 이는 시중의 자금이 소비로 이어지지 않고 부동산에만 몰려든다는 것이지요.

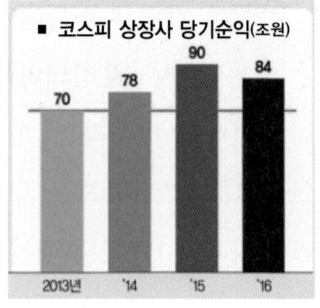

거시경제학적인 측면으로 보면 자산의 가치가 높아지면 부의 효과 (WEALTH EFFECT)가 나타나 소비가 늘어나야 하는데, 자산의 가치는 높아지지 않고 부채의 비율만 높아져 가처분 소득이 줄어들어 소비의 효과가 전혀 발휘 되지 않는 것이지요.

- ✓ 소비가 없으니, 기업이 근로자 소득을 줄였고,
- ✓ 소득대비 부채는 두배로 늘어나고,
- ✓ 물가는 오르고, 일자리는 줄고,
- ✓ 식탁물가는 한달새 12%로 급등하고,
- ✓ 소비자물가는 4년만에 2%대이고
- ✓ 실업자수도 100만명이 넘어서고
- ✓ 기업순익은 4년동안 40% 넘었지만 내수의 위축으로 투자를 꺼리다 보니 소득은 11%늘고 부채는 27% 급증

거시경제학 용어로 디플레이션 악순환으로 접어든 것이지요.
기업투자위축 ⇨ 소득위축 ⇨ 소비위축 ⇨ 부채증가 ⇨ 저성장

디플레이션 악순환은 일본의 잃어버린 20년을 만든 현상입니다.

돌파구를 찾지 못하면 우리나라는 일본보다 체력이 허약한 경제구조를 가져서 깊은 수렁에 오랫동안 헤어나오지 못할 것입니다.

정부가 단순한 재정정책이나 통화정책으로 일시적으로 부양효과를 가져오려고 한다면 아마도 우리나라는 몇 년간 디플레이션 상태로 있을 듯 하고.

미국발 금리인상효과로 금리라도 오르면 정말 스태그 플레이션으로 직행하게 됩니다.

금리가 올라 한계 가구가 양산된다면 정말 금융위기가 올 수 있지요.

루즈벨트 대통령은 이런 말을 했습니다.

"정말 우리가 두려워해야 하는 것은 두려움 그 자체다"

앞날에 대한 두려움으로 그냥 방치하면 안됩니다.

- ✔ 규제를 철폐하고,
- ✔ 청년들에게 스타트업을 장려하고,
- ✔ 산업을 제조업에서 서비스업으로 구조조정하는

정책적인 노력이 없이 단순히 재정과 통화정책으로 경기를 부양하려는 것은 단기 미봉책이고 더 큰 화를 부르게 됩니다.

25.

무디스 보고서

한글로 요약해서 말씀드리지요. 보고서 한권에 약 200불 정도 하더군요.

[요약 번역]

지난 목요일 한국은행은 2016년말 기준으로 가계부채가 1,300조원에 도달하여 GDP의 82.9%(환율에 따른 차이)이르렀다고 발표했다. 2006년이후 연 20% 이상 증가했고, 작년 한 해에만 141.2조원이나 증가했다. 가계부채의 급격한 증가는 한국의 신용등급 (Aa2안정적)에 부정적인데, 가계부채비율의 상승은 소득 감소, 이자율 급등 같은 충격이 발생시 경제성장률과 소비의 하강 위험을 높이기 때문이다.

가계부채증가는 2014년 이후 가속화되고 있는데 이는 대부분 주택담보대출의 증가에 기인한다. 그러나 가계부채의 증가에 상응하는 부동산 가격의 급등은 관측되지 않는다. 이는 최근의 가계부채 증가가 상당부분 낮은 금리와 주택보유율 상승에 기인한 것임을 시사한다.

비록 부동산 담보대출의 증가를 주도한 고소득 가구가, 부채에 비해 거의 두 배 이상의 가계금융자산을 가지고 있는 것은 사실이나, 60% 이상의 부동산 담보대출이 분할 상환되지 않고 있다. 즉, 이자만 납부하고 있는 것이다.

변동금리 부채 역시 부동산 담보대출의 약 60%를 차지하는데 이는 한국의 가계가 소득과 가처분 소득비율 등에 비추어 보았을 때, 금리 인상시 상당한 위험을 안고 있음을 의미한다.

이런 위험에 대응하기 위해 한국 정부는 고정금리 및 분할 상환을 유도하고 있다, 2015년 한국정부는 약 10%의 은행 주택담보대출을 장기 분할상환 대출로 전환시킨 적이 있다. 이때 전환된 가계 부채의 규모는 가계부채의 3.7%, 그리고 GDP의 2.7%에 도달했다.

일시 상환 대출을 분할 상환 대출로 전환시킨 것은 금융 안정성을 높인다는 면에서 긍정적이다. 그러나 고정금리 대출로의 전환은 시장금리 상승의 위험을 은행에 전가 시킨다는 측면에서 금융시스템에 대해서 긍정적인 면만이 있지는 않다. 하지만 대부분의 은행들은 자산 부채 미스매치에 따른 이자율 위험을 고정금리 주택담보대출의 주택금융공사로 이전함으로써 해결하고 있다.

부동산 담보대출 증가에 따른 시스템 리스크는 낮은 LTV 포트폴리오와 정부의 감독 강화 등으로 완화된 상태이다.

국가 차원의 신용도 위험은 실물 경제의 여건에 밀접한 관련이 있다. 소득이나 이자율의 변동 충격은 가계의 부채 지급 능력에 영향을 미칠 것이며, 이는 다시 소비 감소로 연결될 것이다. 가계소비는 역사적으로 한국 경제 성장의 주된 요인이며, 이는 내수는 물론 경제 전체의 활력에 영향을 미쳐 실업률의 상승을 유발 할 수 있다. 그리고 실업률의 상승은 다시 가계의 소득을 감소시켜, 부채 지급 능력을 약화시키게 된다.

소득뿐 아니라, 자산가격의 등락은 금융 및 실물 자산을 소유한 가계의 소비행태에도 영향을 미치게 된다. 이러한 부의 효과는 한국에서는 매우 강력하며, 소비 및 경제 성장에 추가적인 하강 위험을 높이게 되고, 금융자산의 가치 평가에도 영향을 미치게 된다.

이런 시나리오에 대해 한국 정부는 부채 부담 경감시키고 충격에 대한 안전편을 만들 수 있는 통화 및 재정 정책을 시행하고 있다. 하지만 가계부채의 증가가 소비의 둔화를 심각하게 일으키고, 경제 전반에 영향을 미치게 되며, 금융안정성에 위협을 일으키게 된다는 점은 부인할 수 없다.

가계부채의 위험 정도

우리나라 가계 부채가 어느 정도 위험 수준인지 말씀드리지요.

박근혜 정부 들어 토목 공화국이었던 이명박 정권시절보다 재정 및 건설분야의 GDP기여도가 -3%에서 52%로 급격히 늘었다는 것은 지난 번 강의에서 언급한 적이 있습니다.

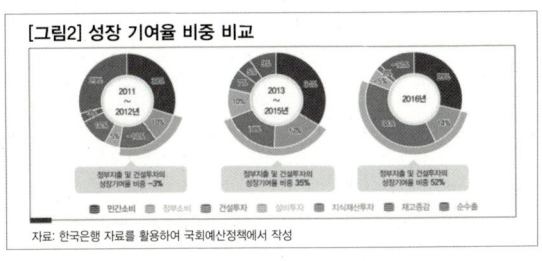

당시에 늘어난 가계부채와 가계 부채의 증가율을 보면 다음과 같습니다.

그리고 부동산 임대업자의 가계 대출자 추이는 다음과 같습니다.

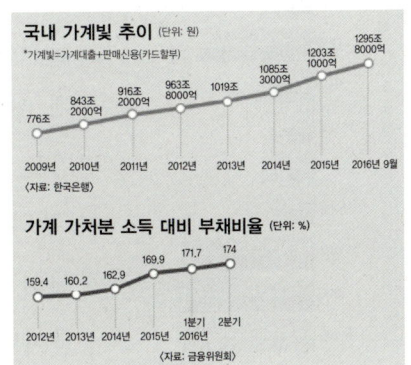

임대업자의 대출은 약 100조 정도 되는

것으로 추정됩니다.

그리고 우리나라 GDP 대비 가계부채비율을 다른 OECD국가와 비교하면 다음과 같습니다.

2007년 금융위기 이전과 2016년 2분기 기준으로 환율에 따라 부채비율의 조정이 발생합니다.

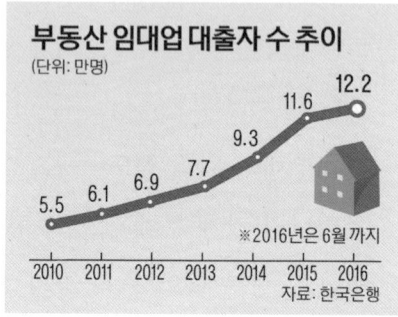

OECD 평균보다 33% 높고 다른 선진국, 신흥국보다는 너무나 크게 높습니다.

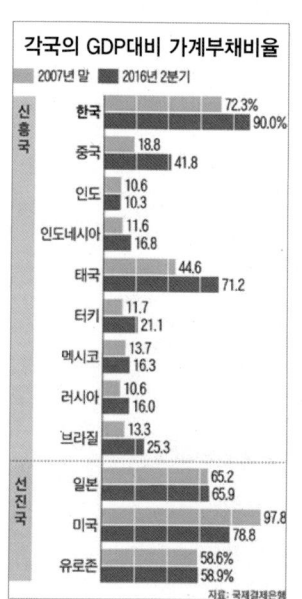

그러면 2008년 미국 금융 위기 당시와 비교를 해보지요

미국의 2006년 시기와 거의 유사합니다.

물론 미국의 서브프라임에 속하는 신용 제한 자들에 대한 대출의 증가와 한국의 대출자들의 신용평가는 다릅니다. 하지만 가계부채의 증가는 정부가 부의효과를 노리고 소비를 진작시키며, 과장된 경제성장률 목표를 달성하기 위하여 조장한 면이 많습니다.

가난한 자의 주머니를 채워라

미국발 금리인상으로 금리가 역전될 위험에 노출되었지요. 이 상태에서 금리가 인상되면

- ✓ 저소득층의 한계가구가 속출되고,
- ✓ 고소득 가구도 임대료와 은행이자 간의 역전 현상이 발생되게 되고
- ✓ 이는 부동산 가격의 폭락을 가져올 수 있습니다.

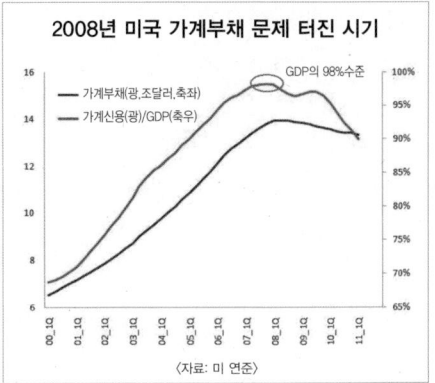

가계부채비율을 70%대로 낮추어야 조정이 가능하다고 합니다.

주택담보대출 비율을 낮추는 이유는 최근 증가한 가계부채 가 무디스 보고서에도 언급했듯이 대부분 주택담보대출이기 때문입니다.

이번 강의록을 쓰면서 느끼게 되는 점은 자존감과 열등감 이라는 단어 입니다.

저부터 무디스의 보고서를 인용하면 다른 사람들이 반론을 제기하지 않을 것이라는 생각을 하게 되니까요.

자존감의 반대가 열등감이고 현재 많은 베스트셀러가 바로 자존감에 대한 책이지요.

저는 개인적으로 자존감을 키우는 것을 논하기 전에 한국인의 열등감을 논해야 한다고 봅니다.

최근에 나온 책 중에 "나는 스스로 차별을 원한다"는 책이 있습니다.
그 책에서 한국의 대학생들은 비록 명문이 아닌 대학교를 다녀도 학교의 홈페이지의 학생 프로필에 서울과 분교를 분명히 구분해 줄 것을 학교측에 요구했다고 합니다.

한국인의 열등감은 어찌 보면 부모시대부터 내려온 나의 행복은 나로부터 나오는 것이 아니라 남의 눈에 비추어 지는 나의 모습에서 나오는 것 같습니다.
또 한가지 재미있는 논문을 보았는데 연세대 여학생이 졸업논문으로 발표한 것인데, 체형에 대한 한국 여자 학생과 외국 여자 학생의 비교였습니다.

100명에 대하여 몸무게를 비교하니 한국 여학생이 평균 외국 여학생보다 7kg이 적었습니다. 그런데 자기 체형에 대해서 불 만족도를 조사해 보니 외국 여학생의 20%가 불만족이고, 한국 여학생은 85%가 불만족이었다고 합니다.
끊임없이 방송에 나오는 연예인들과 나를 비교하며, 남에게 보이는 외형에만 신경 쓰는 한국 여학생의 실태를 보여주는 논문이었지요.
우리나라에서 노벨상이 안 나오는 이유도 바로 자존감 때문이라는 책을 읽었습니다. 남보다 뛰어나고 창의적이어야 하는데 열등감 때문에 외국 논문이나 서적을 무조건 신봉하다 보니 그것을 앞서는 연구 성과물이 나올 수 없다는 것이지요.

학벌, 외모, 집안 등등 우리는 현재의 우리의 있는 그대로의 모습에 행복함을 느끼며 살아가야 하는데, 부동산도, 차도, 직업도 남의 눈에 보이는 나의 모습에 매달리며 사는 우리나라의 모습이 안타깝습니다.

26.

근로자와 자본소득자의 30년간 소득 격차

지난 30년간 근로자와 자본소득자의 소득증가율은 어떻게 되었을 가요.

(단위: 만원)

구분	1988	2016	증감	증감율
근로자임금/월	36	241	205	
아파트				
강남/평당	543	4,585	4,042	19.7
비강남/평당	549	2,107	1,558	7.6

출처: 국회 정동영의원실

근로자의 임금은 월 36만원에서 241만원으로 205만원이 올랐습니다.

그런데 아파트는 강남은 4천만원, 비강남은 1.6천만원이 올랐지요.

임금대비 증가율이 20배, 8배 오른 것입니다.

그러면 전월세는 어떠했을 까요

(단위: 만원)

구분	1988	2016	증감	증감율
강남 보증금	4,000	62,000	58,000	1550%
강남 월세	25	216	191	864%

출처: 국회 정동영의원실

이렇게 따져보면 강남 전월세를 산 사람과 자본소득자는 약 13억원의 소득차이가 발생한 것이지요.

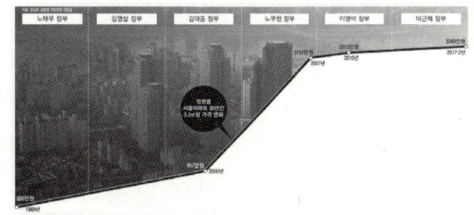

그래서 우리나라를 지주의 나라라고도 부르는 모양입니다.

우리나라 역대정권마다 부동산 상승가격입니다.

대기업과 중소기업의 격차

구분	2015	2016	증감
기업 대출금 증가액	50.0	23.9	- 26.1
대기업 대출 잔액		164.6	- 9.9
중소기업 대출 잔액		609.4	33.8
중소기업 비금융 기관 대출 잔액		80.4	19.6

대기업은 돈을 갚고 중소기업은 돈을 더 빌리려고 애를 쓰고 있습니다.

심지어 중소기업은 2금융기관에서 고금리를 주고 빌린 돈이 사상최대로 증가 했습니다.

전체 기업 부채액 상승률이 절반으로 줄었는데 그 이유는 대기업이 상환을 많이 했기 때문입니다.

소득재분배의 문제

소득 재분배의 첫번째 과정은 기업에서 가계로 소득이 이전되어야 하지요.

거시경제측면에서 보면 우리가 생산활동을 통해 벌어들인 국민총소득(GNI)은 각 경제 주체에게 분배됩니다. 가계의 경우 노동과 자본 등 생산요소를 제공한 대가로 임금, 이자와 배당금을 받고. 가계는 자영업을 하면서 소득을 확보하지요. 기업은 경영과 자본 제공을 통해 영업이익, 이자, 배당금을 얻고. 정부는 국민에게 행정서비스를 제공하고 세금을 징수합니다.

위와 같은 형태로 국민총소득은 가계, 기업, 정부에게 배분되는데, 1997년 경제위기 이후 가계(비영리단체 포함) 몫은 줄어들고 기업 몫은 늘었습니다.

외국도 마찬가지였지만 우리나라는 특히 심했지요.

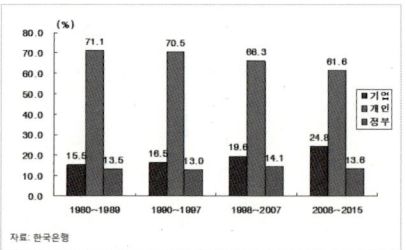

도표 1: 국민소득중 가계와 기업 비중 변화

우리 가계 소득비중이 가장 낮았던 2011년 기준으로 보면, OECD 국가들의 평균 가계소득 비중이 69%로 우리나라 (62%)보다 높았고. 국가별로 보면 독일 77%, 미국 76%, 영국 72%, 일본 66% 등입니다. 반면에 기업 소득이 차지하는 비중은 우리나라가 24%로 일본(25%)을 제외한 다른 선진국에 비해서 높습니다.

근로자가 가난해 진 이유

기업 소득이 임금으로 가계에 가지 않고 있습니다.

1980년도와 1990년도는 임금상승률이 기업영업이익률을 앞서 있었습니다. 그런데 IMF이후 기업의 영업이익률과 임금상승률이 역전이 되었지요.

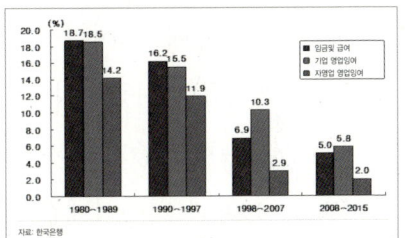

도표 2: 임금상승률과 기업이익 증가율

기업은 돈을 버는데 가계로 돈이 내려가지를 않는 것이지요.

자영업의 피폐

가계로 자금이 흐르지 않으니 자연히 소비가 줄어들게 되고 많은 자영업자들이 어려움을 겪게 됩니다. 자영업자들도 일종의 가계이므로 이들이 어려움을 겪는 것은 전체 가계 소득을 줄이는 효과가 발생했지요. 2016년 우리나라 비임금근로자 25.7%로

도표3: 비임금근로자 비율과 정상수준

낮아지고 있는 추세이나 여전히 정상보다는 높습니다.

이자소득이 줄고 있습니다.

은행의 1998년 대출 비중은 기업: 가계 = 71%: 29% 였으나, 2006년에는 48%: 52%로 역전이 되었습니다.

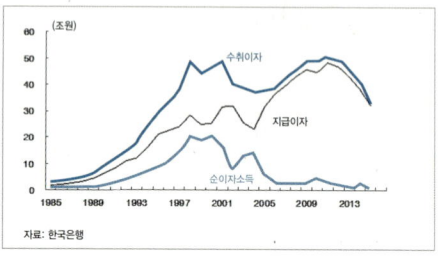

도표 4: 이자소득 추이

이후 미국발 금융대란을 겪으면서 경기 활성화를 위해 저금리와 양적완화 정책을 시행했는데, 오히려 기업들이 돈을 빌리지 않고 가계부채가 급격히 늘어나는 결과를 가져왔습니다.

이런 가계부채의 증가와 저금리가 이자소득을 줄이는 결정적인 요인이 된 것이지요. 1998년 저축성예금의 수신금리가 13.3%였는데, 2015년에는 1.7% 까지 하락 했습니다.

세금의 부담 증가

일본은 잃어버린 20년 기간 급여가 430.7만엔에서 415.4만엔 으로 96% 내려갔지만 반대로 소비자 물가(96%)와 세금(67%)의 인하로 사람들은 불편함을 느끼지 못했습니다.

도표 5: 일본의 1990년 2014년 가계수입 항목별 비교

2인 이상 근로자 세대 가계수입							
(만엔)	상시 30인이상 사업장 월임금		가계 수입	세대주 수입	소비지출	비소비지출	근로소득세
	전체	제조업					
1990(I)	-	-	510.7	430.7	331.6	81.2	23.6
1995 (I)	409	391	557.9	467.8	349.7	88.6	22.2
2000	398	407	550.1	460.4	341.0	88.1	18.5
2006 (2005)	380	420	516.0	431.9	320.0	84.1	17.9
2010	360	393	513.0	418.1	318.2	90.8	14.3
2014(II) (2013)	358	406	512.1	415.4	318.7	96.4	15.8
11.1(배)	0.875	1.04	1.00	0.96	0.961	1.19	0.67

반면에 한국은 개인 조세 부담율이 기업에 비해서 계속 늘었습니다.

가계는 1998년에서 2007년 사이에 총소득의 5.7%를 세금(소득, 부 등에 대한 경상세)으로 냈는데, 그 비중이 2008~2015년에는 연평균 6.8%로 올라갔고. 이와는 달리 기업의 경우 같은 기간 동안 15.8%에서 13.9%로 떨어졌습니다.

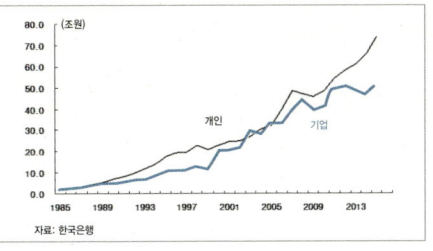

도표 6: 개인과 기업의 조세 부담

그럼에도 불구하고 법인세 논란이 벌어지고 개인의 세수가 계속 많이 징수되는 것에는 문제가 있는 것이지요.

디플레이션 악순환

저소득 ⇨ 저소비 ⇨ 저성장 ⇨ 실업률 상승의 디플레이션 악순환이 위와 같은 이유로 소득이 재분배 되지 않으면 우리나라 경제에 나타나는 것이지요.

소비를 진작시키려 일찍 퇴근 시키고, 공휴일을 늘려도 쓸 돈이 없는 것입니다.

이런 상황에서는 저성장이 고착화될 수밖에 없고 한국은행의 통화정책이나 재정지출의 정부 정책도 우리나라 경제의 문제를 구조적으로 해결 할 수가 없는 것이지요.

소득확대 ⇨ 소비증가 ⇨ 기업매출증가 ⇨ 고용창출 ⇨ 경제성장 ⇨ 가계소득확대와 같은 선순환 구조가 이루어 지려면 우선 기업이 돈을 빌려서 근로자의 임금으로 내려가고 다시 소비가 일어나는 선순환이 되어야 하는데, 앞에서 언급한 바와 같이 기업은 돈을 빌리지 않고 투자를 하지 않으며 비용을 줄여 급여가 줄어 들게 되면 절대로 민간 소비가 활성화 되지 않고 기업은 계속 매출 신장이 아닌 비용 절감만 하게 되는 악순환이 이루어 지는 것입니다.

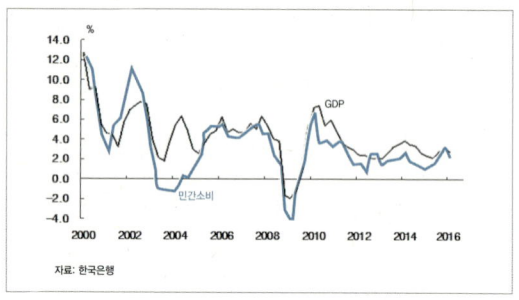

도표 7: 가계부채로 민간 소비증가율과 경제성장률의 영향

제가 늘 주장하지만 우리나라 경제의 구조조정은 해운업, 조선업이 아닙니다.

산업화 시대의 제조업을 서비스업으로, 대기업의 낙수효과가 아닌 청년들의 스타트업의 지원으로 소프트웨어 창조 산업으로 변화와 개혁이 없으면 암울한 미래만이 존재할 것 같아 두렵습니다.

27.

가계부채와 자영업

가계부채에서 자영업의 비중과 부실이 항상 뇌관이라는 말을 많이 하지요.

위의 표를 보면 자영업대출이 상당히 커다란 위험자산으로 분류되고 있고, 그 비중도 높은 것을 알 수 있습니다.

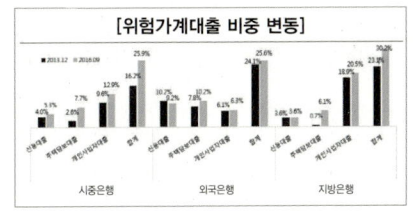

한국은행 집계에 의하면 지난해 9월말 자영업자 대출규모는 464조 5000억원으로, 개인사업자대출 300조 5000억원 + 자영업자 가계대출 164조원의 합입니다.

가계부채와 자영업

그중 연령별로 보면 은퇴한 60대가 크게 증가한 것을 알 수 있지요.

제조업은 돈을 갚고, 자영업은 돈을 빌리는 것이지요.

그리고 최근 1년간은 그동안과 다르게 빠르게 자영업자가 증가하고 있습니다.

이렇게 자영업자가 증가하는 것은 60대 은퇴자들이 늘기 때문인 것이 주요원인으로 보입니다.

그리고 대출잔액에서도 알 수 있듯이 60대 대출잔액이 빠르게 증가하고 있습니다.

그리고 자영업자들중 자기자본 비율을 보면 다음과 같습니다.

통계청의 자료인데 적은 자본으로 창업을 하는 사람이 가장 많고 대부분 1억미만의 영세 자영업자들입니다.

그리고 이분들이 창업을 할 때 돈을 구하는 방법은 다음과 같습니다.

은행권에서 자금을 빌려 창업하는 사람이 10%정도 증가했지요.

우리나라의 자영업은 대부분 영세 자영업자이고 이분들은 또한 은퇴자들로 인해

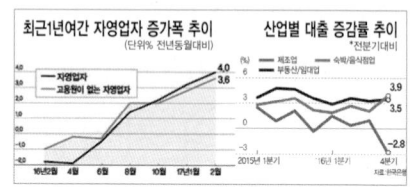

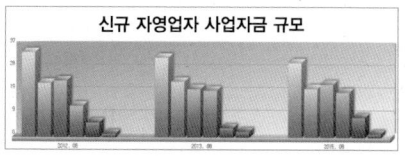

가난한 자의 주머니를 채워라

서 급격히 증가 추세입니다. 그리고 이분들 중 많은 분들이 은행권에서 자금을 대출받아 사업을 시작하고 평균 3년이내에 폐업을 하는 것입니다.

외국의 사례

우리나라는 계속 낮아지는 추세였으나, 2016년 8월 증가세로 돌아서서 이후 7개월 연속 플러스 행진을 거듭하고 있습니다. 그리고 마침내 2017년 2월 4%증가율로로 2002년 3월의 5% 증가세 이후 최대입니다. 현재 우리나라의 자영업비중은 약 25%정도 되는 것으로 알고 있습니다.

유럽의 경우를 살펴보면 그리스를 제외하고 나머지 국가들은 대부분 20% 이하입니다.

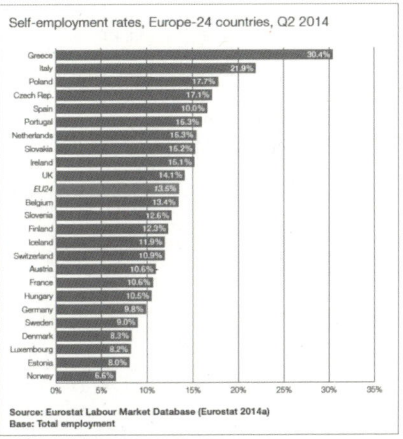

경제위기를 겪고 있는 그리스와 고령화의 어려움을 겪고 있는 이탈리아가 20%를 넘어 서고 있지요.

그리고 전체 일자리와 자영업 일자리의 증감을 보면 다음과 같습니다.

독일등 대부분의 나라가 자영업의 일자리가 줄고 임금 근로자의 일자리가 늘어나고 있지요.

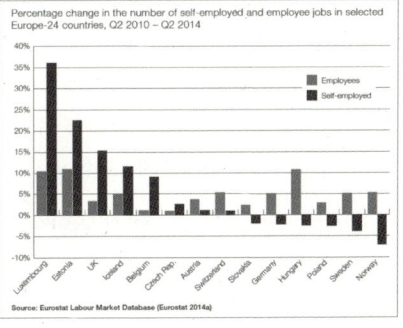

27. • 가계부채와 자영업

특히 유심히 봐야 하는 도표는 다음 도표입니다.

고 숙련 기술자중, 임금 근로자와 자영업의 비율입니다.

유럽 특히 독일과 프랑스는 고 숙련 기술자중 자영업자가 임금 근로자보다 훨씬 많습니다.

이는 전문직들이 임금 근로자 보다 자영업을 선호하고 그래서 유럽 특히 독일 같은 경우에는 자영업자들의 소득 불평등 정도가 매우 심하게 나타납니다.

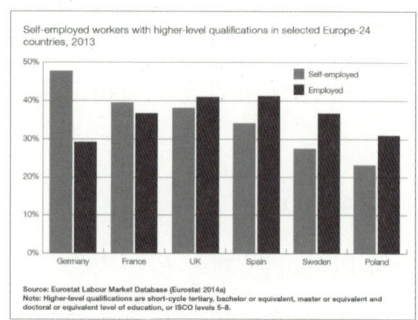

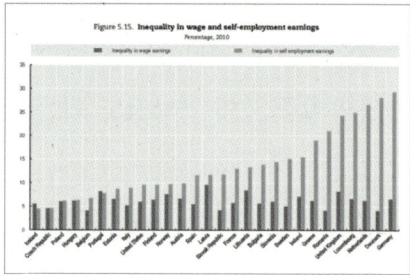

진한 막대그래프가 임금근로자의 소득 불평등이고 연한색이 자영업자의 소득 불평등입니다.

전체로 보면 임금 불평등보다 독일처럼 고 숙련 자영업자인 경우 소득 불평등의 차이가 크게 나타나는 것이지요.

한국의 상황

문제는 자영업을 하고 실패할 확률이 더 많다는 것입니다.

창업준비 부족과 경기불황이 겹치면서 자영업이 대량 폐업위기에 내몰리고 있는데. 통계청의 '2015년 기업생명 행정통계'에 따르면 한해 새로 생겨나

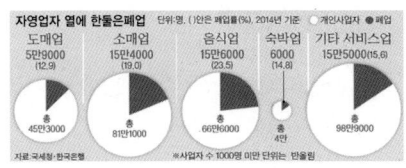
는 기업 숫자가 80만개를 넘고 있으나 창업 3년째 생존하는 기업은 전체의 38.8%에 불과했습니다. 대표

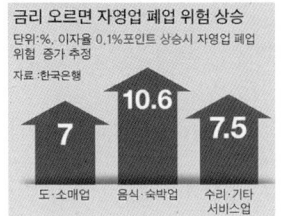

적인 자영업인 음식·숙박업의 3년 생존율은 30.3%, 도·소매업은 35.0%에 그쳤습니다. 창업 3년 내 문을 닫는 자영업 비율이 70%에 이른다는 것이지요.

그리고 더 큰 문제는 금리가 오르면 한계 자영업이

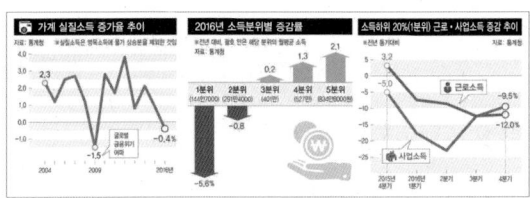

급속히 늘어난다는 것 입니다.

이렇게 자영업의 폐업률이 높은 이유는 우리나라 자영업이 유럽과 달리 은퇴자들이나, 기타 무직자들이 아무런 준비 없이 창업을 하는 것과 또 다른 이유는 불황이 겹쳐 소비자들이 구매를 하지 않기 때문입니다.

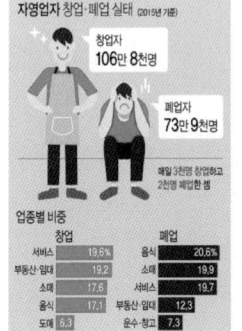

위의 표와 같이 가계실질소득이 마이너스이고, 임금 근로 소득도 마이너스이니, 구매력이 최악인 것입니다.

준비를 하고 역량을 모아서 하

27. • 가계부채와 자영업

는 창업과 준비없이 하는 창업의 비교는 위에서도 잘 나타나지요.

하지만 많은 사람들이 창업을 하고 폐업도 역시 하면서 사회빈곤층이 증가하는 추세는 상당히 높습니다.

고령화 사회로 은퇴자가 많아지고, 은퇴한 분들이 마땅한 90세까지의 준비가 없어 대출을 받아 창업을 하고, 3년을 버티지 못하고 폐업을 하면서 한계가구는 늘어만 가고 있습니다.

준비 없는 창업과 경기 불황이 겹치다 보니 문제가 심각한 것이지요.

그리고 현재 시중금리가 오르고 있으니, 부동산을 대출을 받아서 샀던 사람들이 임대료를 높이고 있습니다.

비용은 늘고 매출은 없으니 어쩌면 폐업률이 높은 것은 당연할 지도 모릅니다.

- ✔ 정부에서 자영업을 준비하는 사람들에게 지원 교육 등을 하고, 기술 등을 가르쳐서 양질의 자영업이 탄생하도록 지원해야 하고
- ✔ 카드수수료 할인, 세금할인 등의 정책적 지원을 해야 합니다.
- ✔ 또한 임금 근로자의 임금 등을 높여 소비를 활성화 할 수 있는 다양한 육성정책을 마련해야 하지요.

거시경제학적측면에서 항상 말하지만 생산자=소비자입니다.

따라서 제조업 및 기타 기업들이 임금 근로자의 일자리와 임금의 상승이 선행되어야 소비가 활성화 됩니다.

이를 위해 제일 먼저 돈의 흐름을 정상화 시키는 일은 정부의 정책에서부터 시작됩니다.

정부의 올바른 다양한 제조업 임금 근로자의 가계소득을 높이고, 자영업자들의 실패확률을 낮추는 지원정책이 선행되어야 하지요.

또한 경제 주체 개개인들도 자기만의 파이가 아닌 전체의 파이를 키우는 노력을 해야 합니다.

부동산업자가 임대료만 상승시키면 결국 견디지 못한 자영업은 폐업을 하게 되고, 주머니가 비니 소비를 하지 못하게 되고, 영업이 안되니 공실이 늘어나는 것이지요.

현재 우리나라는 돈의 흐름이 잘못된 부분이 많습니다.

정부, 가계, 기업이 모두 지혜를 모아야 할 때입니다.

28.

저유가는 언제까지?

저유가는 언제까지 계속 될까요? 저유가의 나비 효과로 우리나라와 세계경제가 몸살을 앓고 있습니다.

비교적 저유가가 언제까지 계속될지를 예측하는 것은 증시나 부동산이 언제 오를 것인지를 예측하는 것보다 쉽습니다.

왜냐고요?

앞에서 언급했듯이, 증시나 부동산은 예측하기 어려운 일반 대중의 심리에 영향을 받습니다. 하지만 유가는 몇몇 큰손에 의해서 결정되기에 그들의 행동만 보면 예측이 가능하기 때문입니다.

도대체 그 큰손이 누구인지 알려드리지요.!!!

[석유 왕 록펠러의 후예 7공주]

록펠러는 약탈적 자본주의를 이용해 자본을 앞세워서 중소 석유 업자들을 모두 합병해서 시장의 90%를 잠식했지요. 이후 루스벨트의 반 트러스트법에 의해 회사가 분리됩니다.

그리고 7개의 회사가 전세계의 석유시장을 쥐락펴락했는데 이름하여 이들을 7공주라고 일컫습니다.

1. 스탠더드 오일 뉴저지

2. 스탠더드 오일 뉴욕

3. 스탠더드 캘리포니아

4. 텍사코

5. 걸프오일

6. 로열더치쉘

7. BP

1, 2, 3록펠러의 직계이고 6, 7은 영국계입니다. 1950년대를 전후 해서 세계 석유시장을 좌지우지 했지요.

당시의 석유값은 이들이 정하는 것이 값이었습니다.

[석유황제 야마니와 OPEC]

사우디아라비아의 석유장관이었던 야마니가 이스라엘을 돕고 있는 미국에 대항하기 위해 중동국가들을 모아 만든 OPEC였는데, 이것의 영향력이 7

공주를 능가했습니다. 생산량, 산유량 모든 분야에서 상대가 안되었지요.

OPEC의 영향력을 보여준 것이 1, 2차 오일 쇼크였습니다. 그래서 OPEC의 수장인 야마니를 당시 석유황제라고 불렀습니다.

[사우디아라비아와 미국]

재미있는 일이 일어났습니다. 그렇게 서로 못잡아 먹어서 안달이던 미국과 사우디 아라비아의 관계를 헨리키신저와 야마니가 밀월관계로 돌변시킵니다.

당시 금본위제의 폐지로 미국달러화의 가치하락과 기축통화의 지위를 잃을 위기의 미국은 사우디 아라비아에 헨리키신저를 파견하여 야마니와 모종의 협의를 합니다.

- 석유 결재를 달러로만 하게 하는 협정을 체결하여 달러의 지위를 확보하고
- 사우디아라비아에 미국을 파병하여 이스라엘 및 주변 국가로부터 사우디아라비아의 왕정을 보호하고
- 사우디아라비아의 숙원이었던 사우디아라비아 최대 석유회사인 아람코의 지분 100%를 소유하고 있던 미국회사들이 이 100%를 모두 사우디아라비아에게 귀속시킵니다.

그야말로 빅딜입니다. 이후 야마니는 완전히 돌변하여 계속하여 증산을

해서 유가를 안정시킵니다.

[신7공주의 등장]

1. 사우디 아람코

2. 러시아 가즈프롬

3. 중국 CNPC

4. 이란 NIOC

5. 베네수엘라 PDVSA

6. 브라질 페트로브라스

7. 말레이시아 페트로나스

이들은 전세계 매장량의 1/3. 생산량의 1/3을 차지하니 완전히 이전 7공주를 압도합니다.

[말 안 듣는 7공주, 정리가 필요하다]

신 7공주는 미국에 대하여 적대시하고, 사우디 아라비아의 OPEC수장자리마저 넘봅니다. 특히 베네수엘라는 단일 세계 최대 매장량을 자랑하면서 브라질과 함께 신흥 산유 강국으로 부상하였지요.

사우디 아라비아와 미국은 다시 한번 단합을 합니다. 미국이 세일 가스를 사우디아라비아는 감산을 하지 않습니다. 유가는 점점 떨어지지요. 이제 견딜 수 있는 사람만 견디고, 견디지 못하는 사람은 모두 파산할 것입니다. 브라질과 베네수엘라가 벌써 살인적인 인플레이션으로 고난을 겪고, 러시아도 재정적자를 견디기 어렵습니다.

세계 석유시장이 확실히 사우디아라비아와 미국으로 재편될 때까지 저유가는 계속 될 겁니다.

왜냐구요? 단 둘이서만 석유시장을 좌지우지 해야 하니까요.

저유가와 경기둔화

전세계 경기 둔화로 저유가를 맞이하고 있다고들 합니다.

저유가 때문에 전세계가 경기둔화를 맞고 있다고들 합니다.

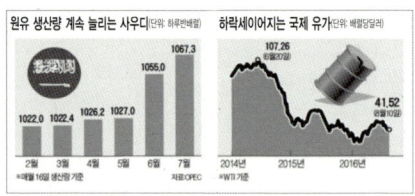

어느 말이 맞을 까요?

우선 끝없는 점유율 경쟁에 나선 사우디 아라비아가 감산을 하지 않고 계속 증산을 유지하고 있습니다. 이로 인해 유가는 끝없는 추락을 하고 있지요.

사우디 아라비아 계속 증산을 하는 이유는 무엇일까요?

첫번째로 생산단가에 있습니다.

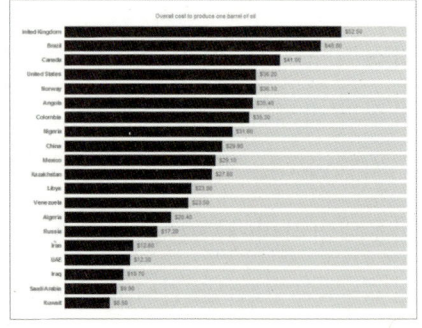

사우디 아라비아는 생산단가가 쿠웨이트와 더불어 10불이하입니다. 지금의 유가를 견딜 수 있는 몇 안되는 나라입니다. 지금의 유가를 유지할 수 있는 나라는 아마 이란까지 정도일 겁니다.

점유율이 왜 그리 중요한가?

미국의 셰일 가스는 생산단가가 60불입니다. 유가가 80불 정도 된다면 셰일 가스에 점유율을 내주게 되지요. 그리고 신흥 생산국들이 점유율을 높여 한정된 사용량에서 많은 나라와 경쟁을 하게 되겠지요. 결국 낮은 생산 단가로 판매를 하여 석유 소비자들을 독점하기 위해서는 점유율을 높이는 것이 제일 좋은 방법입니다.

저유가로 인해 산유 생산국들에서는 경제성장률이 정체되고 투자가 이어지지 않아 산유국에 수출을 하거나 건설 수주를 하던 나라들, 원유를 수입하여 정제하여 판매하던 많은 나라들이 GDP의 후퇴를 가져오고 있습니다.

주요 원유수출국의 GDP성장률[1]

(%)

	2004~07년	2008년	2009년	2010~13년	2014년	2015년[e]
사우디	6.9	8.4	1.8	5.7	3.5	3.4
이라크	3.1	8.2	3.4	8.6	-2.1	0.0
카타르	17.7	17.7	12.0	10.6	4.0	4.7
쿠웨이트	8.6	2.5	-7.1	4.2	0.1	1.2
UAE	6.9	3.2	-5.2	4.5	4.6	3.0
이란	5.8	0.9	2.3	0.5	4.3	0.8
베네수엘라	11.8	5.3	-3.2	2.4	-4.0	-10.0
러시아	7.6	5.3	-7.8	3.4	0.6	-3.8

주: 1) 음영부분은 유가상승기   자료: IMF WEO(2015, 10월)

우리나라 또한 석유화학 제품이 수출의 16% 이상을 차지하던 나라이기에 저유가로 인한 수출이 악화되고 있지요. 그리고 중동 건설 경기가 악화로 치닫고 있습니다.

하지만 제 생각으로는 저유가로 인해 세계 경제가 침체하였다고 보기에는 무리가 있습니다.

현재 세계 경제의 침체는 성장의 모멘텀을 찾기가 어려워 생긴 현상이라고 보이기 때문입니다.

세계 경제가 발전하는 과정을 보면, 산업혁명과 그 궤를 같이 합니다.

1차 산업혁명(증기)

2차 산업혁명(전기)

3차 산업혁명(컴퓨터)

4차 산업혁명인 컴퓨터 인터넷 융합기술은

앞선 3개의 산업혁명과 같은 파괴력을 보여주고 있지 못하지요. 이런 확실한 산업혁명과 같은 모멘텀이 없는 것이 현재의 세계 경제의 답보 상태를 일으키고 있는 주된 원인이라고 보입니다.

항상 신상품이 나오면 시장에 활력이 생기지만 어느 일정시간이 지나면 시장이 포화되어 더 이상 팔리지가 않게 됩니다. 아이폰이나 삼성핸드폰은 2000년대초 혁신의 바람을 일으켰지만 이제 시장이 포화되어 더 이상 혁신의 아이콘이 되고 있지 않습니다.

앞선 산업혁명과 같이 혁신적인 아이템이 개발되지 않는 다면 아마도 세계경제는 이미 포화된 상태에서 더 이상의 발전이 없는 답보상태를 유지하게 될 겁니다.

지금 세계는 4차 산업혁명을 띄우고 인공지능, 자율자동차등을 띄우고 있으나 아직 그렇게 파괴력이 높지 않은 것이 사실입니다.

지금으로서는 태양광에너지와 전기자동차가 제가 보기에는 유력한 아이템인데, 어느 정도의 속도를 낼 수 있을지도 궁금하구요.

저유가의 나비효과

저유가를 경제분야에서 호환마마(虎患媽媽) 보다 무서운 것이라고 하는지 잘 모르시는 분들이 많습니다.

우리들은 저유가이면 원자재 값이 낮아져 기업생산성이 좋아지고, 자동차 기름값이 낮아지고, 모든 생필품 및 전기등의 공공요금이 낮아져서 좋다고 생각합니다.

그런데 이상하게도 저유가가 시작된 후 세계경제는 저성장을 기록하고 있습니다. 왜 일까요?

- ✓ 우리나라는 2014년 약 939억달러의 원유를 수입하고 997억달러 정도의 석유화학제품과 정제된 원유를 수출했습니다. 반도체 자동차 보다 많은 수출액이지요.
- ✓ 또한 원유를 운반하는 각종 유조선과 시추에 쓰는 각종 플랜트를 세계에서 가장 많이 수주하는 나라입니다.
- ✓ 그리고 세계 산유국인 중동과 남미에서 많은 건설 발주를 받고 또한 많

은 상품을 수출하는 나라입니다.

그런데 이 모든 것이 한순간에 멈춰 버리게 됩니다.
- 저유가로 석유제품 수출 가격이 하락하고
- 유조선과 각종 플랜트는 모두 계약이 해지 되어 조선업이 큰 타격을 입게 되고
- 해외 건설업과 상품수출이 위축되니, 해운업이 큰 타격을 받습니다.

이제 아시겠나요! 저유가가 지금의 구조조정(해운업, 조선업)에 불어닥친 나비 효과를?

2008년 미국발 금융위기에서는 각국이 양적완화를 통해 디플레이션을 억제할 수 있었습니다. 마구 돈을 풀어서 말이지요.

그런데 저유가는 돈을 푼다고 해결되는 문제가 아닙니다. 그래서 호환마마보다 무섭다고 합니다. 감산을 통한 유가 상승 밖에는 방법이 없으니까요.

그런데 미국이 세일가스와 오일을 무기로 들고 나왔지요. 이것이 완전 결정타였습니다. 각 산유국은 재정적자를 메우기 위하여 감산을 할 수도 없는 처지이고요. 그로 인해 베네수엘라등은 살인적인 인플레이션에 생필품 구하기가 하늘에 별따기가 되었습니다.

과유불급(過猶不及) 이라 했지요. 무엇이든 지나치면 문제가 발생하는 것입니다.

기름값이 싸져서 자동차 타기가 수월 할 지 모르지만, 사실은 우리의 주머니는 점점 비워져 가고 있는 것이지요.

아무리 기름값이 싸져도 살 돈이 없어지면 문제 이겠지요.

이른바 유효수요의 감소에 따른 구매력의 감소가 발생합니다.

저유가 너무 지나쳐도 우리의 주머니는 비워지게 됩니다.

29.

태양광

종이가 고갈 될 것 같아 인터넷 신문이 발달 된 것이 아닙니다.

구리가 없을 것 같아 휴대전화가 발달 된 것이 아닙니다.

모두 차고 넘치는데도, 기술의 발전과 자본과 시장의 논리로 사양 산업이 된 것입니다.

경제에 대한 미래를 예측하면서 에너지 부분이 커다란 부분을 차지 합니다. 저유가로 세계경제가 휘청이는데, 지금의 저유가는 문제도 아닐 것입니다.

미래에는 혹자는 가스가 석유를 대체할 것이라고 하고 혹자는 태양광이 에너지원이 될 것이라 합니다.

저는 태양광에 한 표를 던지겠습니다.

이유를 설명해드리겠습니다.

1970년 이래 태양광의 상대적 원가 개선	원가개선비율
석유 대비	5,355배
원자력 대비	1,540배
천연가스 대비	2,275배
석탄 대비	900배

위의 표는 1970년대이후 태양광의 상대적 원가 계산율을 나타내는 것입니다. 석유대비 무려 5000배 이상의 원가 경쟁력을 가지고 있습니다.

지금 태양광은 다른 어떠한 에너지 보다 저렴하게 구입할 수 있습니다.

태양광이 1970년대 이후 각 에너지원 대비 원가를 낮춘 것입니다. 기준년은 2013년 입니다.

세계 최대 태양광 생산지인 독일은 2013년 전기 수요 100%를 태양광으로 공급한 세계 기록을 보유하고 있습니다.

현재 전체에너지 수요(전기, 운반등 포함)의 약 50%를 태양광으로 차지 하고 있지요.

여러분 놀라셨지요. 태양광이 이렇게 빨리 우리의 옆으로 다가 왔는지.

미국도 또한 급격하게 발전하고 있습니다. 워렌버핏이 태양광 발전소에 투자를 할 때 아무도 이유를 몰랐습니다. 그런데 워런버핏이 투자한 태양광 발전소는 현재 주당 가격이 5배가 올랐습니다.

미국은 각주가 앞다투어 신규 건물이나 주택을 지을 경우 태양광을 설치하면 특혜를 주고 있습니다. 랭커스터시가 대표적입니다. 이주는 전 주택과 건물에 태양광을 설치하고 2011년 전체 전기 공급량의 60%를 2016년 100%를 목표로 하고 있습니다. 이제는 전 미국의 주로 확산되고 있지요.

여러분들은 태양광이 낯설고 설치비용이 많이 들어간다고 생각하지요.

미국은 태양과 펀드와 금융이 있습니다. 태양광 설치를 약속하고, 수년간 고정 금액에 태양광 전기를 공급 받기로 하면 설치가 공짜입니다. 태양광 전기료에 설치비가 포함된 것이지요. 그리고 태양광은 생산비가 없으니, 공급업체로서도 만족스러운 거래입니다.

한가지 예를 더 들지요.

태양광 발전소는 두가지가 우려되지요.

- 날씨가 흐리거나 밤에는 어떻게 전기를 공급받나
- 여름 피크 때 전기 공급이 감당할 수 있는가

태양염이라는 것이 개발되었습니다. 열효율이 99%, 즉 태양에너지를 저장하고 다시 재생하는데 효율이 99%라는 것입니다. 리튬밧데리보다 비교가 안될 정도로 좋습니다. 단, 소형이 안되고 발전소와 같은 대형 발전소만 장치를 할 수 있다는 단점이 있지만 밤에도 전기를 공급하는 데는 전혀 문제가 없습니다.

여름 피크때 에어컨 때문에 전기 사용량이 최대입니다. 그런데 역설적으로 그런 때에 태양광도 최고조 이지요. 즉, 아무런 문제가 없습니다.

이제 아시겠지요? 왜 태양광이 주목을 받는지.

제가 보기에는 가스의 시대는 10년을 못 갈 겁니다. 왜냐하면 생산비용이 0원인 태양광과 경쟁을 할 수 없으니까요.

에너지원이 바뀌는 것은 기존의 7공주, 미국, 사우디의 영향력이 급격히 줄어든다는 것을 의미합니다. 현재의 의도적인 저유가가, 어쩔 수 없는 저유가가 될테니 말입니다.

그리고 월스트리트의 금융도 문제가 될 겁니다.

금융의 문제는 현재 대부분의 태양광이 지역조합, 크라우드 펀딩에 의해서 움직이고 있다는 것입니다. 심지어 수조달러까지 말입니다.

지역주민이 스스로 크라우딩 펀딩을 통해 조합을 만들어 자기 지역의 태양광에 투자하고 그 수익을 나누어 갖는 구조입니다. 그러니 굳이 월스트리트의 막대한 자금을 비싼 이자 주고 쓸 필요가 없지요.

에너지원의 변화는 세계경제에 센세이셔널한 충격파를 던질 것이고 그로 인한 세계 패권의 변화는 우리가 상상하는 것보다 훨씬 크게 다가올 겁니다.

한국의 태양광

전세계는 태양광으로 에너지를 빠르게 변환하고 있는데 한국에서만 예외인 듯 하여 걱정입니다.

지난 여름에 누진세에 대한 많은 논란이 있었으나, 결국 원전을 더 세운다는 등, 엉뚱한 결론만 내리고 만 한전과 정부의 태도를 보면, 에너지 정책의 백년대계에는 관심이 없고 단지 한전을 통한 수익에만 관심이 있는 듯 합니다.

[외국의 사례]

독일은 전력에너지의 경우 대부분을 태양광으로 공급하고 있고, 미국은 곧 태양광 전력에너지가 라스베가스의 밤을 100% 책임질 것이라는 것을 언급했습니다.

    EU의 신규발전소 용량은 태양광이 47%, 천연가스가 22%, 풍력이 21% 나머지가 기타10%입니다. 이렇게 전세계는 빠르게 태양광으로 변화해 가고 있습니다.

[태양광의 원가 경쟁력]

    태양광의 원가 개선비율은 더욱더 커질 것입니다. 왜냐하면 패널값의 하락이 당연히 예측되기 때문입니다.

    또한 태양염 배터리를 장착하여 에너지를 저장하고 이를 전환하는 효율이 매우 높아 저녁에도 전기를 공급하는데 아무런 문제가 없습니다.

[태양광 에너지의 손익계산]

수입 = 전력 수요 x 전력 가격

지출 = 연료비용 + 유지보수비용 + 보험비용 + 자본비용

연료비용은 태양이므로 공짜이고

유지보수비용은 킬로와트당 1센트 미만이고

보험비용은 자산비용의 0.3%

자본비용은 조달금액의 이자율입니다.

외국에서는 전력가격이 계약기간동안 안정적 입니다.

[한국의 경우]

위와 같은 이유 때문에 외국(미국)에서는 워렌버핏이 태양광에너지 발전소에 대규모 투자를 하였고, 다양한 금융기법과 클라우드펀딩이 발전을 했습니다.

하지만 한국에서는 태양광에 대한 발전은 정부와 한전의 무지와 탐욕으로 발전이 전혀 안되고 있지요.

위의 공식에서 언급된 전력 가격이 문제가 됩니다.

외국에서는 태양광발전소가 소비자에게 직접 판매를 하고 있지만 한국에서는 한국전력이 전기를 사서 공급하고 있고 그 가격은

전기의 도매가격인 SMP(계통한계가격) 가격과 REC(신재생에너지 공급인증서)의 합에 의해 결정되는데, 그 결정이 순전히 한국전력의 의도대로 싼 가격으로 결정된다는데 문제가 있습니다.

또한 한국전력에 전기를 파는 설비를 해야 하는데, 그 또한 한국전력의 독과점이라 막대한 비용을 지불해야 하는 것입니다.

결국, 말로만 신재생에너지 육성이지, 속으로는 신재생에너지 기업을 모두 도태시키겠다는 속셈이지요.

[에너지의 미래]

원료가 생산되지 않는 우리나라는 매년 막대한 비용을 지불하고 에너지 원료를 수입하고 있습니다.

하지만 원료 비용이 0인 태양광을 사용하면 이런 막대한 수입을 줄일 수 있는데도, 왜 정부와 한국전력은 그렇게 하지 않을까요?

아마도 전력에 대한 기득권과 이를 통한 수입원을 빼앗길 까봐 두려워서 그럴 겁니다.

- 정부에서는 모든 아파트의 옥상에는 건축허가시 태양광 설치를 기본 의무화하고
- 생산된 전기는 아파트 주민들이 저렴한 비용으로 사용하게 하고
- 한국전력은 단순히 전기를 구매하는 것이 아니라, 전기를 배달하는 사용료만 받으면 되는 것입니다.

에너지 수입을 위해 막대한 재정을 낭비하고, 낭비된 비용은 모두 국민의 부담으로 돌아가며, 다른 나라에 비해서 너무나도 뒤떨어진 에너지 정책을 구사하는 한국전력과 정부가 안타깝습니다.

30.

태양광

오늘은 금융권에서 일하는 후배들을 위하여 새로운 금융자본시스템을 소개하려고 합니다.

한국의 금융업에 종사하는 금융인들은 창조적인 금융인이라기 보다는 기능형 금융인입니다.

남이 하는 것을 보고, 그것을 숙달되게 얼마나 잘 따라하느냐에 따라 성패가 갈린다고 보지요.

저는 개인적으로 금융업에서도 창조와 혁신이 그 성패를 가른다고 보고 있습니다.

그래서 끊임없이 세계경제의 흐름을 읽고 새로운 패러다임으로 미래를 예측하는 자만이 성공하는 금융인이 될 수 있다고 생각합니다.

제 후배들은 고전경제학책, 인문/사회학, 그리고 다양한 기술서적을 읽는 저를 보고 참 시간이 많아 한가롭 다고들 생각하는 것 같습니다.

저에게 애널리스트가 되었다면 정말 뛰어났을 거라고 말하는 후배도 있습니다.

하지만 저는 애널리스트가 아니라 미래를 예측하고 한발 앞서 사람들의 마음을 읽은 스티브 잡스를 존경합니다.

그리고 그가 보여준 미래에 대한 소비자의 마음을 사로잡은 생각을 발등이나마 따라 가고 싶습니다.

이제 새로운 기법의 금융을 소개하고자 합니다.

모자이크 기업

모자이크는 태양광 크라우딩 펀딩 기업입니다. 모자이크 설립자들은 태양광 사업이 P2P 시장에 최적의 사업이라 생각했고, 2013년 1월에 설립되어서 12월에 3,000명으로부터 600만달러를 모금했습니다. 태양광이 크라우딩 펀딩에 적합한 이유가 있습니다.

지역사회에서 돈을 모아 투자를 하면 값싼 전력을 기존의 전기료 보다 싸게 구매할 수 있기 때문이었습니다. 초기 설치비용만 부담하면 한계비용이 0인 태양광 에너지 사업은 누가 나서서 초기 비용을 지불하느냐로 시작이 어려운데, 이렇게 여러 사람이 모아 투자비용을 지불하면

실제로 내가 내는 전력비용보다 싸다는 것을 알 수 있지요. 모자이크 크라우딩 펀딩에 참여한 사람은 연간 안전하게 4~5%의 수익을 올리고 있습니다. 월스트리트에서 하루종일 증권 시세를 쳐다보는 것보다 훨씬 고수익의 모델인 것이지요. 모자이크는 최종 1조달러의 모금을 기획하고 있습니다.

선에디슨

선에디슨은 2008년 태양광에 혁신적인 금융서비스를 도입했습니다

서비스로서의 태양광이라는 개념을 도입한 것이지요 사용자가 태양광계약을 하면 사용자의 지붕에 공짜로 태양광 설비와 유지보수를 담당합니다. 대신 사용자는 15~20년동안 태양광 전기를 정해진 금액으로 지불해야 합니다. 지불에 대한 담보는 집이며, 집을 팔아도 산 사람이 이 계약을 인계받아야 하는 조건이지요.

그런데 재미있는 것은 일반적인 할부 프로그램 같은데, 아무런 계약금도 없고, 자기가 써야 하는 전기료를 80% 수준에서 구매하다 보니 사용자는 공짜로 느껴지는 것입니다.

이것이 가능한 이유는 태양광은 한계비용이 0이라 4-5년이 지나고 나면 모든 사용자가 지불하는 전기료가 모두 수익이 된다는 점입니다.

이제 솔라시티, 선랜같은 대형 태양광 회사들이 이 사업에 참여하고 있습니다.

계약 기간이 끝나면 장비를 헐값에 인수하거나, 철거할 수 있도록 했지요.

하지만 싼 전기료를 구매한 사용자들은 굳이 철거하기보다는 헐값에 인수하려 들겁니다.

유동화 증권

솔라시티는 태양광 시설과 그로 부터 얻어지는 수입을 담보로 자산유동화 증권을 발행했습니다. 수익율 4.8%이며 13년짜리입니다. 미국의 무디스등 신용등급회사 BBB+등급을 주어 모두 팔렸습니다.

그런데 재미있는 것은 이 자산유동화증권는 부동산등 현물을 담보로 한 것이 아니라 태양광 설치 후 얻어지는 수입을 담보로 했다는 것입니다. 즉 매출채권담보부 증권이었습니다. 흔히 말하는 ABS 입니다.

예를 들어 몇년전에 아시아나 그룹이 현금유동성 위기를 겪었을 때, 1년에 예상되는 비행기표 매출을 담보로 매출의 80%에 해당되는 담보부 증권을 발행했습니다. 이것과 같은 것이지요.

태양광으로 인해 확정된 매출을 담보로 이것을 유동화증권으로 만들어 판 것입니다.

이렇게 들어온 수입으로 솔라시티는 더 많은 태양광을 만들고, 이로 부터 들어오는 수입을 담보로 또 다른 증권을 발행하여 계속 태양광을 늘려나가는 것입니다.

태양광은 기존의 금융과는 전혀 다릅니다. 은행이나 월스트리트의 기존 금융체계로는 도저히 이해가 안되는 시스템입니다.

기존의 금융시스템은 담보를 따집니다. 그리고 한계비용에 따른 담보가치의 상승, 또는 하락을 점쳐서 금리를 정하고 투자, 대출을 합니다.

그런데 태양광은 설치비만 들어가고 그 이후로는 비용이나, 투자가 필요없는 한계비용 0의 사업입니다.

석유, 가스등은 사용할 수록 더 깊이 파야하기에 사용하면 할 수록 한계비용이 점점 더 커집니다. 그런데 태양광은 설치하면 더 이상의 투자가 없으니 한계비용이 0이라는 것이지요.

그리고 수익이 확정됩니다.

이 수익은 모두가 반드시 지불해야 하는 전기료 라는 것입니다.

살지 말지를 고민하는 자동차가 아니라는 것이지요.

그래서 태양광은 새로운 금융패러다임을 가져올 수 있고 매력적인 시장입니다.

우리나라의 증권사, 창투사등은 단순히 패널만드는 회사에 기술력에 투자하려고 하고 있고, 회사의 담보만을 보고 대출을 하려고 합니다.

태양광 사업은 기술 만드는 회사에 투자를 하는 것이 아니라 태양광을 운영하는 회사에 자금을 운용하는 사업입니다. 그런데 이런일을 해본적이 없으니 생각도 못하는 것이지요.

- ✔ 수익이 확정되고
- ✔ 한계비용이 0인 사업인데
- ✔ 왜 금융인들은 생각도 하지 못할까요?

새로운 금융기법을 도입하여 혁신적인 금융시스템이 도입되기를 기원합니다

31.

이탈리아

　　　　　소위 말하는 피그스 국가들이란 포르투갈, 아일랜드, 이탈리아, 그리스, 스페인등 2008년 금융위기 이후 유럽발 금융위기를 일으킨 나라들의 영문 첫자를 딴 이름입니다.(PIIGS)

　이중 이탈리아의 문제가 중요하게 대두 되는데 이유가 있습니다.

　이탈리아는 인구규모 세계 23위, 경제규모11위인 나라이지요. 이탈리아는 북부는 수출경쟁력이 뛰어난 제조업 기반이고, 소득수준도 높은데 반해, 남부는 소규모에 생산성도 떨어지고, 대부분이 농업종사들이 많지요.

　이탈리아정부는 정치적 결단으로 남부와 북부를 통합하여 북부의 재원으로 남부의 재정적자를 메우려는 시도를 했는데, 그것이 실패해서(필요한 만큼의 세수가 걷히지 못함) 정부의 부채가 날로 높아지고 있는 것입니다.

　그런데 다행히도 GDP대비 부채율이 그리 높지 않다는 평가도 있지만 제가 자세히 들여다보니 그렇지만도 않은 듯 합니다.

이유는 인구증가율은 세계 230개국중에서 158위, 출생률은 207위, 중간 연령은 43.5세, 전체 국민의 20%가 이미 65세를 넘겼고, 2035년에는 전체인구의 1/3이 65세를 넘을 거라고 합니다.

상품 수출을 하고 그로 인한 경상수지 흑자가 발생하고, 세수가 충분히 걷혀야 부채를 갚을 수 있는 희망이 있는데, 말 처럼 쉽지 않을 듯 합니다.

특히 주요 은행들의 NPL 자산이 눈덩이처럼 늘어나는 마당에 은행하나라도 부도가 나면 그 은행 시스템을 유지하기 위해 천문학적인 국채를 발행해야 할 것이고 그러면 국가 부채는 기하급수적으로 늘어날 겁니다.

이탈리아 은행들의 대규모 파산을 막기 위하여 정부가 구제금융정책을 발표한후, 신용등급 회사들은 일제히 이탈리아 국가의 신용등급을 BBB+에서 BBB로 하향했지요.

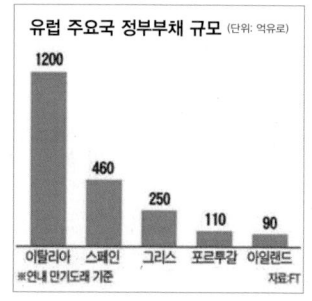

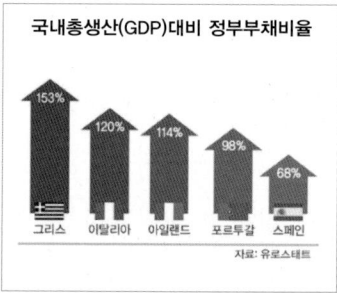

이탈리아는 해가 갈수록 경상수지 적자폭이 커지고 있습니다.

유로 통합이전에는 발권력을 이용하여 환율을 절하해 수출을 높여서 유지했고 이제는 통합이후 싼 국채이율을 가지고 버티고 있지만 그리 오래 버틸 수 있는 상황은 아닌 듯 합니다.

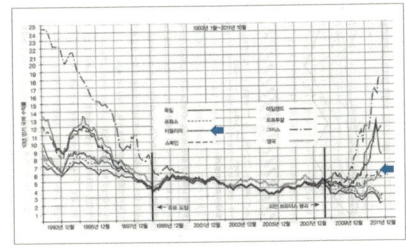

국채 수익률이 계속 오르고 있는 상황이 불안하기만 한 것이지요.

저렴한 국채로 인해 버티고 있는 이탈리아가 만일 국채수익률이 높아지면 부채가 기하급수적으로 늘고 조달도 어려워져 갑자기 난망한 사태가 벌어질 수 있기 때문이지요.

유럽 경제 3위의 경제대국이어서 쉽게 문제가 되지 않을 것이라는 평가도 있지만 주변의 상황이 그리 순조롭지만은 않은 듯 합니다.

베네수엘라

베네수엘라의 외환보유고가 100억달러(11조 3400억 원) 밖에 남지않았다고 합니다. 그나마 이중 70억달러는 금이라 채무를 갚는데 어려움을 겪을 것으로 보입니다.

이는 베네수엘라가 올해 디폴트(채무불이행)에 빠질 위험에 처해 해외에서 식료품이나 의약품을 들여오기 위해 추가 대출을 받을 수 없다는 뜻입니다.
베네수엘라는 올해 안에 60억달러의 채무를 갚아야 하지만 이를 유일한 수입원인 원유 수출로 채울 수 있을 것이라는 예상은 저유가로 인해 난망한 상황입니다.

베네수엘라의 외환보유고는 2011년 300억달러에 달했으나 2015년에는 200억달러로 줄었고 국제통화기금(IMF)은 베네수엘라의 물가상승률이 720%로 치솟고, 실업률은 25% 이상으로 폭등할 것으로 예측했습니다.

지금까지 베네수엘라 정부는 시민들을 위한 식료품이나 의약품 수입대금을 치르기 보다는 채권자에게 빚을 갚는 쪽을 선택했는데, 이에 베네수엘라에서는 현 정부에 심각한 경제 위기의 책임을 묻는 시민들의 시위가 연일 계속되고 있고, 야권과 지지자들은 니콜라스 마두로 대통령의 실정으로 식품·생필품 부족, 살인적인 인플레이션 등으로 경제가 파탄 났다며 대통령 퇴진을 요구하고 있습니다.

차베스 대통령시절 높은 유가로 인해 중남미의 탈 미국정책을 적극적으로 시도하며, 국가 생필품을 수입해 싼값에 시민들에게 공급하는 정책을 사용했지만, 저유가의 현재 시대에는 적응을 하지 못하고 있는 실정입니다.

결국 베네수엘라가 만일 디폴트 상황이 되면 이전 처럼 석유 세계의 헤게모니를 장악하고 있는 7공주들이 헤지펀드를 이용해 국가에 대출을 해주고 유전을 인수하는 형식의 딜이 일어날 가능성이 아주 농후합니다.

특히 현 정부는 트럼프 대통령의 인수위에 50만불을 기부하는 등 친미성향이 강해 정부의 무능과 부패와 어우러져 또 다른 경제식민지화 되기 쉬운 나라로 인식되고 있습니다.

앞서 저유가에서도 언급했지만 저유가의 원인은 다음과 같습니다.

수요측면을 살펴보면, 중국의 수요증가율의 둔화 입니다.

2010년에서 2014년 까지 전 세계 유가 수요증가분의 거의 절반 수준(47%)을 중국이 차지했었는데,

2008년 세계금융위기(서브프라임)와 2010년 남유럽 재정위기 이후, 최근 중국의 원유수요는 크게 줄어든 상황입니다.

또한 세계 용도별 원유소비 비중을 살펴보면,

수송용 55%, 산업용 29%, 전력용 5.5%, 기타 10.5% 인데(@자료: 2015. 브리티시 페트롤 British Petrol)

최근의 저유가 기간(2014년 ~ 2016년) 동안, 특히 세계 자동차 판매증가율은

전고점을 돌파하지 못하면서

지속적으로 하락 하는 모습을 보여주고 있습니다. 여기에 엘리뇨 현상 등의 환경적 요인으로 소폭이지만 난방유 수요도 줄어든 모습을 보여주고 있으며, 전기차 수요 증가와 신흥국의 경기부진 등 여러 복합적인 요인으로 수요측면에서 원유 소비는 당분간 회복이 어려워 보인다고 할 수 있습니다.

다음은 공급측면인데, 우선 재정수입과 수출의 대부분을 원유에 의존하는 국가들, 즉 중동 산유국과 함께 러시아, 브라질, 베네수엘라, 멕시코, 나이지리아 등의 경쟁적 공급과잉이 지속되고 있다는 점을 들 수 있겠습니다. 여기에 셰일오일 등의 비전통적오일 공급 등도 포함할 수 있습니다.

세계의 원유에 대한 수요가 줄게 되면, 국가 재정수입의 상당부분을 원유에 의존하는 이들 국가들은 당연히 수입이 줄게 됩니다.

따라서 그전까지 행해왔던 자국내 지출수준 또한 어쩔 수없이 낮춰야 하는데, 이는 결국 정권의 신뢰로 이어지게 됩니다. 따라서 저유가로 줄어든 수입을 보전하기 위해서는 원유 공급을 줄일수가 없는 상황이며, 이러한 사정은 결국 이들 국가들의 감산 합의를 어렵게 만드는 요인으로 작용하게 됩니다. 또한 원유시장에서는 시장지배력이 상당히 중요하기 때문에 오히려 산유국간 경쟁에 들어가는 모습을 보여주기도 하였습니다 설상가상 2016년 1월 이란의 경제 제재가 풀리면서 이란의 원유수출이 재개됐는데, 이로 인해 산유국간 (공급)경쟁은 더 심화되었다고 할 수 있습니다.

가난한 자의 주머니를 채워라

블룸버그에 따르면 이란의 일평균 원유 생산량 규모가 대략 360만 배럴 수준이라고 하는데, 재고만 해도 4천만 배럴이 넘는다고 하니, 당분간 세계시장에서 원유의 초과공급은 지속될 것으로 보입니다

수요는 부진한 상황이며, 당분간 공급은 과잉상태를 유지할 것으로 보이기 때문, 원유수출이 정부수입의 대부분을 차지하는 국가들에게는 상당한 고통이 따를것으로 생각됩니다.

특히 이라크와 베네수엘라는 원유수출 비중이 무려 90%가 넘는 국가들입니다. 그래서인지 이들 국가들은 저유가 기간중에 재정수입과 지출에 상당한 변화를 겪었는데, 2015년 기준으로 보면 베네수엘라는 재정수입은 5%p 줄었지만, 재정지출은 4.5%p 증가했었습니다. 다시 말해 베네수엘라의 전체 재정수입이 그 전에는 100개라고 했을 때, 2015년에는 95개로 줄었으며, 지출은 오히려 104.5개로 증가했다는 뜻입니다. 그렇다면 수입과 지출의 차이 9.5개는 결국 정부가 빚을 내야했다는 것인데 IMF는 베네수엘라를 포함한 일부 산유국(원유 의존도가 높은 국가들) 들의 정부부채 상환 소요 년수를 따져보니 베네수엘라 3년, 이라크, 멕시코, 브라질 2년, 나이지리아 1.5년 등으로 예상된다고 발표했습니다.

한마디로 정부의 전체 수입을 모두 빚을 갚는데 사용했을 때의 상환기간을 말하는 것입니다. 그렇다 하더라도 베네수엘라는 다른 산유국들에 비해

유독 이렇게 힘든 시기를 보내고 있는 가장 큰 이유 중 하나는 바로 〈고정환율제〉 때문입니다. 원유수출로 먹고사는 베네수엘라에게 저유가는 바로 경상수지 악화(적자)로 이어지게 됩니다.

이것은 결국 총수요 감소로 이어지는데, 총수요 감소는 GDP감소와 고용 축소(실업 발생)를 가져오게 되며 여기서 무엇보다 중요한 것은 바로 〈외환 매커니즘〉인데

예를 들어, 수출은 100을 했지만, 수입은 200을 했기 때문에 시장에서는 달러의 초과 수요로 이어지게 됩니다. 수출규모를 초과한 수입 100만큼의 달러를 확보해 수입대금에 사용해야 하기 때문입니다.

결국은 외환시장에서는 환율상승(베네수엘라 통화가치 하락)이 일어나고, 정부는 고정환율제 때문제 종전의 환율을 유지하기 위해서 달러를 풀어야 합니다. 한마디로 달러를 팔고 볼리바르(베네수엘라 통화)를 매수해야 하는데, 이것은 결국 자국 통화인 볼리바르의 공급 감소로 이어지게 되는 것입니다. 그리고 시중의 부족한 돈(볼리바르)을 위해 통화를 증발(돈을 찍어냄) 하게 되면, 통화가치는 더욱 더 하락하게 되면서 생필품 상당부분을 수입하는 베네수엘라 입장에서는 달러 부족으로 더 극심한 인플레이션을 겪게 되는 것입니다.

사정이 이렇다 보니 베네수엘라의 외국 자본유출은 말할 것도 없고, 경제성장률 또한 유가 상승기였던 2010년~2013년 기간 동안은 약 2.5% 였는데,

본격적인 저유가 시기였던 2014년 (-)4%, 2015년엔 무려 (-)10%로 심각한 마이너스 성장을 기록하고 있는 중입니다.

이러한 상황속에서 정부와 정치인에 대한 신뢰하락은 결국은 사회 전체에 대한 포퓰리즘적 양상으로 나타나기도 했으며, 심각한 인플레는 통화증발(고액 화폐 발행) 같은 또 다른 불안 요소를 낳고 있기도 합니다.

저유가, 에너지에 대한 헤게모니등 복잡한 정치적, 경제적 싸움이 지금도 세계에서는 진행되고 있지요.
하지만 한국이 이런 이탈리아, 베네수엘라등의 외적인 요인에 관심을 가지게 되는 이유는 수출을 위주로 한 신흥 개발도상국가이기에 외적인 충격에 약한 경제구조를 가지고 있기 때문입니다.
우리나라의 가계부채 문제와 산업구조조정이 마무리 될 때까지 외적인 충격이 없기를 바랍니다.

32.

이슬람

　　　　　기독교, 천주교, 이슬람 모두 유일신 하느님을 믿지만 부르는 말이 다릅니다. 한국어로는 하나님, 하느님, 알라 라고 부르지요.

　하느님이 유일한 자손으로 아브라함을 선택하시고 아브라함의 믿음을 확인하기 위하여 아들을 제물로 바치라고 명하시지요.

　이에 아브라함이 아들을 제물로 바치려는 순간 하느님이 멈추게 하시고, 아브라함의 믿음을 확인하십니다.

　아브라함에게는 사라라는 부인과 하갈이라는 부인의 몸종이 있었지요. 아브라함이 86세가 되고 부인도 나이가 들어 몸종인 하갈이 대신 임신을 하고 그녀가 아들을 낳았는데 이름이 이스마엘입니다.

　이후 사라도 아이를 낳았는데 그 이름이 이삭입니다.

　천주교와 기독교는 이삭의 후예이고 이슬람은 이스마엘의 후손이라고 하지요.

코란에서는 이스마엘과 하갈을 쫓은 것이 아니고 아브라함이 이스마엘을 데리고 메카로 갔다고 적혀있습니다.

이후 마호메트가 나타나고, 마호메트의 사후 후계자 자리를 놓고 권력 다툼이 벌어지는데 당시 권력 후계자로 지목된 마호메트의 사촌 사위인 알리가 암살되고 그의 아들이 아버지의 원수를 갚고자 전쟁을 벌였는데, 동료들의 배신으로 52명의 전사만 남아 끝까지 싸우다가 전사를 합니다.

그래서 이후 이슬람은 전통 혈연에 의한 후계자가 계승되어야 한다는 이 맘제도를 주장하는 시아파와 합의에 의해 후계자를 선택하여야 한다는 칼리파 제도를 주장하는 두파로 나뉘었는데, 이 파를 수니파라고 합니다.

아랍은 사우디 아라비아를 중심으로 하는 수니파가 90%이고 이란을 중심으로 한 시아파가 10% 정도 됩니다.

카타르

카타르는 전세계 1인당 GDP1위 국가입니다. 12만 5천불이지요.

카타르 왕실의 소유인 유명한 알자지리 방송이 있지요

알자지리의 뜻은 아랍어로 섬이라는 뜻입니다.

지도에서도 알 수 있듯이 거의 섬의 모양을 한 삼면이 바다인 나라가 카타르 입니다.

뒤로는 사우디아라비아와 아랍에미레이트, 앞으로는 이란이 있습니다.

이 나라는 석유보다 더 많은 것이 LNG로 전세계 매장량 3위를 기록하고 있으며 주요 수출국이 한국과 일본입니다.

막대한 부를 통해 2022년 월드컵을 유치했고, 도하 아시안 게임도 유치한 적이 있습니다.

카타르의 이번 단교 사태는 중동에서 가장 급진적이고 서구화된 주체사상이 발달한 카타르의 태도 때문이라고 하지요.

수니파의 좌장격인 사우디아라비아의 말을 잘 따르지 않고 독립적인 외교 정책을 발휘하고 알자지리 방송이 아랍을 넘어 세계적인 영향력을 갖는 것을 사우디 아라비아 눈에 가시처럼 생각한 것이지요.

특히 알자지리 방송은 사우디 아라비아에서 방송을 금지시키고 방송관계자를 추방한 사람들을 카타르가 받아 들여 왕실의 방송국으로 키워낸 후, 중동의 CNN이라는 명성을 얻을 정도 입니다.

이렇게 세계가 중동정세에 촉각을 곤두세우는 것은 바로 석유값 때문이지요.

중동정세가 불안해지면 유가가 상승하는 추세이기에 더욱 그렇습니다.

그런데 이번에는 반대로 유가가 하락했지요.

이런 중동의 서로간에 반목이 감산의 합의를 어렵게 할 것이라는 우려 때문입니다.

카타르는 사우디 아라비아의 입장에 사사건건 견제를 하는 나라로 알려져 있고, 본인들은 수니파이면서 시아파인 이란을 두둔하는 중립적인 입장을 취하는 나라입니다.

또한 외교적으로 아랍의 문제가 터질 때 마다 수니파와 시아파의 중도적인 입지를 강화하여 중재자로서의 역할로 점점 외교적인 영향력을 넓혀가고 있지요.

이런 카타르의 성장이 주변 아랍 국가들에게는 위협으로 느껴진 듯 합니다.

이제 육로는 모두 막혔고, 해상을 제외한 항공도 도하를 중심으로 중동의 관문역할을 하던것이 모두 막히게 되었습니다.

경기도 정도의 면적에 인구는 290만 정도인 카타르가 어떻게 정치적 역할과 위치를 유지할 지도 궁금합니다.

이번 사태가 발생하자 이란이 바로 식료품을 카타르에 공급하겠다고 나선 것도 이런 정치적 역학관계가 있기 때문이지요.

이번 사태는 경제적 영향보다 오히려 정치적 영향이 더 클 듯한 사태로 보입니다.

chapter 3

금융경제학

1.
사모펀드

일반적인 사모펀드의 구성은 다음과 같습니다.
기관투자가(LP) ⇨ 사모펀드(GP) ⇨ 유한회사 ⇨ 레버리지이용(LBO) ⇨ 기업인수 ⇨ 수익극대화 ⇨ 매각 ⇨ 수익배분

기관투자가로서는 연기금, 아부다비투자청, 대학교등이 있고 이들은 유한책임파트너로 펀드에 투자하면 사모펀드 회사가 책임파트너로 자금을 기업인수에 운용하고, 운영보수로 1~1.5%를 받고 수익중 80%를 투자자에게 20%를 사모펀드가 나누어 가지게 됩니다. 인수시 인수회사의 자산을 담보로 은행의 레버리지를 이용하는 LBO (Leverage Buy Out)를 이용해서 자기자본의 몇 배에 해당하는 기업을 인수하고 소위 말하는 금융공학기법을 이용하여 회사의 경영철학이나 마케팅은 관심이 없이 오로지 수익성과 생산성 극대화를 통

해 빠른 시간안에 다시 매각하는 비즈니스 형태를 가지고 있지요.

그래서 1998년 외환은행을 인수한 외국계 사모펀드 론스타나 , 기타 기업사냥꾼이라는 이름을 가진 사모펀드가 많이 있습니다.

대표적인 사모펀드는 칼라일, TPG, KKR, 블랙스톤이 있는데, 각각의 특색이 조금 다릅니다.

칼라일은 군수, 블랙스톤은 부동산, TPG는 에너지등등 이렇게 전문분야가 다르지만 기업인수라는 점에서는 특정분야를 막론하고 돈 되는 기업은 모두 인수의 대상이지요.

지난 20년간 세계의 M&A 시장이 1조 1천억달러 이하로 떨어진 적이 없을 정도로 사모펀드는 막대한 자금력을 바탕으로 미국의 유명회사들을 거의 인수했지요, 장난감 토이젤라스, 레고랜드, 허츠렌터카, 힐튼호텔 등등, 미국인들의 생활 속에 등장하는 대부분의 업체가 이미 사모펀드에 의해 경영되는 실정입니다.

이런 사모펀드에 대해서는 두가지 의견이 있지요. 한가지는 악의 축입니다. 기업의 철학, 가치관은 없고 무조건 싼값에 인수 후, 생산성과 수익성을 단기간에 높이기 위해 직원들을 구조조정하고 급여를 삭감하고 계약직 사원의 비율을 높이는 등 말 그대로 사회정의경제에 반하는 돈만을 위한 기업의 형태를 가진 악의 축이라는 의견과 기업의 구조조정과 한계기업의 재생이라는 측면에서 경제의 꼭 필요한 부분이라는 긍정적인 의견이 있습니다.

저는 개인적으로 부동산 사모펀드를 위주로 운영을 했기에 기업 경영 분야는 잘 모르고, 대신 부동산 실물, 오피스, 상가, 호텔 등을 인수하여 2-3년 내에 리노베이션, Cap Rate, Irr, cash on Cash 등을 맞추어 레버리지 효과까지 포함하여 200-300%의 수익을 창출하는 일을 많이 했습니다.

사실 제가 여러 회계사들에게 읽기를 권유한 "스토리 텔링의 힘과 기업", "스타트업"과는 많이 동 떨어진 직업이었지요.

1970년대부터 등장한 사모펀드는 1990년대 꽃을 피워 현재는 몇 백억 달러부터 몇 천억 달러를 자산으로 소유한 거대 금융 자본이 되었습니다.

한국에도 인베스트코, 블랙스톤, 오크트리등등 10여개의 해외 부동산 사모펀드가 들어와 운영을 하고 있습니다.

사모펀드 (GP)와 투자자 (LP) 사이에는 협약이 맺어져 환매조건, 수익률 배분, 운용보수요율, Capital Call 방식등에 대하여 자세히 협약을 맺습니다.

한국에서는 미래에셋의 사모펀드가 가장 유명한 것으로 알고 있습니다. 제가 해외에서 미래에셋의 성공담으로 알고 있는 것은 골프공 타이틀리스트 업체를 인수하고 상장을 시킨 스토리 입니다.

저는 미국계 P사모펀드에 근무하다가 O사로 인수 합병되면서 P사의 경영진과 다시 헤지펀드를 만들어 근무하게 되었지요.

헤지펀드

한국에서는 헤지펀드를 고위험 고수익으로 알고 있지만 원래 헤지펀드는 그런 고위험 사업에만 투자를 하지 않습니다.

왜냐하면 헤지펀드 자체가 단어가 말하는 것처럼 "Hedge Fund", 위험을 헤지하는 펀드라는 뜻입니다.

원래는 Hedged Fund였는데, 일반적으로 외국 금융기관은 D를 사용하지 않아서 Hedge Fund라고 불리웠습니다.

헤지펀드는 1949년 알프레드 존스라는 사람에 의해 처음 시작되었다고 하지요.

저와 비슷한 이력을 가진 사람입니다. 기자이면서 사회학자, 그리고 수학에 능한 사람이었습니다.

이 분은 사람들이 주식을 투자할 때 불(Bull., 상승장)마켓에 대한 기대감만을 가지고 주식에 투자하다가 실패하는 것을 보고, 어떻게 주식 투자를 하면 베어(Bear, 하락장)마켓에서도 손해를 보지 않을 것인가를 연구했습니다.

그리고 헤지펀드의 고전이고 지금도 유지되는 다음 법칙을 만들었습니다.
① 항상 숏(공매도)를 쳐서 하락장을 대비해라
② 항상 레버리지를 이용해 수익을 극대화 하라
③ LP는 수수료의 20%를 받는다.

1. • 사모펀드

이렇게 헤지펀드는 각종 금융상품, 파생상품, 환율, 채권, 금등에 투자를 하되 공매도를 이용하여 리스크를 어느 정도 헤징하는 것을 원칙으로 합니다 여러분들이 오해하고 있는 무조건 High Risk High Return이 절대 아닙니다. 여기서 용어 설명을 하면 롱포지션이라는 것은 매수를 의미하고 숏포지션이라는 것은 매도를 의미합니다.(원래 영어의 단어 뜻이기도 합니다 사전 단어의 뜻 풀이중 맨 끝에 나옵니다.)

즉, 어떤 금융상품이 상승할 것이라는 것에 베팅하는 것을 롱포지션, 하락할 것이라는 것에 베팅하는 것을 숏포지션이라고 하지요.
그리고 사모펀드에서 인수하는 기업의 자산을 담보로 차입하는 것을 LBO 방식이라고 했다면, 헤지펀드에서는 Margin Loan이라는 것을 사용합니다.

즉, 자기가 사려는 금융상품을 매수할 때, 자기자본 10~20%, 나머지를 인수하는 금융상품을 담보로 대출을 일으켜 사게 됩니다. 이때 자기자본 10-20%를 증거금, 차입을 Margin Loan이라고 하지요. 그런데 롱텀캐피탈의 파산과 같은 사태가 벌어진 이유는 헤지펀드의 금융 차입에는 Margin Call이라는 특수한 제도가 있습니다.
마진 콜이란 대출 기관이 상환을 요청하는 경우 24시간 이내에 보유한 금융상품을 매도하여 상환을 해야 하는 것이지요. 그런데 보유한 금융상품을 매도하지 못하거나 막대한 손해를 입게 된다면 결국 차입금을 상환하지 못해 파산을 하게 됩니다.

외국에서는 헤지펀드가 창업을 하기에 무척이나 쉽습니다. 2-3만불만 있으면 헤지펀드를 만들 수 있고, 헤지펀드는 다음 4가지 요소만 있으면 누구나 만들 수 있지요.
① 돈(적거나 많거나)
② 변호사
③ 회계사
④ 프라임 브로커

나머지는 대부분 알 수 있는 것이고 프라임 브로커라는 것은 바로 증권회사를 말합니다. JP모건, 골드만삭스등의 증권회사들은 헤지펀드에게 다양한 서비스를 제공하고 대신 헤지펀드는 프라임 브로커의 증권회사를 이용하여서만 금융상품 거래를 합니다.

프라임브로커는 서비스를 제공한 헤지펀드중 성공한 헤지펀드가 나오면 그로부터 나오는 증권 수수료로 엄청난 수입을 올릴 수 있지요. 어쩌면 헤지펀드 인큐베이팅 역할을 하는 헤지펀드 벤처캐피탈 회사와 같은 역할을 한다고 보면 됩니다.

대표적인 헤지펀드는 조지소로스, 타이거펀드, 롱텀캐피탈, 베어스턴스등이 있습니다. 그리고 보니 그중 2개가 파산을 했군요.

　사모펀드가 주로 기업에서 경영을 전문으로 하는 전문 경영인들 위주로 구성되고, 헤지펀드는 경제학자 출신들이 많습니다.
　그 이유는 사모펀드는 기업인수와 인수기업의 가치 극대화라는 측면에서 전문 경영인들 출신이 많은 것이고, 헤지펀드는 거시경제를 잘 알아 롱포지션과 숏포지션을 잘 구사해야 해서 거시경제 출신, 심지어 노벨상 수상자까지로 구성이 되어있습니다.
　사모펀드와 헤지펀드를 비교하면 다음과 같습니다.

구분	사모펀드	헤지펀드
구성원	전문경영인	경제학자, 펀드매니저
차입	LBO, 제한없음, 자본금 2-5배	Margin Loan, 제한없음 증거금 2-5배
투자자	기관 80%, 개인 20%	기관 20%, 개인 80%
운영기간	최대 5년 이상	최소 1-2년
투자대상	부동산, 구조조정기업	주식, 채권, 통화, 상품, 파생상품
공시	비공개	비공개
정보공개	비공개	비공개

나의 민 낯

제가 병상에 누워 있을 때 스티브 잡스의 유언이 떠 올랐습니다.

"죽음이 가까워 온 지금 내 머리 속에는 아름다운 추억보다 돈과 명예를 쫓아 살아온 추악하고 건조한 내 삶의 단상들 만이 가득합니다. 여러분 죽을 때 머리 속에 아름다운 추억을 떠 올릴 수 있는 삶을 사세요"

저 또한 병상에 누어 있으면서 하반신 마비를 걱정하면서 내가 다시 사회에 나가면 돈 버는 기계가 아닌 사회경제정의 실현을 할 수 있는 무엇인가를 해보아야겠다고 생각했지요.

이후에 제가 불평등, 심리학등, 사회학, 심리학, 인문학 책을 읽게 된 계기가 되었고 끊임없이 제가 블로그에 "청년들에게 실패할 권리를 주자"를 주장하는 것은 청년들에게 실패할 권리를 주어 끊임없이 투자를 하면 청년들의 소비가 늘어나고 그것이 우리나라 저성장, 고령화를 탈피 할 수 있는 유일한 길이라는 것을 잘 알기 때문이지요.

그래서 창투회사를 언젠가 세워서 아들에게 물려주고 싶다는 생각에 아들에게 창투, 엑설러레이터에 입사하라고 권유를 한 것입니다.

저의 민낯이기도 해서 개인적으로 사모펀드와 헤지펀드의 제 경력을 이야기 하는 것을 좋아하지 않습니다.

또 한가지 금융인이라면 다음 것을 구별할 줄 알아야 합니다.

중개인과 트레이더(매니저)

제가 H증권사의 C부장을 틈 만나면 칭찬하는 것을 회계사 여러분들도 많이 들으셨을 겁니다. C부장과 그 팀장들은 제가 한국에서 부동산 금융에서 만난 증권맨들중 유일하게 트레이더(TRADER) 또는 매니저(Manager) 라고 불리울 만한 사람들이었습니다.

트레이더(매니저)는 사업을 완전히 숙지하고, 사업의 성공요인과 실패요인을 분석하고, 리스크를 헤징하며 수익을 창출하는 사람을 말하지요.

제가 만난 한국의 증권사들은 사업에 대한 이해도 부족하고, 분석도 부족합니다. 단지 사업에 자금이 조달될 수 있는지 여부만 확인하고, 기계적으로 자금 조달을 Match Making만 해주는 중개사에 불과 했습니다.

우리가 흔히 아는 부동산 중개업자인 복덕방과 다를 게 없지요. 결국 얼마나 많은 딜을 경험했느냐 보다 얼마나 딜에 대한 이해도가 높으냐가 트레이더(매니저)와 중개인을 구별하게 됩니다.

따라서 회계사 여러분들도 어떤 일을 맡게 되면 그 딜에 대한 충분한 이해를 하려고 노력해야 합니다.

어깨너머로, 매뉴얼대로 배운 경험은 결코 자기 것이 되지 못하고 응용력이나 창의력이 발휘될 수 없기 때문이지요.

2.

금에 대하여

금이란 원소
일반적으로 어떤 상품의 가치는

① 교환의 가치

② 활용가치

③ 결제수단

이 세가지가 필요합니다.

지구상에 존재하는 원소들 중에 상온에 불안전한 기체, 액체를 제외하고, 공기중이나 물과 반응하여 변하는 마그네슘, 나트륨등을 제외하고 라듐, 우라늄등 독소가 있는 원소를 제외하면, 이리듐, 구리, 철, 아연, 은, 금 등만 남지요. 그 중에 희귀광물은 대량 존재하지 않으므로 결제수단으로 쓰일 수 가 없으니 제외하고 구리, 철, 아연 등은 공기 중에서 변하고, 은과 금만 남는데, 이중에 은은 공기 중에 황과 결합하여 변색되지요. 그래서 유일하게 많은 양으로 결제수단으로 사용될 수 있고, 오랜 세월 변하지 않아 교환가치와 활용가치를 대변할 수 있는 것이 유일한 금입니다.

그래서 금이 근원화폐의 기능을 하게 되었지요.

금의 무게

금의 무게를 나타내는 것은 온스 (OZ)과 트로이온스가 있습니다.

1온스는 약 28그램정도이고(소수점 이하 삭제)

1트로이온스는 약 31그램 정도입니다.

우리나라의 단위인 돈은 약 927그램입니다

그런데 국제금값시세는 1트로인온스를 사기 위한 달러가격으로 표시됩니다.

오늘 날짜 금시세는 1,179.70달러/트로이온스입니다.

제가 알기로는 온스는 미국식 표기이고, 트로이온스는 영국식 표기로 알고 있습니다. 이제는 영국식 표기가 국제 표준이 된 것이지요. 이유는 처음으로 금본위제를 실시한 나라가 영국이기 때문입니다. 지금도 금의 거래는 영국 런던을 중심으로 이루어지고 있습니다.

이제 온스, 그램, 트로이온스, 돈의 변환이 자유로울 수 있을 듯 하군요.

금값이란?

여러분들이 많은 오해를 하는 것이 "금값이 올랐다, 금값이 내렸다"고 말하는 것이지요. 사실은 금값은 변하지 않습니다. 금값을 표시하는 달러의 가치가 변해서 마치 금값이 변하는 것으로 보이는 것이지요.

1970년도에 1,000달러를 가지면 28온스를 살 수 있었는데, 2012년에는 1,000달러를 가지고 살 수 있는 금은 고작 0.58온스입니다. 48배 올랐고, 2,400% 오른 것이지요.

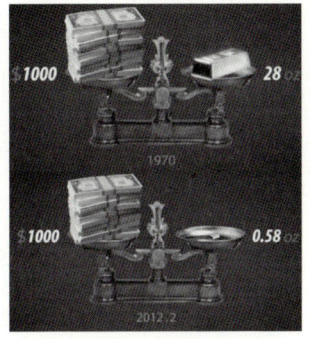

현재의 금값은 1970년대 대비 3,000%, 1990년도 대비 700% 상승했습니다.

앞서 말씀 드렸듯이 금값이 오른 것이 아니라 금값을 표현하는 달러의 가치가 하락한 것이지요.

미국연방준비위원회와 인플레이션

왜 이렇게 달러의 가치가 떨어진 것일 까요. 이유는 미국의 연방준비위원회의 통화 정책 때문이지요. 미국은 막대한 부채가 있지요. 인플레이션이 생기면 물가의 상승으로 화폐의 가치가 떨어져 실제 갚아야 하는 돈의 가치가 떨어지는 효과가 있습니다. 따라서 미국은 인플레이션을 2% 목표로 고정하고 경기를 활성화하기 위해 양적 팽창을 사용하지요. 예를 들어 재무부 채권을 사들이거나 발권을 하기도 합니다. 이렇게 실질경제성장률에 인플레이션을 합한 명목성장률이 높아지면 갚아야 하는 빚이 줄어드는 효과가 생깁니다.

　미국이 파산하지 않으려면, 부채가 갚을 수 있는 지속 가능한 형태로 유지되어야 하는데, 실질 경제성장률은 한계가 있고 컨트롤이 되지 않으므로 통화정책을 통한 인플레이션 조장이 가장 유일한 대안인 셈이지요.

　그런데, 금값이 계속 급격히 상승한다는 것은 미국의 인플레이션이 심화되어 달러의 가치가 급격히 떨어진다는 것을 의미합니다. 근원 통화인 금값에 대한 달러가치 하락 정도가 그래서 중요한 것입니다. 그래서 미국 연방준비위원회는 금값이 마구 오르는 것을 방임하지 않습니다.

　여기에는 미국과 중국의 밀약도 한몫을 합니다.

　현재 전세계 금 보유량은 미국이 3천톤, 중국이 3천톤, IMF가 1500톤, 독일이 1500톤, 영국이 700톤정도로 보유하고 있는 것으로 알려져 있습니다. 다만 중국의 보유량은 누구도 모르지요. 중국은 인플레이션으로 달러가치가 하락하면 보유한 미 재무부 국채의 자산가치가 하락해서 좋을 리가 없습니다. 불안한 중국이 재무부의 국채를 팔아버린다면 미국의 금리가 인상되고 주택대출들이 부실화 되어 다시 한번 금융위기가 올 수 있지요.

　그런데 중국은 미국의 인플레이션을 용인합니다. 이유는 중국은 아직 목표량의 금을 확보하지 못해 싼 가격에 금을 확보하고 싶어하고 미국은 중국이 인플레이션을 용인하는 조건으로 금값을 억제해 중국이 싸게 금을 모집하는데 도움을 주는 밀월관계를 유지하는 것이지요. 중국은 목표인 8천톤을 모집하여 인민폐가 기축통화가 되는 그날까지 금을 사들일 겁니다.

중국이 국채를 내다 팔면 미국 금리가 왜 높아질까요? 이유는 국채를 내다 팔면 국채의 공급이 많아져 국채의 가격이 떨어지고 이는 국채의 수익률, 즉 금리가 높아진다는 것이지요. 그리고 미국 국채금리에 연동하는 부동산 장기 저당채권의 금리가 따라 오른다는 의미이기 때문입니다. 이 부분은 나중에 채권에서 자세히 설명 하겠습니다.

금의 종류 및 가격

여러분들은 금의 종류 하면 아래 그림 중 왼쪽의 골드 바를 연상하실 겁니다.

오른쪽은 금화, 골드바 그리고 왼쪽은 한국말로 덩어리 영어로 gold nugget 이라고 합니다.

어떻게 다를까요?

예를 들어 보지요.

오늘자 한국의 금시세는 1 돈을 살 때 골드바는 20만원, 금덩어리는 18만원 정도합니다. 그리고 금을 팔 때에는 금덩어리나, 골드바나 17만원 정도 합니다.

이런 차이가 나는 이유는 골드바, 주화로 가공하면서 가공비가 들어가기 때문입니다. 그런데 팔때는 가공비를 무시하고 순수 무게를 기준으로 하기에 똑 같이 17만원을 주는 것이지요.

그래서 저는 금덩어리만을 수집합니다. 그리고 저희 와이프의 모든 반지, 목걸이등의 장식구는 금만 사줍니다.

다이아는 살때 엄청비싸지만 팔때는 똥 값이고 금값은 변화가 없지요.

그리고 왜 살 때와 팔 때의 금값이 다를까요?

그건 바로 달러가 살 때와 팔 때의 차이가 존재하기 때문입니다.

이제 아셨지요. 금값이 왜 오르고 내릴까, 금은 사사 팔 때 왜 가격의 차이가 날까? 바로 금을 가격을 표시하는 것이 달러이기 때문이기 때문에 달러의 가치에 따라 금값이 변한다는 것을요.

금본위제

브레튼우즈 협상에서 미국 35달러를 금 1온스에 고정시켰습니다. 미국 달러 35달러를 가져오면 금 1온스를 내준다는 것이지요.

그런데 1970년대 닉슨이 이 금본위제를 철폐합니다. 월남전쟁으로 더 많은 달러를 찍어내야 했던 미국은 금의 보유량과 연동되는 금본위제를 유지할 수 없었기 때문이지요.

재테크의 수단 금

한국에서 부동산의 가격이 매년 5%씩 상승했다고 치면 1990년대 보다 약 20년동안 2배가 상승한 것이지요. 그런데 금값은 5배가 상승했으니, 여러분

같으시면 어떤 것을 선호하겠습니까?

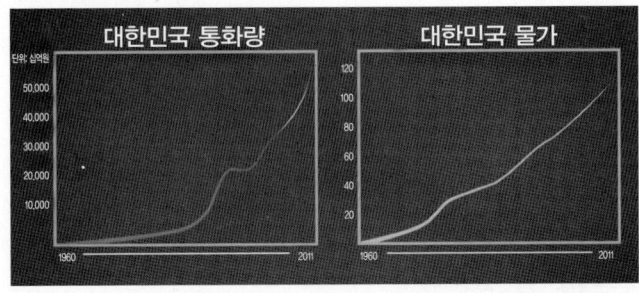

위의 그림은 한국은행에서 발표한 1960년대부터 지금까지의 통화량과 물가 그래프입니다. 즉 통화량이 많아지면서 물가도 올라 그 만큼 화폐의 가치가 떨어졌다는 것을 의미하지요. 1970년대 짜장면 한 개의 값이 15원이데, 현재는 4500원이니 무려 300배 오른 것입니다. 짜장면을 금으로 만든 것도 아닌데 이렇게 오른 것은 바로 원화의 가치가 떨어져서 더 많은 원화를 지불해야 한다는 뜻이지요.

저는 개인적으로 재테크의 수단으로 금과 채권을 이용합니다. 채권은 머리를 많이 써야 하지만 금은 돈이 있을 때마다 사두면 알아서 오르니까요. 그것도 부동산의 몇 배로요.

여러분 왜 금을 사두어야 하고, 골드바가 아닌 금덩어리를 사면 좋은지 아셨지요!!! 여러분의 재테크에도 도움이 되었으면 합니다.

다음 번에는 머리를 써야 하는 채권에 대해서 말씀 드리지요.

3.

회계사들과의 만남

외국 금융기관들에는 회계사들도 있고, 회계사들이 금융업에 종사하는 일도 많이 있습니다. 물론 대학에서 금융공학, 경제학등을 공부한 사람들도 다수이고 최근에는 수학, 통계학 출신들도 많이 있습니다.

한국에는 애널리스트들이 활동을 하지만, 미국에서는 애널리스트보다는 펀드트레이더들이 훨씬 많지요. 그러고 보니 한국에서는 펀드매니저라고 하고 외국에서는 트레이더(trader) 라고 하는 차이도 있는 듯 합니다. 저 또한 외국에서는 엄밀히 이야기 하면 트레이더라는 직업을 가진 사람이었지요. 고객이나 기관의 돈을 가지고 운용해서 수익을 내는 사람이었으니까요. 투자 대상이 채권이던, 선물이던, 옵션이던 부동산이던 말이지요.

저는 엄밀히 말하면 회계법인의 직원이 아니고 파트너이지요. 외국에서는 직원과 파트너의 구분이 확실합니다. 직원은 급여를 받고 일정 인센티브를 받는 조건으로 근무하는 사람을 말하고 파트너는 소속은 회사이지만 급여방식이 수익을 share 하는 사람을 말합니다. 많은 회계사분들이 저의 수입을 궁금해 하던데, 한국에서 절대 금기라고 알고 있습니다. 사실 외국에서는 금기는 아닙니다. 보너스라고 해서 임원급들 및 직원들의 성과급은 비밀은 아닙니다. 단지 부러움의 대상일 뿐이지요. 2008년 금융대란이 일어나기 전 JP모건의 독일 IBK 담당 트레이더 들은 부러움의 대상이었습니다. IBK가 모기지 채권의 큰손이었기에 담당 직원은 수익이 다른 직원들의 몇 배였기에 그러했지요.

한가지 짚고 넘어가고 싶은 것이 있네요.

한국에서는 사촌이 땅을 사면 배가 아프다고 합니다. 하지만 미국에도 이와 비슷한 속담이 있지만 절대 남의 행복이 부러움의 대상이지 질시의 대상은 아닙니다. 부자들을 부러워 하고 질시하지 않는 이유는 나도 저렇게 될 수 있다는 희망의 상징이기 때문이지요.

반대로 한국에서는 제가 나보다 나은 것이 없는데 운이 좋아서 부자가 되었다고 생각하기에 그렇다고 하지요.

제가 회계법인에서 만난 회계사들 중 4명이 그만두고 새로이 많은 회계사들을 만나게 되었습니다.

저는 개인적으로 우리나라 회계사들의 능력을 매우 높이 평가하는 사람입니다.

이유는 어려운 시험을 패스한 이유도 있지만 기본적인 프로젝트에 대한 이해도와 습득력이 무척이나 빠르기 때문이지요. 그래서 한국에서 만일 제가 스텝을 둔다면 반드시 회계사를 두려고 마음 먹고 있었습니다. 채권, 파생상품, 부동산 무엇이든 가르치면 제일 빠르게 배울 수 있을 듯 해서이지요.

그런데 회계사들과 만나서 이야기를 들으면서 한편으로는 무척이나 놀랐습니다.

회계사의 꿈

대부분의 회계사들이 독립해서 자기만의 회사를 차리는 것이 꿈이더군요. 그리고 20-30명의 고객을 모집해서 연간 매출 2억원을 하고 1억원을 고정비로 사용하고 나머지 1억원을 수입으로 얻는 것을 목표로 삼고 있더군요.

회계사 초기에 BIG FIRM에 5년 정도 근무하고 이후 LOCAL에서 몇 년간 근무하다가 독립하는 것이 모두 꿈이라고 하더군요.

저는 적잖이 놀랐습니다. 의외로 꿈이 소박해서요.

잘못된 생각

또 한가지 놀란 것은 독립을 꿈꾸는 이유입니다. 회사에서 일할 때 그 일을 하면서 회사가 받는 돈이 얼마인데, 일은 내가 다하고 회사가 너무 많은 이익을 가져간다는 생각이 든다고 하더군요.

이는 잘못된 생각입니다.

회사의 브랜드, 그로 인한 영업력, 고정비(급여 및 운영비등) 등의 가치를 생각해보면 결코 회사는 많은 돈을 가져가는 것이 아니지요.

외국에서 회사와 직원들에 대한 생각은 자본주의 수익창출 그대로 입니다.

회사는 직원에게 급여를 주고 직원은 회사에 자기의 능력을 파는 것이지요. 자기의 능력을 파는 방법이 안정적인 것을 원하는 사람은 고정급여를 도전적인 것을 원하는 사람은 인센티브를 선호하는 차이가 있을 뿐입니다.

회사의 브랜드나 자본을 사용하므로 당연히 그에 대한 비용을 지불하는 것을 인정하지요.

하지만 한국은 여전히 사촌이 땅을 사면 배가 아픈 정신이 이 회사와 직원 사이에도 존재하는 것 같더군요.

본인이 회사에 소속되어 회사의 후광으로 일을 하는 것과 독립해서 일을 하는 것은 명백히 다른 것입니다.

회계사 분들이 이점을 잘 이해하시기를 바랍니다.

저의 생각

한국 유명 증권 회장님과는 개인적인 인연이 있습니다. 김회장님이 저에게 이런 이야기를 해준 적이 있습니다.

25-30은 일을 배우고 30-35는 친구를 사귀어 네트워크를 형성하고 35-40은 주위에 신뢰를 쌓아서 40이 넘으면 자기 일을 시작할 준비가 된 것이다.

저는 평생 이 명언을 가슴에 품고 살았습니다.

개인적으로 회계법인의 회계사들에게 해주고 싶은 말은
- 지금은 일을 배우고
- 일을 배울 때는 안정적인 급여 방식을 선택하고,
- 회사에서 좀더 다양한 경험을 하고
- 어느 것이 자기의 능력과 꿈과 부합하는지 5년 정도 경험 후 선택하고

이후에 자기의 길을 선택하여도 늦지 않는다고 생각합니다. 따라서 30-35세의 회계사들은 어떤 회사를 선택하기를 고민한다면 다양한 경험을 부여하는 회사를 권하고 싶습니다.

제가 제 아들과 딸에게 해주는 말이 "사람이 직업을 가지면서 고민하는 것이 세 가지이다".
- 할 수 있는 일
- 하고 싶은 일
- 해야만 하는 일

할 수 있는 일은 자기의 능력에 맞게, 하고 싶은 일은 꿈과 목표 등 자기가 하면서 즐거울 수 있는 일, 해야만 하는 일은 가족을 부양하니 돈을 버는 일, 이렇게 설명됩니다.

회계사 여러분들도 지금 내가 하고 있는 일이 위의 3가지중 어느 것들을 만족하고 있는지 한번 생각해보세요.

수입부분은 해야만 하는 일에 대한 만족도 이고, 할 수 있는 일은 내가 회계사로서 할 수 있는 일이고, 하고 싶은 일은 자신의 꿈과 목표와 관계되는 일입니다.

제가 해 드릴 수 있는 일

이제 50대 후반인 제가 회계사 여러분들에게 강의도 하고 스터디, 토론도, 상담도 해드리는 이유는 바로 위의 3가지중 여러분이 할 수 있는 일에 대한 조언을 하기 위함입니다.

다양한 경험과 지식을 전달해서 여러분이 무엇을 할 수 있고, 꿈과 목표를 무엇에 두어야 하는지 조금이나마 도움이 되었으면 합니다.

회계법인에게는 새로이 취업한 회계사들이 급여 이외에 회계법인에서 다양한 지식과 경험을 배워 조기에 회사를 옮기거나 하는 일이 없도록 하는 것이 도움을 주는 것이라 생각했습니다.

회계사 몇 분이 저에게 "전무님 때문에 회사 생활이 2배는 즐겁다"라는 말을 해주었을 때 정말 고마웠습니다. 회계법인과 회계사 여러분을 위해 무엇인가 도움이 되려는 저의 목표가 이루어진 듯 해서요.

채권에 대하여

서론이 길었군요, 그러면 본격적으로 채권에 대하여 강의를 하도록 하겠습니다. 채권의 일반적인 개론을 얼마나 쉽게 설명해야 하는지 정말 고민을 많이 했습니다.

부자들의 습관

제가 관리하는 5천억원에서 1조원의 자산들은 약 5명이 있습니다. 조, 박, 서, 엄, 이회장인 이분들은 정말로 재산이 많습니다. 부동산은 기본이고 채권도 많이 보유하고 있지요.

이 분들의 공통된 특징이 있습니다.

① 돈을 운에 의한 대박이 아니라 꾸준히 평생 벌었다.
② 항상 원금을 잃지 않는 투자를 한다.

사람들이 돈을 벌었다고 떠 벌리는 사람이 많은 데, 사실은 돈을 벌어 부자가 아니라 돈을 번 적이 있다는 뜻인 듯 합니다. 정말 부자들은 꾸준히 돈을 벌지, 절대로 운에 의한 대박을 터트려 부자가 된 사람은 없습니다.

대박을 터트려 부자가 된 사람들은 현재는 부자가 아닌 경우가 많습니다. 이유는 원금을 생각하지 않고 무모한 투자를 하기 때문이지요 그러다가 원금을 잃으면 원금 생각에 무리하게 되고 점점 재산이 줄어가게 됩니다.

여러분 위의 2가지를 명심하세요, 부자가 되려면 꾸준히 벌고, 원금을 잃는 무모한 투자는 삼가해야 합니다.

채권의 종류와 성격

채권의 종류는 다음과 같습니다.(물론 세분화 하면 더 많지만요)

① 발행주체별: 국채, 지방채, 특수채, 회사채

② 보증유무별: 보증채, 무보증채, 담보부채

③ 원금지급 형태별: 만기상환채, 분할상환채

④ 이자지급 형태별: 할인채, 이표채, 복리채

⑤ 상환기간별: 단기채, 중기채, 장기채

대부분은 단어를 보면 뜻을 아시겠지만 이자지급 형태별에 대한 설명이 필요합니다.

할인채

할인채란 지급 기일에 지급해야 할 이자를 빼고 판매하는 채권을 말합니다. 대부분의 국채가 이런 식입니다. 즉, 채권가격이 100만원이고 이자가 10만원이며 만기일이 1년이라고 하면 지금 채권을 판매할 때 이자를 뺀 90만원에 파는 것입니다.

이표채

이자를 만기 일까지 정한 기일에 매번 받게 되는 채권을 말합니다. 대부분의 부동산 담보부 채권이나, 회사채가 여기에 속합니다.

복리채

이표채중 이자를 중간에 지불하지 않고 이자를 복리로 계산해서 만기일에 지급하는 채권을 말합니다.

일반적으로 국채는 3년물, 5년물, 10년물이 시중 금리의 기준이 됩니다. 그래서 국채의 수익률의 변동이 중요한 이유입니다.

그런데 국채는 안전자산이고 금융이 불안할 때는 국채로 수요가 몰립니다. 그러면 국채의 가격이 올라가고 본인이 만기일에 받을 수 있는 이자는 줄어들게 됩니다. 그래서 국채금리는 하락하고 국채의 가격은 상승하는 반비례가 작용하는 것입니다.

여러분이 "국채의 수익률(금리)이 올랐다"라는 뉴스를 보게 되면 국가경제, 국가의 신용등급이 나빠져서 국채의 가격이 하락했다는 식으로 받아들이면 됩니다.

채권의 신용등급

채권에는 상장이 되고(거래소를 통하여 유통) 그 채권마다 신용등급이 책정됩니다. 우리나라에서는 4개의 신용등급 평가회사가 회사채, 특수채등에 신용등급을 부여합니다. AAA+에서 BBB-가 투자 적격이고 BB+부터 투자 부적격입니다.

그리고 대부분의 증권회사들이 프로그램을 통하여 채권의 신용등급, 수익률, 세금등의 계산을 보여주지만 저는 http://www.kofiabond.or.kr 금융투자협회의 KOFIA BIS를 이용합니다. 이유는 증권사들이 제공하는 프로그램은 자기들이 발행, 판매하는 채권들을 위주로 제공되지만 KOFIA BIS는 다양한 외국 채권과 신용등급등 모든 정보가 있기 때문이지요.

채권을 하고 싶다면 증권회사를 찾아가 계좌를 개설하고 거래를 하시면 됩니다. 증권처럼 누구나 사고 팔고를 하실 수 있습니다.

전환사채(CB)와 신주인수권부사채(BW)

회계사들과 관련이 많은 채권이 2가지 입니다. 보통의 채권에서는 양다리 채권이라고 하지요. 주식과 채권의 두가지 효과를 모두 가지고 있다고 말입니다.

전환사채란 일정기간이 지나면 채권을 주식으로 바꾸어 준다는 것이고, 신주인수권부사채는 일정 기간후 주식을 전환 할 수 있는 권한을 주는 것입니다.

같은 뜻 같지만 다른 것은 전환사채는 옵션을 실행하면 그것으로 끝이지만 신주인수부사채는 그렇지 않다는 차이가 있습니다. 신주인수권의 권한과 채권의 권한이 그대로 살아 있지요.

기업들이 전환사채등을 발행하는 이유는 금리가 낮기 때문입니다.

장기채와 후순위채

보통 5년이상을 장기채라고 하는데, 20년 이상의 장기채와 후순위채는 회사의 부채로 잡히지 않습니다. 후순위채는 회사가 채권상환능력이 문제가 생기는 경우 상환의 순위가 선순위가 우선이고 후순위가 다음입니다. 따라서 채권의 안정성이 떨어지다보니, 금리가 높지요.

메자닌 펀드

한때 한국에서 광풍을 몰고 왔다고 하더군요. 메자닌이란 오페라 극장에서 1층과 2층 사이의 층을 말합니다. 채권에서는 주식과 채권의 중간적인 성격을 가지고 있다는 뜻입니다.

즉, 전환사채, 신주인수권부사채, 교환사채처럼 주식과 채권을 오갈 수 있다는 채권을 의미합니다. 주식값이 오르면 주식으로 전환하여 수익을 올리고 주식값이 신통치 않으면 그대로 이자를 받을 수 있기에 그렇습니다. 하지만 채권당 가격이 고가여서 진입장벽이 있지요.

김전무의 재태크, 딤섬펀드

제가 해외에서 많이 한 것이 딤섬펀드입니다.

딤섬펀드란 신용등급 A이상의 외국기업이 위안화 표시로 채권을 홍콩에서 발행하는 펀드를 말합니다. 안정성이 있어, 수익률이 2% 안팎이지만 환율을 잘 아는 사람이라면 좋은 투자 상품이지요. 위안화의 환율 변동에 따른 환차수익은 세금이 부과되지 않기 때문입니다.

저와 같이 안정적인 채권을 선호하고, 환율에 대한 정보가 많은 사람이 하기에는 좋은 상품이지만 일반인들에게는 권하고 싶지 않습니다.

그리고 저의 경우에는 일반인들과 많이 다릅니다.

일반인들은 채권 주관 증권사가 수수료를 붙여서 매각 증권사에 보내면 매각 증권사는 또 수수료를 붙여서 일반인들에게 판매를 합니다. 하지만 저는 매각 증권사의 수수료를 지불하지 않고 살 수 있다 보니 그만큼 채권을 싸게 구입을 할 수 있었습니다. 일반인들도 증권사 직원들과 잘만 협의하면 증권사가 본인들의 수수료를 일부 할인하는 경우가 있다고 들었습니다.

MMF, CMA, RP

MMF

하루만 맡겨도 이자를 준다는 단기 상품이지요. 주로 운용사가 초단기 금융상품을 운용하여 수익을 배당하는 채권입니다.

CMA

CMA역시 초단기 상품에 투자를 실적을 배당하는데, 원금을 보장한다는 장점이 있지요.

종금형 CMA: 확정금리, 원금보장

RP형 CMA: 확정금리, 원금보장안됨

RP(환매조건부 채권)

환매조건부 채권이란 금융기관, 국가처럼 초우량 기관이 금융기관에서 국채등, 우량채권을 맡기고 돈을 일시적으로 유통하는 채권입니다. 안정적이라는 평가가 있지만 반드시 그렇지 만도 않습니다. 2008년이후 유럽발 금융위기의 주범이었지요.

이유는 유럽단일 통화체제 출범이후, 모든 유럽국가의 신용등급은 독일과 동등한 AAA등급을 받았지요. 국채는 만기가 길어서 중간에 환매가 쉽지 않고, 국채라는 우량채권을 매각하는 것이 싫어서 금융기관들에서는 잠시 국채(우량채권)를 맡기고 돈을 저리로 융통한 후 맡긴 채권을 다시 사오는 조건이 붙은 채권입니다.

이탈리아, 스페인, 그리스등 PIIGS국가들의 채권이 신용등급이 갑자기 좋아졌으나, 국가의 부채가 심각해지자, 해당국가의 은행들이 국채를 사들이기 위해 미국에 해당국가의 채권을 맡기고 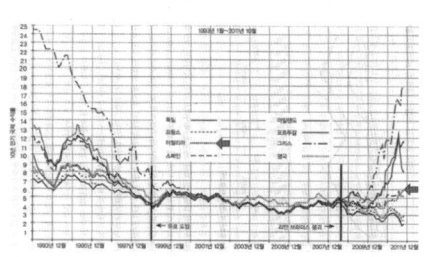 돈을 저리에 융통해서 사용했습니다. 그런데 국가 부도위기설이 돌자 돈을 빌려준 은행들이 콜옵션을 사용해 맡긴 국채를 투매를 해서 국채가격이 끝없이 추락한 사례가 있었지요.

따라서 환매조건부 채권에 투자도 안심을 해서는 안됩니다.

부동산 금융 ABCP

유동화에서 ABCP는 설명을 한 적이 있습니다. 시공사가 기초자산을 근거로 증권회사를 통하여 유동화채권을 발행한 것을 ABSTB라고 합니다. 일종의 일반적인 채권처럼 종이로 되어 있는 것이 아닌 전자채권인 셈입니다.

ABSTB는 기초자산의 신용등급과 발행증권사의 신용등급에 따라 A1, A2, +, 0, - 등으로 분류 됩니다.

제가 하고 있는 H증권은 A2+등급입니다.

채권을 설명하다 보니, 정신없이 채권의 종류에 대한 설명을 늘어놓은 셈이 되었군요.

채권은 안정성, 이자수익을 고려해서 구매해야 하는 것이 기본입니다.

원금을 잃지 않고 꾸준히 수익을 올릴 수 있는 것이 부자의 지름길이라는 명심을 하면 채권이 좋은 재테크의 수단이지요.

앞에서도 언급한 바와 같이 회계사 여러분들에게 다양한 경험과 지식을 전해서 여러분들이 여러분의 꿈과 목표를 설정하는데 도움이 되려는 것이 제 목표입니다.

여러분의 진로 설정 등에 조금이나마 도움이 되었으면 합니다.

4.
채권

이전에 채권에 대한 이야기를 하면서 채권의 종류를 설명한 적이 있습니다.

대표적인 채권은 다음 2종류가 있습니다.

- ✔ 할인채

할인채란 지금 기일에 지급해야 할 이자를 빼고 판매하는 채권을 말합니다. 대부분의 국채가 이런 식입니다. 즉, 채권가격이 100만 원이고 이자가 10만 원이며 만기일이 1년이라고 하면 지금 채권을 판매할 때 이자를 뺀 90만 원에 파는 것입니다.

- ✔ 이표채

이자를 만기 일까지 정한 기일에 매번 받게 되는 채권을 말합니다. 대부분의 부동산 담보부 채권이나, 회사채가 여기에 속합니다.

그리고 한가지 더 붙이자면 미국 채권과 같은 것은 안전자산으로 분류하고 일반적인 회사채는 위험자산 으로 분류합니다. 물론 신용등급에 따라 분류합니다.

일반적으로 호경기에는 채권의 값이 하락합니다. 즉, 수익률(금리)이 높아진 다는 것이지요. 이유는 호경기에 자금을 조달하려는 기업들의 채권이 쏟아져 나오고 이에 따라 매물이 많으니 자연히 수익률이 높아지게 됩니다.

그런데 미국 국채는 조금 많은 변수들이 존재합니다.

미국 국채

미국 국채에서 중요한 채권은 2가지 입니다.

1) 10년 만기 채권
2) 2년 만기 채권

10년 만기채권은 기대인플레이션을 반영합니다. 즉, 인플레이션(=물가상승), 경기회복과 호황이 기대된다면 10년 만기 채권금리는 상승합니다.
이유는 국채를 사지않고 위험자산인 회사채를 사기 때문이지요.

또한 동시에 2년 만기 채권 금리도 상승합니다. 즉, 가격이 싸진다는 이야기입니다.

일반적으로
- 10년 채권 금리는 장기 경기 상승 기대치를 반영하고
- 2년 채권 금리는 정책금리 (단기 FRB 결정금리, 미국 금리, 예금 금리)를 반영합니다.

인플레이션이 발생하면 이를 억제하려고 정책금리가 상승하게 될 것이니, 당연히 2년 채권금리도 오르게 되겠지요.

장기채권과 단기채권 금리
장기채권과 단기채권의 금리 차이는 무엇을 의미 할까요.

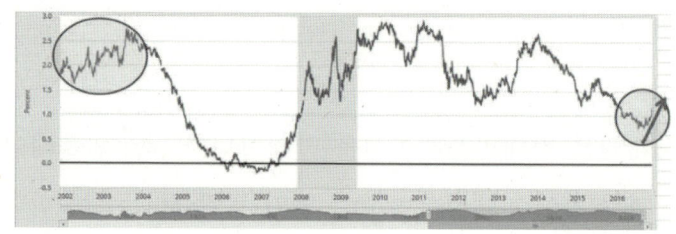

위의 표는 2002-2016년 15년간 10년 채권과 2년 채권의 금리 차이를 나타

내는 그래프입니다.

금리 차이 상승

경기회복 기대치가 미국의 정책금리(FRB)보다 높다면 위의 그래프처럼 차이가 상승하게 됩니다.

금리 차이 하락

장기 경기 회복 기대치(10년 채권금리)보다 정책금리(2년 채권금리)의 상승속도가 빠르다면 금리차이는 하락합니다.

그 만큼 경기 호황속도가 빠르다는 이야기이고 전세계 주식/원자재의 상승속도가 빠르다는 의미입니다.

금리를 올려도 물가는 상승 국면이니, 정책금리를 계속 올려도 금리 상승 속도는 경기호황 속도를 따라잡지 못하게 되지요.

지금의 상황

지금의 상황은 경기회복기 입니다. 금리 차이가 벌어지고 미국 10년 채권의 금리가 무섭게 오르고 있지요. 금리 차이가 벌어진다는 말은, 정책금리의 상승 속도가 생각보다 느리다는 것이고, 따라서 올해 2017년 미국의 정책금리인 FRB의 금리가 여러 번 인상될 것이라는 예측을 하는 것입니다.

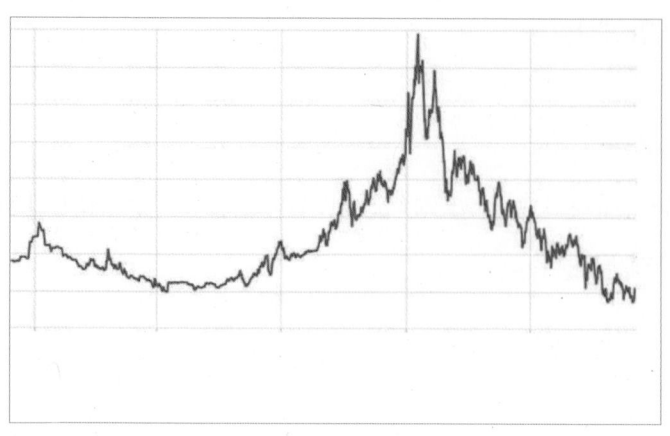

위의 그래프는 1916년부터 2016년 100년간 10년 채권금리를 나타냅니다.

1980년도에 16%의 정점을 찍고 계속 하락하는 추세 입니다.

이는 기대인플레이션이 적었다는 이야기 입니다. 즉, 안전자산인 채권을 구매하다 보니 수익률(금리)가 떨어진 것이지요.

그런데 여러분 제가 강의한 콘트라티에프의 파동을 기억하시나요.

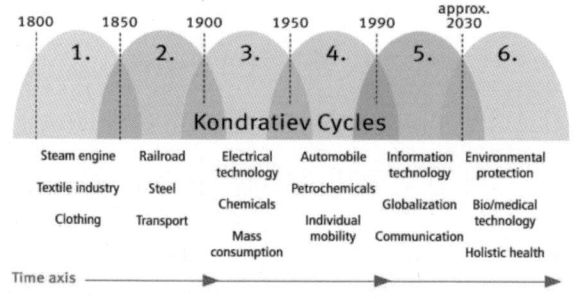

가난한 자의 주머니를 채워라

자본주의 사회는 약 40년을 주기로 경기가 호황과 불황을 반복한다는 것입니다.

어쩌면 트럼프발 미국의 트럼프레이션(트럼프 재임 기간의 인플레이션)이 발생한다면 급격한 인플레이션이 발생할 수 있고, 이것이 계속된다면 향후 40년간 세계경제는 호황기를 구가할 수도 있습니다.

그 뜻은 인플레이션으로 화폐의 가치가 급격히 하락한다는 것을 의미합니다. 어쩌면 지금의 현금 10억 원이 40년후 정점에는 5억 원밖에 못할 지도 모릅니다.

부동산의 사이클

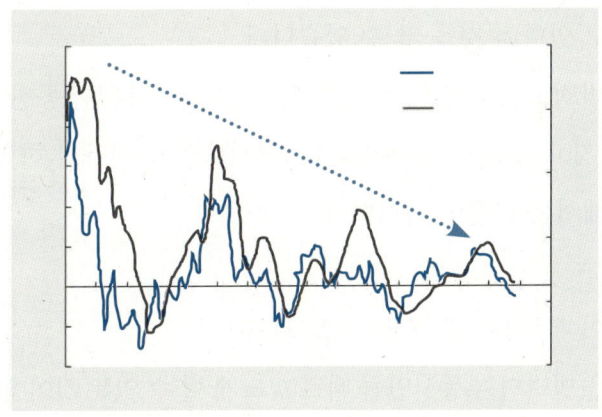

위의 그림은 우리나라 부동산 사이클을 공급과 수요의 측면에서 나타낸 그래프입니다. 전년 대비 상승, 하락률 을 나타냅니다.

저점인 시기가 2005년 카드 대란이고 2009년은 집값은 안 올랐지만 전세는 폭주했던 시기이지요.

전반적으로는 부동산의 가격인상률이 하락하고 있음을 한눈에 볼 수 있습니다.

마이너스로 내려 갔다는 것은 집값이 하락했다는 이야기 입니다.

착공 후 3-4년이 걸린 점을 고려하면 부동산의 수요와 공급이라는 원칙과도 일치합니다.

보통 위의 그래프를 보면 집값상승(전년대비)는 짧게는 2-3년, 길게는 5년의 주기를 가지고 있다는 것을 알 수 있습니다.

하지만 전반적으로 하향 추세를 가지고 있다는 것은 부동산이 자산으로서의 가치를 가지고 있는지, 즉, 인플레이션시대의 화폐가치 하락에 대응할 수 있는지에 대해서는 의문이 듭니다.

많은 분들이 부동산 必勝不敗라고 합니다.

그리고 돈을 벌려면 부동산만큼 빠르고 크게 벌 수 있는 것이 없다고 하지요.

일견 틀린 말은 아니지만 그 분들에게 수익을 안겨줄 수분양자들의 생각이 중요합니다.

　어느 순간 수분양자들이 부동산을 재테크의 자산 효용 가치가 없다고 생각하면 부동산 투자 시대도 막을 내릴 겁니다.

5.
역사

증권화(유동화)

유동화(SF)는 미국에서 1980년도에 자연적으로 시장에서 발생하였습니다. 미국에서는 1980년도 이전에는 은행이 하는 일이 단순 중개인이었습니다. 흔히 3-6-3으로 대표되던 은행인의 월급이 다른 일반 기업보다 높지 않은 수준이었습니다. 3-6-3이란 3%에 예금을 받아서 6%에 대출하고 오후 3시가 지나면 업무가 끝난다고 해서 붙여진 이름입니다.

당시까지만 해도 은행인의 업무는 단순 중개인 이상을 하지 못했지요.

그런데 당시 대기업들이 굳이 은행을 거치면서 이자를 주지 않고 서로 돈 거래를 하는 경우가 생겼습니다. 소위 나중에 등장하는 환매조건부어음의 기본이 되는 거래가 일어난 것이지요.

이렇게 되자 은행들은 수익이 급감을 하게 됩니다.

그래서 은행원들이 대출의 위험을 피하고, 수수료의 수익은 올리며, 대차대조표상에 한도는 높일 수 있는 방법을 고안하게 되었지요.

이것이 바로 증권화(Securitization) 의 등장입니다.

외국에서는 유동화라는 말보다는 증권화라는 것이 더 일반적인 용어입니다.

한국에서는 IMF시절 선진 금융기법의 도입과 시중은행들의 유동성을 지원하기 위해 1998년 정부 주도로 유동화법이 제정되었습니다.

파생상품

시카고 선물시장은 원래 농작물을 주로 거래하던 시장이었습니다. 하지만 기후에 따라 곡물 가격이 파동이 심해지자 수요자, 공급자 모두 안정된 가격에 제품을 공급하기를 원했고 그래서 생겨난 것이 바로 선물이지요. 선물은 인도기간 전에 이미 가격을 결정하는 것입니다.

현대 금융시장에서 파생상품이 탄생한 계기는 1994년 JP 모건부터라고 하지요.

20대 후반, 30대 초반 프린스턴, MIT에서 금융공학을 공부한 젊은 금융인들이 플로리다에서 컨버런스겜 파티를 했었는데, 이들은 은행의 대차대조표상의 대출한도(off-balance)를 늘리고, 위험을 관리(risk-management)하는 방법을 집중적으로 논의를 했습니다. 그리고 탄생한 것이 신용부도스왑(credit default swap) 이었지요.

첫번째 사례가 바로 미국의 오일 회사인 엑손사의 거래였습니다. 엑손사가 기름유출로 인해 수조원의 소송을 당하게 되자, JP 모건은 신용공여(Credit Exposure)를 하게 되었습니다. JP 모건의 젊은(30대 초반) 마스터스는 이 신용공여를 런던에 있는 유럽부흥개발은행 EBRD에게 판매하고, 엑손사에서 받은 4%의 수수료를 EBRD와 공유하게 됩니다. 즉, 엑손사가 신용장을 결제하지 못할 경우(Default), 이를 대신 결제한다는 조건으로 EBRD는 수수료를 받은 것이고 JP 모건은 book off를 통해 새로운 대출을 할 수 있고, 위험을 회피한 것이 되며, 수수료 수익을 창출한 것이지요. 앞으로 발생할지도 모를 부도에 대비한 보험인 것입니다.

이후 다양한 파생상품이 만들어졌습니다. 선물(future), 선도(forward), 스왑(swap), 옵션(option), 즉 파생상품이란 앞으로 발생할 수 있는 일에 대한 보험/보증이고 이를 통해 금융기관이 수수료를 받는 것이지요.

이렇게 금융기관이 예금인의 돈을 대출해주는 단순 중개인부터 증권화를 통한 다양한 수익 창출모델을 가지면서 금융자본주의 탄생이 일어나게 된 것입니다.

유동화(증권화)에 대하여

유동화는 다음 4가지의 목적으로 이루어집니다.
① 자금조달(financing)
② 재무구조의 개선(book off)
③ 차익거래(commission)

④ 위험이전(risk hedge)

ABS구조도

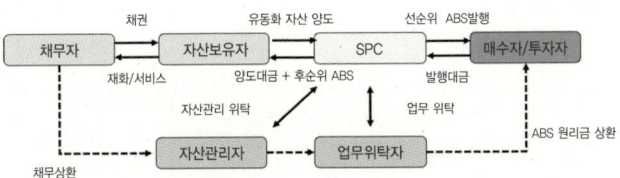

위와 같은 것은 일반적인 유동화 구조도이고 현재 부동산 금융에서 많이 사용하는 구조도는 다음과 같습니다.

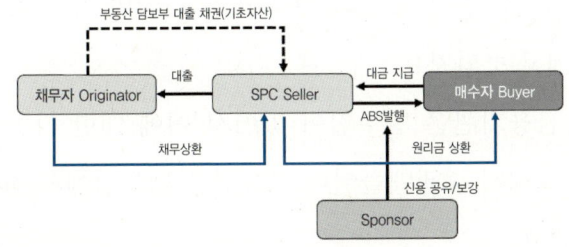

발행절차 (공모 기준)

구분	참여기관
발행검토	자산보유자, 주관사
참여기관 선정	자산보유자, 주관사
감독당국협의	금융감독원, 주관사
자산확정	회계법인, 주관사

구분	참여기관
자산분석	신용평가사, 자산보유자
구조확정	신용평가사, 주관사
계약서작성	법무법인
유동화 계획 등록	금융감독원, 주관사
ABS 판매 준비	주관사
자산양도, 증권신고	금융감독원, 주관사
ABS 발행	주관사

유동화법

한국 금융감독원에서 위의 ABS 발행에 대한 참여자의 자격, 발행요건, 채권의 권리등을 정한 것이 유동화법이고 이에 따른 각종 특례 및 혜택을 규정해 놓고 있지요. 사실 잘 모릅니다 한국법은, 하지만 증권사들이 다 알아서 하니 구조만 설계하면 되지요.

그리고 모든 금융기관은 법무팀이 있어서 이에 대한 타당성과 적법성을 검토해 줍니다. 그래서 증권맨들이나 금융인은 법무팀에서 하라고 하는데로 하기만 하면 되지요.

유동화법의 중요 사항

유동화법에서 중요한 몇가지 사항이 있습니다.

앞서 말했듯이, 증권화/유동화를 하는 이유는 자금의 손쉬운 조달과 위험 이전 그리고 재무구조 개선이 이유입니다.

재무구조 개선(true-sale)

[유동화법상의 진정한 양도 (TRUE-SALE) 조건]

유동화법 2013조(양도방식)

① 매매교환에 의할 것

② 유동화 자산에 대한 처분 및 수익권은 양수인이 가질 것

③ 양도인은 유동화 자산에 대하여 반환 청구권을 가지지 아니하고, 양수인은 유동화 자산에 대한 대가의 반환 청구권을 가지지 아니 할 것

④ 양수인이 양도된 자산에 대한 위험성을 인지할 것.

4번항에서 금융당국은 양도인이 부담하는 위험총량이 50%미만인 경우 진정한 양도로 인정하는데, 2011년부터 본격적으로 적용된 K-IFRS에 의해 자산보유자가 부담하는 극히 작은 위험이 아닌 일반적인 경우는 book-off 처리가 불가능한 것으로 판단하지요.

사채발행

유동화법 17조에 따라 유동화 전문회사(SPC)는 유한회사로 설립됩니다. 하지만 한국의 상법은 유한회사는 사채발행이 금지되어있지요.

그래서 특례조항이 있습니다.

[유동화법상 사채발행특례]

제31조[사채발행]

유동화 전문회사는 자산유동화 계획에 따라 사채를 발행할 수 있다.

기타 다양한 규제와 법률이 있습니다. 하지만 금융 전문 변호사 친구가 있다면 상황에 따라 자문을 구하는 것이 제일 적절하지요.

상법상 유동화 회사(ABCP)

유동화 전문회사는 금융당국의 감독을 받아야 하고 시간도 많이 걸리는 단점이 있습니다. 결국 회사채보다 불편한 것이지요. 그래서 등장한 것이 상법상 유동화 전문회사입니다. 유동화법상 유동화 회사가 아니고요.

우리나라 최초의 상법상 유동화는 2000년 8월 외국계투자은행이 sponsor로 참여한 ABCP Conduit인 ㈜매화케이스타스입니다.

여기서 용어를 정리해야겠군요.

① Originator: 자산보유자, 채무자

② ABCP Conduit: SPC로 기초자산의 추가매입을 통한 여러 시리즈의 ABCP의 발행을 계획하고 실행하기 위해 설립된 일반상법상 유동화 회사.

③ Sponsor: 발행된 ABCP에 매입확약등의 신용을 공유하는 금융기관

④ Buyer/Investor: 발행된 증권/어음을 매수하는 기관

⑤ Credit Exposure: 신용보강, 매입확약

상법상 유동화 회사의 장점과 단점

장점	단점
발행절차 간소화 발행비용 절감 재활용 가능 감독기관 규제회피	유동화법 특례 비적용(조세 등등) 유동화 사채 발행 불가능(ABCP만 가능) 투명성 부족 운영 위험 증가

증권사 규제변화와 유동화 시장

2009년 2월부터 시행된 자본시장법은 많은 변화가 있었습니다.

구분	증권거래법
채무보증	채무보증금지 신용위험을 인수하는 내용의 ABCP 매입보장 불가
기업어음 취급	증권사가 취급가능한 기업어음요건 엄격히 규제

구분	자본시장법
채무보증	지급보증허용 신용위험인수여부와 무관하게 ABCP 매입보장가능
기업어음 취급	기업어음취급 요건 단순화

이로써 증권사가 매입보장을 할 수 있게 되었고, 유한회사를 통한 ABCP거래가 증가했고(발행자 요건 삭제), ABCP만기가 장기화(만기요건 삭제)하게 되었습니다.

증권사가 채무보증에 해당하지 않는 ABCP 매입보장약정의 조건(증권거래법령)

① 매입보장약정서상에서 증권회사가 기초자산에 내재된 신용위험을 회피할 수 있는 조항(신용회피조항)이 있으며
② 그 신용위험회피조항의 구체적인 내용이 기초자산에 내재된 신용위험을 ABCP 투자자가 그대로 지거나 후순위채무등으로 흡수할 수 있게 설계되어 있는 경우
③ 기초자산의 원리금이 연체 또는 신용등급이 투자적격등급 미만으로 하락하는 경우 ABCP매입보장의무를 부담하지 아니한다는 등의 신용위험 회피조항이 명시된 경우

위와 같은 경우만 증권사는 매입약정을 할 수 있었는데, 자본 시장법에서는 증권거래법령상에 존재하던 채무보증 금지조항을 삭제하여 증권사는 지급보증업무를 영위할 수 있게 되었고, 상법상유동화 회사의 ABCP 시장이 급격히 커지는 계기가 되었습니다.

주식회사로서의 상법상유동화 회사

유동화법에 의한 유한회사는 특례에 의하여 사채를 발행할 수 있었습니다. 하지만 상법상 유한회사는 사채를 발행할 수 없었으므로 대부분의 유동화 전문 상법상 유동화 회사는 주식회사의 형태로 발전했습니다.

즉, 유동화회사가 발행한 ABCP를 증권거래법이 정하는 유가증권의 범위에 포함시켜 증권회사가 취급할 수 있도록 하기 위해 유동화 회사의 형태를

주식회사의 형태로 설립한 것이지요.

유동화법의 전문회사는 유한회사, 상법상의 전문회사는 주식회사의 형태를 띠게 된 것입니다.

상법 개정

주식회사의 자본금 규모를 2009년 5월 폐지

2011년 4월 사채발행총액 제한 폐지

위 두가지 상법 개정을 통해 일반상법상유동화 회사는 더욱 증가하게 되었습니다.

Off BALANCE FINANCING 기능 약화

회계인들이 잘 아시는 K-IFRS의 도입으로 앞에서도 언급한 바와 같이 새로운 국제 회계 기준이 도입됨에 따라 ,대차대조표상에 부채 및 채권의 매각은 "위험과 효익의 이전"이라는 관점에서 판단이 이루어지다 보니 불가능해진 측면이 있습니다.

실 예로 한국의 한 저축은행의 모기업인 증권회사와 본인들이 대출한 PF성 대출의 한도를 늘리고자 대차대조표상의 대출자산을 증권회사를 통해 유동화하여 매각을 하고자 시도했으나, 결국 book off가 안되는 관계로 실효성이 없는 것으로 판단되었지요.

ABCP에서의 신용보강

ABCP의 Conduit가 발행하는 ABCP에 대하여 Sponsor(증권사)가 신용보강을 하는 방법에는 다음과 같은 것이 있습니다.

[보강정도에 따른 분류]
Fully Supported Program
Partially Supported Program

[보강 방법에 따른 분류]
- 보증
- 신용장
- Total Return Swap
- Liquid Facility

Liquid Facility란 Sponsor가 보기에 채무의 상환이 정상적이라고 판단되는 경우, refinancing을 통해서 조기에 상환하는 자금의 유동성을 공급하는 것을 의미 합니다.

사례들

지금까지 쓰다 보니 법률적인 이야기만 한 듯 합니다.
한국에서는 증권거래법과 자본시장법에 따라 그 규제에 맞추어서 증권 및 금융기관이 증권화/유동화를 할 수 있다 보니 법률에 대해 알아야 하는 것이 많이 있습니다.

사실 저는 개인적으로 한국법에 대해 문외한 이기에 잘 모르는 부분이 많이 있지만 귀국 후에 관심을 가지고 원래 알고 있던 증권화에 대하여 연구를 조금 했습니다.

한국은 1금융권에서는 구조화금융부, 그리고 증권회사의 FICC부서등이 증권화를 진행하는 듯 보였습니다.

이제부터는 재미없는 법률 이야기가 아닌 실전 사례를 설명하도록 하겠습니다.

앞서 제가 해외부동산에 대한 이야기를 하면서 제 경력중 중국에서 매출채권 유동화를 3건 했다고 기록한 적이 있습니다. 그에 대한 이야기를 하도록 하겠습니다.

[중국현지은행 대출채권 증권화]

2000년도에 우리나라 뿐만 아니라 세계의 많은 은행들이 중국의 현지법인을 설립했습니다.

그런데 중국내 설립된 은행들은 본국의 지위를 받는 것이 아니라 중국금융당국의 규제와 감사를 받는 중국은행입니다. 해당은행이 파산하면 본국의 은행이 책임을 지는 것이 아닌, 중국금융당국이 파산의 책임을 지는 구조인 것입니다. 우리나라도, S은행, K은행, H은행, W은행등이 진출했지요. 중국법으로 초기에 진출한 법인의 영업을 보장하기 위해 당시 30%였던 지급준비율의 제약을 5년 동안 삭제했던 것입니다.

따라서 외국계은행들은 지급준비율의 제약 없이 거의 1000%가 넘게 대출을 실행했습니다. 그런데 5년이 가까워 오자 문제가 생겼습니다. 지급준비율을 맞추려면 자본금을 증자하거나, 예금을 예치하거나, 대출채권을 회수해야 하지요.

그런데 외국계 은행이 중국에서 예금을 예치하는 것은 상당히 어려웠고, 자본금 증자도 쉽지 않았습니다. 워낙 1000% 넘게 대출을 실행해서 손 쓰기 쉽지 않았습니다.

그런데 당시 재미있는 일이 일어났습니다. 중국의 우정국에 주인 없는 많은 돈이 있었지요. 모택동 시절부터 중국인들은 저축을 많이 했고, 당시에 유일한 금융기관이 우체국이다 보니 우체국에 돈을 맡겨 놓았는데, 중국인들의 호구조사가 최근에서야 준비된 관계로 그 많은 돈의 주인이 오리무중인 것입니다.

그런데 우정국에서는 이 돈을 사용하지도 못하고 이러지도 저러지도 못하고 있었고, 가끔 우정국 실무자가 해당 돈을 유용해서 마카오에서 게임을 하다가 적발되어 총살을 당하는 경우도 있었습니다.

그래서 다음과 같은 구조를 설계 했습니다.

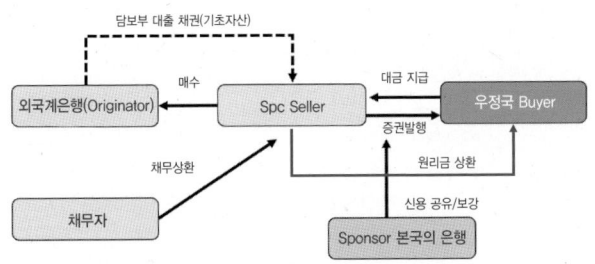

이렇게 해서 완전한 대출채권을 book off 할 수 있었고 부족한 부분은 자본 증자로, 그리고 우정국은 막대한 수수료를 취해서 수익을 창출할 수 있었습니다. 우정국 입장에서는 예금 자산의 손실 없이 막대한 수수료 수익을 발생시켰고, 현지법인은행은 대출채권의 매각으로 BOOK OFF에 따른 지급준비율을 맞출 수 있었습니다.

당시 중국에서는 타당한 법적 근거가 없었기에 그냥 눈감아 주는 쪽으로 넘어갔습니다. 당연히 그래서 SPC의 수수료가 비쌌지만 그 정도는 지급준비율을 맞추어야 하는 비용에 비하면 껌 값 정도였습니다.

하지만 비밀리에 진행되어야만 했지요.

[상가 PF의 ABCP와 신용부도스왑]

또 다른 예는 현재 진행하고 있는 ZIP STORY 7의 PF를 H증권이 ABCP로 유동화하는 모델입니다.

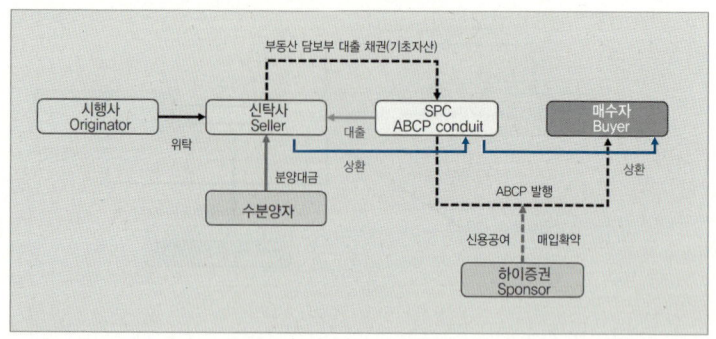

H증권이 금융주관사로 논현동ZIP 7의 PF 자금을 600억원 한도로 기표합니다. 실제 청약 및 분양이 50% 정도 되었기에 일괄기표로 소요되는 자금은 200억원 정도입니다. 이 자금을 위와 같은 구조로 ABCP를 발행해서 조달하는 것이지요.

시행사로부터는 6%의 금리를 받고 매수자에게는 H증권의 신용을 공유하니 낮은 금리에 조달하여 차익을 발생시키고, 신용공유(매입확약)에 대한 댓가로 취급수수료를 받는 구조입니다. 금융주관수수료는 별도인 것이지요.
그리고 K부동산 신탁은 파생상품의 일종인 신용부도스왑(책임준공 백업)으로 매출액의 2%를 가져갑니다.
즉, 시공사에 캡을 씌워 책임준공을 보증하고 시공사가 책임준공을 못할 경우 그에 대한 지체보상금을 지급하겠다는 내용의 보증서를 발급하는 조건으로 매출액의 2%를 받아가는 전형적인 신용부도스왑이지요.

[서브프라임 모기지 사태]
미국 모기지 시장은 다음과 같이 구성되어 있었습니다.
① 프라임 모기지(신용우수자)
② Alt-A 모기지(중순위 신용자)
③ 서브프라임 모기지(저신용고객)

1, 2는 일반은행들이 취급했지만 3번은 수신기능이 없는 모기지 전문회사가 운영을 하고 있었지요. 수신 기능이 없는 모기지 전문회사의 자금조달을 위해서 증권화(유동화)가 사용되었고, 당시 집값이 천정부지로 상승하고 있는 과정에서 유동화에 참여한 은행들은 디폴트가 나도 집을 처분하면 문제가 없다고 생각한 것입니다.

그런데 집값이 폭락하자 기초자산이 조달금액보다 작게 된 것이지요. 미국의 투자은행들은 이 모기지 3가지를 한가지로 모아 다양한 CDO와 CDS를 만들어 수익에 열을 올리고 있었습니다. 유동화가 1차, 2차, 3차등 과도하게 유동화가 되어 위험성이 전세계 금융으로 퍼져나간 것입니다.
기초자산이 10억원인데, 유동화 자산은 20억원이 된 셈이지요.
그래서 2009년 7월 Basel II는 개정안을 통해서 재유동화 익스포저의 위험

가중치를 2배 이상 상향조정함으로써 은행이 보유한 재유동화 익스포저에 대한 필요자본량을 대폭 상승시키게 됩니다.

한국에서 증권화(유동화)는 자금조달의 기능을 강조합니다.
K-IFRS가 적용되면서 BOOK OFF의 기능은 제약을 받고 있지요.
저도 그래서 한국에 와서 BOOK OFF의 기능을 강조하는 금융상품을 한가지 개발하여 틈새시장으로 올해부터 시작하려고 합니다.

다음에 기회가 되면 자세히 설명을 하도록 하지요.
이런 증권화(유동화)는 회계사들이 금융인으로서의 능력을 발휘하는데 주요 상품입니다.
① 자산을 실사하고,
② 신용을 평가하고,
③ 수익률을 계산하여
④ 위험성을 평가하기

때문이기도 하지만, 무엇보다 이런 딜의 구조를 이해하면 다양한 모델을 만들 수 있다는 장점이 있지요.

6.
신용보강

영어로 신용보강은 Credit Enhancement라고 하지만 실제 설계 구조도에는 credit exposure라고 합니다. 신용보강과 신용공유는 다른 말 같지만 실제 의미는 같습니다. 즉, 신용보강을 한다는 말과 신용공유를 한다는 말은 결국 신용보강을 하는 측이 신용의 위험에 노출되는 것과 같은 것이기 때문이지요. 한국에서는 신용공유를 credit line이라는 표현을 쓰는데 이는 잘못된 표현입니다.

외국에서 신용공유는 credit exposure라고 합니다.
즉 기초자산을 근거로 ABCP, 또는 ABS를 발행시 발행된 증권/어음에 Sponsor가 매입확약, 신용부도스왑등을 하는 것을 신용보강이라고 합니다.

내부 신용 보강(Internal Credit Enhancement)

기초자산의 현금흐름을 활용하여 내부적으로 신용위험 통제수단을 강구하는 것을 말합니다.

Tranching

지난번에 제가 부동산 PF 강의를 할 때 선순위, 후순위를 설명하면서 했던 Tranch입니다. 원래 어원은 프랑스어인 조각을 의미라는 트랑쉐입니다.

즉, 유동화증권을 지급우선순위(waterfall)을 다르게 하여 신용을 보강하는 기법입니다.

선순위는 영어로 senior tranch, 후순위는 subordinated tranch 또는 junior tranch 라고 합니다.

여기서 잠깐 여러분 부동산 담보채권인 mortgage의 어원을 말씀드리지요. Mort(죽은) + gage(담보재산) = morgage(죽은담보재산) = 토지 담보를 의미합니다.

Tranching 신용보강에는 Credit tranching과 Time tranching이 있습니다.

Credit tranching는 선후순위 위험 배분구조를 다르게 하는 것이고, Time tranching은 만기를 다르게 하는 것입니다.

여러분들이 부동산 PF에서 선순위는 먼저 상환하고, 후순위는 나중에 상환을 받는 다는 것을 들으신 적이 있을 겁니다. 이것이 바로 Time tranching입니다.

그런데 또한 선순위는 미담확약으로 보호한다고 하는 것을 들으신 적이 있을 겁니다. 이게 바로 Credit tranching 입니다.

다시 말해, Credit tranching은 기초자산의 신용위험을 흡수하는 방법에 따라 구분되는 것이고, Time tranching은 상환 우선순위로 구분하는 것이지요.

Overcollateralization(초과담보)

기초자산이외에 채권자의 추가담보를 확보하여, 현금흐름상 원리금 상환이 어려울 경우, 별도의 추가담보를 활용하여 신용을 보강하는 것을 말합니다. 예를 들어 증권회사 부동산 담보부 채권을 유동화 할 때 채권자의 자기자본비율, 추가담보등을 요구하는 경우가 바로 이 경우입니다.

Cash Reserve(유보금)

보통 소매유동화 자산에 많이 사용됩니다.

제가 2000년도말에 S은행과 2건의 NPL 유동화를 한적이 있습니다. 하나는 S은행 벤처기업 투자자산 NPL 유동화이고, 다른 하나는 신용회복채권 유동화 입니다.

이중 신용회복 채권 유동화에서 채권자들이 조기상환을 하는 경우가 있고, 이 조기 상환 금액을 SPC가 현금으로 보유하여 미상환자가 발생시 현금흐름을 대체하는 경우가 있습니다. 이것이 바로 현금유보 입니다.

Excess spread(초과 수익)

유동화 자산의 수익률이 발행된 증권의 수익률보다 높을 때 이 차이가 신용보강의 역할을 하게 됩니다.

예를 들어 논현의 zip7을 H증권이 ABCP를 발행할때, 논현 기초자산에서는 이자수익이 6%, 발행된 ABCP의 금리가 3%라고 하면, 6-3=3%의 이자수익이 신용보강의 역할을 하게 됩니다.

외부 신용 보강(External Credit Enhancement)

내부신용보강이외에 외부에서 제3자 (Sponsor 포함)가 유동화회사와 계약에 의거하여 신용을 보강하는 것을 말합니다.

Credit Exposure(신용공여)

상환재원 부족시 금융기관 또는 sponsor가 정해진 한도내에서 유동화 회사에 대출을 실행하여 상환재원을 충당하는 것을 말합니다. 다만 주의 할 것은 tranching이 선후순위로 구조로 설계가 되어 있을 때, 선순위에만 신용공여를 하는지 후순위에도 신용공여를 하는지를 잘 구분해야 합니다.

Asset purchase(자산매입)

유동화 증권이 디폴트가 나는 경우, 기초자산을 매입하여 증권을 상환하는 것이지요.

또한 다양한 옵션을 걸 수 있는데, put back option(풋백옵션), re-sale obligation(환매의무) 등이 있습니다.

Guarantee(보증)

외국에서는 채권보증전업회사 (monoline insurance company)가 있어서 유동화(증권화)에 많이 등장하지만, 한국에서는 이런 회사가 없는 걸로 알고 있습니다.

한국에서는 아마도 ABCP 매입보장약정이 가장 많이 사용되는 듯 한데, 이것은 엄밀한 의미의 신용공여와 같은 효과를 가지게 되는 것 같습니다.

유동성 보강과 매입보장약정

유동성 보강(Liquidity Support)은 외국에서는 자산매입약정을 유동성 보강을 이루는데 대해 반해서 한국에서는 ABCP 매입보장약정을 통해서 이루어지는 것 같습니다.

유동성 보강이란, 기초자산이 디폴트가 나지 않았지만 ABCP가 팔리지 않았거나, 팔린 ABCP의 할인율이 기초자산의 금리보다 높거나, 만기의 불일치 등에 의해 현금흐름에 문제가 생기는 경우를 위해서 준비된 제도입니다.

예를 들어 보지요.

논현 ZIP 7의 사업비 조달을 위해서 H증권이 SPC 상법상 유동화 회사를 설립하고 초기 사업비 200억원을 조달하기 위해 ABCP를 발행했습니다. 분양은 잘되고 있어 예상된 현금흐름에 대한 수익과 상환이 발생하고 있으나,

첫번째의 경우로 시장에서 ABCP가 판매되지 않으면 일시적으로 유동화

전문회사가 현금유동성 위기를 겪게 됩니다. 따라서 이런 경우에 유동성을 공급하기 위해, Sponsor인 H증권이 ABCP를 매입하여 유동성을 보완하는 것입니다.

두번째로 판매되는 ABCP가 기초자산의 이자율 6%를 상위해서 판매되는 경우입니다. 예를 들어 10%가 되어서 겨우 팔렸다고 가정하면 4%의 현금흐름의 차액이 발생합니다. 이 부분에 대해서 유동화 전문회사의 ABCP를 매입하여 수익 차이를 보전해 주는 것입니다.

유동성 보강이라는 것은 디폴트가 나지 않았지만 현금흐름에 문제가 생기는 경우를 보강해주는 것이고 신용보강이란 디폴트를 전제로 이루어지는 것입니다.

7.

환율의 표시

보통 환율은 원달러 환율이라고 해서 1달러를 주면 얼마의 한국 돈을 주느냐로 표시하지요.

원달러 환율 1,000이라고 하면

- USD-KRW 1,000
- 1USD=1,000KRW

이라고 표기합니다.

외환과 외화는 다르지요.
외화는 종이돈 달러를 표시하고 외환이라는 것은 선물환 달러표시 채권등 모든 외화표시 금융을 말합니다.

환율인상, 환율인하

환율인상은 달러의 가치가 올라서 1USD를 내면 한국돈으로 더 많은 돈을 지급해야 하는 것을 말하고,

환율인하는 달러의 가치가 하락해 1USD를 내면 한국 돈을 더 적게 지급하는 것을 말합니다.

그런데 이것은 미국 돈인 달러의 입장에서 보는 것이고
한국 돈인 원화입장에서 보면
- 환율인상 = 절하
- 환율인하 = 절상

이렇게 표시됩니다.

또 다른 뉴스에서 평가절하, 평가절상이라는 말을 사용하는 것은 중국처럼 환율 자유시장이 아닌 고정환율을 채용하는 나라에서 사용하지요
- 환율인상 = 절하(자유변동환율)
- 평가절하 = 절하(고정환율)

따라서 "한국 돈이 평가절하 되었다"라는 말은 맞지 않습니다.

환전수수료

매매기준율에 달러를 사거나 팔 때 환전수수료가 붙습니다. 달러는 매매기준율에 1.75%를 더한 것이 달러를 살 때의 가격이 되고, 1.75%를 빼는 것은

달러를 팔 때의 가격이 됩니다.

환전수수료는 통화마다 다른데 달러가 1.75%인데 반해 중국 인민폐는 5%가 되지요. 이렇게 되는 이유는 달러는 유통량이 많지만 인민폐는 유통량이 많지 않기 때문이기도 합니다.

그리고 환전수수료가 1.75%가 아니라 지방은행에서 2%가 되는 경우도 있는데, 이는 해당은행이 외환딜러의 자격이 없어 시중은행을 통해 달러를 매입하기 때문이지요.

전신환 매매 환율 수수료는 0.98%, 여행자 수표는 1.2%가 됩니다. 하지만 요즈음은 여행자 수표를 사용하는 것을 거의 보지 못합니다. 거의 다 신용카드를 사용하지요.

코레스 계약과 코레스 뱅크

무역거래 또는 해외 송금등을 할 때 은행과 은행간의 외환거래를 코레스 계약이라고 합니다. 영어로 CORRESPOND ARRANGEMENT 그리고 양 국가의 은행을 CORRSPOND BANK라고 합니다. 즉 한국에서 특정국가의 은행에 외환을 송금하고자 할 때 이 코레스 계약이 맺어 있지 않으면 송금이 불가합니다. 그래서 코레스 계약이 맺어 있는 은행을 우회하여 송금을 하게 되지요.

매매기준율

은행간의 외환거래에서는 매도주문과 매수주문이 일치하는 가격에서 은행간 매매기준율이 정해집니다.

그리고 이때 정해지는 은행간 매매기준율을 시장평균환율(MAR market average rate)라고 하지요.

예를 들어 보지요.

건수	거래환율	거래량(천달러)	거래금액(천원)
1	1,000	10,000	10,000
2	1,500	20,000	30,000
합계		30,000	40,000

시장평균환율 = 40,000(총거래금액) / 30,000(총거래량)

= 1,333원

이것이 다음 영업일 날 매매기준율이 됩니다.

다른 통화들은 미국달러의 기준환율을 기준으로 국제외환시장에서 거래된 환산율(재정환율, arbitrated rate of exchange)를 곱해 계산됩니다.

우리나라 외환 거래 규모

2016년 3분기 우리나라 외환시장 동향 자료를 보면 우리나라는 하루에 약 225억 달러가 거래되고 있다고 합니다.

그런데 우리나라가 1년에 약 5,500억 달러를 수출하니 이를 영업일수 300일로 나누면 매일 18억 달러 정도가 됩니다. 즉, 수출등 상품 교역에 의한 무역 외환 거래는 전체의 8% 정도이고 나머지는 금융거래가 92%를 차지한다는 것이지요. 외국 투자가가 한국증권이나 채권을 사거나 팔고, 해외 송금등의 거래가 훨씬 많은 것이지요.

선물환

환율이 어떻게 변할지 몰라 자기가 바꿀 시기에 지정된 환율로 바꿀 수 있는 권한을 선물환이라고 합니다.

여기에도 롱 포지션과 숏 포지션이 있지요.

참고로 길다의 LONG은 사전을 찾아보면 맨 끝에 사다라는 뜻이 있고, 짧다의 SHORT는 팔다의 뜻이 있습니다.

외국 헤지펀드들은 자유롭게 선물환 거래를 할 수 있지만 한국에서는 수출기업만이 선물환 거래를 할 수 있고 개인은 증권사의 ETF 펀드를 통한 선물환 거래만을 할 수 있습니다.

달러 선물 = 롱포지션 선물환

달러 인버스 선물 = 숏포지션 선물환

을 뜻합니다.

미국에서는 BEARISH, BULLSIH라는 말을 사용하는데, 이는 BULLISH는 달러강세, BEARISH는 달러약세를 의미합니다.

즉, 예를 들어 Power Shares DB US Dollar Index Bearish Fund를 구매하면

이것은 달러 가치에 대하여 롱 포지션을 취하는 것이지요.

달러 인덱스

미국 달러가 6개국(스위스, 영국, 일본, 캐나다, 유로, 스웨덴)에 대하여 어느 정도의 가치를 가지느냐를 파악하기 위한 지표입니다. 달러인덱스가 90포인트라고 하면 미국 달러가 해당국가들 보다 10% 약세라는 것이고 110포인트라고 하면 10% 높은 가치를 가진다는 것입니다.

무심코 해외 여행을 하면서 환전을 하지요, 달러 살 때, 팔 때의 표를 보고 무심코 환전을 합니다.

하지만 매매기준율이 어떻게 작성되고, 달러, 중국 인민폐, 일본 엔으로 교환할 때 환전수수료는 어떻게 결정되는지를 상식적으로 알면 도움이 될 겁니다.

8.
금융자본주의

금융과 실물경제와의 관계를 단적으로 보여주는 그래프가 있습니다.

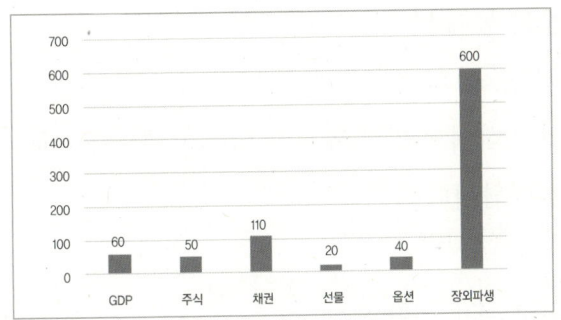

금융이 실물경제의 약 14배의 규모입니다. 이렇다 보니 실제 우리의 삶이 금융에 따라 좌우 된다는 것이 당연한 것이지요.

금융자본주의가 꽃 피운 것은 IB뱅크들의 등장과 이를 운영하는 사모펀드 및 헤지펀드의 등장으로 급속히 성장했지요. 1990년대부터의 일입니다. 그 이전에는 증권화라기 보다는 예금에 대한 대출이 은행의 모든 업무였는데, 어느 순간 파생상품의 등장으로 고객의 돈이 아닌 은행의 자기자본을 활용한 영업을 하면서 기하급수적으로 금융업이 발달했지요.

혹자는 은행이 고객의 이익이 아닌 자기 자본을 이용하면서 자기 주주들의 이익을 극대화하는 사기업화 되었다고 비판을 하지요.

맞는 말입니다. 하지만 아덤 스미스가 국부론에서 말했듯이 자본주의의 모태는 돈을 벌려는 인간의 이기심에서 유발되었으니, 당연한 일이라고도 보여집니다.

1980년 이전에는 경기가 좋아야 주가가 올랐습니다.

하지만 이제는 주가가 올라야 경기가 좋아지지요.

자산시장 경로를 통해 낮은 금리가 자산 가격을 올리고, 이를 통해 민간부분에서 부의 효과(Wealth Effect) 〈주가 상승 및 자산 가치 상승으로 투자자들이 일부 이익금을 소비하여 경기가 활성화 되는 효과〉 가 나타나고 소비활성화로 실물경제가 살아납니다.

조셉파인 교수의 경제 진화

조셉파인교수는 테드컨퍼런스에서 "고객은 무엇을 원하는 가"에서 산업을 다음과 같이 분류했습니다.

산업분류	경제분류	핵심전략
1차 산업	농업경제	공급 가능성
2차 산업	제조업	싸게 공급하기
3차 산업	서비스업	품질 올리기
4차 산업	체험경제	진정성 제공

가끔 저는 금융업에 종사하는 사람들이 본인들이 서비스업이라는 것을 망각하는 듯이 보입니다.

- ✔ 자금을 조달 할 수 있는지(1차산업) ⇨ 브로커
- ✔ 자금을 싸게 공급할 수 있는 지(2차산업) ⇨ 금융기관

이런 것이 중요한 것이 아니라 금융업은 서비스입니다.

고객의 이익을 최대한 배려하여 고객에게 최고의 품질을 가장 저렴하게 그리고 가장 공급가능한 방법을 제시할 수 있어야 하지요.

최고의 서비스를 제공하기 위하여 금융업에 종사하는 사람은 많은 경험과 네트워크 그리고 전문 지식을 가지고 있어야 합니다.

그래서 금융인은 경험과 지식이 무척이나 중요한 서비스업입니다.

자기가 서비스업 종사자라는 것을 망각하는 순간 그 사람은 금융인이라고 말 할 수 없습니다.

가끔은 내가 금융인으로 서비스업 종사자라는 것을 잊고 싸게 쉽게 공급할 수 있다는 생각만 하면 안됩니다. 고객의 요구에 맞추어 적절한 서비스를

제공할 수 있는 준비가 되어있는지 자신을 확인해야 합니다.

그래서 금융업은 보수적이고 절대 어린 사람이 나이든 사람을 뛰어 넘기가 어려운 업종입니다. 어린 사람이 나이든 사람들이 만들어 놓은 금융구조를 답습하는 한 절대 불가능 하지요.

H증권의 C부장이 "어떤 딜이 안되어도 또 한가지 비즈니스 모델을 배웠다고 하는" 말을 들었을 때 금융인으로서의 자세가 되었다는 생각이 든 이유입니다.

그리고 그녀가 고객에게 최상의 서비스를 제공하려고 노력하는 모습을 보고 금융업이 서비스업이라는 것을 이해하고 있다고 생각해서 그녀를 높이 평가하는 이유입니다.

고객 맞춤 서비스업

스타벅스를 예로 들지요.

스타벅스에서는 에스프레소, 아메리카노, 카페라데를 팝니다. 그런데 가만히 보면 에스프레소에 물을 탄 것이 아메리카노, 우유를 타면 카페라데입니다.

스타벅스가 열심히 커피를 판다고 생각하세요? 아닙니다.

단지 이렇게 묻습니다.

"어떤 커피를 원하세요?"

바로 고객의 요구에 맞추어 에스프레소, 아메리카노, 카페라데를 팔 줄 알아야 하지요. 아메리카노를 원하는 손님에게 에스프레소를 팔고, 카페라데를 원하는 손님에게 아메리카노를 판다면 그 카페는 망하고 말 것입니다.

금융인이라면 고객이 어떤 커피를 원하는 지, 고객에게 가장 좋은 커피가 무엇인지, 그리고 그 커피를 어떻게 만드는지 알아야 하지요.
여러분 금융업은 서비스업이라는 것을 잊지 마세요. 절대 제조업이나 농업이 아닙니다.

9.

인공지능 태동

철학자 칸트는 "인간은 생각한다. 고로 존재한다"라고 했지요. 생각의 능력이 인간만이 가지고 있는 고유한 능력이라고 했습니다.

이후에 300년이 흘러서 "기계가 생각을 할 수 있을 까?"라는 질문을 던진 학자가 있었습니다.

이 사람이 바로 앨런튜닝이고 2차 세계대전 당시 독일군의 암호를 해독해 결정적으로 연합군을 승리로 이끈 암호해독자(code breaker)입니다.

여러분 애플의 로고가 왜 사과를 한입 깨문 그림인지 아시나요?

바로 앨런튜닝이 동성애자로 밝혀져 청산가리가 들어간 사과를 한 입 베어 물고 세상을 하직했다고 합니다.

이에 스티브 잡스가 인류 최초의 해커인 앨런튜닝을 기리기 위해 한입 베어문 사과를 로고로 사용했다고 합니다.

제가 학부생, 대학원 시절의 전공이 신경공학인 공학도 였습니다. 그래서 지금도 컴퓨터를 능숙하게 다루지요.

생각하는 기계인 인공지능은 체스, IBM의 왓슨 의학진단 시스템등으로 발전하고 컴퓨터의 처리속도가 빨라지면서 기하급수도로 발전했습니다.

그리고 또 한명의 천재가 나타나지요. 알파고를 만든 구글의 하사비스입니다.

하사비스의 세계 주목할 만한 10대 논문에 다음과 같은 주제가 있었습니다.

"과거에 대한 기억의 양이 많아지면 미래를 상상할 수 있는 확률이 높아진다. 즉, 과거의 정보가 많으면 미래를 판단 할 수 있다."

이전의 인공지능이 인간이 만든 모델에 대한 판단 속도를 높여주는 것이었다면 하사비스 이후 스스로 생각하는 인공지능이 탄생하게 되었지요.

구글의 어원

여러분 구글의 어원이 무엇인지 아시나요. 제가 회계사들에게 강의를 할 때 한번 한적이 있는 듯 합니다.

바로 google의 어원 googol로 10^{100}을 뜻합니다.

우주 전체의 원자의 수가 10^{80}이고 바둑의 경우의 수가 10^{90}이라고 합니다.

이런 이유로 알파고는 수많은 바둑기보를 습득해서 ⇨ 과거의 기억 ⇨ 스스로 판단하는 인공지능이 된 것이지요. 그리고 바둑이 바로 가장 다양한 판단의 숫자가 나타나기에 알파고는 바둑을 습득상대로 삼은 것입니다.

인공지능의 2가지 기술

머신러닝

데이터를 수집 분석해서 미래를 예측하는 기술입니다. 의료진단, 증권사의 로드어드바이저가 이 기술에 속하지요.

딥러닝

인간처럼 체험하고 습득해서 스스로 판단하고 결정하는 기술입니다.

증권사의 로드어드바이저는 수많은 각종 지표들을 분석해서 어떤 종목이 유리한가를 측정하는 머신러닝 기술을 사용하는 것이고, 자율자동차, 알파고는 수많은 체험을 통해 상황별 자체적인 판단을 하는 기술을 사용하는 것입니다.

여러분은 투자의 귀재라고 하면 누구를 떠 올리십니까? 아마도 워런버핏을 떠올리시라 생각됩니다.

워런버핏은 장기투자 수익률로 연간 20%의 수익률을 기록한 그야말로 투자의 현인 귀재라고 하지요.

그런데 금융가에는 잘 알려지지 않은 전설적인 인물이 있습니다. 헤지펀드 사이에는 정말 무림의 절대지존 같은 인물이 있습니다. 30년간 장기투자 수익률 연간 40%를 달성한 사람입니다.

바로 제임스 사이먼스이지요. 원래는 나사의 암호해독가였고 하버드대 수학과 교수였는데, 암호해독이라는 것이 수많은 데이터로부터 일정한 패턴을 알아내는 것이지요. 사이먼스 교수가 바로 증권의 수많은 데이터로부터 이런 일정한 법칙을 발견하고 그를 적용하여 증권투자를 해서 40%라는 말도 안되는 수익률을 올린 것입니다.

흔히 이 사람을 가리켜 연봉 3조원의 펀드매니저라고 부릅니다.

로드어드바이저는 바로 수많은 다양한 정책, 경제지표를 분석하여 투자를 결정하지요. 인간이 다루기 어려운 수많은 데이터를 몇 시간만에 분석해서 처리하는 것이니, 로드어드바이저는 지금의 금융기법에서는 아마도 인간을 능가하리라 생각됩니다.

행동경제학과 인공지능

고전경제학의 기본은 인간은 합리적인 판단과 선택을 한다는 것을 전제로 하지요.

그런데 실물경제에서 인간은 절대 합리적인 판단과 선택을 하지 않습니다. 그러면 투매와 투기가 일어날 수가 없지요.

그래서 최근에 등장한 행동경제학은 고전경제학에 심리학을 더해서 인간이 왜 불합리한 판단과 선택을 하고 그것이 경제에 미치는 영향을 분석하기 시작했지요. 그리고 여기에 사용되는 심리학이 바로 진화심리학입니다.

인간의 본성을 유전학적인 측면에서 해석하는 것이지요.

그런데 딥러닝 인공지능 기법이 로드어드바이저에 도입되면 어쩌면 인간의 투매나 투기의 심리상태까지 예측을 할지도 모릅니다.

돈을 일 시키다

농경사회에서는 사람이 일을 하여 돈을 벌었습니다.

산업사회에서는 기계가 일을 하여 돈을 벌었습니다.

금융자본주의에서는 돈을 일을 시켜서 돈을 법니다.

돈이 투자가 되고, 대출이 되고, 증권, 채권을 사고, 결국 돈이 수단이 되어 돈을 벌게 되는 것이지요.

증시가 잘되어야 소비가 일어나고 실물경제가 살아나는 시대에 살고 있습니다. 이유는 실물경제의 14배되는 금융자본의 힘이지요.

인간이 돈을 일 시키던 사회에서 인간을 대신해서 로봇이 돈을 일 시키는 사회가 바로 로드어드바이저 사회인 것입니다.

인공지능은 우리의 삶을 많이 변화시키겠지만 우리가 못 느끼는 사이 금융자본을 움직여 실물경제를 활성화시키는 것이니, 더 많은 영향을 미친다고 할 수 있습니다.

9.

가격과 가치

포트폴리오를 구성하기전에 우선 알아야 하는 것이 "가격과 가치"입니다.

칼마르크스는 노동에 의해 생산되는 것이 상품이고 상품은 본질적으로 사용가치와 교환가치가 있다고 하였습니다.

그리고 이 교환가치를 나타내는 것이 화폐라고 하였고, 화폐로 표시되는 상품의 가치를 가격이라고 하였습니다.

조금 어려운가요?

예를 들지요.

다이아몬드는 사용가치는 고작 장식물입니다. 그런데 희소성이 있어서 수요는 많은데 공급이 유한하지요, 그래서 교환가치가 높습니다. 교환가치가 높으니 가격이 비싼 것이지요.

이렇게 실물자산에서의 교환가치는 대부분 수요와 공급에 의해 그 가격이 정해집니다.

그런데 금융자산은 가치가 변합니다. 시간에 따라 변하지요. 그래서 이것을 자산의 변동성이라고 합니다. 자산의 가치가 시간에 따라 변동하는 이유는 화폐의 가치가 변하기 때문이고, 화폐의 가치는 물가에 연동되기 때문이지요.

이것도 조금 어렵지요?

예를 들지요.

제가 100만원을 예금을 들고 이자가 3%라고 합시다. 그러면 1년후 103만원을 받게 됩니다. 그런데 물가상승률이 4%라고 하면 1년후 내가 가진 100만원으로 살 수 있는 물건의 구매력이 오히려 떨어진 것이 되지요. 이렇게 시간이 가면서 자기가 가지고 있는 자산의 가치가 변동됩니다.

자산의 가치

분류	상품	장기	중기	단기
실물	부동산		수요 공급	금리
	원자재		수요 공급	달러 가치
금융	채권	물가	경기	부도
	주식	수익가치	경기	수급
	외환		경상수지	물가

자산은 위의 표와 같이 대표적인 5가지가 있습니다.

그리고 그 자산가치를 결정하는 요인은 장기적, 중기적, 단기적으로 위의 표와 같습니다.

부동산

부동산은 장기적인 전망은 없습니다. 중기적인 가치를 결정짓는 것은 수요와 공급입니다. 수요는 가구수와 인구수이고 공급은 주택보급률로 평가할 수 있습니다.

1988년까지 우리나라 주택보급률은 70%정도였고 한지붕세가족이 보편화된 시대였지요. 2014년 103.5%로 100%를 넘어 섰습니다. 이제는 부동산은 무조건 오르지 않습니다. 그리고 인구가 계속 감소세이니, 부동산의 중기적 전망은 하락세 입니다.

단기적으로는 금리의 영향을 받습니다. 예금의 이자보다 임대료의 수입이 높으면 사람들은 저금리 시대에 빚을 내서 건물을 사고 임대료 수익을 기대합니다. 그래서 지금처럼 저금리 시대에는 부동산 경기가 활황인 것이지요.

원자재

원자재 시장은 가장 전망이나 예측이 어려운 시장입니다.

원자재 시장의 35%는 원유입니다. 그리고 중기적으로 글로벌 수요와 공급에 의해서 결정되지요. 1970년대 1,2차 오일 쇼크는 중동국가들이 공급을 줄여서 생겨난 것이고, 2000년대는 중국의 수요 촉발로 인해 공급이 부족해서 가격이 올랐고, 2015년 이후는 미국의 세일가스, 세계경제성장의 둔화로 인해 공급이 늘고, 수요가 부족해져서 저유가가 지속되고 있지요. 이렇게 원자재는 수요와 공급에 의해서 결정됩니다.

단기적으로 달러의 가치에 의해서 결정되지요. 이유는 원유는 달러로 지불되기에 달러의 가치가 하락하면 원유가격은 오르고, 달러의 가치가 오르면 원유가격은 하락합니다.

채권

채권은 정부의 재정이나, 정책에 많은 영향을 받습니다. 그리고 정책은 물가에 영향을 받지요. 그래서 장기적으로는 물가의 상승폭에 경기 상황을 고려하게 됩니다. 물가가 일정하게 상승하고, 경기가 좋으면 채권가격은 상승하지요. 즉, 금리는 하락합니다. 하지만 결국 시장 참여자들에 의해서 가격이 결정됩니다. 회사채는 장기 금리에 프리미엄을 더한 것으로 결정되고, 회사채 금리는 부도위험을, 해외채 금리는 환 위험을 더하여 결정됩니다.

증권

장기적인 기업가치를 평가하는 모델은 다양합니다. 순자산가치인 BPS, 손익계산서에 나온 수익가치 EPS등으로 기업가치를 평가하지요. 때로는 CPS(Cashflow per share), SPS(Sales per share), 부채비율 등으로도 평가합니다.

하지만 제 동료들을 보면 가장 많이 사용하는 것인 당기 순이익인 EPS인 듯 합니다.

중기적으로는 Forward EPS(미래 12개월의 예상수익)을 평가하지요.

단기적으로는 하루 동안의 주가가 움직인 요소는 결국 수급으로 판단합니다. 매수와 매도의 비율이 결국 가치보다는 가격을 결정하는 단기적인 요인입니다.

외환

제 전문 분야이기도 하니 자세한 설명을 하도록 하지요.

환율의 변동 요인은 시장과 정부 요인 두가지 측면이 있습니다.

정부는 일단 경상수지(상품, 서비스 거래)와 자본수지 (자본 교환 거래)를 적절하게 유지합니다. 우리나라는 경상수지 흑자, 자본수지 적자이지요. 이유는 상품 거래를 통하여 들어온 달러를 외국에 공급함으로서 적절한 외환 보유고를 보유하고 있는 것입니다.

환율은 너무나 많은 변수가 있어서 장기적인 예측은 불가능하고 중기, 단기적인 예측만 가능합니다. 경상거래를 통한 경상 수지 흑자기조가 환율 예측의 기본이 됩니다. 환율이 하락하면 수출이 활성화되고 이를 통한 경상수지가 흑자가 되지요. 즉, 모든 나라는 경상수지를 흑자로 유지하기 위해 단기에 자국의 화폐가 지나치게 하락하거나, 상승하는 것을 방임하지 않습니다.

우리나라도 경상수지 흑자 규모를 전체 GDP의 3%로 유지하려고 환율 정책을 펴고 있지요.

그리고 단기적인 환율의 등락은 물가와 성장률입니다. 저물가 고성장은 환율의 강세를 뜻하고 고물가 저성장은 환율의 약세를 뜻 합니다.

예를 들지요.

저물가라는 것은 해당 화폐가 안정화 되어 화폐의 가치가 떨어지지 않는다는 것이고, 고성장이라는 것은 경상수지가 흑자기조를 유지하므로 외환 수급이 안정적이라는 뜻입니다.

반대는 고물가, 저성장, 경상수지 적자입니다. 바로 극단적인 예로 하이퍼인플레이션입니다.

중세시대에 예가 있습니다.

스페인은 잉카에서 수많은 금과 은을 들여왔지요. 그리고 금과 은은 생산수단에 사용되지 않고 성당이나, 기타 장식용으로 사용되었습니다. 수 많은 금과 은은 물가를 천정부지로 높여 놓았고, 물가가 높아지니 사람들이 구매를 하지 않아 저성장이었고, 결국 경상수지 적자, 자본수지 흑자, 고물가, 저성장의 관계가 성립되어 몰락한 것입니다.

포트폴리오의 구성

일반적으로 5가지의 자산, 채권, 부동산, 주식, 외환, 원자재의 비율을 어떻게 가져가야 자산을 일을 시켜서 돈을 벌 수 있을 가요?

포트폴리오는 기본적으로 자산의 예측 가능한 수준으로 비율이 결정됩니다.

예측이 가능한 자산은 그만큼 안전한 자산인 것이니, 기본적으로 가장 비율이 높고, 반대로 예측이 가장 어려운 자산은 그만큼 위험한 자산이니 가장 비율이 낮습니다.

예측 가능한 순서는 다음과 같습니다.

채권 > 부동산 > 주식 > 외환 > 원자재

따라서 위험자산인 외환, 원자재는 헤지를 사용하여 위험을 회피하는 기법을 반드시 동원합니다.

부동산이나 채권은 내재적 가치를 분석하여 미래의 가격을 예측하고, 원자재, 외환은 과거의 데이터, 추이를 기초로 가격을 예측하는 방법을 많이 사용하지요.

제가 말씀 드린 적이 있지요.

부자는
① 꾸준히 돈을 벌고
② 원금을 잃지 않는다.

훌륭한 트레이더는 절대로 무리를 하지 않고, 또한 가치 분석을 통해 반대 방향의 투자를 하지 않습니다.

11.

주요 지표

자산관리인을 스페셜리스트와 제너럴리스트, 다른 말로는 전문가와 아마추어로 구분합니다.

그럼 전문가와 아마추어의 차이가 무엇인지 보여드리지요.

전문가는 모든 상황을 프레임으로 보고 아마추어는 사건으로 보지요.

제가 늘 칭찬하던 H증권의 C여자부장에게 한번 실망을 한 적이 있습니다. 사실 실망 정도는 아니고 부동산 금융전문가이다 보니 자산에 대해서는 어쩌면 모르는 것이 당연하다는 생각도 들더군요.

당시 C부장이 시행사인 상가와 오피스텔을 신축 개발하려는 고객에게 "경기지표상 경제성장률의 많은 부분을 차지하는 건설경기를 정부가 계속 급랭시키지는 못할 것입니다. 중도금, 잔금 대출을 규제하지만 지속하지는 못할 겁니다. 따라서 부동산 경기는 살아날 겁니다" 라고 하더군요.

만일 펀드매니저나 PB와 같은 전문가였더라면 다음과 같이 말했을 겁니다. "부동산은 골디락스나 리세션의 타이밍에 투자해야 하지요. 그런데 우리나라는 스태그플레이션의 징조가 나타나고 있습니다. 아직은 금리가 오르지 않고 있으니, 부동산 수요와 공급 지표를 봐서는 수익형 부동산에 대한 투자는 계속되리라 여겨집니다."

전문가는 프레임으로 설명하고 아마추어는 사건으로 설명한다는 말을 이제 이해하실 수 있을 겁니다.

모든 자산의 타이밍에는 경제지표가 주요 척도입니다.

그리고 경제 지표중 경기, 물가, 금리 이 세가지가 주요 관심 지표입니다.

경기와 물가(빌그로스)의 타이밍

세계에서 가장 존경받는 채권 투자의 대가 빌그로스의 투자 전략 포트폴리오입니다. 금리를 제외한 경기와 물가만을 가지고 운용하는 포트폴리오 입니다.

빌그로스는 운영사의 펀드매니저입니다. 따라서 장기적인 안목 보다는 단기적인 안목으로 사고 팔고를 하는 것이 눈에 보이는 전략입니다.

빌 그로스의 전략을 설명하기 전 한가지 표를 보여드리지요.

항목	경기	물가	금리	자산
골디락스	UP	DOWN	DOWN	주식
리세션	DOWN	DOWN	DOWN	채권
인플레이션	UP	UP	UP	원자재
스태그플레이션	DOWN	UP	UP	채권

각각의 경제지표별로(경기, 물가, 금리) 현재 상황을 골디락스, 리세션, 인플레이션, 스태그플레이션이라고 합니다.

골디락스 시대에는 경기가 활성화되고 물가는 낮게 유지되고 저금리가 유지되어 돈이 많이 도는 시대이니 무슨 자산을 사도 문제가 안되지만 가장 수익률이 큰 것은 바로 증권입니다.

리세션 시대에는 모든 지표가 하락세이므로 안정적인 장기채권이 제일 유리하고 인플레이션에서는 원자재가 제일 유리합니다.

스태그플레이션에서는 안전자산인 채권이 가장 유리하지요.

경기순환(워렌버핏)의 타이밍

세계에서 제일 존경받는 투자가 1위인 워렌버핏은 어떨까요.

워렌버핏은 펀드운영자라기 보다는 미래를 내다보고 움직이는 투자자의 포트폴리오를 구성합니다.

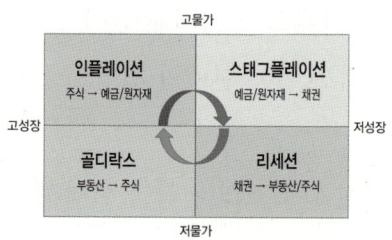

경기는 순환하므로 겨울이 가면 봄이 오고 여름이 온후 가을이 오고 겨울이 다시 오는 순환을 합니다. 워렌버핏은 해당 시기에 가장 비싼 값에 팔 수 있는 자산을 매각하고 다음 올 시대에 상승할 자산을 매수합니다.

리세션에 채권을 팔고, 부동산과 주식을 사고 골디락스에서 부동산을 팔아 주식에 투자하고, 인플레이션 이전에 주식을 팔아 예금과 원자재를 확보하고 스태그플레이션에는 예금/원자재를 팔고 채권을 삽니다.

지금 우리나라는 어디에 위치를 할까요.

저성장에, 물가 상승률도 낮고, 금리도 낮았습니다. 리세션에 있는 것이지요. 그런데 물가 상승률이 높아지고, 금리도 인상 우려가 있습니다. 스태그플레이션이지요. 리세션과 스태그플레이션을 오가게 되면 바로 저성장의 늪이라는 현상입니다.

일본이 이런 경기 후퇴를 막고자 금리를 제로 금리로 유지하는 것입니다.

이런 경제지표의 흐름을 어떻게 확인 할 수 있을 까요?

제가 사용하는 앱 4가지 입니다.

이 4개의 앱만 있으면 미연방준비위원회의 금리 및 각종 지표, 한국의 각종 지표, 금리, 그리고 실시간 경기지표들의 등락을 알 수 있습니다.

경기지표에 따른 자산가격의 방향성

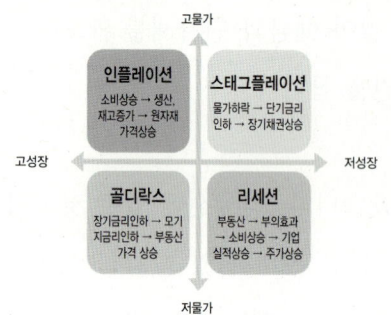

스태그플레이션에서 고물가가 하락하기 시작하면 금리를 낮출 수 있고, 그러면 장기금리가 낮아져 장기채권의 가격이 상승하게 됩니다.

리세션에 돌입하면 낮은금리로 인해 부동산을 매수하기 시작하고 자산의 가격이 높아지면 부의 효과가 나타나 소비가 상승하고, 이렇게 되면 기업의 실적이 상승하게 되지요.

골디락스에서는 기업의 실적으로 장기금리가 인하되고 이는 단기금리도 인하시켜서 부동산 가격을 상승시키는 요인이 됩니다.

인플레이션에서는 소비가 상승하고 기업의 투자 활동이 활발하다보니, 생산, 재고량이 증가하고 원자재 가격이 오르게 되지요.

모든 경제지표에서 중요한 것은 얼마가 오르고 내렸느냐가 아니라 그 방향성이 어디로 향하고 있느냐 입니다.

결국 그 방향성에 따라 상승이 예측되는 자산을 매입하고 매도하는 것이

유능한 트레이더 인 것이지요.

그리고 모든 통계지표의 방향성을 읽어내기 위해서는 최소한 30개의 데이타를 기준으로 합니다.

2008년 서브프라임 모기지 사태를 피해나간 JP모간의 트레이더들은 이런 이야기를 했지요.

"우리가 만든 디폴트스왑이 이상한 형태로 변형되, 부동산 대출로 적용되는 것을 보면서 신기하기도 했다. 그리고 JP모건도 서브프라임 모기지를 구매하려고 했는데, 마지막 순간, 경기 순환에서 서브프라임 모기지의 수익률 변화를 알 수 있는 데이타가 당시에는 10개 밖에 없었다. 따라서 우리는 모기지의 방향성을 예측할 수 없어 결국 딜에서 손을 떼었다"

금융에서 추세나 방향성을 읽기 위해 표본을 모집할 때는 최소 30개의 데이터가 필요합니다.

오늘도 혼자만 어려운 이야기를 쉽게 한다고 작성한 것은 아닌지 모르겠네요.

그리고 여러분은 사건을 보지 말고 프레임을 보는 금융인이 되려고 노력하시기를 바랍니다.

12.
금융의 기초

　　　　　금융의 기초는 **소유권, 예금과 대출**, 그리고 기초자산입니다. 아마도 처음 들어보시는 회계사들이 많을 겁니다.

제가 금융은 "*자금융통*"이라고 했는데, 웬 난데없이 소유권, 예금과 대출, 기초자산이라는 단어가 나오니까요.

여러분이 막연하게 알던 금융의 상식을 오늘 다시 한번 확인하는 기회가 되기를 바랍니다.

소유권

소유권이라는 사유재산권의 기본이고 오늘날 자본주의 가장 기본적인 사상입니다. 이 소유권이 있어야 토지, 건물의 주인이 결정되고, 이것을 기초자산으로 대출을 하거나, 팔거나, 양도하거나, 살 수 있습니다.

소유권이 없다면 기본적으로 금융은 탄생할 수가 없지요.

예금과 대출

말 그대로 금융의 기본단어인 자금융통입니다.

그런데 여러분 예금이 무슨 뜻인지 아시나요? 아마도 많은 회계사들은 자기의 돈을 은행에 예치 또는 보관하는 행위라고 생각할 겁니다.

틀렸습니다.!!!

금융에서 예금이라는 것은 고객이 은행에게 돈을 빌려주는 행위를 말합니다. 그래서 은행은 고객에게 이자를 지급하는 것이지요.

대출이라는 것은 은행이 고객에게 돈을 빌려주는 행위를 말합니다.

그러면 예금의 담보는 무엇일까요? 대출을 할 때 부도 위험으로 토지, 건물 및 각종 채권을 담보로 하는데 말이지요.

예금의 담보, 즉, 은행이 고객에게 지급하는 담보는 신용과 국가의 보증입니다.

은행의 신용이 워낙 크다 보니 고객이 은행에게 신용대출을 하는 것이고, 국가는 예금보험공사를 통해서 예금에 대한 지급보증을 하니, 안전한 대출인 것이지요.

대출은 고객이 은행에게 상환을 하지 못할 경우, 고객이 가지고 있는 소유권을 빼앗아 올 수 있는 권리를 담보로 돈을 융통해주는 것이지요.

기초자산

모든 금융은 금이 되었던, 대출채권이 되었던, 기본적으로 소유권을 포함하는 자산을 근간으로 이루어집니다.

이 자산을 기초 자산이라고 부릅니다.

예를 들어 부동산 담보부 채권은 부동산의 소유권을 기초 자산으로 하는 것입니다.

소유권이나 예금, 대출을 파생 상품의 기초자산이라고 합니다. 파생상품의 기초자산은 주식회사의 소유권(주식), 원자재에 대한 소유권(원자재), 외환에 대한 소유권(외환), 금리에 대한 소유권(금리), 신용에 대한 소유권(신용)등이고 이렇게 기초자산으로부터 파생되어 나왔다고 해서 영어로 derived라는 단어를 사용하는 것입니다.

그리고 파생상품의 기본적인 기초자산은 위에서 언급한 바와 같이 주식, 원자재, 외환, 금리, 신용이 기본입니다.

다만 기초자산에 대한 파생상품은 시장에서 기초자산의 가격이 유동적일 수 있어서 여러 가지 조건이 붙게 되지요.

이렇게 기초자산에 변동되는 가격에 따라 조건이 붙는 파생상품을 선도, 선물, 옵션, 스왑이라고 합니다.

그런데 여기서 한가지 도박, 복권, 보험은 왜 기초자산으로 사용할 수 없고 파생상품시장에서 거래 될 수가 없을 까요.

이유는 보험 한가지만 들어도 아실 수 있을 겁니다. 예를 들어 생명보험은 한 사람이 죽으면 지급하는 보험입니다. 사람의 생명을 상품화 할 수는 없는 것이지요.

도박이나, 복권은 그 흐름과 가격을 결정할 수가 없습니다. 따라서 시장에서 가격이 정해질 수가 없습니다.

파생상품의 역사

구약에 나오는 이야기로 야곱이 무보수로 7년간 일하기로 하고 라반의 둘째 딸 라헬와 결혼 약속을 맺었습니다. 즉 파생상품으로 보면 무보수라는 비용을 매도자(라반)에게 지급하고 라헬(기초자산)의 소유권을 확보한 선도, 선물 계약인 셈이지요.

그런데 라반이 계약을 어기고 첫째 딸 레아와 결혼을 요구합니다. 이에 야곱이 레아와 결혼을 한 후 다시 7년을 무보수로 일해서 결국 라헬과 결혼을 합니다. 장인인 라반이 옵션을 행사했다고 볼 수 있습니다.

17세기의 튜울립 선도거래는 유명한 이야기 입니다. 튜울립 한송이가 집 한채까지 오르자, 튜울립 알뿌리의 선도거래에 뛰어 들었지요. 즉, 미래의 특정기간에 알뿌리의 소유권을 양도받는 선도거래를 하였다가 모두 파산한 사태입니다.

현대적인 파생상품은 바로 시카고 농수산물 시장입니다. 농수산물 가공업자는 일정한 가격에 물건을 구매하고 싶어하고, 반대로 생산업자는 풍작, 흉

작에 따라 가격이 변하는 리스크를 헤징하고 싶어해서 미래에 가격을 정하고 정한 가격에 물건을 인도받는 거래가 현대적 파생상품의 근원입니다.

우리가 아는 일반적인 거래는 거래 당사자, 상품의 종류, 상품의 가격, 거래시점으로 이루어져 있습니다.

보통은 바로 돈을 주고 교환을 하는 것이 상 관례이지요. 이것을 spot 거래 하고 합니다.

그런데 파생상품은 거래 시점이 미래에 일어나는 상품입니다. 이점이 일반적인 상거래와의 차이점입니다.

파생 상품의 종류

선도거래

파생상품에서 가장 기본이 되는 거래입니다.
명심해야 되는 것은
선도거래는 매도자, 매수자 모두에게 의무이다.
입니다.

예를 들어 내가 사과 한 상자를 1년후 10만원에게 사겠다고 했다면, 1년후 사과 한 상자 값이 11만원이 되던, 9만이 되던, 매수자와 매도자는 반드시 거래를 성사해야 하는 의무가 있습니다.

선도 거래가 선물거래와의 차이점과 장점은 다음 2가지 입니다.

① 만기가 도래하기 전까지는 평가상의 손익만 발생하지 현금흐름상의 손해는 없다.

② 자신이 원하는 상품을 정확히 거래 할 수 있다.

1번 항은 대차대조표에 기입되지 않는 다는 것으로 중간에 정산을 해야 하는 선물거래와의 차이점입니다.

2번 항은 자기가 원하는 시기와 가격을 특정 짓는 거래가 가능하다는 것입니다.

선물

선도 거래가 장외에서 계약 당사자간의 거래로 이루어진다면 선물거래는 선물거래소 장내에서 여러 가지 규제에 의해 이루어 진다는 것입니다.

즉, 선도거래가 일방적인 의무를 파기하는 경우를 없앤다는 것이지요.

선물거래는 그래서 증거금과 일일 정산을 합니다.

예를 들어 고객이 주식을 3개월 후에 1주를 1만원에 사기로 했습니다. 그리고 증거금으로 1천원을 걸었습니다. 그런데 1개월후에 주식이 90%가 폭락했습니다. 그러면 주식가격은 9천원이 되고, 거래소는 지금까지 이야기한 마진콜을 작동하여 증거금을 몰수 하고 거래를 중지한 후, 주식을 9천원에 매도합니다. 그리고 9천원과 1천원을 합하여 매도자에게 1만원을 지급하지요.

만일 매수자가 기간을 더 늘리고 싶다면 추가로 증거금을 지급해야 합니다.

스왑

스왑은 말 그대로 교환한다는 뜻이지요.

스왑은 두거래 상대방이 미리 약정한 방식에 따라 물건 혹은 돈을 주고받는 모든 장외 파생 계약을 총칭하는 말입니다.

스왑에는 플레인 바닐라 스왑이라는 정형화된 스왑과 그때마다 조건이 바뀌는 비정형 스왑으로 구분됩니다.

바닐라 스왑의 예를 들지요, 외환 스왑의 경우, 은행이 투자자에게 100만 달러를 받고, 10억을 내주는 대신, 6개월후에 다시 투자자에게 100만달러를 돌려주고 11억원을 받는 다면, 이것이 바로 외환 스왑입니다.

비정현 스왑의 예는 신용부도스왑(CDS) 입니다. 은행이 대출자에게 대출을 해주고, 이 대출자가 상환을 못할 경우, 다른 금융기관이 상환을 하기로 해주고 얼마간의 수수료를 지급한다고 합시다. 중간에 대출자가 상환을 못하면 그 시점에서 대출하고 상환된 원금을 제외한 나머지 금액을 금융기관이 변제하면 되고 이 스왑의 만기는 해제 됩니다.

바로 부동산 금융에서 말하는 미분양 담보확약이 해당됩니다.

대주단이 수분양자에게 분양대금을 받아서 대출을 상환하다가, 더 이상 수분양자가 없어 대출을 상환 할 수 없을 때 미분양 담보확약을 한 금융기관이 나머지 대출 원금을 상환하고 기초자산인 건물(미분양된 건물)의 소유권을 가져가는 것이지요.

이 스왑거래는 워낙 다양해서 금리, 신용등 모든 것을 할 수 있지요.

엄밀한 의미로 이야기 하면 스왑거래는 일종의 옵션이 포함된 파생상품입니다. 즉, 거래시점과 거래 가격이 정형화된 바닐라 거래가 아닌, 거래시점과 거래가격이 유동적인 조건이 붙은 옵션형 파생상품입니다.

여기서 지급하는 수수료를 spread, 또는 premium이라고 합니다. 즉, 미담확약수수료는 엄밀한 의미로는 CDS의 Premium이 되는 것이지요.

사실 제가 한국에 귀국해서 미담이라는 말을 부동산 금융을 하는 사람들이 하도 많이 해서 그 뜻이 무어냐고 물었더니, 원 뜻은 모르고, 그냥 미분양이 생기는 경우, 확약을 해주는 보험 같은 것이라고 하더군요.

하긴 부동산 금융인들이 파생상품의 원리를 알리가 없는 것이 당연합니다.

옵션

선도, 선물의 정형적인 거래(거래 가격과 거래조건, 만기등이 일정한)에 다양한 조건을 붙여서 가격, 조건, 만기등이 변하게 만든 비선형적(Nonlinear) 파생상품이 바로 옵션입니다. 다른 말로는 불확정적 채권(contingency claim)이라고 하지요.

옵션에는 콜 옵션, 풋 옵션이 있지요.

예를 들자면 확정된 이자율에 확정된 만기에 상환을 하는 정형화된 대출에서 차주가 일찍 돈을 상환 할 수 있는 콜 옵션과 대출자가 일찍 상환을 요구하는 풋 옵션이 있습니다.

간단한 예를 들기로 하겠습니다.

회계사 분들이 많이 아는 전환사채(convertible bond, CB)가 바로 풋옵션이 포함된 파생상품입니다.

전환사채는 처음에는 사채여서 일정 이자를 지급하고, 일정기간이나 조건이 완성되면 주식으로 전환하는 것이지요.

전환사채 발행자는 돈을 빌리는 대가로 주식으로 전환 할 수 있는 옵션을 매각한 것이고, 전환 사채 보유자는 전환 옵션을 매입한 것으로 볼 수 있지요.

하지만 이렇게 매수자에게만 유리한 거래는 없기에 전환사채는 일반 회사채보다 금리가 저렴합니다.

신주인수권부 사채(bond with warrant, BW)는 이는 사채 발행자가 사채 보유자에게 신주를 발행하여 우선적으로 인수할 수 있는 권리(옵션)를 주는 것이지요.

다만 전환사채는 주식으로 전환하면 거래가 종결되나, BW는 신주인수권을 행사하더라도 기본채권은 사라지지 않고 만기까지 유지되는 것이 차이점입니다.

사실 파생 상품은 현대 금융의 꽃이라 불리 울 만큼 그 케이스와 종류가 다양합니다.

제가 가장 기본적인 형태만 소개를 했지만 너무도 많은 상품들의 이름과 종류가 무한합니다.

한마디로 이렇게 표현합니다.

파생상품의 종류와 거래조건은 "인간 머리의 한계"에 따라 계속 진화하고 증가한다.

다음 번에는 몇 가지 케이스를 예로 들겠습니다.

유럽금융위기를 유발한 파생상품 거래들, 미국과 유럽의 지방자치단체를 파산으로 몰고 간 파생상품의 거래들을 소개하겠습니다.

13.
은행의 변화

　　　　　　　은행의 시초는 영국의 금 세공업자라고 하지요. 사람들이 금을 맡겼는데, 금 보관증을 보관된 금을 초과해서 발행했고, 이것이 시초가 되어 지급준비율이 생겼고, 예금과 대출에 대한 이자율이 생겼다고 합니다.

　이후 은행은 우리가 아는 상업은행(commercial bank)와 머천트뱅크(merchant bank)로 분리되어 발전했습니다. 머천트 뱅크란 대출시 지분을 담보로 대출을 하는 현재의 인수금융이지요. 로스차일드가 대표적입니다.

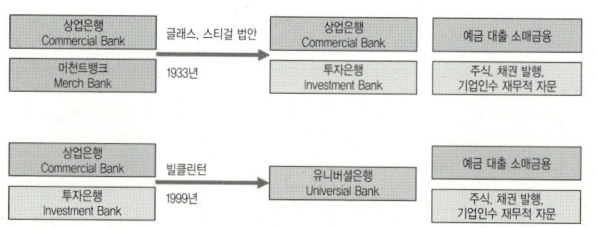

가난한 자의 주머니를 채워라

상업은행과 머천트 뱅크는 1929년 대공항을 겪으면서 투자은행과 상업은행의 경계가 모호할 경우, 상업은행이 망하게 되어 소매금융이 전멸할 수 있다는 위기감에 1933년 글래스.스티걸 법안에 의해 상업은행과 투자은행으로 분리되었습니다.

당시 대표적인 은행이 JP모건이었습니다.

상업은행은 말 그대로 예금을 받아 대출을 해주는 것이고 투자은행은 기업인수, 합병등에 자금을 대는 것이었지요. 그런데 이것이 혼재하면 저금리의 예금을 받아 투자은행 업무에 사용하게 되고 개인의 힘이 JP모건처럼 막강해지는 것을 우려해 결국 상업은행과 투자은행을 완전히 분리시켰지요. 그래서 JP모건도 상업은행 JP모건과 투자은행 모건스탠리로 분리되었습니다.

1999년 빌클린턴 대통령 시절 이 법안이 폐기되어 상업은행이 투자은행으로 진입하는 길이 열렸습니다.

그런데 재미있는 것은 당시까지 서열 1위였던 JP모건은 합병을 하지 않고 따로 따로 경영을 하게 됩니다.

현재는 JP모건의 투자부문이 모건 스탠리를 앞서고 있습니다.

이렇게 다시 상업은행과 투자은행이 합쳐진 형태를 유니버셜 은행이라고 합니다.

골드만삭스, 도이치방크, JP모건, 바클레이스, UBS가 선두권 유니버셜 뱅크입니다.

일반적으로 은행의 금융업에는 소매금융인 예금 및 대출이 있고 투자은행

업무인 주식, 채권 발행과 기업인수의 재무적 자문이 있습니다. 그리고 현대에는 파생상품을 판매합니다.

각 금융기관의 역할

투자은행에서 주식, 채권, 파생상품을 판매하면 이것을 소비하는(투자하는) 사람들이 있어야 하는데 이것이 바로 운용사인 헤지펀드와 기관, 개인들입니다.

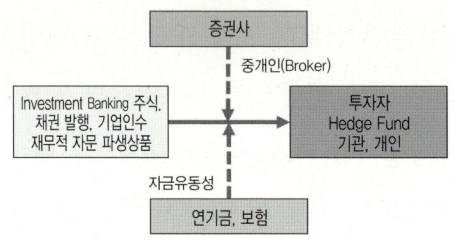

그리고 이것을 사기 위하여 필요한 돈을 대는(자금유동성) 사람들이 연기금, 보험들입니다.

그리고 증권사는 투자은행의 상품을 소비자(투자자)와 연결하는 브로커리지(BROKERAGE)를 하는 것이지요.

부동산 금융이라는 것은 결국, 시행사, 시공사에게 투자은행에서 만든 프로젝트 파이낸싱(PF, 미담확약, 크레딧 트렌칭, 타임트렌칭등)이라는 상품을 연기금, 보험등 1금융권을 연결하는 브로커리지 금융업입니다.

유대계인 골드만 삭스는 투자금융쪽 업무가 많고, 귀족적이라면, 도이치방크는 채권스럽고 서민적입니다. JP모건은 신용파생상품을 만든 장본인이고, 기초자산을 이용한 파생상품에 관한한 제1의 위치에 있습니다.

바클레이스는 바클레이스 캐피탈을 설립하여 투자은행 분야에서 두각을 나타냈고 영국 옥스포드와 캠브릿지 졸업생들이 가장 선호하는 은행입니다. UBS는 안정성과 비밀을 암시하는 열쇠 3개가 문장입니다.

그밖에도, 프랑스의 BNP빠리바, 소시에테제네랄, 크레디아그리콜, 스위스의 크레딧 스위스등이 있습니다.

재미있는 것은 미국쪽 은행들은 30대 초반의 젊은 트레이더들이 혁신적이고 창조적인 파생상품들을 개발하는데 반해 유럽쪽은 내부의 서열과 규율이 엄격하다는 것이지요.

투자은행의 구조

다른 부서에 대한 설명은 생략하고 Front Office 에 대한 설명을 하면 트레이딩과 구조, 세일즈팀이 있지요.

트레이딩 팀은 다시 flow라고 매일 매일 거래를 하는 팀과 거시경제 처럼 전체의 방향을 보고 트레이딩을 하는 학문적인 팀이 있습니다. 그리고 구조팀에서 다양한 파생상품을 설계하고, 세이즈팀에서 직접 소비자에게 판매를 합니다.

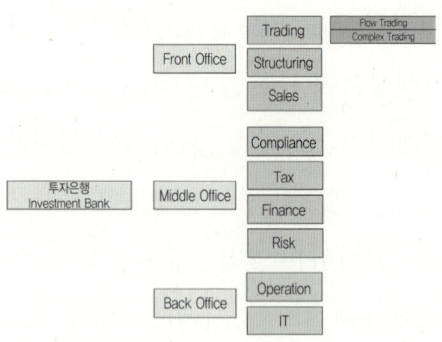

구조팀은 방에 앉아서, 트레이딩 팀은 모니터 앞에서, 세일즈팀은 밖으로 이렇게 일들을 합니다.

사모펀드와 헤지펀드의 은밀함

사실 일반인들은 사모펀드와 헤지펀드의 이름을 잘 모릅니다.

칼라일, 조지소로스 정도만 알고 있지요. 하지만 헤지펀드의 경우 일반 스타트업 만큼이나, 1년에 수많은 헤지펀드가 생기고 사라집니다.

그런데 이들이 은밀하고 자기들을 나타내지 않는 데는 다음과 같은 이유가 있습니다.

여러분들이 군중효과라는 것을 들어보신 적이 있는 지 모르겠습니다. 영어로 crowd out이라고 하는데, 누군가 성공을 하면 구경꾼들이 모여들고 바로 모방을 해서, 어느덧 자기의 비밀과 노하우는 더 이상 전략이 될 수 없다는 것입니다.

프라임 브로커인 JP모건과 골드만 삭스가 헤지펀드에게 다양한 서비스를 제공하고 증권중계업무를 하는 이유 중에 큰 이유가 바로 그들의 전략을 들여 다 보기 위함이지요.

그래서 헤지펀드, 사모펀드는 철저히 자신들을 들어내는 것을 원치 않고 은밀히, 조용히 돈을 벌려고 애를 씁니다.

우리가 흔히 아는 금융기관의 속이 어떻게 구성되었고, 우리가 접하는 금융기관들의 업무가 어떻게 이루어지는 지 도움이 되고자 준비한 글입니다.

2016년에 한국의 S은행 investment banking 부서가 22명으로 800억원의 수익을 올린 적이 있습니다. 제 후배가 책임자였습니다. 이들은 인수금융 주선으로만 수수료로 그 많은 수익을 올렸지요.

인수금융에서 재무 자문 역할과 자금 조달이라는 두가지 역할만 가지고 이렇게 큰 수익을 올렸습니다.

투자은행들이 기업공개 경우 수수료가 2% 이하, 인수 합병 자문에는 0.5~1% 정도, 인수합병 자금조달의 경우 역시 0.5~1% 정도의 수수료를 받는 것으로 알고 있습니다. 채권 발행은 그 수수료가 미미해서 한국에서는 증권사에 일임하는 것으로 알 고 있습니다. 800억원의 수익을 올렸다는 인수금융에서 규모가 약 8조원 정도가 되었다고 볼 수 있습니다.

한국은 아직 미들 오피스의 리스크를 담당하는 심사부서의 영향이 막강해, 프론트 오피스가 더 많은 실적을 올리지는 못하는 것 같습니다.

14.

통화 스와프

최초의 통화스와프는 IBM과 세계은행간에 있었습니다. 1981년에 있었던 최초의 통화스와프 였습니다. IBM은 자금의 수요를 달러이외에 다른 외환으로 다변화하려는 생각이 있었지만 스위스프랑, 마르크화로 차입하여 달러로 환전한 후, 추후에 다시 환전하여 채무를 상환했지요. 당시는 달러가 상승세여서 항상 이자 수익이 발생했습니다.

세계은행은 마르크화, 엔화, 스위스프랑등으로 자금을 차입하는 경우가 있는데, 이는 반대로 달러로 차입을 일으킬 때보다 많은 비용이 발생했습니다.

IBM은 환차손에 의한 손해를 보기 싫어했고, 세계은행은 차입을 달러로 하여 비용을 절감하고 싶어 했습니다.

그래서 다음과 같은 거래를 합니다.

우선 세계은행은 2건의 유로화 채권을 발행합니다.

하나는 2억 1천만 달러로 IBM의 마르크화 채무의 만기일과 금액을 일치시킨 채권과 또 다른 하나는 8천만 달러로 IBM의 스위스프랑 채무의 만기일과 금액을 일치시킨 채권입니다.

그리고는 2억 9천만 달러를 선도거래를 하여 팔고 만기일에 스위스프랑과 마르크를 받도록 합니다.

IBM과 세계은행은 다음과 같은 스와프 거래를 합니다. 각 발행된 채권의 만기가 도래하기 전까지 IBM은 세계은행에 2억9천만 달러에 대한 이자를 지급합니다. 반대로 세계은행은 IBM에게 스위스프랑과 마르크 이자를 지급합니다.

만기일에 IBM은 세계은행에 2억9천만 달러를 지급하고, 반대로 세계은행은 원래 빌렸던 2억9천만 달러를 미리 맺은 환 선도 계약을 통해 마르크와 스위스프랑으로 받아 IBM에 지급합니다.

이 통화스와프의 결과로 IBM은 환차 리스크로 부터 헤징을 하고 환차에 따른 이익을 확정지었고, 세계은행은 달러로 조달하면서도 아무런 환 리스크를 지지 않아 달러 이외의 외환으로 차입하면서도 그 비용을 낮출 수 있었습니다.

구조화 파생상품(프로젝트 파이낸싱, 패스스루, 페이스루)

부동산 금융에서 PF라는 말을 많이 사용합니다.

프로젝트 파이낸싱이라는 것은 아직 미확보된 담보물 대신 미래에 사업으로 인하여 확정되는 담보를 가정으로 대출을 실행하는 것을 말합니다.

부동산 금융에서는 나대지(맨땅)에서 건물을 세워 건물을 분양하여 현금흐름이 발생하고 그 현금흐름으로 대출을 상환하며, 대출의 담보는 앞으로 건축하여 세워지는 건물이 되는 것이지요.

이처럼 아직 확정되지 않은 담보물을 만드는 사업에 실행하는 대출을 총칭해서 프로젝트 파이낸싱이라고 합니다.

이렇게 미래의 담보물을 양도받는 것을 전제로 현재 대출을 하기에 일종의 선물거래로 보는 것입니다. 즉 지금 대출을 하여 담보물에 대한 가격을 지불하면 미래의 확정된 시점에 담보물을 인수 받는 것이지요.

패스스루(pass through)는 말 그대로 통과한다는 의미입니다. 기초자산, 예를 들어 카드대금 채권, 학자금 대출 채권, 신용회복 채권등 모든 채권을 모아(Packaging) 하고 그것을 증권화하여 매각하는 것입니다. 이 증권은 기초자산과 연동되기에 가장 기초적인 구조화 금융입니다. 하나하나는 너무 금액이 작아 거래가 안되는 것을 한꺼번에 모아 구조화 하는 것이지요.

패이스루(pay through)는 유동화 때도 언급했지만, 담보 자산에 발생되는 손실을 모든 투자자에게 균등하게 부과하는 것이 아니라 발행되는 증권마다 순위를 부여하는 것입니다. 흔히 말하는 선순위, 후순위(부동산 금융), 우선주, 보통주 (부동산 리츠)가 여기에 속합니다.

이렇게 위험순위를 계층적으로 발행하는 증권기법을 traching이라고 하지요.(어원은 프랑스어로 트랑슈 tranche이고 조각이라는 뜻을 유동화에서 언급했음)

즉, 자기가 정한 순위에 따라 지급한다고 해서 페이스루 구조화 금융이라고 합니다.

이러한 페이스루 형태의 파생금융을 총칭해서 CXO라고 하는데 C는 COLLATERLIZED, O는 OBLIGATION의 머리글자입니다. X에는 여러가지가 오는데

보통 채무인 경우 D(Debt) CDO

채권이면 B(Bond) CBO

모기지이면 M(Mortgage) CMO

은행대출 L(Loan) CLO

가 됩니다.

그리고 선순위 senior tranch, 중순위 mezzanine tranch, 후순위 subordinate tranch가 있다고 말씀드렸습니다.

여기서 손실 개시시점이 있는데 영어로는 attachment point라고 합니다. 부동산 금융에서 말하는 미분양 LTV가 여기에 해당됩니다. 즉, 특정 분양률 이하가 되면 손실이 발생하는 데, 이 특정 분양률, 미분양 LTV가 바로 손실 개시

시점이 되는 것이지요.

그런데 선순위 가운데에도 슈퍼시니어 트랜치를 만들 수 있는데, 이 슈퍼시니어 트랜치는 절대로 부도가 나기 어려운 상태이지요.

즉 부동산 금융에서 선순위에 대한 미분양 담보 확약(미담)을 사용하여 선순위를 슈퍼시니어 트랜치를 만드는 파생상품이고 정확히 말하면 신용부도스왑(Credit Default Swap) 기법 입니다.

이탈리아 그리스의 파생상품

피그스 국가들이 유럽 금융위기를 가져왔다는 설명을 해드린 적이 있습니다.

이탈리아, 그리스가 유로존 국가가 되면서 이들의 채권은 독일과 동일한 신용도를 가지게 되었지요.

그래서 채권을 미국은행에 맡기고 돈을 저금리로 빌릴 수 있었지요. 바로 환매부 채권(RP)였습니다.

그런데 이들의 진짜 채무상태가 알려지면서 채권 투매가 일어나 유로존 전체의 금융위기로 번졌습니다. 그리스는 골드만 삭스가 이탈리아는 JP모건이 관여한 것으로 알려졌지요.

무슨 일이 있었는지 많은 언론에서 기사가 나왔지만 실제로 해당국가와 금융기관이 인정을 하지 않았으니, 추측으로만 남았습니다.

유로존에 가입하기 위해서는 국가의 채무가 일정 비율 이하가 되어야 했습니다. 그런데, 이탈리아와 그리스는 채무가 그 비율 이상이었지요. 그래서 금융기관들이 다음과 같은 거래를 제안합니다.

그리스의 경우, 주정부가 지방에 빌려준 채무가 있었습니다.

이를 골드만 삭스가 대신 갚아주고, 지방은 그 돈을 주정부에 변제했습니다. 따라서 부실자산이 없어지고 재정이 건전한 상태로 바뀌었습니다. 그리고 골드만 삭스와 주정부는 신용부도스왑거래를 합니다. 예를 들어 지방정부가 돈을 골드만 삭스에 갚지 못할 경우, 대신 갚아주는 CDS 거래입니다. 당시에 CDS는 book off 기능이 있었기에 대차대조표에는 기록되지 않았습니다.

그리스가 정상적으로 좋아진 재정상태로 유로존에 가입이 되었고 몇 년 후 지방정부가 돈을 갚지 못하자 갑자기 없던 채무가 대차대조표에 나타나게 되었던 것이지요.

그리스는 유로존 가입이 확정되었을 때 온 나라의 시민들이 거리에 뛰쳐나와 환호를 했습니다.

여기서 아름다운 거짓말이 탄생했습니다.

누구나 믿고 싶어하는 거짓말, 즉 그리스의 재무는 건전하다는 것이지요.

개미들의 무덤 한국 주식시장

증권사 후배가 집안에서 주식을 하는 사람이 있다고 하더군요. 그런데 손

절매를 하여야 하는 상황에도 계속 붙잡고 있어 더 큰 손실을 보았다고 헛 웃음을 보이더군요.

　한국 주식시장의 일일 평균 거래량은 약 4조원이고 전체 주식의 0.4%가 거래 됩니다. 그런데 코스피 200선물시장은 하루 거래량이 50조가 넘습니다. 즉 10배가 넘는다는 것이지요.

　일반 투자가(개미들)는 active investment라고 해서 특정 주식에 목을 매고 합니다. 그런데 외국 기관 투자가들은 코스피 200 선물시장에 투자를 합니다.
　여러분 우리나라 주식시장은 선물거래량이 주식거래량의 10배 이상이라는 것을 아시나요?
　즉 웨그더독(wag the dog)이라는 말은 개 꼬리가 몸통을 좌지우지 한다는 표현입니다.
　즉, 선물시장이 현물시장을 좌지 우지 한다는 것이지요.
　우리나라는 한 종류의 파생상품이 주식시장을 좌우하는데 바로 코스피 200 선물입니다.

　거래량 기준으로 한국 거래소의 파생상품본부가 세계 1위 라고 합니다.
　그 만큼 외국 기관투자가들이 거래를 많이 하고 있고, 이들은 저 같은 매크로 트레이더들이 경제지표등을 연구해 커다란 방향을 읽고 선물, 옵션, 공매도등의 다양한 파생상품을 이용해 우리나라 주가의 큰 방향을 그리는 것이지요.

개미들이 특정 주식의 정보에 매달려 주식에 투자하는 것은 마치 로또가 당첨되기를 바라는 것과 같은 것으로 저는 해석이 됩니다.

많은 분들이 파생상품을 어렵다거나, 이상하거나, 해로운 주범으로 인식하지만 사실 일반 예금과 대출이 아닌 이상 현대 금융에서는 거의 모든 대출에 파생상품이 끼여 있습니다.

다만 우리는 그것이 파생상품인 줄을 모르는 것일 뿐입니다.

파생상품이 악의 축인 것처럼 비난을 받는 것은 원래 리스크를 헤징하기 위한 수단이었는데, 반대로 투기의 수단이 되었기 때문이거나 이를 악용하여 법망을 교묘히 빠져나가는 수단으로 사용되기 때문입니다.

하지만 현재 금융은 파생상품을 이해하지 못하고서는 결코 안다고 할 수 없는 것이지요.

15.

회계사

제가 개인적으로 회계법인에 조인을 할 때는 내심 기대한 것이 있었지요. 외국에서는 회계사라고 하면 법률적으로 어떤 특정딜이 대차대조표에 기입이 되는 지, 아니면 기재가 안되는 지등의 book off 기능을 강조합니다.

또한 특정 수익률을 계산하는 structuring을 하는 일도 많이 합니다.
그래서 한국의 회계사들이 이러한 다양한 경제 수학공식에 정통할 것이라는 기대가 있었고, 제가 많이 배울 수 있을 거라는 기대감이 있었지요.
그런데 한국 회계사들은 법률가에 가깝더군요. 미들오피스의 compliance 팀에 소속된 듯한 느낌이 있었습니다. Book off 보다는 세율과 세법이 주가 되더군요.

예를 들면 어떤 딜의 세무상의 수익이 얼마가 되는냐가 아니라, 세법상 얼마의 세율을 적용하고, 세금은 얼마가 되는지에 대한 마치 법률가가 법전을 외우는 듯한 느낌이었습니다.

절세가 중요하고 강조 되다 보니, 그런 듯 하더군요. 아니면 제가 오해를 할 수도 있고요.

하여튼 저는 개인적으로 회계사들이 수학을 base로 하는 사람들이라는 생각이 머릿속에 있는데 조금은 제 생각이 틀렸다는 느낌도 듭니다.

절대수익

외국회사에서 한 직원의 인센티브는 일반적으로 다음과 같이 구해집니다.

인센티브 = (절대 수익 - 급여 x 5) x 50%

예를 들지요.

월 200만원의 급여 직원이 수수료등 매출이익을 2억원을 올렸다고 하면, 이 사람이 받게 되는 보너스는

50,000,000원 = (200,000,000원 - 2,000,000원 x 5) x 50%

이렇게 계산됩니다.

외국의 트레이더 처럼 혼자서 수익을 창출하는 것이 아니니 한국은 팀 단위로 또는 부서 단위로 30~50%를 인센티브로 지급하면 그것을 다시 임원, 부

장, 팀장, 직원 순위로 배분하는 것 같습니다.

한국의 실정을 모르니, 이것은 단순한 예로서만 이해를 부탁 드립니다.

지난 번에 회계사들이 독립을 꿈꾸는 이유 중에 하나가 "내가 일을 했는데 돈은 회사가 번다" 라는 것이었지요.

하지만 나 혼자서 내 월급의 5배를 벌어야 내가 월급을 받을 가치가 있다는 것을 증명한다고 역으로 생각하면 그렇게 쉽게 말 할 수 있지는 않습니다.

연봉 1억원이면 이 사원은 혼자서 순수 매출이익으로 5억원을 벌어드려야 하지요.

금융자본주의

금융기관에 있는 많은 젊은 사람들은 독립을 꿈꾸는 듯 합니다.

회사에서 자기가 벌어들이는 수입이면 충분히 독립해서 부를 만들 수 있다고 생각하는 것이지요. 하지만 절대 그렇지 않습니다.

금융기관의 김대리와 독립회사의 김대표는 위상이 다르니까요.

금융기관에 속한 이상 금융기관이 가지고 있는 자산이 배경이 되지만, 독립하는 순간 이 사람은 아무런 자산이 없는 인간 아무개 일뿐입니다.

자기가 능력이 있다고 생각할 수 있지만 그것은 오만한 생각이지요.

왜냐하면 세상에는 자기보다 똑똑하고 능력 있는 사람으로 넘칩니다. 결국 자기가 능력이 있다고 인정받은 것은 해당 금융기관의 김대리였을 때였다는 것을 독립을 하게 되면 뼈저리게 느낍니다.

　금융자본주의는 돈을 일을 시켜서 돈을 벌게 하는 것이지, 사람이 일을 해서 돈을 버는 것이 아니지요.

　사람이 일을 해서 돈을 버는 시대는 바로 농경사회 입니다.

　따라서, 내가 능력이 있어 돈을 벌 수 있다는 생각은 현대사회가 농경사회라고 생각하는 것과 다를 바 없습니다.

헤지펀드, 사모펀드의 수익률

너무 심한 비판을 했나요?

　하지만 세상은 위와 같이 돌아가고 우리는 금융자본주의를 살고 있다는 것을 명심해야 합니다.

　헤지펀드와 사모펀드는 수익률이 정형화 되어 있습니다.

　자기에게 돈을 맡긴 사람들의 돈을 base로 운용을 해서 그 수익의 80%를 투자자에게 돌려주고, 20%를 받습니다.

　물론 약간의 차이는 있으나, 20:80이 정형화 되어 있습니다.

　다만 운용수수료로 1~2%를 의무적으로 차감합니다. 이 부분에 대해서 이견이 많습니다. 수익을 내지 않아도, 또는 마이너스가 되어도 운용수수료는 차감을 해가니, 말이지요.

　사모펀드나, 헤지펀드의 트레이더들은 위의 절대수익을 제외하고 남은 수익의 50%를 보너스로 받아가는 경우가 많습니다.

다만 헤지펀드나 사모펀드의 경우 매년 정산을 하지만, 투자은행은 이를 스톡옵션의 형태로 지급합니다. 그리고 실행 유예기간을 두지요. 이렇게 하는 이유는 유능한 직원을 회사에 붙잡아 두려고 하는 것과, 회사의 이익이 본인의 이익이라는 일체감을 심어주기 위함이지요.

리먼브라더스가 파산을 했을 때, 많은 근무하던 트레이더들이 빈털터리가 된 이유가 바로 인센티브를 스톡으로 받았기 때문이지요.

中道의 입장

젊은 헤지펀드들도 5~7년 정도의 근무 경력과 자기의 이력을 쌓으면 대부분 독립을 하려고 하지요 그래서 외국에서는 많은 헤지펀드가 스타트업 만큼 생기고 소멸합니다.

우리나라도 마찬가지인 듯합니다. 특히 40이 안된 젊은 금융인들은 일을 배운다는 자세보다는 돈을 번다는 자세가 훨씬 큰 듯 합니다.

하긴 우리나라는 45세 이상이 되면 진급이냐, 아니면 명예 퇴직이냐를 고민하는 상황으로 되는 듯 합니다.

그래서 많은 금융인들이 (1금융권 제외) 45세가 되면 고민들을 하는 듯 합니다.

제가 드리고 싶은 말씀은 H증권의 C부장의 자세입니다.

"선배님 저는 딜을 꼭 이룬다는 목표 보다는 새로운 딜을 배운다는 자세로 대합니다"

저는 이런 자세를 권하고 싶군요.

그러면 자연히 돈은 따라오는 듯 하구요.

부당한 대우를 받으면 안되겠지만, 돈이 목표가 되면 생명력이 짧아질 수 밖에 없고, 회사는 돈을 목적으로 하는 직원을 소모품으로 인식하기 때문이지요.

항상 배운다는 자세로, 열심히 하다 보면 어느새 한 분야에서 자리를 잡고 있는 자신을 발견하고, 그렇게 자리잡은 본인의 포지셔닝은 쉽사리 흔들리지 않는 듯 합니다.

여러분들도 본인의 미래의 목표를 세워 커리어 관리를 하고 그 목표를 위해서 최선을 다한다면 어느새, 돈과 명예를 모두 가지고 있는 금융인이 될 겁니다.

16.

JP모건

　　　　　1900년대초 철강왕 카네기로 부터 철강회사를 인수하고 14억달러를 들여 철강회사들을 인수합병한 JP모건은 유명한 미국 금융인으로 아직도 기억되고 있는 인물입니다. 1901년 한 초등학교 학생이 시험지 답변에

　"기원전 4천년전 창조주에 의해 우주가 탄생되었고, 1901년 모건 선생에 의해 재 창조되었다"는 일화는 그의 영향력을 짐작하게하는 답변입니다.

　철강회사 인수합병에 14억달러를 투입하였는데 당시 미국의 GDP가 5억달러였으니, 그의 자금 동원력에 놀라움을 금치 못했습니다.

　1913년 이탈리아에서 객사하였을 때 월스트리트가 그를 기리기 위해 하루 동안 폐장을 할 정도였습니다. 1933년 글래스.스티걸 법안에 의해 JP모건은행이 강제 분리(JP모건과 모건스탠리)되면서 모건시대도 종말을 맞이하지요. 2000년 체이스맨허튼 은행이 JP모건을 인수했으나 JP모건의 브랜드가치가 훨씬 커서 현재까지도 그 이름 그대로를 유지하고 있습니다.(JP모건 체이스 뱅크)

최초의 금융위기 시절 모든 은행장들을 자기 서고에 불러서 합의가 될 때까지 문을 걸어 잠근 일화는 그의 리더십을 보여주는 대단한 일화이지요.

모건은
"금융시장은 자유시장이 맞고, 정부는 은행에 관계해서는 안되나, 금융시장에는 규제가 필요하며, 그것은 자율적으로 이루어져 하고, 본인이 그 규제의 중추적인 역할을 담당할 수 있다"
하지만 한 사람의 이러한 영향력은 사람들로 하여금 불안감을 가지게 만들었고, 결국 은행을 강제 분리하게 만드는 기폭제가 됩니다.
모건 사후, 자유시장인 금융시장에 대한 규제를 위해 결국 연방준비위원회가 설립되는 이유가 됩니다.

골드만삭스

1869년 미국에 이민 온 유대계 독일 가문이 채권 중개 회사로 뉴욕 맨해튼에서 문을 연 골드만삭스는 지난해 9월 말 현재 자산 8800억 달러(약 1012조 원)

의 세계 1위 투자은행으로 성장했습니다. 최근 워싱턴 정가에선 '트럼프 대통령에게 가장 큰 영향을 미칠 싱크탱크는 골드만삭스'라는 말도 나온다지요. 트럼프 행정부의 정책을 예측하려면 골드만삭스 보고서를 꼼꼼히 챙겨야 한다는 뜻입니다. 트럼프 같은 뉴욕의 사업가들은 보수 성향의 정통 싱크탱크인 헤리티지재단 이나 미국기업연구소(AEI)보다 골드만삭스의 리포트에 친숙하다는 것이지요.

1979년 골드만삭스 공동 회장이던 존 화이트헤드는 "우리 고객의 이익이 우선이다. 우린 경험을 통해 고객을 잘 섬길 때 성공할 수 있다는 점을 안다"며 고객 우선의 원칙을 세웠고 이는 전사적인 가이드라인이 됐습니다.

하지만 촉망받던 이 회사의 젊은 직원 그레그 스미스는 2012년 뉴욕타임스(NYT)에 쓴 '내가 골드만삭스를 떠나는 이유'라는 기고에서 "이 회사는 고객을 하잘것없이 취급하고 고객 이익은 항상 뒷전이다. 고객을 도울 수 있을지에 대해 단 1분도 논의한 적이 없다. 회사에서 일하고 싶게 만들던 문화는 흔적을 찾을 수 없다"고 폭로했습니다.

고객과 주주에게 정보를 충분히 알리지 않는 폐쇄성도 비판 받는데. 이 회사는 1999년 뉴욕증권거래소(NYSE)에 상장된 지 20년이 다 되 가지만 주주총회가 열릴 때마다 "정보를 공개하라"는 주주와 시민단체의 요구가 빗발친다

고 합니다.

골드만삭스의 폐쇄성은 130년간 이어온 소수 파트너(지분을 보유한 고위 임원)들만의 경영 문화에서 나왔다고 전문가들은 말하지요. 파트너들은 자금 흐름과 사업 내용을 외부에 공개하지 않는 걸 오랜 기간 당연하게 생각하고. 이런 이유로 이들은 '파쇼(fascio · 이탈리아어로 묶음 또는 결속)'라고 불리기도 합니다.

하지만 로이드 블랭크파인 회장은 2015년 "골드만삭스는 IT 회사"라고 공언한 뒤 실리콘밸리 창업가 출신인 마틴 차베스를 최고재무책임자(CFO)로 승진시키고 블룸버그는 "골드만삭스 직원의 70%가 30세 안팎인 밀레니엄 세대이고 IT 인력은 9000여 명에 달한다. 페이스북의 총원 수와 맞먹는 수준"이라고 전했습니다.

하지만 정부와의 밀착된 관계, 그리스 유로존 국가 입성시의 비합법적인 거래등, 돈을 위해서는 물불을 가리지 않는 다는 평판을 가진 은행이기도 합니다.

미국과 한국의 금융권 차이

뉴욕 미국을 금융 자본주의의 나라라고 평한다면 한국은 관료주의(bureaucracy) 라고 보입니다.

이는 역사적으로도 관권을 상권보다 우선시하는 조선시대의 관습으로 부터 온 것 같고, 여전히 금융권에 취직하는 엘리트 보다는 사법시험, 행정시험 등 국가고시에 응시해 고급 공무원이 되고자 하는 엘리트가 훨씬 많은 것도 이런 이유인 듯 합니다.

미국의 은행들은 국가가 주주가 되는 것을 극도로 싫어합니다.

이유는 급여등을 통제하면 엘리트가 금융권으로 모이지 않고 결국 이는 미국 전반에 대한 영향력을 감소시킨다는 두려움 때문입니다.

영국과 미국의 유명 대학의 학생들의 거의 절반이상이 월스트리트와 같은 금융회사에 근무하기를 원하지만, 한국은 그렇지 않습니다.

어쩌면 한국의 금융권이 세계적인 금융산업국가가 되지 못하는 것은 바로 이런 차이에서 비롯된다고 생각됩니다.

한국의 은행들

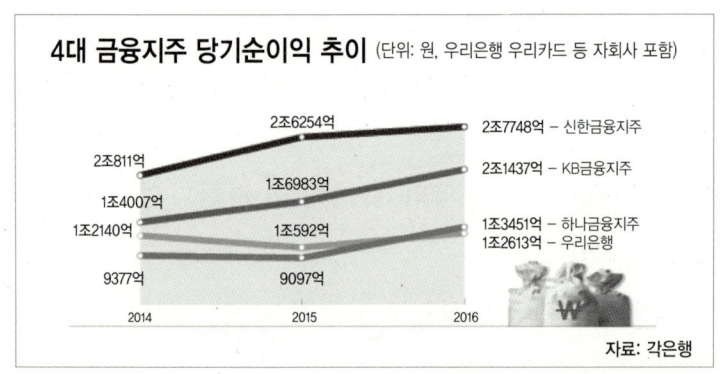

금융지주사들의 호실적은 대손충당금 적립금을 낮춘 결과이지요. 대손충당금이란 은행들이 기업으로부터 채권 회수가 어려울 것으로 예상되는 금액을 비용으로 미리 처리한 것을 의미하는데. 적립금이 낮아질수록 비용이 감소, 당기순이익은 올라갑니다.

KB국민은행은 대손충당금 적립액을 2015년 7385억원에서 지난해 2446억원으로 66.9% 줄였고. 같은 기간 KEB 하나은행은 8820억원에서 5340억원으로, 우리은행은 7740억원에서 6319억원으로 대손충당금을 줄였습니다.

인건비를 절감해 비용을 줄인 곳도 있습니다. 영업이익에서 인건비 등 관리비 비중을 나타내는 판매관리비율은 신한 은행이 작년 52.2%로 전년대비 14.7%포인트 줄었고 하나 은행도 2015년 69.7%에서 작년 58.8%로 감소했습니다. 결국 이익의 대부분은 대손충당금의 하락과 비용의 절감으로 이루어진 결과라는 것입니다.

새로운 비즈니스모델의 창조나, 혁신적인 금융모델을 통해 이루어지거나, 훌륭한 투자모델에 의해 이루어진것이 아니지요.

말그대로 외국 투자은행이 대기업의 형태라면 한국이 은행들은 작은 중소기업 그것도 소상공인의 비즈니스 형태를 벗어나지 못하고 있다는 뜻입니다.

저 또한 여의도에 있지만 유난히도 여의도는 서울대 출신 후배들이 눈에 보이지 않습니다.

삼성이 글로벌 기업이 된 이유는 바로 인재에 있습니다. 과감한 급여지급으로 많은 인재들을 불러 모으고 이러한 인재들이 막강한 영향력을 발휘해 오늘날의 삼성이 된 것이지요.

아직도 취업 공무원 준비생이 전체의 40%가 넘는 현재의 상황에서는 엘리트가 모두 공무원으로 유입되지요.

그래서 공무원이 발달된 나라는 미래가 없다는 이유가 여기에 있습니다. 창의력과 실물경제가 발달해야 하는데 그것을 관리하는 주체가 발달하는 주객이 역전된 현상입니다.

우리나라 금융업계가 실적위주의 수익모델에 집중할 것이 아니라 인재육성을 위한 과감한 인센티브제도가 필요한 것이지, 당기순익을 위한 성과급이나, 임금피크제 도입은 절대로 금융권의 경쟁력에 도움이 될 수 없습니다.

많은 우수한 엘리트들이 금융권 취업을 갈망하고 그런 갈망을 글로벌하게 펼칠 수 있는 장을 만들 때 비로서 우리나라 금융업도 글로벌 투자은행들과 어깨를 나란히 할 수 있을 겁니다.

17.

화폐란?

우선 비트코인 같은 디지털 화폐를 논하기 전에 화폐의 정의부터 알아야 하지요.

칼 마르크스가 상품의 가치는 노동의 가치이고 노동의 가치로 탄생한 상품은 교환가치와 사용가치로 나뉜다고 했습니다.

그리고 이 가치를 나타내는 것이 화폐라고 했습니다.

화폐경제학의 대가인 시카고학파의 대부 밀턴프리드먼은 화폐란 사람들 상호간의 신뢰로 탄생한 표시라고 했지요.

그가 인용한 "돌 화폐의 섬"이라는 책을 보면 그 이유가 잘 나타나 있습니다.

캐롤라인군도의 작은 섬인 웹이라는 섬에는 카다란 돌이 화폐였다고 합니다. 그런데 섬 주민들이 이 돌을 나르다가 돌이 바다에 빠져 버렸다고 합니다. 그런데 이 주민들은 바다에 빠진 돌을 건지지도 않고 화폐로 통용했다고 합니다. 누가 누구에게 물건을 사고서는 "앞으로 바다에 있는 돌은 이 사람의 것이다"라고 하면 그렇게 통용되었다고 하네요.

이 섬은 독일의 식민지였는데, 독일군이 아무리 위협을 해도 원주민들이 노동을 하지 않더랍니다. 그래서 독일군이 원주민들이 사용하는 제일 큰 돌(제일 큰 화폐 자산)을 부셔 버리겠다고 위협하자 원주민들이 일을 하기 시작했다고 합니다. 단순히 돌 덩어리일 뿐인데, 원주민에게는 자기들의 큰 부(富)라고 생각한 것이지요.

이렇게 화폐라는 것은 단순한 종이에 불과하지만 사람들간에 약속한 신용의 상징이라는 뜻입니다.

블록체인과 비트코인

비트코인과 블록체인등의 단어의 정확한 뜻을 잘 모르더군요.

우선 블로체인이란 "공공장부 기술"로 불리우는 금융거래기술의 혁신적인 기술입니다.

기존 금융거래는 금융회사의 중앙집중형 서버에 거래기록을 보관하지만 블록체인은 반대로 모든 거래기록을 모든

사용자들에게 뿌려서 헤킹을 원천적으로 봉쇄하는 기술입니다. 그리고 거래의 투명성이 보장되지요.

이 블록체인의 기술을 도입한 전자화폐가 바로 비트 코인입니다.

채굴(MINING)이라는 참여자들의 자발적 작업증명 시스템을 통해 비트코인 시스템이 요구하는 수학문제를 푸는 것으로 비트코인은 만들어집니다. 즉, 모든 비트코인 마다 발행시기와 발행자의 정보가 모든 사용자에게 보관되고, 이것이 유통되는 것이지요. 따라서 위조지폐도 있을 수 없지요. 그리고 발행 액수도 2100만개로 제한 됩니다.

이 블록체인이라는 개념은 2008년 10월 31일 "사카시 나카모토"(가명)이 인터넷에 올린 "비트코인: P2P전자화폐 시스템이라는 논문을 통해 처음 등장했습니다. UN에 의해 미래를 바꿀 신기술 10선에 포함되었지요.

이 비트코인은 초기에 1센트도 하지 않았던 것이 현재는 800불로 가격이 올랐습니다.

이 비트코인의 가격이 올랐다는 것은 찾는 사람이 많아졌다는 것이고 교환가치를 인정받았다는 뜻이지요.

특히 중국에서 외환거래를 규제하자 해외로 돈을 빼돌리려는 자산가들이 비트코인을 이용해서 자금을 해외로 도피하는 수단으로 사용하면서 급격히 비트코인의 가격이 올랐습니다.

이 비트코인은 환전소도 필요 없고 단순한 디지털 거래로 전세계 어디서든 환전이 가능하고 환전수수료도 없지요. 만국 공통의 화폐입니다.

화폐학적으로 말하면 생성된 비트코인에 대한 정보는 사용자들 모두의 시스템에 보관되고, 화폐를 사용할 때에는 사용자들이 보관하고 있는 화폐에 대한 정보를 확인하여 결제되기에 해킹도 불가능하고, 위조지폐도 불가능 합니다.

즉, 앞서 말한 사람들간 화폐로 인정하는 믿음을 디지털로 확인하는 기능을 가진 것입니다.

전자화폐중 비트코인은 전세계유통량의 90%를 차지하고 있고 현재 시가총액 124억 달러로 추산됩니다

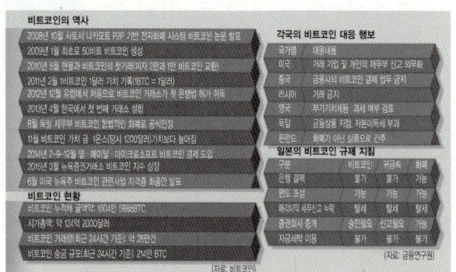

마이너스 금리와 화폐의 종말

각 나라가 경기부양을 위해 마이너스 금리를 도입하면서 양적 완화를 하고 있습니다. 특히 일본과 유럽이 대표적입니다.

마이너스 금리란 은행에 돈을 맡기면 이자를 받는 것이 아닌 반대로 보관료를 내어야 한다는 것이지요.

그러면 사람들은 집에 돈을 보관하거나, 중앙은행에 돈을 보관하던 시중은행들이 자기 은행의 금고에 돈을 보관하는 양상이 생길 수 있지요. 그런데 보관은 분실의 위험이 있고, 자기가 보관을 위해 들여야 하는 비용이 결국 은행에 보관하는 비용보다 더 커져서 개인금고에 보관하는 일은 일어나지 않을 것이라고들 하지요.

하지만 은행을 이용하지 않고 현금을 이용하려는 태도가 만연할 수 있어, 유럽은 거래시 한화 2백만원이상은 현금 거래를 불법으로 규제하고 있고, 이런 고액권의 현금 거래를 막아서 세수와 거래의 투명성, 지하경제의 몰락을 가져오려는 정책을 시행하고 있습니다.

정부들이 마이너스 금리를 시도하고 현금의 유통을 막아, 세수를 많이 거둬들이고, 거래의 투명성을 얻으려는 시도에 의해 결국 현금 화폐는 종말을 맞이 할 것이라는 화폐 종말론자들의 주장입니다.

저 또한 이런 주장이 일리가 있다고 여기고 있으며, 이런 주장이 설득력이 있는 이유가 최근에 알리페이등 전자화폐 결재시스템의 일반화 과정과 무관하지 않습니다.

종이 화폐의 종말이전에 전자화폐 시스템이 도입되어야 하는데 최대의 난제가 바로 헤킹이었고, 이런 헤킹을 무력화 시킬 수 있는 시스템이 바로 블록체인 P2P 시스템이고, 이런 블록체인 기술을 도입한 전자화폐가 비트코인, 그리고 이 비트코인이 교환가치를 인정받고 있는 것이 현재의 상태입니다.

즉, 모든 거래의 투명성을 위해 전자화폐가 필요하고 헤킹을 방지하기 위한 기술이 필요하고 이 기술에 첨단이 바로 블록체인 기술, 그리고 그 기술을 도입하여 교환가치를 인정받아 유통되는 전자화폐가 비트코인입니다.

우리나라에서도 초기에는 쳐다보지도 않던 비트코인을 이제 한국은행에서 TF팀을 만들어 정책을 수립하려고 하고 있지요.

물물교환 ⇨ 화폐의 등장 ⇨ 화폐의 몰락 ⇨ 전자화폐 ⇨ 헤킹 방지와 투명성(블록체인기술) ⇨ 비트코인

이와 같이 화폐가 발전을 하고 있는 것이지요.

재미있는 것은 이런 전자화폐가 활성화 되면 각국의 정부가 통화정책을 사용할 수 없다는 것입니다. 즉, 발권을 할 수 없으니 통화정책을 펼칠 수가 없는 것이지요.

반대로 인플레이션에 의한 통화가치 하락도 일어날 수 없습니다.

예를 들자면 비트코인의 경우, 그 숫자가 제한되어 있어 통화량이 늘어날 수가 없습니다.

전자화폐의 미래는 통화정책을 펼칠 수 없는 정부의 입장, 거래의 투명성과 세수확보라는 정부의 또 다른 입장, 그리고 교환가치로서 영역을 넓혀야 하는 문제를 어떻게 해결하느냐 에 달려 있는 듯 합니다.

단순히 아주머니들이 생각하는 투자가치가 있는 자산이 아닌 것이지요.

18.

친구와 돈

　　　　　오전에 동생과 통화를 했습니다. 동생이 동생 친구의 일을 부탁하였는데, 제가 연대보증을 서라고 했지요.
　왜냐하면 동생 친구를 저는 잘 모르니까요.
　정말 친한 친구이고 좋은 친구라고 이야기 하지만 금융인인 저는 제가 직접 확인한 일이 아니면 신뢰를 하지 않습니다.

　하지만 동생이 연대보증을 선다고 하면 정말 동생과 그 친구 둘을 혼내줄 작정이었습니다.
　친구에게 연대보증을 세우는 친구나, 아무 곳에서나 연대보증을 하는 동생이나 아마 저에게 반쯤 죽었을 겁니다.
　우리는 가끔 살면서 친한 친구들이 돈을 빌려 달라거나, 친한 아는 사람이 돈을 빌려달라고 하는 경우가 있습니다.
그럴 때면 항상 고민을 하게 되지요.

저는 나름 철학이 있습니다.
① 누구에게
② 얼마를

누구에게 얼마까지 빌려 주어야 하는 것일 까요?

살면서 이런 철학이 없으면 커다란 낭패를 보게 되는 경우가 종종 있습니다.
저의 경우를 말씀드리지요.

① 누구에게: 돈을 못 받아도 가슴이 아프지 않은 사람에게
② 얼마를: 내가 벌어서 메울 수 있는 만큼 만

동생은 사람이 좋아서 친구들에게 마구 돈을 줍니다. 갚지 않아도 된다고 말이지요.
저보다 돈도 없는 녀석이 참 대단합니다.
자기 자신은 스스로 벌어서 메울 수 있다고 생각하는지 모르지만, 동생에게 꼭 가르쳐 주고 싶은 말입니다.

"돈을 못 받아도 가슴이 아프지 않은 사람에게, 자기가 벌어서 메울 수 있는 만큼만" 빌려주라고 말이지요.

금융에서의 발상의 전환

우리는 저금을 하면 이자를 받고 대출을 하면 이자를 납입하고 대출을 하기 위해서는 담보가 필요하다고 알고 있습니다.

이런 우리의 금융 상식에 대하여 발상의 전환을 해보도록 하겠습니다.

그러면 여러분들이 금융을 이용하는데 많은 도움이 될 듯 합니다.

① 예금이란?

우리는 은행에 돈을 맡기는 행위를 예금이라고 합니다. 그리고 이자를 받지요.

그런데 발상의 전환을 하면, 사실은 우리가 은행에 대출을 해주는 것입니다. 일종의 신용대출이지요. 금융기관의 신용도가 높으니까요.

그러면 금융기관은 그것을 가지고 활용해서, 즉 대출 등을 해주어서 생기는 수입으로 우리에게 이자를 지급하는 것입니다.

즉, 은행이 차주이고, 우리가 대주인 관계가 바로 예금입니다.

은행에 대출을 해주는 것입니다.

② 펀드란?

은행에 돈을 맡기는 것은 맞는데 확정 이자를 받는 것이 아니라 은행이 이 돈을 운용해서 생기는 수익을 서로 나누어 갖는 것이지요.

그래서 원금보장이 어려우며, 마이너스가 되어도 감수 하는 것이 펀드입니다.

즉, 예금이 아닌 투자입니다.

③ 마이너스 금리란?

이는 앞에서 언급한 예금에 비추어 보면 은행에 돈을 대출해주었는데, 거꾸로 대주단인 우리가 차주인 은행에게 이자를 납입하는 경우입니다.

말이 안되지요?

거꾸로 말하면 은행에 돈을 맡기면 보관료를 내야 한다는 것이지요. 이자는 전혀 없고…

바꾸어 말하면 보관료를 받고 이자는 한 푼도 줄 수 없으니, 돈을 저축하지 말고 소비하라는 무언의 표시입니다.

사람들은 거꾸로 보관료를 주고 은행에 보관하던가, 아니면 옷장 속에 돈을 보관하여야 하니, 도난의 위험이 있지요. 그래서 주식이나, 채권 등에 투자를 하게 되고 이 돈은 기업의 투자에 소비되어 전체적인 경기가 활성화 되고, 소비가 활성화 되는 효과가 있습니다.

그래서 소비를 활성화 하고자 하는 일본이나 유럽 국가들이 이런 정책을 사용하는 것이지요.

은행에 돈을 모아두지 말고 경기 활성화에 이바지 하라는 정책입니다.

④ 상환 능력과 이자 지급 능력이란?

모든 대출은 상환 능력과 이자 지급 능력을 감안 합니다.

둘 중 어느 하나라도 부족하면 대출이 실행되기 어렵습니다.

상환 능력을 보증하기 위하여 금융기관은 담보를 요구하고, 이자 지급 능력을 보증하기 위하여 금융기관은 수입 근거를 요구합니다.

예를 하나 들지요.

부동산 임대 업자가 오피스텔을 분양 받아 이것을 담보로 대출을 받습니다. 그리고 임차인에게 임대료를 받아 분할상환을 하거나, 이자를 납입합니다.

이 때 임차료 수입이 이자 상환 능력의 척도가 되고, 담보로 제공한 오피스텔이 상환 능력의 근거가 되는 것이지요.

우리는 담보 감정가가 충분하니 아무 곳에서나 대출을 받을 수 있다고 자신합니다.

하지만 이는 사실이 아닙니다.

은행은 연체율에 따라 충당금이 달라지고 이 충당금에 따라 은행의 수익이 변하고, 이자 수입이 없으면 적자가 되니 이자 지급 능력이 무척이나 중요한 것입니다.

⑤ 기초 자산이란?

담보가 있지만 신용대출도 있습니다.

예를 하나 들지요.

개발신탁에서 공사비를 담보로 ABL(Asset Back Loan)을 실행합니다.

앞으로 들어올 수입을 기초자산으로 하여 발생하는 현금흐름을 담보로 하는 일종의 신용대출입니다.

이 기초자산은 다양한 형태가 존재합니다.

부동산 PF에서는 분양대금의 현금흐름이 기초자산이 되고, 개발신탁 ABL에서는 확정매출채권인 공사비가, 항공사에서는 앞으로 들어올 여객 운임이 기초자산이 되기도 합니다.

⑥ 담보란?

위에서 언급한 것과 같이 물적 담보 이외에 기초자산도 담보가 될 수 있습니다.

따라서, 현금흐름을 기초로 하는 기초자산을 만들 수 있으면, 그리고 그 기초자산이 확정할 수만 있다면 신용대출을 받을 수 있는 것이지요.

직장인 신용대출도 일종의 직장인의 급여를 기초자산으로 하여 대출을 하는 것이지요.

⑦ 보증서란?

우리는 신용보증기금의 보증서, 주택공사의 보증서등 다양한 보증서를 발급받아 이를 은행에 제공하고 대출을 받습니다.

그런데 은행에서는 보증서 금액의 80%정도만을 대출해 줍니다.

이유는 은행은 일반적인 대출시, 연체, 상환시 비용 등을 감안하여 대출금액의 120%를 설정합니다.

즉, 100원의 보증서가 있는 경우, 80원만 대출해주고 120%를 설정하니 96원을 설정하는 것이지요. 절대 자기가 회수해야 하는 돈의 비용보다 많게 대출을 해줄 수가 없는 것입니다.

⑧ LTV란?

LOAN TO VALUE의 뜻입니다. 우리 말로는 대출 가능 비율이지요.

담보대출인 경우는 지역마다 LTV가 50~70% 정도입니다. 이유는 해당지역의 경매 시 낙찰가의 평균이지요.

즉, 유사시 은행에서 담보를 경매하는 경우, 낙찰가를 예상하고 그 이상을 대출 할 수 없다는 것입니다.

현금흐름을 사용하는 부동산 PF에서도 적용됩니다.

상가는 대출금액이 매출액의 50%이하, 오피스는 매출액의 60%이하, 오피스텔은 매출액의 70%이하, 아파트는 매출액의 80%이하를 기준으로 합니다.

즉, 건물의 예상 분양률을 기준으로 이런 LTV를 적용하는 것입니다.

요즈음은 상가와 오피스, 지식산업센터의 LTV가 점점 높아지고, 주거시설인 오피스텔과 아파트의 LTV가 낮아지는 추세입니다.

이유는 중도금 때문에 분양률이 떨어지고, 오르고 하기 때문이지요.

우리는 돈을 은행에 맡기는 것을 저금이라고 알고 있었고, 담보가 있어야 대출이 가능한 것으로 알고 있습니다.

하지만 모든 은행은 대출을 기초자산에 근거해서 대출을 해줍니다.

기초자산을 이용한 현금흐름의 이자 납부가 가능한지, 기초자산의 상환능력은 어떠한 지가 대출의 가능성 여부를 판단하는 척도입니다.

예를 한가지 더 들도록 하겠습니다.

최근에 제가 하고 있는 동남아시아 호텔에 투자하는 건입니다.

영국은행에서 은행 지급보증서를 발급받아 국내 금융기관이 동남아시아 호텔에서 발급하는 전환사채를 매입하는 금융구조를 만들었습니다.

이유는 국내 금융기관이 동남아시아 호텔의 전환사채를 매입하되, 콜옵션 (동남아시아 호텔이 다시 매입하는 경우)과 중간에 또는 만기일에 국내금융기관이 풋옵션을 행사하여 전환사채를 매각하는 경우 두가지가 모두 발생할 수 있는 조건에 대비한 금융구조가 필요했기 때문입니다.

가난한 자의 주머니를 채워라

일반적으로 국내 금융기관들은 현물 직접 투자를 많이 하지만 이런 전환사채를 이용하면 훨씬 안정적인 투자를 할 수 있지요.

이 경우에 한국 자산 운용사는 단순히 은행 지급보증서의 금액만을 보고 투자를 하지 않습니다. 즉, 호텔의 운영수익으로 충분한 투자금액의 수익이 발생하는 지를 검토하지요. 그리고 은행 지급보증서의 금액에서 자산운용사의 예상수익을 뺀 나머지만 투자를 하게 됩니다.

이렇게 대출은 기초자산이 대단히 중요하고 기초자산의 이자상환능력과 원리금 상환능력이 대단히 중요한 것이지요.

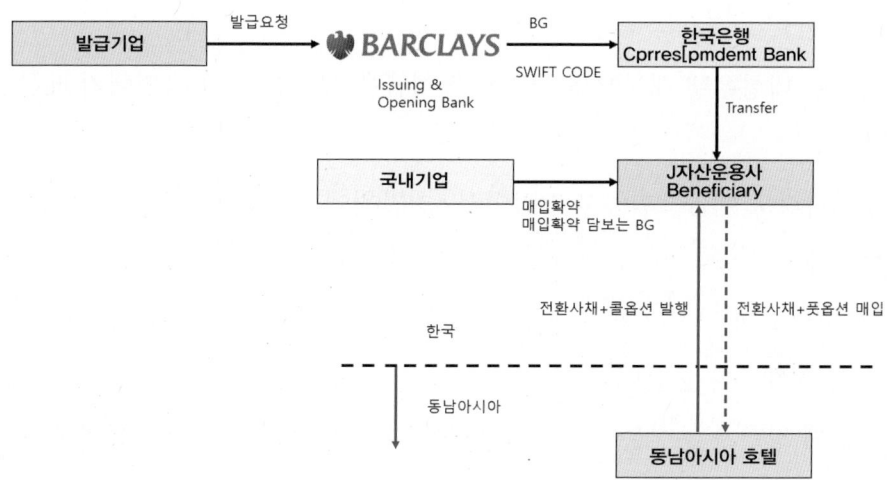

19.

베일 아웃 이란?

大馬不死라는 말이 있습니다.

대형은행은 절대로 망할 수 없다는 것이지요.

왜 일까요?

이유는 대형은행 대부분의 채권자가 예금을 예치한 일반 국민이기 때문입니다.

우리나라도 예금보험공사가 있어서 5천만원에 한해서 예금에 대한 보증을 해줍니다.

다른 말로 하면 고객이 은행에 대출한 금액 5천만원에 대해서는 정부가 지급 보증을 해준다는 말이지요.

이렇게 정부가 부실은행이 발생하였을 경우, 납세자의 혈세를 투입해 부실은행을 정상화 하는 것을 베일 아웃이라고 합니다.

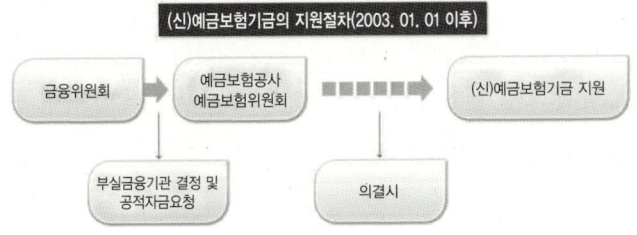

그래서 대부분의 은행이 부문별한 운영을 하여 투자 손실이 발생하여도 정부가 이를 부실화 하지 못하고 정상화를 해주는 것이지요.

즉, 예금이 일종의 펀드인데, 마이너스가 심해서 은행이 무너질 정도가 되면 채권자인 고객을 보호하기 위하여 어쩔 수 없이 정부가 이를 책임지는 것이지요.

베일 인이란?

베일 인이란 베일 아웃의 반대되는 제도 입니다.

정부가 공적자금 투입 이전에 은행의 채권자들과 주주들에게 손실을 먼저 보존하게 하고 이후에 정부가 공적자금을 출현하게 되는 것이지요.

bale이라는 영어의 단어는 원래 공포, 재앙, 슬픔이라는 뜻을 가진 뜻입니다.

은행의 부도와 같은 재앙을 떨어준다는 의미로 Bale-out이라는 표현을

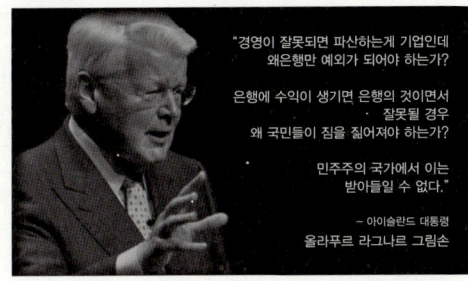

사용합니다.

Bale-in이란 재앙과 손실을 안으로 집어 넣는 다는 표현이니 은행 자체적으로 해결하게 만든다는 것이지요.

아이슬란드 은행의 무분별한 차입과 부동산에 부문별한 대출로 인해 파산의 지경에 이르렀을 때, 총리와 은행 총재가 공적 자금 투입을 결정하자, 대통령인 올라푸르 라그나르 그림손이 한 말입니다.

2008년 미국의 금융위기시 은행들이 모두 파산의 위험을 안고 있을 때 미국은 7천5백억달러라는 공적자금을 투입하여 은행을 구제했습니다.

그런데 2009년 은행들이 보너스 잔치를 벌리자 바로 도덕적 해이 문제가 야기 되었지요.

2016년 유럽연합(EU) 최고법원인 유럽사법재판소(ECJ)는 금융사의 한 획을 그을 수도 있는 판결을 내렸습니다. 대형 은행 등 금융기관을 구제할 때 민간투자자에게 손실을 먼저 부담시키는 '베일인'(bail-in) 규정이 합법이라고 했습니다. '베일인' 규정은 미국 리먼브러더스 파산에 따른 글로벌 금융위기를 수습하면서 실라 베어 전 미 연방예금보험공사(FDIC)의장이 주장해 유명해 졌습니다. 금융기관과 투자자의 도덕적 해이를 최소화하기 위한 모범규정이라는 평가를 받고 있지요 베일인(bail-in)은 은행이 부실채권으로 어려워지면 주주 뿐만 아니라 채권자도 책임을 진다는 의미로 채권자도 일정 부분 손실을 감수하는 이른바 헤어컷(hair-cut)을 당할 수 있습니다. 은행이 부도가 나면 대규모 공적자금 등 외부 자금을 조성해서 정상화시키는 베일아웃(bail-out)의 대척점에 있는 개념입니다. 우리나라가 1998년 은행권의 대규모 부실로 국제통화기금 IMF)이 혹독한 조건을 전제로 구제금융을 제공한 경우가 베일아웃의 전형입니다.

베일인은 다음 그림과 같은 선순환이 가능하지요.

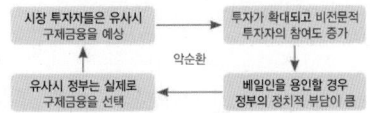

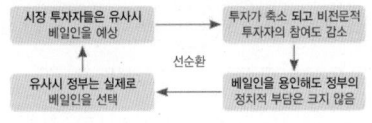

문제는 베일인의 대상입니다.

주주, 후순위채권, 일반채권, 예금 등의 순서가 됩니다.

일단 은행업계에서는 예금자 보호 한도인 5000만원 이하 예금은 베일인 대상에서 제외되나, 이를 초과하는 예금은 포함되기 때문에 향후 대규모 뱅크런 등의 고객 이탈이 우려된다고 주장하기도 합니다.

또한 우리나라 은행업계에서는 은행 파산이 일어나더라도 베일인 대상자 대부분이 일반 국민이기 때문에 정부가 공적자금을 투입할 수밖에 없다고 보는 등 은행들의 위기의식이 크지 않다는 지적도 나오지요.

또 정부의 지원 가능성이 사라지기 때문에 은행의 신용등급이 하락할 수 있다고 강조했습니다.

은행의 신용등급을 평가하는 요소 중 하나가 '국가 지원도'이기 때문이지요.

신용등급 하락으로 자금 조달 금리가 높아져 재무 부담이 커질 경우, 이는 그대로 대출 금리 상승 등으로 이어질 것이라며 소비자 피해가 되레 우려된다고 주장했습니다.

베일인 도입관련 은행권 영향 자료: 은행업계
① 신용등급 하락
② 자금 조달비용 증가
③ 뱅크런 우려
④ 대출금리 상승 동반

은행의 신용등급에 악영향을 준다는 것은 뱅크런등의 사유가 실제는 아닙니다.

실제로 신용평가회사는 글로벌 대형은행 신용등급 결정시 정부 지원 가능성에 기반한 상향조정요소를 배제합니다. 다만 후순위성 손실흡수력이 위험가중자산(RWA) 대비 16% 이상인 경우 자체신용도(또는 계열지원반영등급) 대비 상향조정요소로 반영합니다.

하지만 국내은행 13개사는 상향 조정 요소의 최저기준치인 16%대비 낮은 RWA를 보입니다.

그래서 신용등급에 악영향을 준다는 것이지요.

2016년에 베일인을 실시하고 있는 유럽에서 실제로 도이치방크 에서 베일인에 대한 일반인들과 시장의 우려가 반영된 사례가 있었습니다.

세계 최대 은행이면서 최고의 신용등급을 자랑했던 도이치방크가 고금리로 은행채를 발행한 것이 베일인에 대한 우려를 사전적으로 반영한 결과였습니다. 도이치 방크의 3년만기 달러화 표시 채권 표면 이자율은 연 2.00%이었는데. 같은 기간 유로화 표시 채권은 표면 금리가 연 2.75%까지 치솟았고. 독일 분트채의 3년만기 금리가 마이너스 0.5% 수준인 점을 감안하면 가산금리가 무려 327bp에 이르는 셈입니다. 도이치방크의 굴욕이라고 할 만 했습니다.

이제 확실히 이해 하셨으리라 생각됩니다.

왜 제가 예금이 우리가 은행에 대출을 해주는 것이고 우리가 대주, 은행이 차주라고 한 것인지요.

2010년 금융위기이후 대형금융사의 부실에 대한 체계적인 대응과 회생정리제도를 마련하기 위해 G20 정상회의에서 논의 된 후, 미국과 유럽등의 선진국을 중심으로 점차적으로 도입되고 있습니다.

베일인이 시행되면 은행은 더 이상 철가방 영업을 할 수가 없습니다. 현재는 BIS규제로 정부의 규제를 받고 있지만 베일인이 시행되면 예금을 하는 일반인들이 자기의 채권을 보호 받기 위해 은행을 선별하려고 할 테니 말이지요.

어쩌면 금융대란을 미연에 방지할 수 있는 금융인들의 탐욕을 막을 수 있는 선 기능을 할지도 모르겠습니다.

20.

미국 금리

강한달러는

① 미국 자본이 세계자산을 헐값 혹은 싸게 매입할 수 있는 중요 요인이 되며
② 이 때문에 불황에서는 강한 달러가
③ 호황으로 가는 사이클(자산 가격 상승)에서는 약한달러를 유인하여
④ 비싼 가격에 자산을 팔아 수익을 남기는 메커니즘을 이용합니다.

이는 전세계 외환시장에서 가장 많이 융통되며 경제대국의 지위를 지키고 있는 주도적 기축 통화인 "미국의 달러"라는 것을 십분 이용하여 글로벌 금융시장 헤게모니를 장악해온 방법이며 향후에는 경제 대국의 지위를 놓고 자웅을 겨루는 중국의 위안화와 기축통화 경쟁을 할 예정이죠.

한편 미국의 입장에서는

① 천문학적인 재정적자를 메워야 하기 때문에 미국의 국채를 소화할 수 있는 수단은 역시 미국의 국채 가격을 높은 가격에 유지하는 것이며
② 적자를 감소시키는 것은 이 같은 강한달러와 채권가격의 높은 수준, 기축통화의 주도력이 필요하지만
③ 이와 같은 약처방은 2014~2016년 까지 이미 시행되었으니 이제는 달러의 강세가 주춤하고 채권의 가격 하락이 진행되는 과정이니
④ 약달러를 유도하는 달러 통화량의 증가로 달러의 실질화폐가치를 낮추어
⑤ 이와 함께 미국 재정적자 실질가치 수준도 같이 낮추는 것이 트럼프가 할 수 있는 재정정책이 될 수 있습니다.

위와 같은 재정정책은 인플레이션 압박이 심해지므로 금리 인상은 언제든지 발생할 수 있습니다.

한국 금융

2018년 바젤3와 IFRS-9이 도입되면 각 금융기관들은 대손충당금이 유럽에 비추어 20~30%로 증가할 가능성이 있습니다.

이에 이미 D-SIB(시스템적 주요은행, 우리나라는 산업은행, 하나금융지주, 신한금융지주, KB금융지주, 우리은행, 농협금융지주, 기업은행)에 속한 은행들은 대손충당금으로 줄어드는 영업이익을 만회하기 위해 지점 폐쇄, 명예퇴직 등 다양한 방법을

모색하고 있습니다.

그리고 금융당국도, 급격한 은행들의 신용등급 하락을 원하지 않으니, 규제 수위를 조절하고 있지요.

하지만 정작 은행이 문제가 아니라 현재 5,6등급이 7등급과 같이 신용부적격자로 판별되어 약 300만으로 추산되는 개인들이 2금융권과 3금융권으로 내몰리게 된다는 점이 우려 스럽습니다.

완충작용을 위해 인터넷뱅크, K뱅크, 카카오뱅크를 설립했지만, 얼마나 많은 신용부적격자를 수용할 수 있을지는 미지수 이지요.

거기에 원리금 상환 등, 가계부채에 대한 엄격한 잣대를 들이대고, 내년에 한국은행에 미국의 금리인상에 대응하기 위해 금리를 올리게 되면 한계가구나 기업수가 증가하는 위험도 안고 있습니다.

내년은 한국 금융의 실제적인 위기 상황이고 대내외적으로 커다란 시련을 맞을 수가 있습니다.

최근에 나온 "향후 5년 빚이 없는 사람만이 살아남는다" 라는 책 제목처럼 현재의 저금리를 이용한 다중 채무자 들은 급격히 무너질 공산이 아주 큽니다.

보험사

우발적 채무에 대한 부담감, 그에 따른 대손충당금의 부담감, 보험사등에 적용되는 2020년 IFRS4 국제회계 기준 2단계를 적용하는 경우, 지급여력비율

RBC가 반토막 날 위험이 있습니다.

   지급여력을 쌓기 위해서는 고객에게 주는 이자를 줄이거나, 혜택이 많은 상품은 그 혜택을 줄여나가겠죠.

   소위 말하는 보험사 부채적정성 평가란 보험계약의 현금유출.유입액을 산출해 책임준비를 적절히 쌓았는지 평가하는 제도인데, 적용 할인율이 낮아지면 보험 가입자에게 돌려줘야 할 보험금의 현재가치가 커져 보험부채가 늘어나고 보험사는 책임준비금을 더 쌓아야 합니다. 은행의 대손충당금과 같은 경우라고 보면 됩니다.

	준비금 부족액	배당금
삼성생명	27조원	3328억원
한화생명	10조원	1488억원
교보생명	7조원	767억원
알리안츠생명	1조5000억원	0원
ING생명	1조1000억원	1005억원
동양생명	1조원	633억원
KDB생명	8400억원	0원
흥국생명	8000억원	0원
신한생명	7000억원	100억원
…	…	…
28개 생보사	52조원	1조146억원

*자료: 각사, 파란색만 2015년 기준, 나머지는 2014년 기준

   작년부터 시행한 보험금에 대한 시가평가의 영향으로 대형 생명보험사 삼성생명, 한화생명, 교보생명, 농협생명등 4곳의 자본이 향후 3년간 20조원이상 줄어들 것으로 예상된다고 합니다.

부동산 금융

   보험사가 부동산 금융의 주요 선순위 대주였는데, 위와 같은 이유로 선순

위 금리 또는 취급수수료를 상향하고자 할 겁니다. 그러면 금융비용의 상승과 그 부담은 시행사의 몫으로 돌아가게 됩니다.

이런 선순위의 조달 비용의 상승과, 중도금/잔금 집단 대출의 규제 등 변동성과 리스크의 확대로 인해 많은 변화가 생길 겁니다.

지금까지의 책임준공방식의 풀펀딩이 아닌 분양성을 담보로 한 소규모 펀딩 등, 시행사와 시공사의 부담이 늘어나는 형태의 자금 조달이 이루어지리라 생각됩니다.
즉, 책임준공 시공사를 보고 펀딩을 하는 것이 아닌 분양성을 확인하고 펀딩을 하는 방식이 선호될 것으로 보입니다.
분양형 토지 관리신탁의 변형이 등장할 가능성이 높지요.

그리고 보험사 등 기존의 대주단은 개발사업보다는 실물 투자 등 리스크를 낮춘 쪽으로 움직일 가능성이 높고 가계부채 및 집값의 하락을 막기위해 수요와 공급의 밸런스를 위해 착공을 억제하는 등, 공급을 줄여 나가다 보니 자연히 부동산 IB부문도 지금처럼 활기를 띄기가 어려울 것 같습니다.

따라서 증권사의 IB보다는 신탁사의 개발신탁 사업장, 그리고 그와 연관된 ABL시장등이 활성화 될 듯 합니다.

금융은 유기생물처럼 스스로 진화를 거듭합니다.

로저랭그리의 말처럼 금융은 부채이고 누군가의 돈을 상환하려면 누군가는 또 다시 돈을 빌려야 하지요.

금융의 급변은 우리의 개인 삶에 지대한 영향을 주게 됩니다. 따라서 그에 맞는 대응 전략도 필 수인 셈이지요.

21.

은행

아마 일반기업이나, 일반인 분들은 은행을 국가기관 이라고 생각하고 은행에서 빌려주는 돈은 한국은행에서 빌려온 돈을 대출해 주는 것이라고 생각하는 분들도 있을 거라고 생각됩니다.

하지만 제가 지난번에 말씀드렸듯이 은행은 일반기업 입니다. 그리고 예금자가 은행에 돈을 빌려주는 채권자이고, 은행은 이것을 다시 대출하여 수익을 발생시키지요.

소위 말하는 예대마진이 매출이익이 되는 것입니다.

예금이외에 필요시 회사채 등을 발행하여 자금을 조달하는데, 이때 발행하는 회사채를 일반시장 또는 한국은행이 매입합니다.

일반기업이다 보니 매출이익이외에 일반관리비가 산정되고 영업이익을 발생하지요.

일반기업도 매출채권상각 또는 매출채권 대손충당금 이라는 영어로 allowance for bad debts이 있습니다.

하지만 은행에서는 이 부분이 영업이익에 막대한 영향을 끼치고 은행의 건전성의 지표가 되기에 중요한 항목입니다.

은행의 매출채권 대손충당금은 reserve for bad debts 라고 합니다.

대출 이후 예상되는 상환 불이행에 대비해 미리 적립금으로 쌓아 놓는 금액을 말하는데 부실위험 정도에 따라 각기 다른 비율의 충당금을 적립해야 합니다. 대손충당금을 설정한 후에 거래처의 부도 등으로 채권에 대한 대손이 발생하면 해당 채권과 대손충당금을 상계하고, 대손충당금이 부족한 경우에는 그 부족액을 대손상각으로 처리하지요.

자산건전성 분류	분류단계별 정의
정상	채무상환능력이 양호하여 채권회수에 문제가 없는 것으로 판단되는 거래처(정상거래처)에 대한 자산
요주의	① 채권회수에 즉각적인 위험이 발생하지는 않았으나 향후 채무상환능력의 저하를 초래할 수 있는 잠재적인 요인이 존재하는 거래처(요주의거래처)에 대한 자산 ② 1월 이상 3월 미만 연체대출채권
고정	①채무상환능력의 저하를 초래할 수 있는 요인이 현재화 ② 3월 이상 연체대출채권 중 회수예상가액 해당부분 ③ 최종부도 발생, 청산·파산절차 진행 또는 폐업 등 거래처에 대한 자산 중 회수예상가액 해당부분 ④ "회수의문거래처" 및 "추정손실거래처"에 대한 자산 중 회수예상가액 해당부분
회수의문	① 채무상환능력이 현저히 악화되어 채권회수에 심각한 위험이 발생한 것으로 판단되는 거래처(회수의문거래처)에 대한 자산 중 회수예상가액 초과부분 ② 3월 이상 12월 미만 연체대출채권 중 회수예상가액 초과부분
추정손실	① 채무상환능력의 심각한 악화로 회수불능이 확실하여 손실처리가 불가피한 것으로 판단되는 거래처(추정손실거래처)에 대한 자산 중 회수예상가액 초과부분 ② 12월 이상 연체대출채권 중 회수예상가액 초과부분 ③ 최종부도 발생, 청산·파산절차 진행 또는 폐업 등 중 회수예상가액 초과부분

은행의 경우 이 대손충당금의 적립 여부에 따라 금리, 가산

자산건전성 분류	대손충당금 설정비율4)		
	기업여신	가계여신	신용카드채권
정상	0.85%이상	1%이상	1.5%이상
요주의	7%이상	10%이상	15%이상
고정	20%이상	20%이상	20%이상
회수의문	50%이상	55%이상	60%이상
추정손실	100%이상	100%이상	100%이상

금리 등이 실제로 차주에게 적용됩니다.

대손충당금의 적립방식과 금액은 금융기관마다 조금씩 다르게 적용됩니다.

금융기관별 건전성

① 보험회사
'지급여력비율'이란,
보험회사가 계약자에게 보험금을 어느 정도 제때에 지급할 능력을 갖고 있는지를 보여줍니다.
보험금을 꾸준히 납부했는데 필요할 때 보상받을 수 없다면
보험사에 대한 신뢰도가 크게 떨어지겠죠.
피해를 예방하기 위해 보험회사 지급여력(RBC)제도를 통해 재무건전성을 확인합니다.

이는 보험회사가 예상치 못한 손실발생이 일어나는 경우에도 계약자에 대한 보험금 지급의무를 이행할 수 있도록 순자산을 보유하도록 하는 제도입니다.
보험회사는 보험업법상 100% 이상의 지급여력비율을 유지하여야 한다고 명시하고 있습니다.

금융감독원의 규제기준으로서는 RBC비율이 150% 이상을 유지하도록 권고하고 있으며

100% 미달 시 단계적으로 적기 시정조치를 취합니다.

(100% 미만: 경영개선권고, 50% 미만: 경영개선요구, 0% 미만: 경영개선명령)

② 증권사

영업용 순자본비율(NCR)이란 증권회사의 재무건전성을 나타내는 것으로, 유동성 자기자본(영업용순자본)을 총 위험액(영업활동에 직면하게 되는 손실을 예측하여 계량화)으로 나눈 것을 백분율로 표시합니다.

NCR규제의 목적은 증권회사 파산시 발생할 수 있는 금전적인 손실이나 지급지연으로부터 고객과 채권자를 보호하는 것입니다.

금융위원회가 권고하는 최소비율인 150% 이상을 유지해야 하며, 우리나라 증권사들의 2013년 3월말 평균 영업용 순자본비율은 508.3%로 안정적인 수준을 유지하고 있습니다.

③ 은행

'금융기관이 다양한 리스크에 대응하기 위해 충분히 자본을 보유하고 있는가?'를 판단하기 위한 지표인 BIS비율은 아래의 공식을 이용합니다.

$$BIS비율 = \frac{자기자본}{위험가중자산(신용, 시장, 운영리스크)} \times 100$$

은행은 위험가중자산(신용, 시장, 운영 리스크 포함)을 줄이거나 자기자본을 늘려BIS비율을 높이게 됩니다.

국제결제은행(Bank for International Settlement)의 바젤은행 감독위원회가 정한 자기자본비율 측정법에 따라 협의된 기준, 바젤이 판단지표가 됩니다.

우리나라는 2011년 초부터 바젤Ⅲ 도입 준비를 추진하여, 현재 국내은행은 2013.12.1부터 자본규제를 도입하기로 하였습니다.

금융기관 중 은행은 위험가중자산이 늘어나고 대손 충당금이 늘어나는 경우, 파산 및 영업정지가 될 수 있지요.

그러면 앞서 이야기 드린 bale-in에 의해 채권자들인 예금자들이 피해를 볼 수 있는 것입니다.

증권사 대손충당금

금융위원회는 지난해 말 그동안 부과하지 않았던 증권사의
① 정상 및 요주의 채무보증에 대한 대손충당금 적립의무를 부과하고
② 종합금융 투자사업자 및 합병투자매매업자의 대손충당금 적립기준을 은행수준으로 강화하는 내용을 담은
'금융투자업규정 개정안'을 입법예고한 바 있습니다.

이는 최근 증권사의 부동산PF 관련 채무보증이 증가함에 따라 무분별한 확대를

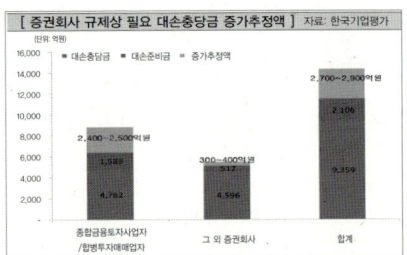

제어하고 손실흡수 능력을 사전에 강화하기 위함으로 풀이됩니다.

개정된 대손충당금적립기준은 요주의 채무보증의 경우 2~7%, 정상의 경우에도 0.5~0.85%의 대손충당금을 적립해야 한다고 합니다.
또한 기존 2%였던 요주의 대출채권의 경우 의무적립기준이 7%로 확대되고 정상의 경우에도 0.5%에서 0.85%로 0.35%포인트 확대되며. 최근 증가세가 두드러지고 있는 부동산PF대출 관련해서도 기존 BBB- 또는 A3- 이상 기업이 지급보증한 자산의 경우 정상 범주에서 0.5%로 부과되던 기준이 종합금융투자사업자 및 합병투자매매업자(종금사와의 합병)의 경우 0.85%로 늘어납니다.

이 같은 규제개정을 통해 증권사들이 추가로 쌓아야 하는 대손충당금이 2016년 9월 말과 비교해 2700억원에서 2900억원 가량 증가할 예상되고 있습니다. 특히 증가액의 90%가 종합금융 투자사업자 및 합병투자매매업자에게 적용됩니다.

대부분 증권사들이 대손준비금을 적립하고 있어 실질적으로 손익에 미치는 영향은 제한적일 것으로 보이지만 일부 영업활동에는 제약을 미칠 것으로 분석되지요.
특히 내년부터는 IFRS 9이 적용됨에 따라 기존에 손실이 없었다면 회계상으로 충당금을 쌓을 필요가 없었던 것과 달리 예상손실을 기준으로 충당금을 쌓아야 하기 때문에 향후 비용적 측면에서 채무보증을 일정 부분 줄이는 등의 제약 요건으로 작용할 소지가 있습니다.

제가 이렇게 증권사에 대한 대손충당금 기준 변화를 설명 드리는 것은 내년에 바젤III, IFRS-9이 시행되면 증권사들의 부동산 PF에 대한 수수료 및 금리는 올라 갈 수 밖에 없기 때문이지요.
대손충당금 = 영업비용 증가 = 수수료 및 금리 인상
의 절차를 따르기 때문입니다.

이제 확산되던 부동산 PF 시장도 조정국면을 맞이 할 듯 합니다. 위험자산에 대한 대출 또는 투자는 대손충당금으로 인해 자산 건전성과 영업이익률을 약화시키고 이는 금융기관의 신용등급을 저하시켜 조달비용을 상승시키기 때문이지요.

이제 시행업을 하시는 분들도 조금은 다른 생각을 하셔야 할 듯합니다. 이제 매몰비용인 금융비용이 내년에는 더욱 상승할 테니 말이지요.

22.

국부론

인류역사상 성서 다음으로 중요한 책이라는 아담스미스의 국부론입니다.

경제에 대해서 잘 모르시는 분들도 아담스미스의 국부론이라는 단어는 들어 보신적이 있을 겁니다.

아담스미스는 자유로운 무역, 작은정부, 자유시장경제 를 지지한 자본주의의 아버지 입니다.

하지만 일반 사람들이 오해하고 있는 부분이 있습니다.

국부론을 요약해 보도록 하겠습니다.

아담스미스의 1700년대는 "국가의 부"란 국가

가 얼마나 많은 금과 은을 가지고 있느냐로 판명된다는 중상주의(Mercantilism)가 만연하던 시대였습니다.

유명한 "도덕감정론"의 저자이었던 도덕학 교수였던 아담스미스는 대중에게 연민을 느끼고 대중들이 모두 잘 사는 체제를 서술하였는데 그것이 바로 국부론입니다.

그래서 국부론의 시작은 국가의 부가 금과 은이라는 것을 정면 반박하고 노동자가 일한 것에 대한 가치의 총합이 바로 국가의 부라고 천명합니다.

국부: 모든 국민이 연간 소비하는 생활필수품과 편의 품의 양
Wealth of Nations = yearly consumptions
현재의 GDP입니다.
그리고 이런 국부는 오로지 노동(Produtive Labor)만이 만들수 있다고 했습니다.
그리고 노동으로 생겨난 상품의 가치(가격)는 상품을 생산하기 위해 투입된 노동량으로 결정 되어진다고 했습니다.

그리고 우리가 빵을 먹을 수 있는 것은 빵집 주인이 자비심에 빵을 만들어 이웃들에게 나누어 주는 것이 아니라 빵집 주인의 이기심에 돈을 벌려는 욕심에 빵을 만드는 것이라고 했습니다.
그런데 빵의 가격은 보이지 않는 손이 있어서 시장에서 스스로 가격이 결

정되며, 이런 시장의 자유로운 체제가 모든 사람들을 행복하게 만드는 경제 체제라고 했습니다.

① 즉, 이기심에 빵을 만들어서
② 자유시장에서 보이지 않는 손이 균형 가격을 형성하고
③ 이것이 판매되어 이익이 빵집주인에게 돌아가는
④ 그리고 그 이익이 빵집에서 근무하는 노동자에게 분배되고
⑤ 노동자가 다시 빵을 소비하는 순환구조라는 것입니다.

현재의 자본주의 경제체제의 핵심인 기업과 시장, 소비자와 노동자의 관계를 파악한 최고의 명저이자 시대를 뛰어넘은 통찰력을 보여줍니다.
부자들은 정부가 규제가 심해질 때마다 아담스미스를 끌어들여 자유경제를 요구하고 나섰지요.

자본주의 출발은 개인의 이기심 즉, 돈을 벌려는 욕구에 의해서 시작되고 작동된다고 말입니다.
그래서 마치 아담스미스는 "돈 많은 부자들의 편"이라고 오해를 받습니다.
하지만 아담스미스는 이기심은 인간의 도덕적 범위를 벗어나서는 안된다고 탐욕에 대한 경고를 했습니다.

아담스미스가 추구한 것은 인간의 도덕점 범위(脫탐욕)내에서 완전히 자유로운 시장체제를 추구한 것입니다.

지금과 같이 금융과 대기업의 탐욕에 의해 부익부 빈익빈이 극심화된 사회를 이상적인 사회(common good of society)라고 한 것이 아닙니다.

아담스미스는 민중에 대한 연민으로 그들이 행복하게 살 수 있는 경제체제를 꿈꾸며 국부론을 편찬한 것입니다.

끝으로 아담스미스의 유명한 말을 옮깁니다.

"No country could regard itself as being prosperous, if it's great part of population is poor or miserable"

국민 대부분이 가난하고 비참하다면 그 나라는 부유하다고 말할 수 없다.

자본론

칼 마르크스의 자본론입니다.

오랜 기간 자유민주주의 국가에서는 자본론이 공산주의의 이론적 배경이라는 이유로 금서가 되었습니다.

하지만 공산주의가 몰락하고 자본주의가 승리한 후 자본주의 국가가 너그러워져서 이제는 자유로이 읽을 수 있고 출판되는 책입니다.

칼 마르크스의 자본론은 100년전의 아담 스미스의 국부론의 장단점을 파악한 경제분석책 입니다.

상품은 사용가치와 교환가치가 있으며 교환가치는 가격이라는 화폐의 단위로 표현된다고 하였습니다.
아담스미스의 국부론과 같지요.
가격은 노동의 시간에 의해서 창출된다고 보았습니다.
이 또한 아담스미스의 국부론에서 가격의 정의와 같습니다.

화폐가 모든 가격을 결정하는 한 물질 만능주의가 팽배할 수 있다고 경고를 했습니다.

결론적으로 노동이 국가의 부이고 생산된 상품의 가격이라는 점에서는 아담스미스와 동일한 입장이 었으나, 아담스미스가 말한 분업이라는 개념에 대해서는 노동력 착취의 빌미가 된다고 하여 반대의 입장을 취합니다.

마르크스의 독창적인 이론은 자본가가 어떻게 노동자를 착취하여 자본가는 계속 부를 쌓고, 노동자는 가난할 수 밖에 없느냐에 대한 이론입니다. 상품을 만들때
　밀가루를 1노동가치 = 1,000원
　굽는기계 1노동가치 = 1,000원

노동자의 1시간노동 = 1,000원

이를 합하여 빵의 상품가격은 3,000원이 됩니다.

그런데 자본가는 노동자의 1,000원중 50%를 가져가므로 실제 노동자는 자기가 일한 1,000원의 대가가 아닌 500원 만을 받게 됩니다.

자본가가 가져가는 500원을 잉여가치(surplus value)라 합니다.

하지만 노동자가 자기의 노동가치인 1,000원의 500원을 받으면서도 어쩔 수 없이 일을 해야 하는 이유는 일자리가 부족하므로 자본가가 언제든지 마음대로 노동자를 해고 할 수 있기 때문입니다.

자본가는 이에 그치지 않고 노동시간을 늘여서 더 많은 노동착취를 합니다. 이렇게 노동시간을 늘여서 얻어지는 자본가의 이익을 절대적 잉여가치라고 했습니다.(ablsolute surplus value)

또한 급격한 산업혁명의 발달로 인해 기계가 사람의 일을 대체하여 생산성을 높이게 되니 노동자가 수령할 수 있는 임금은 더 낮아집니다. 자본가는 더 많은 수익을 올릴 수 있습니다. 이렇게 기계를 도입하여 얻은 자본가의 수익을 상대적 잉여가치(relative surplus value) 라고 했습니다.

이렇게 자본가는 더욱 부를 쌓게 되고 노동자는 점점 더 가난해져 노동자의 소비가 위축되니, 자본가와 노동자 모두가 공멸하는, 즉 자본주의의 붕괴가 일어날 것이라고 주장한 것입니다.

　마르크스는 유물론적 변증법으로 세상을 바라본 철학자로서 아담스미스의 국부론을 분석한 경제학자로서 공산주의 혁명의 이론적 배경을 제공한 사상가 입니다.

　영국 BBC에서 한 설문조사에서 금세기 최고의 사상가를 선정하는 질문에서 칼 마르크스가 1위에 올랐지요.

　아담스미스, 칼 마르크스는 두 사람 모두 250년전, 150년전 가난한 대중들에 대한 연민으로 경제이론을 확립한 사람들입니다.

　이들의 목적은 모두가 잘 사는 행복한 사회를 꿈꾸었다는 점에서 공통점이 있는 것이지요.

케인즈의 수정자본주의 하이에크의 신자유주의

　18세기에 아담스미스의 국부론이 주류라면 19세기는 칼마르크스의 자본론이 득세했고 20세기에는 100년간의 전쟁을 벌인 케인즈와 하이에크가 주도를 했습니다.

[케인즈의 수정자본주의]
케인즈는 2차례의 세계대전과 1920년대의 대공황을 빼놓고는 말을 할 수 없습니다.

2차례의 세계대전으로 패전국에는 하이퍼인프레이션 이 발생하고, 소수자본가들의 탐욕에 의해 자본이 집중되어 소비가 위축되고 경제가 침체하자 대공황이 발생하였지요.
이에 케인즈는 수요가 부족하여 공급이 과잉되어 재고가 쌓이고, 대량 실업이 발생하였다고 했습니다. 즉 이를 유효수요이론이라고 부르지요.
구매로 연결되는 유효수요를 창출하여 소비를 촉진시켜야 한다는 이론입니다.

그러기 위해서 정부가 재정지출을 늘려서 일자리를 창출하고, 금리를 낮추어 통화량을 늘려 소비를 촉진시키는 정책을 사용하여야 한다고 했습니다. 또한 소수 자본가에 의해 독점되는 각종 TRUST를 철폐하고 국영기업화하여 소득의 재분배를 빠르게 이루어야 경기불황에서 탈출할 수 있다고 했습니다.

정부 규제 강화 --〉 소수자본가 억압, 소득 재분배
재정 지출, 저금리 --〉 통화량 증가, 일자리 창출
일면 현재의 양적완화의 정책과 비슷한 부분도 있습니다. 재정지출의 확대, 저금리를 통한 통화량 확대는 말이지요.

케인즈의 이론을 따른 정책이 바로 루즈벨트의 뉴딜 정책이었습니다. 재정지출을 확대하여 일자리를 창출하고 각종 규제를 쏟아 내어 소수자본가의 독점을 막는등, 큰 정부를 구현하는 정책입니다.

[하이에크의 신 자유주의]

그런데 케인즈의 수정자본주의가 말을 듣지 않는 시기가 도래합니다.

1920년부터 1970년까지 케인즈의 수정자본주의는 모든 나라의 경제지침서가 됩니다. 하지만 1970년대 1, 2차 오일 쇼크를 겪으면서 스태그플레이션이 오게 됩니다. 스태그플레이션이란 경기는 불황인데 물가는 계속 오르는 것이지요.

왜 스태그플레이션이 오냐면, 정부의 규제로 노동시장 의 유연성이 떨어져 마음 데로 해고를 할 수 없고 노조는 계속 임금인상을 요구해 원가가 높아지니 물가는 떨어지지 않습니다. 거기에 오일쇼크로 원자재 값이 상승하니 물가는 더욱 오르게 되지요. 견디다 못해 수익이 없는 기업들은 파산하게 되고, 실업자가 생기면 소비는 위축되고, 남은 기업들도 채산성 악화로 물가를 내릴 수가 없는 것입니다.

예를 들어 보지요.

① 한 동네에 부자 커피숍 주인 A와 중산층의 커피숍 주인 B, 가난한 커피숍 주인 C가 살고 있습니다.

② 정부의 규제로 직원들의 최저임금이 보장되고, 함부로 해고할 수도 없습니다.

③ 원재료 값이 오르자, 일제히 커피값을 올려야 하는데, 부자는 커피값을 올리지 않고 버티고, 중산층도 버티지요. 하지만 가난한 커피숍 주인은 커피값을 올립니다.

④ 그러자 가난한 커피숍 주인의 커피숍은 손님이 떨어져 결국 파산하게 됩니다.

⑤ 이후 중산측 커피숍 주인도 계속 오르는 원자재 값을 견디다 못해 커피값을 올리자 손님이 없어집니다. 그리고 결국 파산합니다.

⑥ 이제 부자 커피숍 주인만 남았는데, 이사람은 커피값을 이제 올립니다. 경쟁자가 없으니까요, 또한 임금, 원자재 값이 계속오르니 어쩔 수 없는 선택입니다.

⑦ 와중에 중산층과 가난한 커피숍 가게의 직원들은 모두 실직자가 됩니다. 이렇게 스태그플레이션, 즉 경기는 불황인데 물가는 오르는 상태가 됩니다.

하이에크는 이를
① 정부의 과도한 규제로 인한 생산성

악화 ⇨ 기업도산 ⇨ 실직
② 저금리로 인한 소비자들의 과도한 투자와
　　　낭비 ⇨ 거품 ⇨ 개인파산
로 설명했습니다.

하이에크의 신자유주의는 대처리즘과 레이건노믹스의 이론적 배경이 되었지요. 당신 케인즈의 이론에 의해 대규모 국영기업이 많고, 노조가 강세여서 자유방만한 국영기업의 경영상태였습니다. 실적은 안좋은데 임금은 계속 높아지고 있었지요. 이로 인해 전기, 철도, 석탄등 기초 원자재의 가격이 계속오르자 위의 설명과 같은 대규모 실업이 발생하고 경기는 위축되는 사태가 발생하였습니다.

하이에크는 정부의 규모를 축소하고 규제를 철폐하고 재정지출을 줄여서 시장이 조절기능을 해야 한다고 주장했습니다.

즉, 망할 사람은 망하고 어려움을 견디다 보면 시장이 재 기능을 발휘해 경제가 활성화 할 것이라고 했습니다.

이에 대처의 보수당은 국영기업을 민영화하고 사회복지를 축소하여 대규모 노조투쟁을 불러 일으키나, 포틀란드 전쟁으로 극적으로 회생해 결국은 성공을 거두게 됩니다.

22. • 국부론

이후 사람들은 현재까지 50년동안 하이에크의 신 자유주의를 신봉하고 시장의 자율기능을 강조하게 되지요.

[결론]

두사람의 논쟁은 백년동안 각각 50년씩 경제체제의 기본원리가 되었습니다. 하지만 부작용도 있었지요.

① 케인즈는 노조와 국영기업의 방만한 태도로 원자재 값이 폭등하여 대규모 실업이 생기는 스테그플레이션을 일으켰고
② 하이에크는 자유로운 시장, 정부의 규체철폐로 소수 독점 자본주의인 금융자본주의를 탄생시켜 결국 아시아 금융위기, 리먼사태등을 일으켰습니다.

그래서 사람들은 "자본주의는 고장났다"라고 했습니다.

저 나름대로의 결론은

아담스미스의 인간의 이기심을 조절하지 못하고 예측하지 못한 듯합니다.
① 케인즈는 노동자들의 이기심을
② 하이에크는 자본가들의 탐욕적인 이기심을

결국 두 대학자들은 인간의 이기심이 언제 어떻게 표출되어 위기가 올 것이고 그것을 적절히 조절할 수 있는 방법을 제시하지 못해 부작용을 일으킨 것이지요.

하지만, 현재 경제정책, 양적완화, 마이너스 금리, 정부의 재정지출, 자유무역과 자유시장 정책을 보면 두 사람의 이론이 많이 이용되고 있다는 점 또한 부인할 수 없습니다.

인간의 이기심, 너무 지나쳐 탐욕으로 가면 그것이 노동자이던, 자본가이던 자본주의를 파괴로 이끄는 것을 우리는 명심해야 합니다.

위 4분은 몇 백 년이 지난 지금도 우리의 삶에 많은 영향을 줄 정도로 시대를 앞서가는 사상가, 철학자, 경제학자로서 존경을 받아 마땅한 분들입니다.

23.

화폐의 본질

전 세계적으로 화폐학에 대하여 1인자를 꼽으라고 하면 시카고 학파의 대부 밀턴프리드만을 선택하는데 이의를 제기할 사람은 없을 거라고 생각됩니다.

이 밀턴 프리드만이 화폐에 대한 정의를 한 유명한 예가 있습니다.
바로 "돌 화폐의 섬"이라는 이야기 입니다.

1899~1919년까지 마이크로네시아의 캐롤라인 군도는 독일 식민지 였습니다.
가장 서쪽에 위치한 섬이 얩이었는데 인국는 5~6천명이었다고 합니다.
이 섬에는 금속이 없어서 크고 단단한 돌을 화폐로 사용하였다고 합니다.
이 돌의 이름을 fei라고 부르는데 집집마다 가지고 있고, 물물거래가 있을 경우, 그 돌에 주인의 표시를 하였다고 합니다.

돌은 그대로 있고 돌의 주인을 표시한 것이지요.

독일군이 섬에 도로를 건설하려고 하자, 섬주민들이 일을 하지 않자, 독일군이 fei라는 집집마다 가지고 있는 돌에 모두 독일군 소유하는 표시를 하였다고 합니다.

그러자 섬 주민들이 자발적으로 열심히 일해서 도로가 완성되었다고 합니다.

즉, 돌에 독일군 표시를 하자 섬사람들은 본인들이 가난해 졌다고 생각한 것이지요.

밀턴 프리드만이 "돌 화폐의 섬"에서 말하고 싶은 것은 화폐란 바로 사람들간의 "신뢰"로부터 탄생된다는 것입니다.

신뢰가 없으면 서로 간에 약속이 없으면 화폐라는 것은 그냥 종이, 금속일 뿐인 것입니다.

화폐의 기능

우리가 흔히 돈 = 화폐라는 의미를 사용합니다.

그런데 "돈을 번다"라는 의미는 지하실에서 인쇄기로 돈을 찍어낸다는 의미가 아니지요.

"돈을 번다"라는 의미는 바로 소득을 말하고 돈의 흐름을 말하는 것이지요.

이것이 화폐의 첫번째 기능입니다.

즉, 화폐는 소득과 동의어이며 흐름의 개념으로 월 소득, 연간 소득 등의 수익을 표시합니다.

두번째 기능은 자산입니다.

우리가 은행계좌에 돈을 넣어두고 있다는 의미는 우리의 자산을 의미하는 것이지요.

이렇게 화폐는 회계학적 용어로 설명하면 하나는 손익계산서의 항목으로 다른 하나는 대차대조표의 항목으로 표시되는 것이지요.

즉, 화폐의 교환기능과 구매기능 중, 첫번째 소득을 나타내는 것이 바로 교환기능이고, 자산을 나타내는 것이 바로 구매기능이라고 하지요.

화폐의 구성과 탄생

전후 독일은 극심한 하이퍼 인플레이션을 겪었습니다. 그래서 독일인들은 마르크화로 난로의 땔감을 사용한 적이 있을 정도 였습니다.

이때 마크르화 대신에 화폐의 기능을 한 것이 바로 미국 산 담배였지요. 마르크화를 주면 기름을 넣어주지 않지만 미국산 담배를 주면 기름을 주유해 주던 시절이 있었습니다.

즉, 화폐의 교환기능, 구매기능 중, 마르크화는 구매기능을 상실하고 미국산 담배가 바로 구매기능을 대신한 것입니다.

그런데 누가 시키지도 않았는데 어떻게 미국산 담배가 구매기능을 가지게 되었을까요?
이것에 대해서는 [더 이코노미스트] 편집장인 월터 베이지호트는 이렇게 말했습니다.

"신용은 저절로 성장하는 힘이지, 일부러 만들어 낼 수 없는 것이다" 여기서 신용을 화폐로 바꾸면 화폐의 탄생이 되지요.

즉 화폐의 구매기능은 저절로 성장하는 힘이지, 일부러 만들어 낼 수 없는 것입니다.
누가 미국산 담배를 화폐의 구매기능으로 사용하자고 약속하거나 공표한 것이 아닌데, 저절로 그런 기능이 탄생하였고 사람들 간의 약속이 되었다는 것입니다.

비트코인의 탄생

제가 비트코인에 대하여 강의를 하면서 비트코인의 탄생은 마이너스 금리와 관계가 있다는 말씀을 드렸지요.

① 마이너스 금리가 되면 사람들이 은행에 보관료를 지불해야 하고

② 따라서 사람들은 개인 금고에 화폐를 보관하려고 하고

③ 시장에서의 현금 거래는 세수등의 문제를 불러 올 수 있어

④ 유럽과 몇 개국에서는 고액 지급을 현금으로 하는 것을 불법으로 간주하고

⑤ 결국 정부에서는 마이너스 금리 시대가 도래한 후 세수확보 및 투명한 거래를 위해 전자화폐(신용카드, 온라인 이체 등)을 권장하게 되는데

⑥ 이런 온라인 거래의 문제는 헤킹이고

⑦ 비트코인은 본질적으로 여러 사람에게 비트코인의 정보를 분산처리하여 보관하므로 이런 문제를 해결한 화폐로 주목을 받은 것이지요.

⑧ 처음 비트코인이 생겨나고 그 기술적 우월성을 인정했으나, 과연 구매기능을 할 수 있는지에 대한 의문이 있었으나, 시간이 지나 사람들간에 자발적으로 비트코인의 구매기능이 탄생하자

⑨ 각 나라 정부가 비트코인에 대하여 우호적인 자세를 취하게 됩니다.

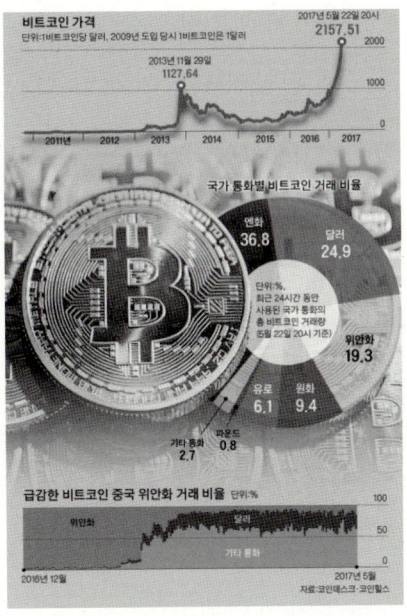

비트코인 재화 or 화폐 ?

고전 경제학자들은 노동력에 의해서 재화가 만들어지고 이 재화는 활용가치(사용가치)와 교환가치(구매력) 두가지를 가지게 되며, 이 가치를 나타내는 것이 화폐라 정의했습니다.

비트코인이 재화이냐 아니면 화폐이냐는 많은 논쟁거리입니다.
만일 재화라면 당연히 세금이 거래세 명목으로 붙게 되지요.
화폐라면 면세입니다.

23. • 화폐의 본질

그런데 재화라기 보기에는 노동력으로 탄생한 것이 아니고, 화폐라고 보기에는 아직 구매 기능이 미약해 보입니다.

앞에서도 언급했듯이 "신용(화폐)는 저절로 탄생하여 생명체저럼 진화하는 것"입니다. 누가 강제해서 되는 것이 아니라는 것이지요.

비트코인은
① 채굴이라는 복잡한 수학공식을 풀어야 만들어지고,
② 만들어지는 순간 전세계 많은 유저에게 해당 비트코인의 정보가 분산 처리되어 해킹이 어렵고
③ 채굴 총액이 제한되고
④ 점점 구매기능이 활성화되어 비트코인으로 다른 재화를 구매하는 것이 가능할 정도로 진화하고 있습니다.

한 나라의 자국 화폐는 그 나라의 경제상황 및 기타 모든 상황을 종합적으로 판단하여 환율이라 단어로 그 가치가 결정되어 집니다.

비트코인의 가격이 미국 달러화 대비 천정부지로 오르고 있다는 의미는 비트코인의 구매기능이 달러대비 몇 백배가 된다는 것인데, 이 점은 의아할 수 밖에 없는 것이지요.

지금처럼 비트코인이 달러대비 몇 천배의 가치를 가지려면 그 만큼의 구매기능이 증명되어야 합니다.

그런 증명이 없는데도 비트코인이 천정부지로 가격이 상승하는 이유는 아마도 다음과 같을 것으로 사료됩니다.
① 마이너스 금리 시대 전자화폐는 대세의 흐름 이고 현재는 비트코인 (각 국정부가 인정하는 경향) 이 바로 그런 전자화폐가 될 것이라는 예측
② 비트코인은 총액이 제한 되어 있어 구매기능이 입증된다면 그 가치는 훨씬 오른다는 확신

지금은 동네 아줌마들 까지 비트코인에 투자를 하더군요. 광풍이라 여겨질 정도로 심합니다.
아무리 신용이 저절로 생겨서 진화한다고 해도 광풍이 심하면 버블이라는 단어가 떠오르지요.

사람들은 비트코인의 본질을 모르고 희귀 금속으로 투자대상으로 보는 듯 합니다.
하지만 비트코인이 앞서 말한 구매기능을 증명하려면 앞으로 더 많은 시간이 소요될 겁니다.
이는 관습과 같아서 오랜 시간에 걸친 사람들간의 약속이기 때문이지요.

24.

홍콩의 금융 산업

홍콩에서 금융산업이 차지하는 비중은 무역과 공공서비스 다음인 15.9% 나 됩니다.

홍콩이 금융허브라고 일컬어지는 가장 큰 이유는 IPO 때문이기도 합니다.

2016년 세계에서 가장 큰 IPO시장은 미국도, 영국도 아닌 바로 홍콩 HKEX이었지요.

2016년 약 250억 달러였는데 미국의 NYSE+NASDAQ 의 합보다 높았지요.

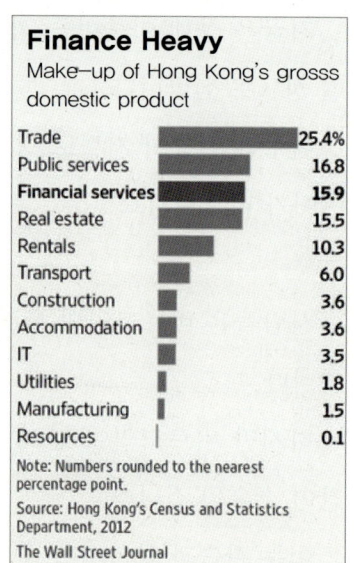

홍콩이 이렇게 금융허브의 역할로 세계의 주요 거점으로 주목을 받고 있는 이유는 중국 때문입니다.

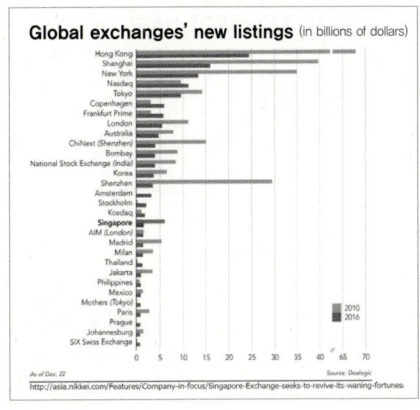

후강퉁, 선강퉁, 채권퉁

홍콩은 IPO이외에 아직 대외 개방이 극히 제한된 중국자본시장의 해외 유일의 통로입니다.

- 후강퉁: 2014년 홍콩과 상하이 거래소간의 주식 교차거래
- 선강퉁: 선전 주식시장과 홍콩 주식시장간의 주식 교차 거래
- 채권퉁: 2017년부터 10조 달러 규모의 중국채권시장이 홍콩을 통해 개방

이 두 거래를 통해 중국의 주식시장의 70%가 대외에 개방되었지요.

특히 채권퉁은 제가 이전에도 언급했던 딤섬본드라고 하여 위안화 표시 채권을 의미 합니다.

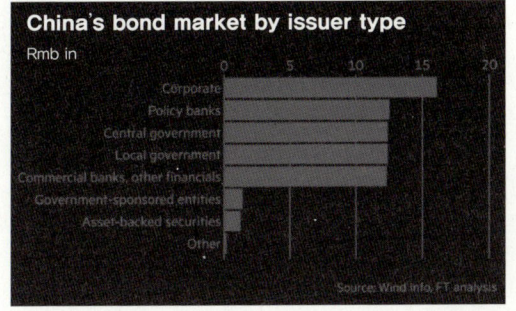

24. • 홍콩의 금융 산업

홍콩과 싱가폴의 비교

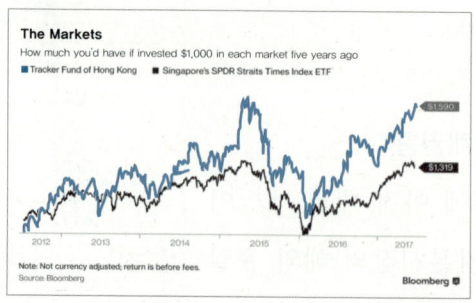

위 표는 홍콩과 싱가폴의 대표지수펀드의 5년간 성과를 비교한 그래프 입니다.

파란색이 홍콩지수입니다.

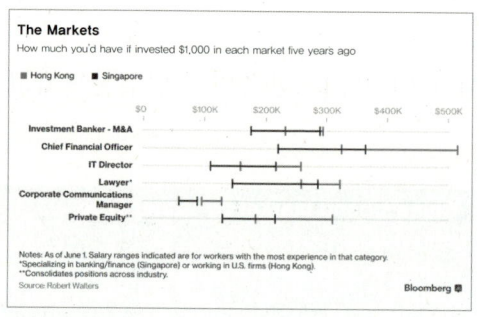

위 표는 홍콩과 싱가폴의 금융인들의 급여 비교입니다.

홍콩이 약 25% 정도 더 많이 받고 있지요.

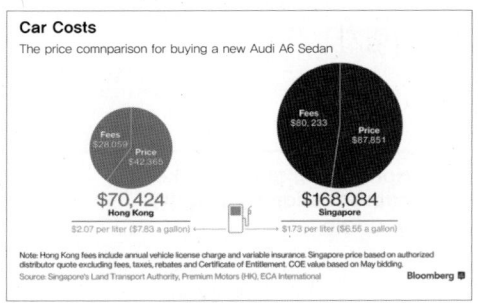

위의 표는 Audi A6를 구입하고 운용하는데 소요되는 비용을 비교한 표입니다.

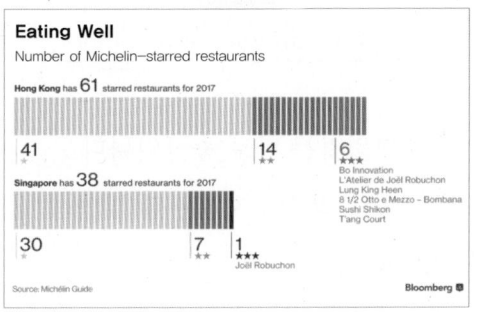

위의 표는 미쉐린 스타 식당 수를 비교한 것입니다.

미쉐린 스타 식당 수란, 프랑스의 타이어 업체인 미쉐린이 매월 발표하는 우수 식당 평가와 안내서 입니다.

위의 자료들을 비교하면 확실히 홍콩이 싱가폴을 앞서고 있다는 것을 알 수 있지요.

홍콩의 금융 산업의 그림자

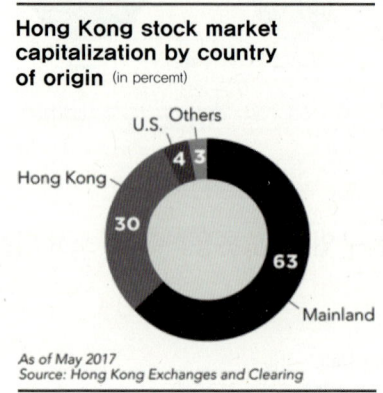

홍콩의 주식시장의 큰 그림자는 바로 중국입니다.

중국의 자본이 대부분이고 중국의 자본시장 투명성 때문에 홍콩의 관문으로 사용하는 경우가 많지요.

또한 중국기업들이 홍콩시장을 이용하는 가장 많은 이유는 자금의 해외유출 용이성 때문입니다.

그런데 또 하나 주의해서 보아야 할 것은 이렇게 세계제일의 큰 IPO시장임에도 그리 크게 활성화 되지 못하고 있다는 것이지요.

그 이면에는 바로 CONERSTONE, 한국말로는 주춧돌 투자자들 때문입니다. 한국증시에서는 기관투자자들 정도로 이해하시면 됩니다.

IPO의 목적 자체가 외부 자금의 유입에 있는데, 오히려 중국내 기관투자
자들에게 대부분의 신규주식이 돌아가고
있다는 것이지요. 2016년에는 약 60%에
달했습니다.

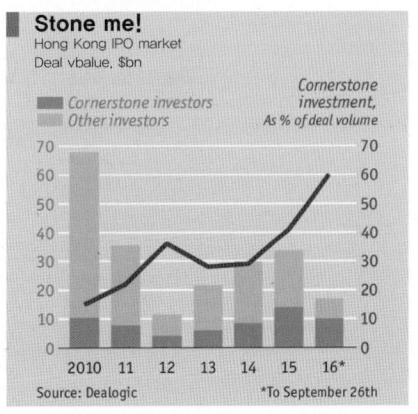

그러니 시장이 활성화되지 못하는 것이
지요.

그리고 자금의 해외 유출을 위해 우회
상장등을 노리는 중국기업들에 의해 주식시장이 급등락을 반복하는 것도 많
은 우려를 표출하고 있습니다.

한 예로 2017년 6월 27일 홍콩 GEM마켓의 50개 종목이 경고도 없이 94%까
지 폭락하는 사태가 발생하였지요. 여러가지 이유가 있지만 우회상장을 하려
던 중국기업이 50개 기업에 모두 관여하다가 포기하자 갑자기 급락했다는 설
부터 무성한 루머가 있지요.

또 다른 어두운 그림자는 바로 IB은행들입니다.

다음 표는 골드만 삭스의 매출액과 세전이익 그리고 아시아 시장의 총 매

24. • 홍콩의 금융 산업

출액을 나타내는 그래프 입니다.

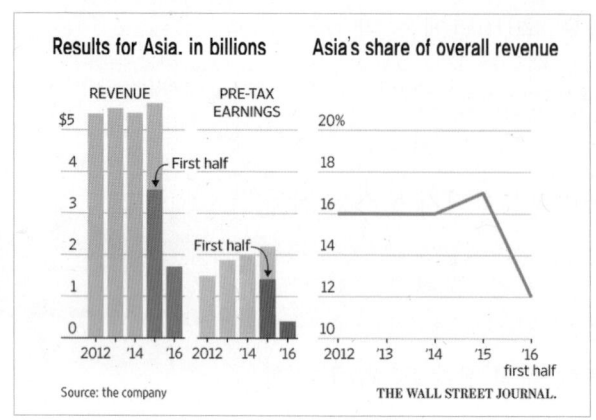

급격히 감소했는데 이유는 중국 증권회사들의 약진에 있습니다.

Deal Logic에 따르면 중국의 M&A 자문등의 2015년 실적은 72%였으나, 현재는 83%로 크게 증가하였고, 골드만 삭스는 전년도에 비교해52% 추락하였다고 합니다. 결국 골드만 삭스는 아시아 직원 25%를 해고해야 했지요.

결국 홍콩의 금융허브의 역할은 중국의 창구역할, 속빈 강정의 IPO마케스 그리고 외국 IPO의 후퇴등으로 그리 밝지는 않습니다.

그 중에서도 저는 중국 정부의 앞날을 예측하기 어려운 정책이 가장 큰 문제라고 여겨집니다.

시장은 예측할 수 있는 불확실성이 배제된 시장을 선호하는데 홍콩 시장은 그런 의미에서 전혀 적절하지 않은 시장이기 때문이지요.

제가 살던 시절 홍콩은 인구 700만중, 250만이 외국인 이었고, 시스템은 영국이면서 동양인이 대다수여서 동양계 외국인들에게는 선호도 1순위 였지요. 하지만 이제는 많이 변화되어 가고 있다는 생각이 듭니다.

25.

대체투자란?

　　　　　제가 강의록이나 블로그에 글을 쓸 때면 어떻게 어려운 이야기를 쉽게 쓸까 하고 고민을 많이 합니다.

　블로그도 애독자가 있고 강의록도 마찬가지이지만, 한국의 애독자들이나, 강의록을 받는 분들의 대부분이 부동산 시행업, 시공업, 금융업에 종사하다 보니, 전편에 있었던 기업의 가치평가, 병원 가치 평가, 파생상품 등 금융 경제학에 관계되는 이야기는 내용상 줄여서 할 수도 없었고, 쉽게 쓴다고 하여도 관련이 없는 분들에게는 전혀 쉬운 이야기가 아니어서 그리 인기가 없더군요.

　회계사들 조차 어렵다는 평이 다수 였습니다.

오늘 쓸려고 하는 대체투자 역시 일반 부동산 관련 분들에게는 역시 어려운 이야기 입니다.

보통 이전처럼3편으로 나누어서 써야 할 만큼 줄여도 내용이 많지요. 고민 끝에 한편으로 줄이고 가능한 평이하게 설명을 하려고 합니다.

우리나라 시중은행 중 한 은행의 IB 파트의 조직도에는 프로젝트 금융부, 구조화부 대체투자부, 투자금융부, CIB부, 기업금융부등이 있습니다.

그런데 여러 개의 본부 속에 비슷한 이름들이 많이 있습니다.

IB의 꽃은 투자금융본부이지요.

그리고 투자금융본부의 4개부서가 핵심입니다.
① 프로젝트
② 구조화부
③ 대체투자부
④ 투자금융부

그런데 이 은행은 대체투자부가 부동산금융부로 바뀌었습니다.

이렇게 조직에서 있었다가 없어지고 다시 생기는 대체투자라는 것이 무엇인지 말씀드리지요.

- ✓ 전통적인 투자 (Traditional Investment)

주식이나 채권을 우리는 전통적인 투자라고 합니다.

- ✓ 대체투자 (Alternative Investment)

전통적인 투자를 제외한 모든 투자를 대체투자라고 합니다.

이렇게 이야기 하면 너무 포괄적이지요.
우리가 아는 부동산 금융, 구조화 금융 모두가 대체투자 입니다.

대체투자와 전통투자의 차이는 다음과 같습니다.

① Low Liquidity Investment
② Risk-Adjusted Return
③ Disperse Portfolio

즉, 대체투자자산은 유동성이 낮고
중위험 고수익을 지향하고
상관관계가 낮은 분산효과가 있습니다

조금더 상세히 설명하면

- 전통투자가 주식 채권등 빠른 현금화가 가능한 것에 비해, 대체투자는 비상장 주식 및 부동산등 현금화가 빠르지 않지요.
- 정보의 비대칭 (특수 정보)을 이용해 투자를 하므로 그 만큼 리스크가 있는 대신, 수익률도 높지요. 비상장 주식을 예로 보면 알기 쉽습니다.
- 금융위기 때에 주식과 채권은 동반하락하지만 다른 기초자산은 이와 상관이 없는 경우도 있습니다.

대체투자가 중수익이라고 하는 것은 이런 리스크와 유동성이 부족한 것에 대하여 쿠폰(이자) + 프리미움 (할증)을 받을 수 있기 때문입니다.

대체투자 자산의 종류

지난 6월에 열린 글로벌 대체투자 콘퍼런스의 주요 연사들 사진입니다.

한국 국민연금, 투자공사, 자산운용사, 인프라 펀드, PEF 펀드 운용사 등, 글

글로벌대체투자 콘퍼런스 주요 연사

은성수 사장
한국투자공사

강면욱 CIO
국민연금

휴 영 효괄총회장
애버딘자산운용

수조이 보스 CEO
인도인프라국부펀드

앤드루 매캐프리 대표
애버딘자산운용

진용 카이 파트너
TPG캐피털

람 마히다라 CIO
국제금융공사

쉬암 순다 구루무시 전무
모건스탠리 인프라

프리야랑잔 쿠마르 대표
쿠시먼앤드웨이크필드

패트릭 시워트 전무
칼라일

로벌의 큰손들이지요.

이들이 속한 회사를 보면 대체투자의 종류를 알 수 있지요.

대체투자는 크게

① 기업투자,

② 실물자산 투자,

③ 구조화 상품,

④ 헤지펀드

로 나눌 수 있습니다.

그리고 세부적으로는 다음과 같이 나눌 수 있습니다.

구분	항목
기업투자	비상장기업투자, 상장기업 사모투자, 기업 대출 투자
실물자산	인프라, 부동산, 원자재, 비행기/선박 등
구조화 상품	파생결합증권, CDO CDS MBS
헤지펀드	마크로 트레이딩, CTAs

우리나라에서는 대체투자를 세분화하여서 전담 부서가 있어 시중은행에서는 포괄적인 대체투자부가 없어진 듯 합니다.

대신 대체투자부의 각 항목별 전담부서가 세분화 되었지요.

또한 시중은행은 중위험 고수익을 추구하지 않으니 대체투자부가 사라지고 전문부서로 세분화 되었습니다.

하지만 자산운용사와 증권사는 중위험 고수익을 추구 하다 보니 가장 많은 수익을 올리는 부동산 부서 만을 분리하고 나머지 모든 투자를 대체투자부가 담당하는 듯 합니다.

제가 본 한국의 증권사, 자산운용사의 대체투자 형태는 비행기 매입 매각, 기업투자, 기업대출, 확정매출채권 구조화 (ABS) 그리고 외국 부동산 투자 등 입니다.

사실은 제가 한국에서는 하는 투자 운용 방식도 대체 투자 방식입니다.

부동산에만 국한되는 것이 아니고, NPL도 다루고, 기업투자도 하기 때문이지요.

그리고 투자시 투자자와 사적인 계약에 의해 투자를 하니 사모펀드와 구별됩니다.

인프라 투자

각각의 경우에 대하여 자세히 설명하면 1편으로는 모자라니 오늘은 인프라 투자에 대해서만 말씀드리지요.

저는 개인적으로 2000년도 초에 송유관 투자에 관여한 경험이 있습니다.

인프라투자란 사회간접자본에 대한 투자입니다.

지난번에 말씀드린 BTL BTO방식 등이 있지요.

인프라투자의 장점은 현금흐름이 안정적이고 인플레이션 헤지가 가능한 점입니다.

누구나 전기세, 수도세, 난방세는 내야하고 물가가 오르면 공공요금도 상승하기 때문입니다.

Utility	교통	사회/교육/보건
가스망 전력망 발전소 상하수도 재생에너지 통신설비	도로 교량 공항 항만	교육 보건의료 교정 훈련

이중에 제가 경험이 있는 에너지 인프라자산은 단계별로 Upstream, Midstream, Downstream 으로 구분합니다.

Upstream	Midstream	Downstream
자원탐사 개발	운송 보관	정체 분배

저는 송유관이니 Midstream 투자를 한 경험이 있습니다.

이렇게 인프라에 투자를 하는 경우 정부의 보증에 따라 두가지로 나뉘어집니다.

Regulated Asset: 정부가 수익을 보전

Non-Regulated Asset: 정부가 수익을 보전하지 않음

도로를 민자로 건설했는데, 일정 수익률을 정부가 보존해준다고 하면 Regulated Asset 이고 순수하게 교통량에 의해 결정된다면 Non-Regulated Asset 인 것이지요.

기업투자 및 기업대출

기업 대출이나 투자를 하는 경우에는 다음과 같이 구성됩니다.

구분	내용
Senior Loan - First Loan - Second Loan	선순위 후순위
Mezzanine	전환사채, 신주인수권부사채
Equity	지분투자

이렇게 구분하는 방법은 청산시 상환되는 순이지요.

Senior Loan이 제일먼저 상환 받고, 그 다음이 메자니, 그리고 지분투자순으로 상환을 받습니다. 즉 위험도에 따라 쿠폰과 프리미움이 다르게 책정됩니다.

기업투자의 경우에는 다음과 같이 나뉘어 집니다.

구분	투자
창업	엔젤투자
초기	벤처투자
성장기	Growth Capital
성숙기	Buy Out
쇠퇴기	Distressed

- ✓ 엔젤투자는 말그대로 seed money를 투자하는 것이고
- ✓ 매출이나 실적이 발생하는 경우에 투자하는 것이 벤처투자이고
- ✓ 어느정도 성장과 실적이 예측되는 경우에 투자하는 것을 Growth Capital이라고 하고
- ✓ 기업이 성숙단계에 이르러 새로운 비즈니스 모델 등을 발굴해야 하는 단계에 M&A등을 위해서 투자하는 것을 Buy Out 투자라고 합니다. SK와 도시바가 여기에 해당하겠지요.

- 그리고 회생절차 등 파산 또는 부실한 기업에 투자하여 구조조정등을 하여 회생시키는 투자를 하는 것을 Distressed 투자라고 하며 외국계 사모펀드가 대부분 여기에 속합니다.

대체투자란 말 그대로 고전적인 투자 주식, 채권을 제외한 자본의 모든 투자방식을 일컫습니다.

너무 뜻이 방대하다 보니 최근에는 세분화 되었고, 세분화된 조직이나 부서가 투자하지 않는 자산에 투자하는 것을 일컫는 말이 되었지요.

하지만 가장 고도의 기술과 지식이 수반되는 투자입니다.

일정한 메뉴얼이 없기 때문이기도 합니다.

하지만 요즈음 각광받고 있는 해외 부동산 실물투자등은 제가 보기에는 조금 문제가 있어 보이기도 합니다.

한 예로 외국 부동산 사모펀드는 지사를 운용하면서 그 나라의 세재, 부동산 동향등을 자세히 살핍니다.

하지만 한국의 경우, 국가기관투자처의 경우 출장 등이 길어지면 감사대상이라 무박 2일로 출장을 다녀온다고 합니다.

이렇게 수박겉핥기식 투자는 중위험이 아닌 고위험을 동반하기 때문이지요.